PASSE NA OAB 2ª Fase FGV COMPLETAÇO

PRÁTICA CIVIL

www.editorasaraiva.com.br/direito
Visite nossa página

Coordenação

MARCELO HUGO DA ROCHA

Autores

MARCELO HUGO DA ROCHA

Advogado. Mestre em Direito (PUCRS) e especialista em Direito Empresarial (PUCRS). Professor do Centro Universitário CNEC – UNICNEC. Professor do módulo de *coaching* no Saraiva Aprova. Coordenador, autor e coautor de mais de 60 obras para Exame da OAB e concursos públicos. Destaque para as coleções *Passe na OAB* e *Passe em Concursos Públicos*, ambas publicadas pela Editora Saraiva. *Coach* (IBC) e Mentor (FGV). Palestrante motivacional. Editor do *blog* Passe na OAB.

RENNAN FARIA KRÜGER THAMAY

Pós-Doutor pela Universidade de Lisboa. Doutor em Direito pela PUCRS e Università degli Studi di Pavia. Mestre em Direito pela UNISINOS e pela PUC Minas. Especialista em Direito pela UFRGS. Professor Titular do programa de graduação e pós-graduação (Doutorado, Mestrado e Especialização) da FADISP. Professor da pós-graduação (*lato sensu*) da PUC-SP, do Mackenzie e da EPD – Escola Paulista de Direito. Professor Titular do Estratégia Concursos e do UNASP. Foi Professor assistente (visitante) do programa de graduação da USP e Professor do programa de graduação e pós-graduação (*lato sensu*) da PUCRS. Presidente da Comissão de Processo Constitucional do IASP (Instituto dos Advogados de São Paulo). Membro do IAPL (International Association of Procedural Law), do IIDP (Instituto Iberoamericano de Derecho Procesal), do IBDP (Instituto Brasileiro de Direito Processual), IASP (Instituto dos Advogados de São Paulo), da ABDPC (Academia Brasileira de Direito Processual Civil), do CEBEPEJ (Centro Brasileiro de Estudos e Pesquisas Judiciais), da ABDPro (Associação Brasileira de Direito Processual) e do CEAPRO (Centro de Estudos Avançados de Processo). Advogado, consultor jurídico e parecerista.

VANDERLEI GARCIA JUNIOR

Mestre em Função Social do Direito pela Faculdade Autônoma de Direito de São Paulo – FADISP e pela Università Degli Studi di Roma II – Tor Vergata. Especialista em Direito Processual Civil pela Escola Paulista da Magistratura – EPM/SP, com capacitação para o ensino no magistério superior. Pós-graduado em Direito Privado pela Faculdade de Direito Damásio de Jesus – FDDJ/SP. Bacharel em Direito pela Faculdade de Direito "Laudo de Camargo", da Universidade de Ribeirão Preto – Unaerp/SP. Professor titular da graduação e pós-graduação em Direito da Universidade Nove de Julho – Uninove e da Faculdade Autônoma de Direito de São Paulo – Fadisp. Professor curador do programa de pós-graduação em Processo Civil da Universidade Presbiteriana Mackenzie. Professor de cursos preparatórios para concursos públicos e Exame de Ordem. Membro e Secretário Geral da Comissão Permanente de Estudos de Processo Constitucional do Instituto dos Advogados de São Paulo – IASP. Membro efetivo do Centro de Estudos Avançados de Processo – Ceapro. Assessor Jurídico do Tribunal de Justiça do Estado de São Paulo. Palestrante, autor de livros e artigos jurídicos.

PASSE NA OAB 2ª Fase FGV COMPLETAÇO

2ª edição

Marcelo Hugo da Rocha
Coordenação

Marcelo Hugo da Rocha
Rennan Faria Krüger Thamay
Vanderlei Garcia Junior

PRÁTICA CIVIL

2018

teoria e modelos

+ questões e peças comentadas

- *Roteiros passo a passo*
- *Modelos de peças*
- *Súmulas selecionadas*
- *Questões discursivas comentadas*
- *Peças profissionais comentadas*

saraiva jur

ISBN 978-85-472-2899-6

DADOS INTERNACIONAIS DE CATALOGAÇÃO NA PUBLICAÇÃO (CIP)
ANGÉLICA ILACQUA CRB-8/7057

Rocha, Marcelo Hugo da

Passe na OAB : 2ª fase FGV : completaço: prática civil / Marcelo Hugo da Rocha, Rennan Faria Krüger Thamay e Vanderlei Garcia Junior. – 2. ed. – São Paulo : Saraiva Educação, 2018. (Completaço / coordenação de Marcelo Hugo da Rocha)

1. Direito civil 2. Ordem dos Advogados do Brasil - Exames, questões etc. I. Título. II. Título 2: Prática Civil. III. Thamay, Rennan Faria Krüger. IV. Garcia Junior, Vanderlei. V. Série.

17-1783 CDU 347 (81) (079.1)

Índices para catálogo sistemático:

1. Brasil : Direito civil 347 (81) (079.1)
2. Ordem dos Advogados do Brasil : Exames de Ordem : Direito civil 347 (81) (079.1)

SOMOS EDUCAÇÃO | saraiva jur

Av. das Nações Unidas, 7.221, 1º andar, Setor B
Pinheiros – São Paulo – SP – CEP 05425-902

SAC | 0800-0117875
De 2ª a 6ª, das 8h às 18h
www.editorasaraiva.com.br/contato

Vice-presidente Claudio Lensing
Diretora editorial Flávia Alves Bravin

Conselho editorial
Consultor acadêmico Murilo Angeli Dias dos Santos

Gerência
Planejamento e novos projetos Renata Pascual Müller
Editorial Roberto Navarro

Edição Liana Ganiko Brito Catenacci, Patricia Quero

Produção editorial Maria Izabel B. B. Bressan (coord.), Carolina Massanhi

Arte e digital Mônica Landi (coord.), Claudirene de Moura Santos Silva, Guilherme H. M. Salvador, Tiago Dela Rosa, Verônica Pivisan Reis

Planejamento e processos Clarissa Boraschi Maria (coord.), Juliana Bojczuk Fermino, Kelli Priscila Pinto, Marília Cordeiro, Fernando Penteado, Tatiana dos Santos Romão

Novos projetos Laura Paraíso Buldrini Filogônio

Projeto gráfico Mônica Landi
Diagramação e revisão Perfekta Soluções Editoriais

Comunicação e MKT Carolina Bastos, Elaine Cristina da Silva
Capa Tiago Dela Rosa
Produção gráfica Marli Rampim
Impressão e acabamento Corprint

Data de fechamento da edição: 20-12-2017

Dúvidas? Acesse www.editorasaraiva.com.br/direito

CL 604653 CAE 624142

Agradeço e dedico este trabalho à minha
inspiração diária, Luigi e Tatiana.
Em memória do prof. Thiago Faria
(autor do volume *Passe na OAB 2ª Fase
Teoria e Modelos – Civil*)

Marcelo Hugo da Rocha

Ao meu Deus (pai amável e fiel); à minha amada esposa,
Priscila Krüger Padrão Thamay (meu eterno amor);
ao meu pai, Ramiro Thamay Yamane (meu incentivador);
e à minha mãe, Nívea Maria Faria (minha educadora amável).
A todos vocês, meus amores, dedico esta obra!
Agradeço, ainda, aos amigos Marcelo Hugo da Rocha
e Vanderlei Garcia Jr., pela parceria.

Rennan Faria Krüger Thamay

Dedico esta obra a Deus, meu eterno guia e protetor;
À minha amada noiva e meu eterno amor, Priscila Ferreira;
aos meus pais, Sandra Lúcia e Vanderlei Garcia, responsáveis por tudo.
Dedico, especialmente, aos queridos amigos, Rennan Thamay e
Marcelo Hugo da Rocha, pela parceria e confiança de sempre.
Por fim, dedico esta obra aos meus queridos alunos,
fontes diárias de inspiração.

Vanderlei Garcia Junior

Sumário

Nota da coordenação

Depois de mais de centenas de milhares de exemplares vendidos das nossas coleções editoriais publicadas pela Editora Saraiva, *Passe na OAB* e *Passe em Concursos Públicos*, alcançamos um projeto que traz toda a experiência adquirida em mais de 60 obras que participamos como coordenador, coautor ou autor. Soma-se ao *know-how* sobre o tema Exame de Ordem que capitaneamos desde 2005 entre cursos preparatórios, blog e palestras em faculdades e eventos jurídicos.

Certos de que somente um projeto inovador poderia nos desafiar, esta obra representa tudo do que se tem de melhor e que poderia estar reunido num único exemplar: **teoria, passo a passo, modelos de peças e questões comentadas** de todas as disciplinas da **2ª fase** do Exame de Ordem Unificado sob demanda da banca Fundação Getulio Vargas – FGV, hoje, uma das maiores do País. Assim, surgiu algo que vai além de uma "super" ou "mega" revisão ou de um "resumão". É um livro mais que completo, por isso, pedimos licença figurativa à língua portuguesa para usarmos o sufixo aumentativo "-aço" e alcançarmos a qualidade que lhe foi proposta: **Completaço**!

É uma série que repete o sucesso do irmão mais velho, o *Completaço Passe na OAB 1ª Fase FGV*, e que se tornou *best-seller* editorial pelas qualidades próprias e pelo pioneirismo dos seus atributos em trazer questões comentadas + teoria unificada. Por fim, o rol de autores comprometidos com o projeto traz professores renomados e experientes dos mais diversos preparatórios e que facilitam a preparação para a última batalha do Exame de Ordem: a 2ª fase!

Marcelo Hugo da Rocha

Saiba mais no blog **Passe na OAB**: www.passenaoab.com.br

Apresentação

Sabemos quão importante é este momento de estudar para a 2ª fase do Exame da OAB. Cientes disso, preocupamo-nos com os aspectos centrais do estudo prático para esta importante etapa de vida dos examinandos, preparando um livro que seja apto a dar segurança, seja na resolução de questões, seja na forma de elaborar peças processuais.

Esta obra se dirige à prática das questões e peças, trazendo as justificativas para as questões da prova do Exame de Ordem, bem como dicas tipo "passo a passo" para a realização das peças de forma segura.

Com a finalidade de demonstrar como as peças devem ser feitas, preocupamo-nos em trabalhar todas as que já caíram no Exame da OAB – totalmente em conformidade com o CPC – até este momento, fazendo com que o examinando possa ter a segurança de observar as peças que de forma efetiva já foram exigidas.

Cada peça vem com destaque das questões mais relevantes, bem como com informações e dicas pontuais para que o examinando possa entender como identificar a peça, observar seus elementos, bem como vislumbrar, no direito material, aquilo que precisa ser alegado e tratado.

Este volume foi dividido da seguinte maneira:

1. Estruturas básicas das peças profissionais.

2. Modelos das principais peças profissionais divididas por assunto.

3. As peças processuais que foram objeto de prova pela FGV divididas por assunto.

4. As questões discursivas que foram objeto de prova pela FGV divididas por assunto.

5. Súmulas selecionadas.

Desejamos que a didática empregada atenda ao objetivo principal: vencer a última batalha do Exame da OAB e a conquista do registro definitivo de advogado(a)!

Os Autores

1. INTRODUÇÃO

1.1. Como gabaritar a peça prática

Caros leitores e queridos candidatos, sabe-se que a peça profissional é, sem dúvida, a parte mais importante e tormentosa da segunda fase do Exame de Ordem. É necessário que o bacharel em Direito demonstre, nesta etapa, sua capacidade de estruturar peças práticas, raciocinar sobre o caso prático apresentado e propor a adequada solução. Para isso, o candidato precisa buscar e garantir ao máximo a pontuação de sua peça, seguindo algumas colocações e dicas na árdua tarefa de alcançar a sua aprovação.

Neste sentido, formulamos alguns comentários para auxiliá-lo na identificação correta do caso prático apresentado para, a partir daí, solucionar a peça profissional, com todas as suas intercorrências de direito processual e de direito material, tendo o CPC em vigor como norte, mas sempre ressaltando que muitas peças práticas aqui trabalhadas foram atualizadas para a nova realidade processual civil, no entanto, buscando sempre manter a essência daquilo que foi exigido e apresentado pelo gabarito da OAB/FGV, cujas ponderações foram feitas no decorrer da obra, identificando ao candidato o cuidado a ser tomado diante dessa nova perspectiva.

Assim, iniciaremos um roteiro a ser seguido pelo candidato para que possa, a partir dessas dicas iniciais, elaborar a sua peça prática e apresentá-las aos examinadores do certame com o máximo aproveitamento físico das páginas, de tempo e, principalmente, de suas ideias.

1.2. Dicas para a correta construção das peças

Primeiro, o candidato precisa ficar sempre atento ao enunciado proposto pela FGV, identificando o caso concreto e as especificidades apresentadas pelos examinadores. A utilização da legislação é imprescindível neste momento, sendo que todos os questionamentos, invariavelmente, encontrar-se-ão na própria legislação infraconstitucional e, até mesmo, na Constituição Federal, todos em seu *Vade Mecum*.

Há sempre a necessidade de o candidato ficar atento aos detalhes trazidos pelo enunciado, tais como menções a prazos, identificação das partes, termos iniciais eventualmente apresentados para a prática de determinados atos processuais (contestação, réplica, recursos etc.), bem como às regras específicas de competência e a respeito de pedidos de liminares em caso de tutelas provisórias (de urgência ou de evidência).

De fato, é importante lembrar que a FGV disponibiliza **150 linhas** para que o candidato desenvolva suas ideias, estruture adequadamente e escreva de forma correta, coerente e com raciocínio jurídico a sua peça profissional. Assim, apresentamos alguns cuidados especiais que devemos sempre tomar no momento de realização da prova:

1. **Cuidado com o tempo de prova** – O tempo disponível para a realização da prova será de cinco horas, já incluído o tempo para o preenchimento do caderno de respostas (ou de textos) definitivo. Atente-se com o horário de prova (de chegada e de término), para isso, a prática, o treino, o estudo prévio do tempo e a disciplina são fundamentais.

2. **Cuidado com o tamanho da sua peça** – É fundamental que a peça profissional ocupe adequadamente todo o espaço proporcionado (extensão máxima de 150 linhas), o que não deve ser motivo de preocupação por se tratar de linhas suficientes, mas sempre atentando ao fato de serem evitados exageros ou desperdícios de linhas/páginas, em especial se o enunciado exigir do candidato a análise de longas ou variadas teses.

3. **Treine sempre à mão** – Como no dia da prova o candidato deverá fazer a peça de forma manuscrita (até porque o certame exige a sua elaboração), é imprescindível que o candidato saiba escrever a peça à mão, treinando para que não encontre maiores dificuldades no momento da prova, da mesma forma, que poderá adequar a sua caligrafia para não correr riscos de o examinador retirar pontos do candidato caso não entenda sua letra. Ademais, utilize sempre canetas transparentes, de cores **azul** ou **preta**.

4. **Dominar os modelos de peças práticas** – Da mesma forma, imprescindível que o candidato tenha, ao menos, um "esqueleto" ou modelo padrão das peças práticas mais abordadas nos exames, com todas as possibilidades de teses estruturadas e aquelas, de igual maneira, mais exigidas, tais como peças de petição inicial, de contestação, de agravo de instrumento, de apelação e de teses como vícios ou defeitos de produtos ou serviços no Código de Defesa do Consumidor, reparação por danos materiais, morais e estéticos, reintegração de posse, fundamentos de multa diária (astreintes), dentre outros.

5. **Apresente um texto coerente e inteligível** – A correção da peça é um dos momentos mais importantes na composição da nota do candidato pelo examinador e a leitura desta deve sempre ser apresentada de forma lógica, clara e precisa, devendo o candidato apresentar a sua peça profissional que seja de fácil leitura e entendimento pelo examinador, evitando a perda de pontos por falta de compreensão lógica dos fundamentos.

6. **Peça esteticamente apresentável** – Outra questão é a própria apresentação da peça, esteticamente falando. É certo que os examinadores corrigirão centenas de peças práticas dos candidatos e a apresentação, além de facilitar a fluidez da correção, também agrada aos olhos dos corretores. Desta forma, evita-se efe-

tuar **rasuras** nas provas (mas, caso ocorra, basta fazer um traço simples sobre a palavra ou frase equivocada que ela será desconsiderada), bem como sugere-se **pular uma linha entre frases**, estabelecendo parágrafos e demarcando a estrutura principal da ideia apresentada.

7. **Evite assinatura na peça ou qualquer forma de identificação pessoal** – Atente-se, por fim, que o edital do exame de ordem proíbe qualquer tipo de identificação do candidato na prova. Desta forma, deve ser evitado qualquer espécie de marcação ou de palavras que possam ser identificadas pelo examinador como identificação do candidato, tais como nomes próprios para identificar as partes, lugares, endereços, documentos de identificação etc. Assim, **não invente dados que não estejam expressamente indicados no enunciado**, colocando apenas de forma genérica, como "rua...", número...", cidade...", Estado..." etc. Finalmente, cuidado com a parte final da peça, não devendo ser assinada com o nome do advogado. Para tanto, finalize a peça profissional apenas com as palavras "Local, data" e a palavra "Advogado".

8. **Observar e tomar cuidado com as expressões utilizadas** – Ainda, além da coerência lógica, do raciocínio, da realização da peça prática correta, bem como do endereçamento e das demais consequências da própria estrutura daquilo que o examinador espera da peça apresentada pelo candidato, por certo, deve ser observado, com cautela, os termos, as expressões e a técnica de linguagem utilizadas.

Deve-se observar, de igual maneira, os critérios utilizados pelo examinador de **indicação, identificação e as regras de competência do órgão jurisdicional**, analisando como identificar cada um dos órgãos do Poder Judiciário, importantes para evitar um endereçamento irregular ao juízo da causa, sendo necessário diferenciar aos relevantes termos técnicos, tais como Foro, Fórum, Juízo, Vara e Comarca. Neste sentido, temos:

<table>
<tr><th></th><th>Expressão</th><th>Significado</th><th>Utilização</th></tr>
<tr><td rowspan="4">Indicação e regras de competência</td><td>Foro</td><td>Representa o Local onde deverá ser proposta a demanda.</td><td>Foro da Comarca da Capital de São Paulo.
Foro da Comarca de Ribeirão Preto etc.</td></tr>
<tr><td>Fórum</td><td>É o prédio físico onde está localizado ou instalado órgão jurisdicional (Poder Judiciário).</td><td>Fórum João Mendes Júnior etc.</td></tr>
<tr><td>Vara ou Juízo</td><td>Indicam a competência funcional em razão da matéria, pessoa ou hierarquia.</td><td>Excelentíssimo Senhor Juiz de Direito da 3ª Vara Cível...</td></tr>
<tr><td>Comarca</td><td>Indica o território limite territorial onde o órgão jurisdicional exerce a sua função.</td><td>Comarca de São Paulo; Comarca de Ribeirão Preto etc.</td></tr>
</table>

Ainda, além de tais questões técnicas indicativas relacionadas à competência do juízo, o candidato precisa atentar quanto aos **termos utilizados no momento**

de redação e de indicação da petição que estará sendo proposta. Referidas questões são de considerável importância não apenas quando da realização da peça profissional (para ser devidamente valorada pelos examinadores), mas também no dia a dia da advocacia, demonstrando conhecimento técnico das expressões e da natureza da peça apresentada. Neste sentido, observar:

<table>
<tr><th></th><th>Expressão</th><th>Significado</th><th>Incidência</th><th>Utilização</th></tr>
<tr><td rowspan="6">Identificação da espécie de petição</td><td>Propor</td><td>É utilizado para identificar as petições iniciais, ou seja, aquelas que tiverem natureza de ação.</td><td>- Petições iniciais.</td><td>Fulano de Tal (...), vem propor a presente Ação de Indenização (...)</td></tr>
<tr><td>Apresentar ou oferecer</td><td>É utilizada a expressão quando a petição oferecida for incidental ou comum ao processo já em andamento.</td><td>- Contestação;
- Quesitos;
- Memoriais;
- Contrarrazões etc.</td><td>Fulano de Tal (...), vem apresentar sua Contestação (...)</td></tr>
<tr><td>Impetrar</td><td>É utilizado exclusivamente para indicar a propositura de ações mandamentais</td><td>- Habeas corpus;
- Mandado de segurança;
- Mandado de injunção;
- Habeas data.</td><td>Fulano de Tal (...), vem impetrar mandado de segurança (...)</td></tr>
<tr><td>Opor</td><td>Utilizado para indicar a apresentação de embargos, quando não há mudança de jurisdição</td><td>- Embargos de declaração;
- Embargos de divergência.</td><td>Fula no Tal (...), vem opor embargos de declaração (...)</td></tr>
<tr><td>Interpor</td><td>É utilizado para identificar a interposição de algum recurso, quando há a modificação de jurisdição.</td><td>- Apelação;
- Agravos;
- Recursos especial, ordinário e extraordinário.</td><td>Fula no Tal (...), vem interpor recurso de apelação (...).</td></tr>
<tr><td>Arguir</td><td>É utilizado quando for indicar a apresentação de algum inconformismo quanto às questões de ordem pública.</td><td>- Incidente de impedimento ou suspeição;
- Preliminares de contestação etc.</td><td>Fulano de Tal (...), vem arguir em Incidente de Impedimento (...)</td></tr>
</table>

Finalmente, e não menos importante, o candidato precisa tomar cuidado quando dos termos utilizados para a realização dos pedidos específicos, sendo necessário observar se é caso de procedência ou improcedência do pedido, se é caso de deferimento ou indeferimento de alguma medida, bem como se é hipótese de conhecimento, recebimento ou de acolhimento de determinado recurso. Assim, temos:

	Expressão	Significado	Incidência	Utilização
Pedidos	Procedência ou Improcedência	Utilizado sempre que a pretensão for a de julgamento e análise do mérito. Nota-se que, neste caso, o que pretende ser julgado *procedente ou improcedente é o pedido* formulado, tendo em vista que o juiz ao prolatar sua sentença não julga a ação (que é direito subjetivo).	- Petição inicial; - Contestação; - Memoriais; - Apelação etc.	(...) vem, por meio desta petição inicial, pedir a *procedência do pedido* (...) (...) vem, por meio desta contestação, pedir a *improcedência do pedido* formulado na petição inicial (...)
	Deferimento, Indeferimento, Concessão ou Revogação	Utilizam-se referidas expressões, *deferimento, indeferimento, concessão ou revogação*, para solicitar ao magistrado a análise de alguma medida incidental, perpetrada no curso do processo, bem como de efeitos pretendidos a recursos ou ao próprio processo	- Pedidos de tutelas provisórias; - Pedidos de provas; - Pedidos de suspensão em recursos, - Pedidos de suspensão na execução etc.	(...) pretende-se a *concessão de efeito suspensivo* ao presente agravo de instrumento (...) (...) requer-se a *revogação da tutela provisória de urgência* concedida ao autor (...) (...) requer-se o *deferimento da oitiva de testemunhas* pleiteada (...)
	Recebimento	Analisa-se o recebimento de determinado recurso, a partir do preenchimento dos requisitos de admissibilidade objetivos e de verificação direta. Se devidamente comprovados, o magistrado	- Recursos	(...) preenchidos os requisitos de admissibilidade, requer-se o *recebimento do recurso* e seu devido processamento (...)

<table>
<tr><td rowspan="3">Pedidos</td><td></td><td>receberá o recurso, caso contrário, negará seguimento.</td><td></td><td></td></tr>
<tr><td>Conheci-mento</td><td>Ultrapassado o juízo de recebimento, o magistrado realizará o juízo de conhecimento, no qual analisará os requisitos de admissibilidade subjetivos, como um possível juízo inicial de mérito.</td><td>- Recursos</td><td>(...) requer-se o conhecimento do recurso, com a devida análise e julgamento do mérito (...)</td></tr>
<tr><td>Provimento</td><td>Em sendo conhecido o recurso de apelação, vai-se, portanto, para o próximo passo, o juízo de provimento em que se observará o ponto central do recurso, ou seja, o efetivo juízo de mérito.</td><td>- Recursos</td><td>(...) requer o efetivo julgamento do mérito do presente recurso, dando provimento os pedidos formulados (...)</td></tr>
</table>

Assim, seguindo, pois, estas imprescindíveis e necessárias dicas, aliadas ao estudo adequado, direcionado e disciplinado das peças práticas, o candidato terá condições de apresentar uma peça profissional apta a ser corretamente valorada pelos examinadores da FGV/OAB. Sigamos, agora, com algumas questões de direito, de igual maneira, importantes para a estruturação da peça.

2. REGRAS ESPECIAIS PARA A CORRETA ESTRUTURAÇÃO DA PEÇA PROFISSIONAL

2.1. Competência

Um dos principais requisitos da peça prática consiste no seu correto endereçamento ao juízo competente para o julgamento da causa, seja para a identificação em uma petição inicial (ex.: juízo originário para julgamento da causa), seja na indicação das demais peças práticas, quando já existe uma ação tramitando, com a prévia identificação do juízo competente (ex.: contestação, réplicas, memoriais, recursos etc.).

Desta forma, apresentaremos algumas regras necessárias para facilitar ao candidato justamente a identificação para o endereçamento ao juízo competente da causa.

Primeiro, para que possamos entender a competência para o julgamento da causa, assim entendida como a medida ou limite para o exercício da jurisdição, por certo, para isso é necessário estruturar os órgãos do Poder Judiciário. Assim, temos:

<table>
<tr><td rowspan="9">São órgãos do Poder Judiciário

Art. 92 da CF</td><td>Supremo Tribunal Federal</td></tr>
<tr><td>Conselho Nacional de Justiça</td></tr>
<tr><td>Superior Tribunal de Justiça</td></tr>
<tr><td>Tribunal Superior do Trabalho</td></tr>
<tr><td>Tribunais Regionais Federais e Juízes Federais</td></tr>
<tr><td>Tribunais e Juízes do Trabalho</td></tr>
<tr><td>Tribunais e Juízes Eleitorais</td></tr>
<tr><td>Tribunais e Juízes Militares</td></tr>
<tr><td>Tribunais e Juízes dos Estados e do Distrito Federal e Territórios</td></tr>
</table>

Evidente que, dentre tantos órgãos do Poder Judiciário, há a necessidade de identificação do órgão jurisdicional competente para o julgamento da causa, no entanto, o candidato deve seguir alguns determinados critérios, passos, ou requisitos, para que se possa corretamente identificar o juízo competente para o julgamento da causa, ou seja, qual magistrado, dentre todos os competentes para a análise do pedido, será o responsável para o julgamento daquela causa em específico. Desta forma, devemos analisar:

1. Verificar, incialmente, se a ***Justiça brasileira*** é competente para o julgamento da causa, ou se é caso de propositura da ação perante a Justiça Internacional ou Estrangeira.

Competência internacional concorrente Arts. 21 e 22 do CPC	a) o réu, qualquer que seja a sua nacionalidade, estiver domiciliado no Brasil; b) no Brasil tiver de ser cumprida a obrigação; c) o fundamento seja fato ocorrido ou ato praticado no Brasil. d) de alimentos, quando: o credor tiver domicílio ou residência no Brasil; o réu mantiver vínculos no Brasil, tais como posse ou propriedade de bens, recebimento de renda ou obtenção de benefícios econômicos; e) decorrentes de relações de consumo, quando o consumidor tiver domicílio ou residência no Brasil; f) em que as partes, expressa ou tacitamente, se submeterem à jurisdição nacional.
Competência interna exclusiva Art. 23 do CPC	a) conhecer de ações relativas a imóveis situados no Brasil; b) em matéria de sucessão hereditária, proceder à confirmação de testamento particular e ao inventário e à partilha de bens situados no Brasil, ainda que o autor da herança seja de nacionalidade estrangeira ou tenha domicílio fora do território nacional; c) em divórcio, separação judicial ou dissolução de união estável, proceder à partilha de bens situados no Brasil, ainda que o titular seja de nacionalidade estrangeira ou tenha domicílio fora do território nacional.

2. Em sendo a justiça brasileira a competente, necessário, posteriormente, a identificação se realmente é hipótese de ***competência originária dos Tribunais Superiores***.

Competências originárias	Supremo Tribunal Federal (art. 102, I, da CF)
	Superior Tribunal de Justiça (art. 105, I, da CF)
	Tribunais Regionais Federais (art. 108 da CF)

3. Após, verificar qual será a ***Justiça responsável pelo julgamento da demanda***, dentro a distribuição interna de competência, se a Justiça Comum ou Especializada, bem como dentro de cada uma delas, se Federal ou Estadual.

Matéria cível	**Justiça Comum**	Federal (art. 109, I, da CF)
		Estadual (art. 125 da CF)
	Justiça Especial	Trabalhista (art. 114 da CF)
		Eleitoral (art. 118 da CF)

4. Verificar, ainda, qual o foro competente para o julgamento da causa, segundo as regras de competência do CPC.

Matéria – Regras (arts. 46 e 47 do CPC)	**Local da competência**
Direito pessoal ou em direito real sobre bens móveis.	Foro de domicílio do réu.
Mais de um domicílio.	Poderá ser demandado no foro de qualquer deles.
Incerto ou desconhecido o domicílio do réu.	Poderá ser demandado onde for encontrado ou no foro de domicílio do autor.
Réu não tiver domicílio ou residência no Brasil.	Ação será proposta no foro de domicílio do autor.
Se o autor também residir fora do Brasil.	Ação será proposta em qualquer foro.
Dois ou mais réus com diferentes domicílios.	Serão demandados no foro de qualquer deles, à escolha do autor.
Execução fiscal.	Será proposta no foro de domicílio do réu, no de sua residência ou no do lugar onde for encontrado.
Ações fundadas em direito real sobre imóveis.	Competente o foro de situação da coisa.
Se o litígio não recair sobre direito de propriedade, vizinhança, servidão, divisão e demarcação de terras e de nunciação de obra nova.	Autor pode optar pelo foro de domicílio do réu ou pelo foro de eleição.
Ação possessória imobiliária.	Será proposta no foro de situação da coisa, cujo juízo tem competência absoluta.

Matéria – Regras **(art. 48, 49 e 50 do CPC)**	**Local da competência**
Inventário, a partilha, a arrecadação, o cumprimento de disposições de última vontade, a impugnação ou anulação de partilha extrajudicial e para todas as ações em que o espólio for réu, ainda que o óbito tenha ocorrido no estrangeiro.	Foro de domicílio do autor da herança, no Brasil.
O autor da herança não possuía domicílio certo.	I – O foro de situação dos bens imóveis; II – Havendo bens imóveis em foros diferentes, qualquer destes; III – Não havendo bens imóveis, o foro do local de qualquer dos bens do espólio.
Ação em que o ausente for réu. Arrecadação, o inventário, a partilha e o cumprimento de disposições testamentárias.	Foro de seu último domicílio.

Ação em que o incapaz for réu.	Foro de domicílio de seu representante ou assistente.

Matéria – Regras (art. 53 do CPC)	Local da competência
Ação de divórcio, separação, anulação de casamento e reconhecimento ou dissolução de união estável	a) de domicílio do guardião de filho incapaz; b) do último domicílio do casal, caso não haja filho incapaz; c) de domicílio do réu, se nenhuma das partes residir no antigo domicílio do casal.
Ação em que se pedem alimentos	Domicílio ou residência do alimentando
Ação em que for ré pessoa jurídica.	Foro do local de sua sede.
Quanto às obrigações que a pessoa jurídica contraiu.	Foro do local onde se acha agência ou sucursal.
Ação em que for ré sociedade ou associação sem personalidade jurídica.	Foro do local onde exerce suas atividades.
Ação em que se lhe exigir o cumprimento.	Foro do local onde a obrigação deve ser cumprida.
Causa que verse sobre direito previsto no respectivo estatuto.	Foro do local de residência do idoso.
Ação de reparação de dano por ato praticado em razão do ofício.	Sede da serventia notarial ou de registro.
Ação de reparação de dano.	Foro do local do ato ou fato.
Ação em que for réu administrador ou gestor de negócios alheios.	Foro do local do ato ou do fato.
Ação de reparação de dano sofrido em razão de delito ou acidente de veículos, inclusive aeronaves.	Foro do domicílio do autor ou do local do fato.

5. Verificar se é caso de identificação de foro segundo regras especificas previstas em ***legislações extravagantes***.

Legislações extravagantes	Direito do Consumidor
	Juizados Especiais Cíveis
	Juizados Especiais Federais

Direito do consumidor	Domicílio do autor consumidor Art. 101, I, do CDC.

Juizados Especiais Cíveis Lei n. 9.099/95	Causas cujo valor não exceda 40 salários mínimos Ação de despejo para uso próprio Possessórias de imóveis, até 40 salários mínimos Execução dos julgados do JEC ou títulos até 40 salários mínimos.
Juizados Especiais Federais Lei n. 10.259/2001	Causas até 60 salários mínimos Execuções dos julgados do JEF

6. Por fim, verificar a classificação da competência, pois, a partir dessas regras, surge a possibilidade de análise de suposto equívoco na escolha da competência que, eventualmente, o examinador possa colocar no enunciado para que o candidato evidencie ser o caso de **incompetência absoluta ou relativa**. Assim, temos:

	Absoluta	**Relativa**
Critérios	Funcional: matéria, hierarquia e pessoa. Territorial: ações reais e possessórias e ACP. Valor da Causa: Juizados das Fazendas Públicas e Juizados Especiais Federais.	Territorial: regra, a competência fixada com base no foro é relativa. Valor da causa: Juizados Especiais Cíveis (regra, a competência fixada com base no valor da causa é relativa).
Interesse	Interesse público.	Interesse privado.
Alteração	Não se admite modificação, art. 62 do CPC.	Admite modificação, como foro de eleição ou conexão e continência, art. 54 do CPC.
Incompetência	Matéria de ordem pública. • Juízo pode conhecer de ofício; • Deve ser alegada como questão preliminar de contestação, no entanto, não está sujeita à preclusão; • Pode ser reconhecido em qualquer fase do processo e grau de jurisdição; • Salvo decisão em contrário, conserva-se os efeitos da decisão proferida pelo juiz incompetente, até que outra seja proferida pelo juízo competente.	Matéria de ordem privada. • Depende de alegação da parte contrária; • Não poderá ser reconhecida de ofício; • Não gera a nulidade dos atos processuais decisórios; • Deve ser alegada em preliminar, sob pena de preclusão.

Alegação da incompetência	Petição simples. Se alegada pelo réu na peça de defesa, deverá ser feita em preliminar de contestação (art. 337, II, do CPC).	Apenas em preliminar de contestação, sob pena de preclusão (arts. 337, III, e art. 65 do CPC).

2.2. Regras de honorários advocatícios

Especial atenção do candidato merece a fixação e os pedidos de condenação a respeito dos honorários advocatícios. Por certo, os honorários advocatícios, sendo que a sentença condenará o vencido a pagar honorários ao advogado do vencedor. Importante verificar que os honorários constituem direito do advogado e têm natureza alimentar, com os mesmos privilégios dos créditos oriundos da legislação do trabalho, **sendo vedada a compensação em caso de sucumbência parcial**.

1. Cabe a fixação de honorários: (i) na reconvenção; (ii) no cumprimento de sentença, provisório ou definitivo; (iii) na execução; (iv) nos recursos; além daqueles estipulados pelo magistrado no processo de conhecimento, alertando que tais honorários, quando cabíveis, serão sempre **cumulativos (art. 85, § 1º, do CPC)**.

2. Os honorários serão fixados entre o **mínimo de 10%** e o **máximo de 20%** sobre o **valor da condenação**, do **proveito econômico obtido** ou, **não sendo possível mensurá-lo**, sobre o **valor atualizado da causa**, atendidos: I – o grau de zelo do profissional; II – o lugar de prestação do serviço; III – a natureza e a importância da causa; IV – o trabalho realizado pelo advogado e o tempo exigido para o seu serviço (art. 85, § 2º, do CPC).

3. Nas causas em que a **Fazenda Pública for parte**, a fixação dos honorários observará os critérios estabelecidos nos incisos I a IV do § 2º e os seguintes percentuais:

a) **mínimo de 10%** e **máximo de 20%** sobre o **valor da condenação** ou do **proveito econômico obtido até 200 salários mínimos**;

b) **mínimo de 8%** e **máximo de 10%** sobre o **valor da condenação** ou do **proveito econômico obtido acima de 200 salários mínimos até 2.000 salários mínimos**;

c) **mínimo de 5%** e **máximo de 8%** sobre o **valor da condenação** ou do **proveito econômico obtido acima de 2.000 salários mínimos até 20.000 salários mínimos**;

d) **mínimo de 3%** e **máximo de 5%** sobre o **valor da condenação** ou do **proveito econômico obtido acima de 20.000 salários mínimos até 100.000 salários mínimos**;

e) **mínimo de 1%** e **máximo de 3%** sobre o **valor da condenação** ou do **proveito econômico obtido acima de 100.000 salários mínimos**.

4. Nas causas em que for **inestimável ou irrisório o proveito econômico** ou, ainda, **quando o valor da causa for muito baixo**, o juiz fixará o valor dos honorários por **apreciação equitativa**, observando as determinações do § 2º.

5. Na **ação de indenização por ato ilícito contra pessoa**, o percentual de honorários incidirá sobre a **soma das prestações vencidas acrescida de 12 prestações vincendas**.

6. Nos casos de **perda do objeto**, os honorários serão devidos por quem deu causa ao processo.

7. O **tribunal**, ao julgar **recurso, majorará os honorários** fixados anteriormente levando em conta o trabalho adicional realizado em grau recursal, observando, conforme o caso, o disposto nos §§ 2º a 6º, sendo vedado ao tribunal, no cômputo geral da fixação de honorários devidos ao advogado do vencedor, ultrapassar os respectivos limites estabelecidos nos §§ 2º e 3º para a fase de conhecimento.

8. Os **honorários recursais são cumuláveis** com **multas e outras sanções processuais**, inclusive as previstas no art. 77.

9. As verbas de sucumbência arbitradas em **embargos à execução rejeitados ou julgados improcedentes** e em **fase de cumprimento de sentença** serão acrescidas no **valor do débito principal**, para todos os efeitos legais.

10. O advogado pode requerer que o pagamento dos honorários que lhe caibam seja efetuado em favor da sociedade de advogados que integra na qualidade de sócio.

11. Quando os **honorários forem fixados em quantia certa**, os **juros moratórios** incidirão a partir da **data do trânsito em julgado da decisão**.

12. Os honorários **serão devidos** quando o **advogado atuar em causa própria**.

13. Caso a decisão transitada em julgado seja omissa quanto ao direito aos honorários ou ao seu valor, é **cabível ação autônoma para sua definição e cobrança**.

14. Os **advogados públicos** perceberão honorários de sucumbência, nos termos da lei.

Desta forma, analisando as regras estipuladas pelo CPC para os honorários advocatícios, o candidato deverá atentar-se para o caso de ser feito o pedido correto na petição inicial, na reconvenção, no cumprimento de sentença, na execução de título extrajudicial, inclusive nos embargos do devedor, da mesma forma, nunca se esquecer das hipóteses de honorários recursais, seja a peça exigida pelo examinador se tratar de razões recursais, seja, ainda, contrarrazões a eventual recurso interposto, esclarecendo que o art. 85, § 11, do CPC refere aos honorários na hipótese de ser possível a sua majoração, pressupondo, portanto, sua anterior fixação pelo juiz.

2.3. Justiça gratuita

Outro importante e relevante tema que o candidato deve tomar especial cuidado é a respeito de eventual concessão ou impugnação da gratuita de justiça, caso assim seja indicado pelo examinador no enunciado da peça prática.

Desta forma, verifica-se que o pedido de gratuidade de justiça deve sempre ser formulado na petição inicial, na contestação, na reconvenção, nas petições para eventual ingresso de terceiros no processo ou, até mesmo, nos recursos, possibilitando, inclusive, justificar a eventual dispensa no recolhimento do preparo recursal.

Segundo o art. 98 do CPC, a gratuidade de justiça pode ser requerida:

a) pela pessoa natural ou jurídica, brasileira ou estrangeira;

b) com insuficiência de recursos para pagar as custas, as despesas processuais e os honorários advocatícios.

Ainda, nos termos do § 1º do referido artigo, a gratuidade de justiça compreende todas as chamadas despesas processuais, dentre elas, incluídas:

I – as taxas ou as custas judiciais;

II – os selos postais;

III – as despesas com publicação na imprensa oficial, dispensando-se a publicação em outros meios;

IV – a indenização devida à testemunha que, quando empregada, receberá do empregador salário integral, como se em serviço estivesse;

V – as despesas com a realização de exame de código genético – DNA e de outros exames considerados essenciais;

VI – os honorários do advogado e do perito e a remuneração do intérprete ou do tradutor nomeado para apresentação de versão em português de documento redigido em língua estrangeira;

VII – o custo com a elaboração de memória de cálculo, quando exigida para instauração da execução;

VIII – os depósitos previstos em lei para interposição de recurso, para propositura de ação e para a prática de outros atos processuais inerentes ao exercício da ampla defesa e do contraditório;

IX – os emolumentos devidos a notários ou registradores em decorrência da prática de registro, averbação ou qualquer outro ato notarial necessário à efetivação de decisão judicial ou à continuidade de processo judicial no qual o benefício tenha sido concedido.

Importante verificar que a gratuidade de justiça **poderá ser concedida em relação a algum ou a todos os atos processuais**, ou consistir na **redução percentual de despesas processuais** que o beneficiário tiver de adiantar no curso do procedimento (art. 98, § 5º, do CPC), bem como poderá ser concedido pelo juiz o seu parcelamento (art. 98, § 6º, do CPC).

Ainda, como regra, observar que o réu deverá impugnar a concessão da justiça gratuita concedida ao autor por ocasião da apresentação de sua **contestação**, como preliminar (art. 337, XIII, do CPC), sendo que ao autor caberá a impugnação por ocasião de sua **réplica**. Caso seja concedida em grau recursal, a impugnação deverá ser feita nas **contrarrazões do recurso**.

Por fim, o recurso cabível contra a decisão que concede ou indefere a gratuidade de justiça é o **agravo de instrumento**, exceto se a revogação ou concessão ocorrer na própria sentença, caso em que o recurso cabível será o de **apelação**. Assim, temos:

Matéria	Peça prática
Pedido de gratuidade	Autor: petição inicial. Réu: contestação. Terceiro: petição de ingresso.
Impugnação à concessão	Réu: na contestação, como preliminar (art. 337, XIII, do CPC). Autor: réplica. Recurso: contrarrazões. Pedido superveniente ou feito por terceiro: petição simples (prazo de 15 dias – art. 100 do CPC).
Decisão que concede indefere em 1º grau	Agravo de instrumento. Exceção: se concedida ou revogada na sentença, caberá recurso de apelação.
Decisão que concede ou indefere em 2º grau, por decisão monocrática do relator	Agravo interno.

2.4. Tutelas provisórias

Não é de hoje que em casos pontuais se admite tutela que não seja a definitiva em relação ao bem da vida pretendido como, por exemplo, antes da revisão de um contrato de plano de saúde, a efetivação e tutela provisória de caráter urgente em que se busque antecipadamente, em caso de comprovada urgência, a realização de procedimento médico ou hospitalar imprescindível.

Para esses casos, tem-se a tutela provisória gênero que inaugura as espécies tutela antecipada (antecipação de tutela) e a tutela cautelar que, conforme o art. 294 do CPC, fundamenta-se em urgência ou evidência.

A propósito, segue-se o quadro esquemático:

<table>
<tr><th colspan="5">Tutelas provisórias
(arts. 294 a 311)</th></tr>
<tr><td colspan="4">Tutelas de urgência
(arts. 300 a 310)</td><td>Tutelas de evidência
(art. 311)</td></tr>
<tr><td colspan="2">Antecipada
(arts. 300 a 302)</td><td colspan="2">Cautelar
(arts. 300 a 302)</td><td></td></tr>
<tr><td>Antecedente
(arts. 303 e 304)</td><td>Incidental
(arts. 303 e 304)</td><td>Antecedente
(arts. 305 a 310)</td><td>Incidental
(arts. 305 a 310)</td><td></td></tr>
</table>

Com efeito, o pedido de tutela provisória pode ser processado juntamente com o pedido principal, ainda que este possa ser apresentado posteriormente, por aditamento à inicial, sendo, portanto, esta tutela instaurada tanto por meio de ação como por meio de pedido no curso de demanda já existente.

A **tutela será antecipada** quando se pretender o resultado final quisto para já, mesmo que mediante cognição sumária, fazendo com que a pretensão processual seja para agora concedida e, ao final, confirmada, sendo, por exemplo, o caso de tutela provisória de urgência antecipatória que busque a imediata internação e realização de procedimento cirúrgico de paciente que detém plano de saúde, evitando-se que prejuízo ainda maior se realize.

De outro lado, a **tutela será cautelar** quando busque acautelar, preservar, conservar determinado direito, sendo medida que tem a finalidade protetiva, diferentemente da antecipatória, sendo, por exemplo, o caso de demanda que tenha o condão que busque apreender menor que está sendo levado por um dos genitores para o exterior, assegurando que este não deixe o país, mesmo que a guarda venha a ser discutida em outro processo, a ser proposto, ou até na própria cautelar que, depois do aditamento, ordinarizar-se-á permitindo, caso seja de interesse das partes, a discussão relativa à guarda do menor.

Nesse passo, a tutela provisória pode ser concedida em **caráter antecedente ou incidente**, sendo que a **tutela provisória antecedente** se dará quando, mesmo antes de propor a demanda principal que busque discutir o bem da vida mediatamente pretendido (por exemplo, a revisão do contrato de plano de saúde ou a guarda de menor), a parte interessada pretenda receber a tutela antecipatória ou cautelar para já. De outro lado, diversamente, a **tutela provisória será incidente** quando o interessado, no curso de demanda anteriormente proposta que discuta o bem da vida pretendido, veja-se obrigado a, no curso desta demanda, promover medida incidente, quer antecipatória quer cautelar, para que se veja protegida a tutela incidente necessária ao caso como, por exemplo, no curso da ação de fixação de guarda a cautelar de busca e apreensão do menor ou a produção antecipada de provas.

A tutela provisória requerida em caráter incidental independe do pagamento de custas, pois estará frente à medida que se concretiza no curso de processo já instaurado, para o qual as custas processuais, se cabíveis para o caso, já foram pagas, não fazendo sentido haver cobrança de valores para a concretização da tutela provisória referida, nos termos do art. 295 do CPC.

Entretanto, observar que haverá tutela definitiva quando o juiz pronuncia decisão de mérito acolhendo, em caráter definitivo, pedido do autor, seja após instrução do processo, seja por decisão antecipada de mérito (art. 355, I), decidindo sobre o bem da vida pretendido.

De fato, uma das características da tutela provisória de urgência cautelar ou antecipatória é o *periculum in mora*, ou seja, o perigo da demora de conceder a tutela provisória vindicada, sendo situação que o juiz pode deferir a medida, mas sem caráter definitivo, pois realmente pronunciamento de caráter provisório.

Com efeito, haverá a chamada **tutela provisória da evidência**, independentemente da demonstração de perigo de dano ou de risco ao resultado útil do processo, mas quando presente a evidência do direito requisitado como:

i) caso fique caracterizado o abuso do direito de defesa ou o manifesto propósito protelatório da parte;
ii) caso as alegações de fato possam ser comprovadas apenas documentalmente e houver tese firmada em julgamento de casos repetitivos ou em súmula vinculante;
iii) se tratar de pedido reipersecutório fundado em prova documental adequada do contrato de depósito;
iv) ou, por fim, se a petição inicial for instruída com prova documental suficiente dos fatos constitutivos do direito do autor, a que o réu não oponha prova capaz de gerar dúvida razoável.

Em relação à tutela provisória, observando os pedidos, primeiro se processa o pedido de tutela provisória, tanto caso incidente como antecedente, neste caso, se ordinarizada. Depois do pedido de tutela provisória, em face da sua urgência característica, então, decidir-se-á o pedido da tutela definitiva, qual seja o pedido que diz respeito ao bem da vida pretendido.

A **tutela cautelar distingue-se da antecipada** pelo elemento de satisfatividade, pois a cautelar se limita a garantir o direito do autor, ao passo que, ao outorgar tutela antecipatória, o juiz entrega ao autor, antes da decisão final, o próprio bem objeto do pedido principal, por decisão provisória, sujeita a reapreciação na sentença, sendo o caso de tutela satisfativa.

Verifica-se que o **exercício judicante na tutela provisória é de natureza sumária**, enquanto não ordinarizada, visto que o campo probatório e de exercício do contraditório e da ampla defesa é limitado ao comparar-se com a tutela definitiva que é, efetivamente, exauriente. Será sumária a cognição quando reduzida para que se possa, em todos os instrumentos processuais procedimentais tradicionais decidir sobre tutela emergencialmente pretendida em caráter provisório. De outro lado, **exauriente será a cognição do procedimento** comum que em processo de tutela definitiva implementam-se todos os procedimentos e garantias processuais pertinentes que incrementam o contraditório e a ampla defesa.

De fato, a tutela provisória é aquela que, em decorrência desta natural limitação cognitiva, não está apta a decidir definitivamente sobre a questão posta e que, sem prejuízo da sua imediata eficácia que poderá se implementar mediante decisão judicial, poderá ser modificada a qualquer momento, bem como poderá vir a ser objeto de um provimento definitivo mediante procedimento de cognição exauriente.

Portanto, as características principais das tutelas provisórias são, inicialmente:

i) A ***inércia***, pois não pode ser concedida de ofício pelo julgador, dependendo de pedido para ser concedida, muito embora a forma de realização possa ser instrumentalizada pelo juiz de forma eficaz.

ii) A ***provisoriedade***, visto que pode ser modificada ou revogada a qualquer tempo, desde que obedeça às regras de estabilização da tutela provisória.

iii) A ***instrumentalidade***, pelo fato de a tutela provisória se vincular a um pedido principal que poderá ser assegurado ou antecipado.

iv) A ***fungibilidade***, já que o juiz pode conceder tutela cautelar em lugar da antecipatória que foi requerida ou vice-versa, visando sempre superar o equívoco para fazer com que o processo possa ter aptidão de permitir ao julgador decidir sobre a tutela provisória.

v) A ***cognição sumária***, visto ser a tutela provisória procedimento que não necessitada de maior amplitude de instrumentos processuais para debate da questão a qual se pretende proteger, permitindo que a questão observada seja sumariamente decidida com base nos elementos processuais que não dependem de complexa fase probatória, por exemplo.

Em sendo concedida, denegada ou postergada indevidamente a apreciação do pedido de tutela provisória, por meio de decisão interlocutória, cabível será o agravo de instrumento (art. 1.015, I, do CPC), pois recurso ajustado para atacar decisão interlocutória. Isso se dará no caso de tutela provisória requerida incidentalmente no curso de um processo, bem como pode se dar do pedido de tutela antecedente.

De outro lado, caso se esteja frente a capítulo de uma sentença que confirma, concede ou revoga a tutela provisória, o recurso cabível será a apelação (art. 1.013, § 5º, do CPC).

Outro aspecto que não pode ser desconsiderado diz respeito à **competência**.

Realmente, a tutela provisória será requerida ao **juízo da causa** (se incidente), pois a demanda (pedido) principal que discute o bem da vida já está ajudada e em pleno curso natural.

Entretanto, não havendo a anterior propositura da demanda (pedido) principal, quando **antecedente a tutela provisória** pretendida, deve-se observar as **regras de competência** para que seja distribuída a tutela provisória no juízo competente para conhecer do **pedido principal** (art. 299 do CPC), sendo, seguidamente, depois de concedida a tutela e aditada a inicial, ordinarizado o rito processual, passando a demanda a, então, debater já não somente a tutela provisória e seus requisitos, mas, de outro lado, a questão do bem da vida principal que está sendo disputado pelas partes, mas, desta vez, mediante juízo de cognição exauriente e já não mais sumário.

Como é sabido, ressalvada disposição especial, na **ação de competência originária de tribunal** e nos **recursos** a tutela provisória será requerida ao **órgão jurisdicional competente para apreciar o mérito**.

Com efeito, o pedido de **concessão de efeito suspensivo a recurso extraordinário ou a recurso especial** poderá ser formulado por requerimento dirigido ao tribunal superior respectivo, no período compreendido entre a publicação da decisão de admissão do recurso e sua distribuição, ficando o relator designado para seu exame prevento para julgá-lo na linha do (art. 1.029, § 5º, do CPC).

Caso o recurso já esteja distribuído, quem conhecerá da tutela pretendida será o **relator do recurso**. Por fim, o **presidente ou vice-presidente do tribunal local** é quem conhecerá da tutela almejada e requerida no período compreendido entre a **interposição do recurso e a publicação da decisão de admissão do recurso**, assim como no caso de o recurso ter sido sobrestado (art. 1.037 do CPC).

2.4.1. Procedimento da tutela antecipada antecedente

Nos casos em que a **urgência for contemporânea à propositura da ação**, a petição inicial pode limitar-se ao requerimento da tutela antecipada e à indicação do pedido de tutela final, com a exposição da lide, do direito que se busca realizar e do perigo de dano ou do risco ao resultado útil do processo (art. 303 do CPC).

Evidencia-se que o perigo na demora pode ser caracterizado como aquele em que se realiza surpreendentemente, ou seja, de forma não esperada e imaginada, antes da propositura da demanda que, de forma pontual, traria o pedido principal do bem da vida pretendido. Seguindo na compreensão do procedimento, pode ser que a tutela provisória antecipada antecedente vindicada seja **indeferida**, caso em que será possível ao interessado autor interpor o **agravo de instrumento**, com fundamento no art. 1.015, I, do CPC.

De outro lado, caso a **tutela antecipada antecedente seja concedida** (art. 303, § 1º, I, do CPC), o **autor deverá aditar** a petição inicial, sem a incidência de novas custas, § 3º do art. 303, visto que o processo já está instaurado e iniciado não havendo nova distribuição ou algo que justifique a cobrança de novas custas, com a complementação de sua argumentação, a juntada de novos documentos e a confirmação do pedido de tutela final, em 15 dias ou em outro prazo maior que o juiz fixar. Neste caso, estar-se frente a um aditamento que tem função de **complementar a petição inicial** da tutela provisória antecipada antecedente, **mas não de uma emenda**. Caso o órgão jurisdicional entenda que **não há elementos para a concessão de tutela antecipada**, determinará a **emenda da petição inicial** em até cinco dias, sob pena de ser indeferida e de o processo ser extinto sem resolução de mérito (art. 303, § 6º, do CPC).

Não realizado o aditamento, o **processo será extinto sem resolução do mérito** (art. 303, § 2º), permitindo-se ao autor a propositura de nova demanda com a finalidade de obter a tutela provisória, situação na qual deverá este, desta vez, para não obter nova decisão extintiva sem exame de mérito, ajustar a inicial demonstrando cabalmente o cabimento, no caso concreto, da tutela provisória antecipada antecedente pretendida.

Seguindo o procedimento, depois de concedida a tutela provisória antecipada antecedente, o réu será citado e intimado para a audiência de conciliação ou de mediação na forma do art. 334 do CPC (art. 303, § 1º, II). Caso não haja autocomposição, o prazo para contestação será contado na forma do art. 335 do CPC.

Na petição inicial, o autor deve indicar o valor da causa, que deve levar em consideração o pedido de tutela final (§ 4º), assim como o autor indicará na petição inicial, ainda, que pretende valer-se do benefício previsto no *caput* do art. 303, assim como assegura o § 5º, do art. 303 do CPC.

2.4.2. Estabilização da tutela antecipada antecedente

Concedida a tutela nos termos do art. 303 do CPC, torna-se estável se da decisão que a conceder se não for interposto o respectivo recurso (art. 304 do CPC). Nesse caso, o processo será extinto (art. 304, § 1º).

Afirme-se que, realmente, caso o réu não agrave ou não conteste certamente se estabilizará a tutela provisória, visando fazer-se concretizar a segurança jurídica e a não eternização dos conflitos. Caso o réu agrave da decisão de concessão da tutela provisória antecipada antecedente, certamente não se estabilizará a decisão. Da mesma forma que não se terá a referida estabilização caso o réu não agrave mais, de outro lado, conteste, razão porque além de não estabilizada a tutela, também não será extinto o processo, podendo, ainda, ser ordinarizado, caso seja aditada a petição inicial para agregar à tutela, até então provisória, o pedido definitivo do bem da vida pretendido.

Ademais, qualquer das partes poderá demandar a outra com o intuito de rever, reformar ou invalidar a tutela antecipada estabilizada. Destacadamente, a tutela antecipada conservará seus efeitos enquanto não revista, reformada ou invalidada por decisão de mérito proferida na ação de que trata o § 2º do art. 304.

Deve-se ter presente que o direito de rever, reformar ou invalidar a tutela antecipada, previsto no § 2º do art. 304, **extingue-se após dois anos**, contados da ciência da decisão que extinguiu o processo, nos termos do § 1º (art. 304, § 5º, do CPC).

Finalmente, destaque-se que, nos termos do art. 304, § 6º, do CPC, a decisão que concede a tutela não fará coisa julgada, mas a estabilidade dos respectivos efeitos só será afastada por decisão que a revir, reformar ou invalidar, proferida em ação ajuizada por uma das partes, nos termos do § 2º do art. 304.

2.4.3. Procedimento da tutela cautelar antecedente

O autor pode, na petição inicial, requerer a tutela cautelar, formulando desde logo o pedido principal ou protestar por sua posterior apresentação. Resta imprescindível que a petição inicial indique o direito acautelado:

i) a lide e seu fundamento;

ii) a exposição sumária do direito que objetiva assegurar;

iii) a existência objetiva de perigo de dano ou risco ao resultado útil do processo, assim como determina o art. 305 do CPC.

Aqui, o juízo de cautela, ou seja, aquele que busca assegurar o resultado útil do processo, objetiva proteger, via tutela provisória, o direto invocado.

Assim, em face da petição inicial, pode o juiz:

a) determinar que o autor, no prazo de 15 dias, a emende ou a complete, indicando com precisão o que deve ser corrigido ou completado (art. 321);
b) indeferir a inicial (art. 330);
c) conceder liminarmente a medida cautelar (art. 300, § 2º);
d) determinar a realização de audiência de justificação, para colher as provas produzidas pelo autor para fins de concessão da medida sem audiência do réu (art. 300, § 2º);
e) determinar a citação do réu para, no prazo de cinco dias contestar o pedido de cautela e indicar as provas que pretende produzir (art. 306).

Ademais, caso o juiz entenda que o pedido a que se refere o *caput* tem natureza antecipada, observará o disposto no art. 303 do CPC, em decorrência da **fungibilidade entre as tutelas provisórias antecipatórias e cautelares**.

Efetivamente, conta-se o prazo para a contestação **da data da juntada aos autos do mandado de citação cumprido**, quando realizada por ***oficial de justiça*** (art. 231, II, do CPC). Recebida a inicial, o réu será citado para, no prazo de **cinco dias, contestar o pedido e indicar as provas que pretende produzir** (art. 306).

Destarte, a concessão da medida liminarmente ou ainda após justificação prévia pode evidentemente ser concedida/deferida *inaudita altera parte*, ou seja, sem a ouvida da parte contrária, sem a exigência de que da citação do réu possa decorrer a ineficácia da medida.

Com efeito, **não sendo contestado o pedido**, há de se reconhecer a revelia e a confissão ficta, pois os fatos alegados pelo autor presumir-se-ão aceitos pelo réu como ocorridos, caso em que o juiz decidirá dentro de cinco dias (art. 307 do CPC).

Todavia, **contestado o pedido** no prazo, observar-se-á o **procedimento comum**, fazendo com que seja então ocorrente a ordinarização do procedimento.

Com efeito, **efetivada a tutela cautelar**, o pedido principal terá de ser formulado pelo autor no prazo de **30 dias**, caso em que será apresentado nos mesmos autos em que deduzido o pedido de tutela cautelar, não dependendo do adiantamento de novas custas processuais. Ainda assim, nada impede, de outro lado, que o pedido principal venha a ser formulado conjuntamente com o pedido de tutela cautelar desde o início, dependendo da urgência e do interesse do autor.

Segundo o art. 308, § 2º, do CPC, a causa de pedir poderá ser aditada no momento de formulação do pedido principal. Sendo apresentado o pedido principal, as partes serão então intimadas para a audiência de conciliação ou de mediação, na forma do art. 334 do CPC, por seus advogados ou pessoalmente, sem necessidade de nova citação do réu. Entretanto, não havendo autocomposição, o prazo para contestação será contado na forma do art. 335 do CPC.

Caso a medida seja concedida, cessa a sua eficácia, se não efetivada no prazo de 30 dias (art. 309, II), o que não implica extinção do processo, podendo o autor apresentar o pedido principal nos subsequentes 30 dias, se já não apresentado na inicial. Efetivada a medida cautelar, tem o autor o prazo de 30 dias para formular o pedido principal (art. 308), caso já não o tenha apresentado antes, juntamente com o pedido de cautela (art. 308, § 1º). Ainda, cessa a eficácia da medida cautelar, se nesse prazo o autor não deduz o pedido principal (art. 309, I). Com efeito, o indeferimento da cautela não obsta a apresentação do pedido principal, no mesmo prazo de 30 dias (art. 308, por analogia). Se foi indeferida ou deixou de ser efetivada a cautela e o autor não adita a inicial, extingue-se o processo.

Apresentado o pedido principal, as partes são intimadas para a audiência de conciliação ou de mediação (art. 308, § 3º, do CPC). Não havendo acordo, o réu terá o prazo de 15 dias para contestar o pedido principal (art. 308, § 4º).

2.4.4. Principais peças processuais da tutela provisória

2.4.4.1. Modelo de tutela provisória de urgência – tutela antecipada requerida em caráter antecedente.

EXCELENTÍSSIMO SENHOR DOUTOR JUIZ DE DIREITO DA... VARA CÍVEL DA COMARCA DE...

(Para a prova, em se tratando de inicial, pular uma linha e escrever "pular 10 linhas" e pule mais uma linha para iniciar o preâmbulo)

NOME DO AUTOR, "nacionalidade...", "estado civil...", "profissão..." (se pessoa jurídica indicar se de direito privado, público interno ou público externo), inscrito no "CPF/CNPJ sob o n. ...", "endereço eletrônico...", "domiciliado à rua..." (se for pessoa jurídica "com sede à rua..."), vem, respeitosamente, por intermédio de seu advogado infra-assinado, perante Vossa Excelência, ajuizar a presente TUTELA PROVISÓRIA DE URGÊNCIA – TUTELA ANTECIPADA REQUERIDA EM CARÁTER ANTECEDENTE, com fulcro no "art. ...", em face de NOME DO RÉU, "nacionalidade...", "estado civil...", "profissão...", inscrito no "CPF/CNPJ sob o n. ...", "endereço eletrônico...", "domiciliado à rua..." pelos fundamentos de fato e de direito a seguir expostos:

Fazer uma apertada síntese dos fatos, evidenciando o fumus boni iuris *(probabilidade do direito) e o* periculum in mora *(perigo de dano ou risco ao resultado útil do processo), arts. 300, 301 e 303 do CPC, e a futura execução. Importante mencionar o pedido da tutela final. Fale do cabimento da concessão de liminar e das demais noções que apontamos como relevante.*

Diante de todo o exposto, requer-se a Vossa Excelência:

a) Seja o réu citado para, querendo, apresentar resposta no prazo legal de 15 dias, em uma das modalidades permitidas na lei processual, ou, se for o caso, intimado para a audiência de conciliação ou mediação, na forma do art. 334 do CPC.

b) Seja concedida a tutela antecipada, para "(*pedido da tutela...*)".

c) NO MÉRITO, sejam ao final confirmados os efeitos da liminar, sendo julgado procedente o pedido final "*conforme indicado* (*colocar o pedido final*)".

d) Seja o réu condenado em custas e honorários advocatícios em percentuais arbitrados nos termos do art. 85, § 2º, do Código de Processo Civil.

e) Sejam deferidos todos os meios de prova admitidos em direito para comprovação dos fatos que se apresentarem controvertidos.

O endereço do advogado do autor, onde deverá receber as intimações, é "Endereço...".

Dá-se à causa o valor de R$ (*colocar valor da causa, que é o valor da execução que se seguirá*).

Nestes termos,

Pede deferimento.

2.4.4.2. Modelo de tutela provisória de urgência – cautelar de arresto requerida em caráter antecedente

EXCELENTÍSSIMO SENHOR DOUTOR JUIZ DE DIREITO DA... VARA CÍVEL DA COMARCA DE...

(pular 10 linhas)

NOME DO AUTOR, "nacionalidade...", "estado civil...", "profissão..." (se pessoa jurídica indicar se de direito privado, público interno ou público externo), inscrito no "CPF/CNPJ sob o n. ...", "endereço eletrônico", "domiciliado à rua..." (se for pessoa jurídica "com sede à rua..."), vem, respeitosamente, por intermédio de seu advogado infra-assinado, perante Vossa Excelência, ajuizar a presente TUTELA PROVISÓRIA DE URGÊNCIA - CAUTELAR DE ARRESTO REQUERIDA EM CARÁTER ANTECEDENTE, com fulcro nos "arts. ...", em face de NOME DO RÉU, "nacionalidade...", "estado civil...", "profissão...", inscrito no "CPF/CNPJ sob o n. ...", "endereço eletrônico...", "domiciliado à rua..." pelos fundamentos de fato e de direito a seguir expostos:

Fazer uma apertada síntese dos fatos, evidenciando a existência de uma dívida pecuniária certa e líquida a partir da existência de um título executivo. Evidencie o fumus boni iuris *(probabilidade do direito) e o* periculum in mora *(perigo de dano e risco ao resultado útil do processo), arts. 300, 301 e 305 do CPC, e a futura execução. Fale do cabimento da concessão de liminar e das demais noções que apontamos como relevante.*

Diante de todo o exposto, requer-se a Vossa Excelência:

a) Seja o réu citado para, querendo, apresentar resposta no prazo legal de cinco dias, em uma das modalidades permitidas na lei processual.

b) Seja concedida liminarmente a cautelar de arresto, sendo arrestados os seguintes bens que pertencem ao réu: "bens...".

c) NO MÉRITO, sejam ao final confirmados os efeitos da liminar, sendo julgado procedente o pedido cautelar de arresto dos bens indicados.

d) Seja o réu condenado em custas e honorários advocatícios em percentuais arbitrados nos termos do art. 85, § 2º, do Código de Processo Civil.

e) Sejam deferidos todos os meios de prova admitidos em direito para comprovação dos fatos que se apresentarem controvertidos.

O endereço do advogado do autor, onde deverá receber as intimações, é "Endereço...".

Dá-se à causa o valor de R$ (*colocar valor da causa, que é o valor da execução que se seguirá*).

Nestes termos,

Pede deferimento.

"Local..." e "Data..."

OAB n. ..., "Assinatura..."

2.4.4.3. Modelo de tutela provisória de urgência – cautelar de sequestro requerida em caráter antecedente

EXCELENTÍSSIMO SENHOR DOUTOR JUIZ DE DIREITO DA... VARA CÍVEL DA COMARCA DE...

(pular 10 linhas)

NOME DO AUTOR, "nacionalidade...", "estado civil...", "profissão..." (se pessoa jurídica indicar se de direito privado, público interno ou público externo), inscrito no "CPF/CNPJ sob o n. ...", "endereço eletrônico...", "domiciliado à rua..." (se for pessoa jurídica "com sede à rua..."), vem, respeitosamente, por intermédio de seu advogado infra-assinado, perante Vossa Excelência, ajuizar a presente TUTELA PROVISÓRIA DE URGÊNCIA – CAUTELAR DE SEQUESTRO REQUERIDA EM CARÁTER ANTECEDENTE, com fulcro nos "arts. ...", em face de NOME DO RÉU, "nacionalidade...", "estado civil...", "profissão...", inscrito no "CPF/CNPJ sob o n. ...", "endereço eletrônico...", "domiciliado à rua..." pelos fundamentos de fato e de direito a seguir expostos:

Fazer uma apertada síntese dos fatos, evidenciando a existência de um litígio a respeito de um bem, ou seja, indique a coisa litigiosa. Evidencie o fumus boni iuris *(probabilidade do direito) e o* periculum in mora *(perigo de dano ou risco ao resultado útil do processo), arts. 300, 301 e 305 do CPC, e a futura execução. Fale do cabimento da concessão de liminar e das demais noções que apontamos como relevante.*

Diante de todo o exposto, requer-se a Vossa Excelência:

a) Seja o réu citado para, querendo, apresentar resposta no prazo legal de cinco dias, em uma das modalidades permitidas na lei processual.

b) Seja concedida liminarmente a cautelar de sequestro, sendo sequestrado do "bem...".

c) NO MÉRITO, sejam ao final confirmados os efeitos da liminar, sendo julgado procedente o pedido cautelar de sequestro "do bem...".

d) Seja o réu condenado em custas e honorários advocatícios em percentuais arbitrados nos termos do art. 85, § 2º, do Código de Processo Civil.

e) Sejam deferidos todos os meios de prova admitidos em direito para comprovação dos fatos que se apresentarem controvertidos.

O endereço do advogado do autor, onde deverá receber as intimações, é "Endereço...".

Dá-se à causa o valor de R$ (*colocar valor da causa, que é o valor do bem sequestrado*).

Nestes termos,

Pede deferimento.

"Local..." e "Data..."

OAB n. ..., "Assinatura..."

2.4.4.4. Modelo de tutela provisória de urgência – cautelar de arrolamento de bens requerida em caráter antecedente

EXCELENTÍSSIMO SENHOR DOUTOR JUIZ DE DIREITO DA... VARA CÍVEL DA COMARCA DE...

(pular 10 linhas)

NOME DO AUTOR, "nacionalidade...", "estado civil...", "profissão..." (se pessoa jurídica indicar se de direito privado, público interno ou público externo), inscrito no "CPF/CNPJ sob o n. ...", "endereço eletrônico...", "domiciliado à rua..." (se for pessoa jurídica "com sede à rua..."), vem, respeitosamente, por intermédio de seu advogado infra-assinado, perante Vossa Excelência, ajuizar a presente TUTELA PROVISÓRIA DE URGÊNCIA – CAUTELAR DE ARROLAMENTO DE BENS REQUERIDA EM CARÁTER ANTECEDENTE, com fulcro nos "arts. ...", em face de NOME DO RÉU, "nacionalidade...", "estado civil...", "profissão...", inscrito no "CPF/CNPJ sob o n. ...", "endereço eletrônico...", "domiciliado à rua..." pelos fundamentos de fato e de direito a seguir expostos:

Fazer uma apertada síntese dos fatos, evidenciando o receio de extravio de bens ou de dissipação de um patrimônio, sem se saber extensão desse conjunto de bens, que deverão ser arrolados e entregues a um depositário. Evidencie o fumus boni iuris *(probabilidade do direito) e o* periculum in mora *(perigo de dano ou risco ao resultado útil do processo), arts. 300, 301 e 305 do CPC, e a futura execução. Fale do cabimento da concessão de liminar e das demais noções que apontamos como relevante.*

Diante de todo o exposto, requer-se a Vossa Excelência:

a) Seja o réu citado para, querendo, apresentar resposta no prazo legal de cinco dias, em uma das modalidades permitidas na lei processual.

b) Seja concedida liminarmente a cautelar de arrolamento de bens, sendo descritos os bens que... (você deve indicar a situação exposta no enunciado da questão da na peça prático-profissional), com a posterior entrega a um depositário.

c) NO MÉRITO, sejam ao final confirmados os efeitos da liminar, sendo julgado procedente o pedido cautelar de arrolamento dos bens citados.

d) Seja o réu condenado em custas e honorários advocatícios em percentuais arbitrados nos termos do art. 85, § 2º, do Código de Processo Civil.

e) Sejam deferidos todos os meios de prova admitidos em direito para comprovação dos fatos que se apresentarem controvertidos.

O endereço do advogado do autor, onde deverá receber as intimações, é "Endereço...".

Dá-se à causa "o valor..." para fins meramente fiscais.

Nestes termos,

Pede deferimento.

"Local..." e "Data..."

OAB n. ..., "Assinatura..."

2.4.4.5. Modelo de tutela provisória de urgência – cautelar de busca e apreensão requerida em caráter antecedente

EXCELENTÍSSIMO SENHOR DOUTOR JUIZ DE DIREITO DA... VARA CÍVEL DA COMARCA DE...

(pular 10 linhas)

NOME DO AUTOR, "nacionalidade...", "estado civil...", "profissão..." (se pessoa jurídica indicar se de direito privado, público interno ou público externo), inscrito no "CPF/CNPJ sob o n. ...", "endereço eletrônico...", "domiciliado à rua..." (se for pessoa jurídica "com sede à rua..."), vem, respeitosamente, por intermédio de seu advogado infra-assinado, perante Vossa Excelência, ajuizar a presente TUTELA PROVISÓRIA DE URGÊNCIA – CAUTELAR DE BUSCA E APREENSÃO REQUERIDA EM CARÁTER ANTECEDENTE, com fulcro no "art. ...", em face de NOME DO RÉU, "nacionalidade...", "estado civil...", "profissão...", inscrito no "CPF/CNPJ sob o n. ...", "endereço eletrônico...", "domiciliado à rua..." pelos fundamentos de fato e de direito a seguir expostos:

Fazer uma apertada síntese dos fatos, evidenciando o caso de apreensão do bem e que é incabível arresto, sequestro e arrolamento de bens, seja porque necessária uma prévia busca do bem, seja porque recai sobre pessoas. Fale do cabimento da concessão de liminar, nos termos dos arts. 300, 301 e 305 do CPC, e das demais noções que apontamos como relevante.

Diante de todo o exposto, requer-se a Vossa Excelência:

a) Seja o réu citado para, querendo, apresentar resposta no prazo legal em uma das modalidades permitidas na lei processual.

b) Seja deferido pedido de liminar para imediata busca "do bem..." (*pede ser uma pessoa*), para entrega também imediata ao autor da presente ação.

c) NO MÉRITO, sejam ao final confirmados os efeitos da liminar, sendo julgado procedente o pedido cautelar de busca e apreensão dos bens citados.

d) Seja o réu condenado em custas e honorários advocatícios em percentuais arbitrados nos termos do art. 85, § 2º, do Código de Processo Civil.

e) Sejam deferidos todos os meios de prova admitidos em direito para comprovação dos fatos que se apresentarem controvertidos.

O endereço do advogado do autor, onde deverá receber as intimações, é "Endereço...".

Dá-se à causa "o valor..." para fins meramente fiscais.

Nestes termos,

Pede deferimento.

"Local..." e "Data..."

OAB n. ..., "Assinatura..."

2.4.4.6. Modelo de tutela provisória de urgência – cautelar de justificação requerido em caráter antecedente

EXCELENTÍSSIMO SENHOR DOUTOR JUIZ DE DIREITO DA... VARA CÍVEL DA COMARCA DE...

(pular 10 linhas)

NOME DO AUTOR, "nacionalidade...", "estado civil...", "profissão..." (se pessoa jurídica indicar se de direito privado, público interno ou público externo), inscrito no "CPF/CNPJ sob o n. ...", "endereço eletrônico...", "domiciliado à rua..." (se for pessoa jurídica "com sede à rua..."), vem, respeitosamente, por intermédio de seu advogado infra-assinado, perante Vossa Excelência, através da presente TUTELA PROVISÓRIA DE URGÊNCIA - CAUTELAR DE JUSTIFICAÇÃO REQUERIDA EM CARÁTER ANTECEDENTE, com fulcro no "art. ...", expor e requerer o que se segue:

1. No "dia..." ocorreu uma explosão de um grande balcão localizado "à rua...".

2. Fulano de tal, marido da autora da presente ação, encontrava-se no local no momento do acidente, mas seu corpo não fora encontrado.

3. Testemunham o fato:

a) Nome da testemunha, "nacionalidade...", "estado civil...", "profissão...", inscrito no "CPF sob o n. ...", "domiciliado à rua...".

b) Nome da testemunha, "nacionalidade...", "estado civil...", "profissão...", inscrito no "CPF sob o n. ...", "domiciliado à rua...".

Diante dos fatos e diante dos testemunhos citados, requer-se a Vossa Excelência que justifique a morte de fulano de tal, ordenando o assento de seu óbito no Cartório de Registro Civil.

O endereço do advogado do autor, onde deverá receber as intimações, é "Endereço...".

Dá-se à causa "o valor..." para fins meramente fiscais.

Nestes termos,

Pede deferimento.

"Local..." e "Data..."

OAB n. ..., "Assinatura..."

2.4.4.7. Modelo de tutela provisória de evidência

EXCELENTÍSSIMO SENHOR DOUTOR JUIZ DE DIREITO DA... VARA CÍVEL DA COMARCA DE...

(pular 10 linhas)

NOME DO AUTOR, "nacionalidade...", "estado civil...", "profissão..." (se pessoa jurídica indicar se de direito privado, público interno ou público externo), inscrito no "CPF/CNPJ sob o n. ...", "endereço eletrônico...", "domiciliado à rua..." (se for pessoa jurídica "com sede à rua..."), vem, respeitosamente, por intermédio de seu advogado infra-assinado, perante Vossa Excelência, ajuizar a presente TUTELA PROVISÓRIA DE EVIDÊNCIA, com fulcro no art. 311 do CPC, em face de NOME DO RÉU, "nacionalidade...", "estado civil...", "profissão...", inscrito no "CPF/CNPJ sob o n. ...", "endereço eletrônico...", "domiciliado à rua..." pelos fundamentos de fato e de direito a seguir expostos:

Fazer uma apertada síntese dos fatos, evidenciando a probabilidade do direito e uma das hipóteses previstas no art. 311 do CPC: ficar caracterizado o abuso do direito de defesa ou o manifesto propósito protelatório da parte; as alegações de fato puderem ser comprovadas apenas documentalmente e houver tese firmada em julgamento de casos repetitivos ou em súmula vinculante; se tratar de pedido reipersecutório fundado em prova documental adequada do contrato de depósito, caso em que será decretada a ordem de entrega do objeto custodiado, sob cominação de multa; a petição inicial for instruída com prova documental suficiente dos fatos constitutivos do direito do autor, a que o réu não oponha prova capaz de gerar dúvida razoável. Fale do cabimento da concessão de liminar e das demais noções que apontamos como relevante.

Diante de todo o exposto, requer-se a Vossa Excelência:

a) Seja concedida a tutela de evidência, para "(*pedido da tutela...*)".

Nestes termos,

Pede deferimento.

"Local..." e "Data..."

OAB n. ..., "Assinatura..."

3. PROCESSO DE CONHECIMENTO

3.1. Petição inicial

3.1.1. Apresentação

A petição inicial (também chamada de exordial, peça inaugural ou simplesmente inicial), segundo a doutrina, é o instrumento da demanda. É sabido que o processo civil começa por iniciativa das partes (art. 2º do CPC), o que se dará com a propositura da ação por intermédio da petição inicial. Portanto, a petição inicial é o ato processual por meio do qual se exerce o direito de ação, implantando-se a atividade jurisdicional.

Desta forma, é justamente na petição inicial que o autor apresenta todas as suas argumentações, ou seja, todos os elementos necessários para a análise da ação, delimitando todos os elementos identificadores da demanda, sobre os quais delimitará o julgamento do magistrado, possibilitando o exercício do contraditório e os efeitos inerentes à coisa julgada, sendo ato solene por natureza, devendo ser obedecidos e observados os requisitos previstos nos arts. 319 e 320 do CPC.

3.1.2. Como identificar a peça

Como regra, sempre que o examinador exigir dos candidatos a estruturação e realização de uma petição inicial como peça prática na 2ª fase do exame de ordem narrará um caso prático, descrevendo toda a situação hipotética com sua intercorrências e peculiaridades, no entanto, **sem a identificação de que houve a propositura de uma ação judicial anterior**. Ou seja, o candidato, na condição de advogado de uma das partes descritas pelo caso concreto apresentado pelo examinador, deverá apresentar a medida judicial cabível, que, neste caso específico, será uma petição inicial, tendo em vista que em nenhum momento durante a exposição do enunciado foi noticiada a propositura de uma ação.

Resumindo: sempre que estivermos diante de uma petição inicial, o examinador não indicará a existência de procedimento judicial anterior, bem como de nenhuma ação judicial tramitando, cabendo ao candidato a propositura da peça prática que dará início ao litígio.

3.1.3. Requisitos essenciais, fundamentos legais e estrutura da petição inicial

Antes mesmo de se dedicar detidamente à peça, relevante observar, a partir da questão, o tipo de ação que se está possivelmente a cobrar na prova. Um primeiro passo, certamente, acaba sendo desvendar que tipo de questão de direito material (por exemplo: obrigações, contratos, sucessões etc.) envolve o problema proposto, para, então, detalhar dentro disso qual a questão envolvida (em contratos, o contrato de seguro; ou em sucessões, a partilha de bens entre o cônjuge sobrevivente e o descendente, por exemplo), seguidamente podendo, enfim, descobrir a peça processual apta a preencher essa finalidade (ex.: em contrato de compra e venda, uma ação exigindo o pagamento do valor acordado ou a entrega da coisa comprada).

Por certo, as ações, no âmbito do processo de conhecimento, podem ser:

i) **ações declaratórias:** é o provimento judicial destinado ao reconhecimento da existência ou inexistência da relação jurídica;

ii) **ações constitutivas:** é o provimento em que se busca a constituição de uma relação jurídica, ou seja, é a pretensão de extinção, modificação ou criação de estado jurídico;

iii) **ações condenatórias:** é o provimento judicial em que se busca a condenação de uma das partes ao pagamento de quantia ou a fazer ou deixar de fazer algo, ou seja, é a pretensão de exigir a uma das partes o cumprimento de uma obrigação, tendente à formação de um título executivo.

Ressalta-se que, além dessas, classificam-se as ações também em: (iv) mandamentais; e (v) executivas *lato sensu*. Da mesma forma que as sentenças também poderão, em resposta às demandas, ser: (i) declaratórias; (ii) mandamentais; (iii) constitutivas; (iv) condenatórias; e (v) executivas *lato sensu*. Tudo isso dependendo da questão presentada e o tipo de provimento pretendido pela parte, que o caso concreto indica.

Deve-se recordar que, segundo art. 319 do CPC, a petição inicial indicará:

I – o juízo a que é dirigida (Endereçamento);

Neste caso, deve-se consultar no problema quem são os evolvidos ou até mesmo o objeto da demanda e, com essa informação, conferir as **regras de competência**, prestando atenção se não é o caso de eleição de foro.

Desta forma, por se tratar de petição inicial, por certo não há a indicação no caso prático apresentado de algum juízo responsável pelo julgamento da causa, devendo o candidato endereçar a peça de forma genérica: "***Excelentíssimo Senhor Doutor Juiz de Direito da... Vara Cível da Comarca de...***" (exceto se tratar de ação eventualmente a juízo prevento, caso em que o candidato deverá observar se o enunciado apresenta o juízo anterior, já responsável pelo julgamento da causa: "***Excelentíssimo Senhor Doutor Juiz de Direito da 3ª Vara Cível da Comarca de Santos***"). Atente-se pela impossibilidade de inventar, criar ou adicionar dado inexistente no enunciado, sob pena de ter a sua prova zerada e desconsiderada pelo examinador, como no caso de Estado da Federação. **Se o enunciado indicar somente a cidade, não coloque o Estado por dedução, faça sempre conforme determina o enunciado proposto pelo examinador (isso vale para toda e qualquer peça prática).**

Observar, ainda, que a petição inicial poderá ser endereçada conforme a divisão territorial do Poder Judiciário, além da possibilidade de corresponder à eventual hipótese de competência originária dos Tribunais, sendo imprescindível, desta forma, que o candidato utilize das nomenclaturas adequadas para cada tipo de endereçamento:

Justiça Federal	Seção Judiciária ou Subseção Judiciária
Justiça Estadual	Comarcas, Foros Distritais ou Foros Regionais (caso da Capital de São Paulo)
Tribunais Superiores	Tribunais de Justiça; Tribunais Regionais Federais; Superior Tribunal de Justiça; e Supremo Tribunal Federal

Ainda, importante observar a terminologia correta com relação ao juiz (magistrado) responsável pelo julgamento da demanda:

Juiz Estadual de 1º grau	Juiz de Direito
Juiz Estadual de 2ª grau	Desembargador
Juiz Federal de 1º grau	Juiz Federal
Juiz Federal de 2º grau	Desembargador Federal
Tribunais Superiores e Supremo Tribunal Federal	Ministro

Desta forma, propomos algumas possibilidade e modelos de endereçamento:

1. Endereçamento para Justiça Estadual:

> "EXCELENTÍSSIMO SENHOR DOUTOR JUIZ DE DIREITO DA... VARA CÍVEL DA COMARCA DE ..."

1.1. Endereçamento para Foros Regionais ou Distritais:

> "EXCELENTÍSSIMO SENHOR DOUTOR JUIZ DE DIREITO DA... VARA CÍVEL DO FORO REGIONAL DE... DA COMARCA DE..."
>
> "EXCELENTÍSSIMO SENHOR DOUTOR JUIZ DE DIREITO DA... VARA CÍVEL DO FORO DISTRITAL DE CAJAMAR DA COMARCA DE JUNDIAÍ – SP"

2. Endereçamento para a Justiça Federal:

> "EXCELENTÍSSIMO SENHOR DOUTOR JUIZ FEDERAL DA... VARA CÍVEL DA SUBSEÇÃO JUDICIÁRIA DA CAPITAL DE SÃO PAULO"

3. Endereçamento para os Tribunais de Justiça:

"EXCELENTÍSSIMO SENHOR DOUTOR DESEMBARGADOR PRESIDENTE DO EGRÉGIO TRIBUNAL DE JUSTIÇA DO ESTADO DE SÃO PAULO"

4. Endereçamento para o Tribunal Regional Federal:

"EXCELENTÍSSIMO SENHOR DOUTOR DESEMBARGADOR FEDERAL PRESIDENTE DO EGRÉGIO TRIBUNAL REGIONAL FEDERAL DA... REGIÃO"

5. Endereçamento para o Superior Tribunal de Justiça:

"EXCELENTÍSSIMO SENHOR DOUTOR MINISTRO PRESIDENTE DO COLENDO SUPERIOR TRIBUNAL DE JUSTIÇA"

6. Endereçamento para o Supremo Tribunal Federal:

"EXCELENTÍSSIMO SENHOR DOUTOR MINISTRO PRESIDENTE DO COLENDO SUPREMO TRIBUNAL FEDERAL"

II – os nomes, os prenomes, o estado civil, a existência de união estável, a profissão, o número de inscrição no Cadastro de Pessoas Físicas ou no Cadastro Nacional da Pessoa Jurídica, o endereço eletrônico, o domicílio e a residência do autor e do réu;

Trata-se do **preâmbulo** da petição inicial, momento em que o candidato realizará a qualificação das partes, sendo importante ter presente que quanto mais correta e completa for a identificação das partes, tanto quanto melhor, pois sobre elas recairá, em regra, a coisa julgada. Deve-se qualificar as partes de forma detida e sempre conforme a questão dada, **não inventando nada que possa tornar a peça identificável, conforme anteriormente ressaltado**.

Assim, podemos sistematizar da seguinte forma:

EXCELENTÍSSIMO SENHOR DOUTOR JUIZ DE DIREITO DA... VARA CÍVEL DA COMARCA DE...

(pular 10 linhas)

NOME DO AUTOR, "nacionalidade...", "estado civil...", "profissão..." (se pessoa jurídica indicar se de direito privado, público interno ou público externo), inscrito no "CPF/CNPJ sob o n. ...", "domiciliado à rua..." (se for pessoa jurídica "com sede à rua..."), vem, respeitosamente, por intermédio de seu advogado infra-assinado, perante Vossa Excelência, ajuizar a presente AÇÃO DE CONHECIMENTO, com fulcro nos arts. 319 e 320 do CPC, em face de NOME DO RÉU, "nacionalidade...", "estado civil...", "profissão...", inscrito no "CPF/CNPJ sob o n. ...", "endereço eletrônico...", "domiciliado à rua..." pelos fundamentos de fato e de direito a seguir expostos:

Claro que, caso não disponha das informações previstas no inciso II, poderá o autor, na petição inicial, requisitar ao juiz diligências necessárias à sua obtenção. A petição inicial não será indeferida se, a despeito da falta de informações a que se refere o inciso II, for possível a citação do réu, mas isso deve estar colocado desta forma na questão, devendo-se manter a peça sempre vinculada ao enunciado da questão.

III – o fato e os fundamentos jurídicos do pedido;

A partir deste tópico, após a realização do preâmbulo, o candidato iniciará a narração dos fatos apresentados pelo próprio examinador no enunciado da peça profissional ("Dos Fatos"), seguindo sempre as diretrizes e as hipóteses consideradas, literalmente, transcrevendo tudo o que foi proposto.

No entanto, deve-se também realizar as especificações dos fundamentos jurídicos ("Do Direito"), em que o candidato fará todas as conexões dos fatos apresentados com os dispositivos legais correlacionados e as eventuais súmulas aplicáveis à espécie (se houver menção à existência de precedente, importante mencionar e destacar a adesão ou ainda, se quiser afastar um precedente, fazer a distinção – *distinguishing*), fazendo a exata correlação com a matéria proposta, ressaltando que a mera indicação do dispositivo da lei não pontua, sendo necessário que o candidato explique a ligação e a justificação jurídica para o caso concreto apresentado pelo examinador, demonstrando a capacidade de articulação e raciocínio lógico.

EXCELENTÍSSIMO SENHOR DOUTOR JUIZ DE DIREITO DA... VARA CÍVEL DA COMARCA DE...

(pular 10 linhas)

NOME DO AUTOR, "nacionalidade...", "estado civil...", "profissão..." (se pessoa jurídica indicar se de direito privado, público interno ou público externo), inscrito no "CPF/CNPJ sob o n. ...", "domiciliado à rua..." (se for pessoa jurídica "com sede à rua..."), vem, respeitosamente, por intermédio de seu advogado infra-assinado, perante Vossa Excelência, ajuizar a presente AÇÃO DE CONHECIMENTO, com fulcro nos arts. 319 e 320 do CPC, em face de NOME DO RÉU, "nacionalidade...", "estado civil...", "profissão...", inscrito no "CPF/CNPJ sob o n. ...", "endereço eletrônico...", "domiciliado à rua..." pelos fundamentos de fato e de direito a seguir expostos:

I – DOS FATOS

Fazer uma apertada síntese dos fatos, conforme narrado pelo enunciado da questão, evidenciando a existência de um litígio a respeito de um bem, ou seja, indicando a coisa litigiosa.

II - DO DIREITO

Fazer as ligações dos fatos apresentados com os dispositivos legais correlacionados e as eventuais súmulas aplicáveis à espécie (se houver menção à existência de precedente, importante mencionar e destacar a adesão, ou ainda, se quiser afastar um precedente, fazer a distinção - distinguishing*), com a justificação jurídica para o caso concreto apresentado pelo examinador, demonstrando a capacidade de articulação e raciocínio lógico.*

IV – o pedido com as suas especificações;

Nesse momento da peça, dos pedidos, vale recordar que tipo de demanda está sendo proposta e exigida (**pedido imediato**), pois se (i) **declaratória**, certamente deverá haver pedido declaratório (ex.: declaratória de inexistência de débito); de outro lado, se (ii) **mandamental**, o pedido mandamental deve estar presente (ex.: uma ordem para, in limine, conceder medicamentos, ou fazer uma prova de concurso); assim como pode ser (iii) **constitutivo** (reconhecimento de união estável, rescisão ou reconhecimento de relação contratual); (iv) **condenatório** (de pagar quantia, fazer ou não fazer); (v) **executivo *lato sensu***, cada um a seu modo.

Ainda, indicar o pedido mediato, consistente naquilo efetivamente pretendido pela parte por ocasião da petição inicial, como o valor específico da condenação, ou a entrega da coisa específica, do contrato de prestação de serviços, ou seja, os efeitos práticos pretendidos.

Diante do exposto, requer a Vossa Excelência a procedência do pedido, com a **DECLARAÇÃO (pedido imediato)** de inexistência do débito no valor de **R$ 1.000,00 (pedido mediato)** e a **CONDENAÇÃO (pedido imediato)** do réu à devolução de **R$ 500,00 indevidamente exigidos (pedido mediato)** (...).

A regra, conforme os arts. 322 e 324 do CPC, é a de que os pedidos deverão ser **certos e determinados**, ou seja, certo com relação ao pedido imediato e determinado com relação ao pedido mediato. No entanto, a própria legislação processual civil possibilita a existência dos chamados **pedidos implícitos** e os **pedidos genéricos** como exceções, assim entendidos:

a) **Pedidos implícitos:** são considerados exceções uma vez que, muito embora não estejam presentes na petição inicial, o magistrado deverá obrigatoriamente manifestar-se na sentença, pois se presumem incluídos na peça, ainda que não expressamente, são os casos:

– honorários advocatícios e a condenação ao reembolso as custas processuais adiantas pela parte vencedora (art. 322, § 1º, do CPC);

– a incidência de juros de mora e atualização monetária na condenação (art. 322, § 1º, do CPC);

– no caso da ação que tiver por objeto cumprimento de obrigação em prestações sucessivas, aquelas que se vencerem no curso da demanda (art. 323 do CPC);

– a cominação de multa diária, busca e apreensão, remoção de pessoas etc. (*astreintes*) nos casos de obrigação de fazer, não fazer e entrega de coisa (arts. 497 e 536, § 1º, do CPC).

b) **Pedidos genéricos:** poderá o autor formular pedido genérico (i) nas ações universais, se o autor não puder individuar os bens demandados; (ii) quando não for possível determinar, desde logo, as consequências do ato ou do fato; (iii) quando a determinação do objeto ou do valor da condenação depender de ato que deva ser praticado pelo réu. Nestes casos, os eventuais valores da condenação, bem como os efeitos e a extensão dos pedidos (pedido mediato) serão analisados e avaliados em liquidação da sentença.

V – o valor da causa;

Observar a questão com relação ao que foi exigido dar o valor à causa, evitando criações que possam tornar a peça identificável.

Atentar-se que, nos termos do CPC, a toda causa será atribuído valor certo, ainda que não tenha conteúdo econômico imediatamente aferível, ou seja, o valor da causa corresponderá à vantagem econômica pretendida ou perseguida pelo autor, ainda que não tenha, de imediato e direto, conteúdo econômico.

Assim, observar:

Matéria	Valor da causa
Na ação de cobrança de dívida.	Corresponderá à soma monetariamente corrigida do principal, dos juros de mora vencidos e de outras penalidades, se houver, até a data de propositura da ação.
Na ação que tiver por objeto a existência, a validade, o cumprimento, a modificação, a resolução, a resilição ou a rescisão de ato jurídico.	Corresponderá ao valor do ato ou o de sua parte controvertida.
Na ação de alimentos.	Corresponderá à soma de 12 prestações mensais pedidas pelo autor.
Na ação de divisão, de demarcação e de reivindicação.	Corresponderá ao valor de avaliação da área ou do bem objeto do pedido.
Na ação indenizatória, inclusive a fundada em dano moral.	Corresponderá ao valor pretendido.

Na ação em que há cumulação de pedidos.	Corresponderá à quantia correspondente à soma dos valores de todos eles.
Na ação em que os pedidos são alternativos.	Corresponderá ao de maior valor.
Na ação em que houver pedido subsidiário.	Corresponderá ao valor do pedido principal.
Quando se pedirem prestações vencidas e vincendas.	Considerar-se-á o valor de umas e outras. O valor das prestações vincendas será igual a uma prestação anual, se a obrigação for por tempo indeterminado ou por tempo superior a um ano, e, se por tempo inferior, será igual à soma das prestações.
Na ação de Locação.	Corresponderá a 12 meses de aluguel, ou, na hipótese de imóvel cuja locação era forma de remuneração, o valor será de três salários vigentes por ocasião do ajuizamento.

VI – as provas com que o autor pretende demonstrar a verdade dos fatos alegados;

Definir a estrutura probatória, "desenhando" para o julgador (no caso o examinador) quais as provas a serem produzidas, sempre considerando, por evidente, a questão dada. Caso queira, por exemplo, uma prova útil para o reconhecimento de uma união estável, pode-se requisitar a prova documental (cartas amorosas trocadas, cartão de crédito etc.) ou até testemunhal (pessoas que possa atestar a relação amorosa existente), sempre observando a estrutura da questão dada.

Observar se o enunciado apresentou qualquer hipótese ou possibilidade de inversão do ônus da prova, seja aquela que se opera *ope iudicis*, ou seja, o próprio magistrado analisará se é necessário inverter o ônus probatório, como no caso de ações que versem sobre matéria consumerista – art. 6º, VIII, do CDC; *ope legis*, quando a própria lei assim determina, como no caso dos arts. 12 e 14 do CDC, cuja inversão não é discricionária do julgador, mas sim imposição da lei; por fim, a redistribuição dinâmica do ônus da prova prevista pelo art. 373, § 1º, do CPC, relacionado somente aos casos previstos em lei ou diante de peculiaridades da causa relacionadas à impossibilidade ou à excessiva dificuldade de cumprir o encargo nos termos do *caput* ou à maior facilidade de obtenção da prova do fato contrário.

Há, ainda, os chamados requerimentos facultativos, que dependerão sempre do enunciado proposto pelo examinador, relacionado à:

- concessão dos benefícios da justiça gratuita, arts. 98 e 99 do CPC e Lei n. 1.060/50;
- concessão da prioridade de tramitação do processo aos maiores de 60 anos, art. 71 da Lei n. 10.741/2003 – Estatuto do Idoso e art. 1.048, I, do CPC;

- concessão da prioridade de tramitação do processo em razão de doença grave, art. 1.048, I, do CPC;
- concessão de preferência no processamento das causas reguladas pelo Estatuto da Criança e Adolescente, art. 1.048, II, do CPC;
- concessão da prioridade de tramitação do processo em razão de indício de ato de alienação parental, art. 4º, *caput*, da Lei n. 12.318/2010;

VII – a opção do autor pela realização ou não de audiência de conciliação ou de mediação.

Importante destacar que, caso a questão indique que o autor quer participar da audiência, deve-se colocar isso em evidência na petição, evitando-se o risco de eventual emenda para esta finalidade. Caso o autor não queira participar da referida audiência, afirmar isso na peça de modo cumprir exatamente com os requisitos obrigatórios da peça portal. Isso pode ser feito em um tópico da peça ou até no pedido (sempre justificando as razões).

> "Por fim, informa o autor seu (des)interesse na autocomposição, para a realização (ou não realização) da audiência de conciliação ou de mediação, nos termos do art. 334 do CPC."

Além dos requisitos essenciais trazidos no art. 319 do CPC, há também a determinação trazida no art. 106, I, segundo o qual, **quando postular em causa própria**, incumbe ao advogado declarar, na petição inicial ou na contestação, o endereço, seu número de inscrição na Ordem dos Advogados do Brasil e o nome da sociedade de advogados da qual participa, para o recebimento de intimações. Em caso de inobservância desse requisito, o juiz ordenará que se supra a omissão, no prazo de cinco dias, antes de determinar a citação do réu, sob pena de indeferimento da petição.

Ainda assim, a petição inicial não será indeferida pelo não atendimento ao disposto no inciso II do art. 319 se a obtenção de tais informações tornar impossível ou excessivamente oneroso o acesso à justiça.

Não esqueça que, segundo o art. 320 do CPC, a petição inicial será instruída com os **documentos indispensáveis à propositura da ação**. Claro que no exame o examinando não terá os documentos, mas caso o enunciado proposto para a peça prática faça referência, deverá ele informar os documentos que, segundo a questão, estão acompanhando a petição inicial.

Somente se o juiz verificar que a petição inicial não preenche os requisitos dos arts. 319 e 320 do CPC ou que apresenta defeitos e irregularidades capazes de dificultar o julgamento de mérito é que determinará (art. 321 do CPC) que o autor, no prazo de 15 dias, a emende ou a complete, indicando com precisão o que deve ser corrigido ou completado. Caso o autor não cumpra a diligência, o juiz indeferirá a petição inicial, devendo, neste ponto, o examinando ter muita cautela para que sua petição inicial não esteja em caso de indeferimento, o que certamente trará, ao examinando, consequências indesejáveis.

3.1.4. Estrutura resumida da peça

1. **Endereçamento:** atentar sempre para o enunciado proposto pelo examinador, se Vara Única, se Vara Distrital, Regional ou Específica (Família e Sucessões, Criança e Adolescente etc.), ou se já há identificação exata da cidade/comarca "Vara Cível da Comarca da Capital de São Paulo". Ainda, observar se vara cível da Justiça Federal ou Estadual, bem como se de competência originária dos Tribunais. Assim: "EXCELENTÍSSIMO SENHOR DOUTOR JUIZ DE DIREITO DA ... VARA CÍVEL DA COMARCA DE ...".

2. **Identificação das partes:** NOME DO AUTOR, "nacionalidade...", "estado civil...", "profissão..." (se pessoa jurídica indicar se de direito privado, público interno ou público externo), portador do "RG n. ...", inscrito no "CPF/CNPJ sob o n. ...", "endereço eletrônico...", "domiciliado à rua..." (se for pessoa jurídica "com sede à rua...").

NOME DO RÉU, "nacionalidade...", "estado civil...", "profissão..." (se pessoa jurídica indicar se de direito privado, público interno ou público externo), portador do "RG n. ...", inscrito no "CPF/CNPJ sob o n. ...", "endereço eletrônico...", "domiciliado à rua..." (se for pessoa jurídica "com sede à rua...").

3. **Nome da ação e sua fundamentação legal:** vem, respeitosamente, por intermédio de seu advogado infra-assinado, perante Vossa Excelência, ajuizar a presente NOME DA AÇÃO, com fulcro no "art. ..." (...). Observar se é caso de cumulação de pedidos, ou se é hipótese de requerer a concessão de tutela antecipada. Exemplo: AÇÃO DE CONHECIMENTO PELO PROCEDIMENTO COMUM, cumulado com o pedido de TUTELA PROVISÓRIA DE URGÊNCIA ANTECIPADA.

4. **Fatos:** transcrição integral do texto apresentado pelo examinador no enunciado da peça prática, ressaltando a impossibilidade de criar dados inexistentes, para não identificar a peça profissional e ter a prova zerada pelo examinador.

5. **Fundamentação:** faça a correta ligação entre os fatos e os dispositivos legais aplicáveis, como artigos de lei, súmulas, precedentes, desenvolvendo raciocínio lógico e coerência jurídica, ressaltando que a mera indicação do artigo ou da lei não é suficiente para a pontuação, sendo necessário demonstrar a correta coligação entre fato e direito. Não esquecer que caso o examinador indique a existência de precedente fazer a adesão, se for o caso, ou a distinção.

6. **Pedidos e requerimentos:** diante de todo o exposto, requer-se a Vossa Excelência: a) seja o réu citado para, querendo, apresentar resposta no prazo legal em uma das modalidades permitidas na lei processual; b) eventual pedido de tutela provisória, se for o caso; c) nos termos do art. 334, *caput* ou § 5º, do Código de Processo Civil, o autor deve se manifestar sobre o (des)interesse em autocomposição para a realização da audiência de conciliação ou de mediação do art. 334 do CPC; d) seja julgado procedente o pedido no sentido de... (É o pedido de mérito e não se esqueça da possibilidade de cumulação de pedidos); e) seja o réu condenado em custas e honorários advocatícios em percentuais arbitrados nos termos do art. 85, § 2º, do Código de Processo Civil; f) sejam deferidos todos os meios

de prova admitidos em direito para comprovação dos fatos que se apresentarem controvertidos após apresentação da contestação pelo réu.

7. **Valor da causa:** dá-se à causa o valor de R$ (colocar valor da causa).

8. **Fechamento da peça:** Nestes Termos, Pede Deferimento. "Local..." e "Data..." OAB n. ..., "Assinatura...".

3.1.5. Modelo de petição inicial

EXCELENTÍSSIMO SENHOR DOUTOR JUIZ DE DIREITO DA... VARA... DA COMARCA...

(pular 10 linhas)

NOME DO AUTOR, "nacionalidade...", "estado civil...", "profissão..." (se pessoa jurídica indicar se de direito privado, público interno ou público externo), inscrito no "CPF/CNPJ sob o n. ...", "endereço eletrônico...", "domiciliado à rua..." (se for pessoa jurídica "com sede à rua..."), vem, respeitosamente, por intermédio de seu advogado infra-assinado, perante Vossa Excelência, ajuizar a presente NOME DA AÇÃO, com fulcro no "art. ...", em face de NOME DO RÉU, "nacionalidade...", "estado civil...", "profissão..." (se pessoa jurídica indicar se de direito privado, público interno ou público externo), inscrito no "CPF/CNPJ sob o n. ...", "endereço eletrônico...", "domiciliado à rua..." (se for pessoa jurídica "com sede à rua...") pelos fundamentos de fato e de direito a seguir expostos:

I - DOS FATOS

Resumo dos fatos fornecidos pelo enunciado da questão.

II - DOS FUNDAMENTOS DE DIREITO

Lições jurídicas sobre o tema da peça processual.

Observar se há precedente.

Caso o precedente seja favorável, fazer a adesão. Caso desfavorável, fazer a distinção - "distinguishing".

III - DOS PEDIDOS

Diante de todo o exposto, requer-se a Vossa Excelência:

a) Seja o réu citado para, querendo, apresentar resposta no prazo legal em uma das modalidades permitidas na lei processual.

b) *Eventual pedido de tutela provisória, se for o caso.*

c) Nos termos do art. 334, *caput* ou § 5º, do Código de Processo Civil, o autor deve se manifestar sobre o (des)interesse em autocomposição para a realização da audiência de conciliação ou de mediação.

d) Seja julgado procedente o pedido no sentido de... (é o pedido de mérito e não se esqueça da possibilidade de cumulação de pedidos).

e) Seja o réu condenado em custas e honorários advocatícios em percentuais arbitrados nos termos do art. 85, § 2º, do Código de Processo Civil.

f) Sejam deferidos todos os meios de prova admitidos em direito para comprovação dos fatos que se apresentarem controvertidos após apresentação da contestação pelo réu.

O endereço do advogado do autor, onde deverá receber as intimações, é "Endereço...".

Dá-se à causa o valor de R$ *(colocar valor da causa).*

Nestes Termos,

Pede Deferimento.

"Local..." e "Data..."

OAB n. ..., "Assinatura..."

3.2. **Emenda à petição inicial**

3.2.1. Apresentação

Conforme estipulado pelo Código de Processo Civil, verificando o juiz que a petição inicial não preenche os requisitos dos arts. 319 e 320 ou que apresenta defeitos e irregularidades capazes de dificultar o julgamento de mérito, determinará que o autor, no prazo de 15 dias, a emende ou a complete, indicando com precisão o que deve ser corrigido ou completado. Em sendo atendido, o juiz determinará a citação do réu, senão, indeferirá a petição inicial (art. 321, parágrafo único, CPC).

Importante o candidato analisar a diferença existente entre emenda da petição inicial e aditamento, ressaltando que **aditar é acrescentar ou alterar** o pedido e está expressamente previsto no Código, enquanto emendar é justamente corrigir defeitos, irregularidade e complementar aquilo que eventualmente estiver faltando na petição inicial, antes de seu indeferimento.

Assim, quanto ao aditamento do pedido, segundo o art. 329 do CPC, o autor poderá:

i) até a citação, aditar ou alterar o pedido ou a causa de pedir, independentemente de consentimento do réu;

ii) até o saneamento do processo, aditar ou alterar o pedido e a causa de pedir, com consentimento do réu, assegurado o contraditório mediante a possibilidade de manifestação deste no prazo mínimo de 15 dias, facultado o requerimento de prova suplementar.

3.2.2. Como identificar a peça

Quanto à emenda à petição inicial, o candidato deverá ficar atento se há a indicação no enunciado a respeito de a petição inicial preencher ou não os requisitos contidos nos arts. 319 e 320 do CPC ou se houve a demonstração de que apresenta defeitos e irregularidades capazes de dificultar o julgamento de mérito.

Nesse sentido, no prazo de 15 dias, o autor deverá apresentar a petição de emenda à inicial, indicando com precisão o que deve ser corrigido ou completado.

3.2.3. Requisitos essenciais, fundamentos legais e estrutura da emenda à petição inicial

Para trabalhar a estruturação da emenda à petição inicial na prova prático-profissional do Exame de Ordem, alguns passos precisam ser tomados para que a referida peça possa ser bem valorada pelos examinadores.

A peça deverá conter a **qualificação das partes** (conforme consta da inicial), **a indicação da ação principal** e da **peça que está sendo interposta**, com seus **fundamentos legais** ("apresentar EMENDA à petição inicial, com fulcro no art. 321 do Código de Processo Civil").

Atentar para o pedido de recebimento e processamento da petição inicial, com a citação do réu, após serem sanados os eventuais vícios da petição inicial.

3.2.4. Estrutura resumida da peça

1. **Endereçamento:** atentar sempre para o enunciado proposto pelo examinador, pois por se tratar de emenda à petição inicial, já haverá a indicação de um juízo específico. Assim, por exemplo: "EXCELENTÍSSIMO SENHOR DOUTOR JUIZ DE DIREITO DA 3ª VARA CÍVEL DA COMARCA DE SÃO PAULO...".

2. **Número do processo:** importante verificar que, por se tratar de emenda à petição inicial, já existe uma petição inicial protocolada e distribuída, recebendo o devido número de distribuição. Assim, identificar o processo logo em seguida ao endereçamento, "Processo n. ...".

3. **Identificação das partes:** NOME DO AUTOR, já qualificado nos autos da (NOME DA AÇÃO) (...).

NOME DO RÉU, já devidamente qualificado (...).

4. **Nome da ação e sua fundamentação legal:** "vem, respeitosamente, por intermédio de seu advogado infra-assinado, perante Vossa Excelência, apresentar EMENDA à petição inicial, com fulcro no art. 321 do Código de Processo Civil (...)".

5. **Fatos:** transcrição integral do texto apresentado pelo examinador no enunciado da peça prática, em especial da necessidade de correção da petição inicial,

ressaltando a impossibilidade de criar dados inexistentes, para não identificar a peça profissional e ter a prova zerada pelo examinador.

6. **Fundamentação:** "Considerando que este juízo determinou que se realizasse a emenda da petição inicial, nos termos do art. 321 do CPC, indicando exatamente os dados que faltavam, para (CORRIGIR O DEFEITO OU A IRREGULARIDADE) Ex.: correta qualificação do réu, nos termos do art. 319, II, do CPC, informa o autor que o (NOME DO RÉU) exerce a (NOME DA PROFISSÃO), inscrito no Cadastro de Pessoas Físicas (NÚMERO), com endereço eletrônico (DADOS) e o domicílio (DADOS), sendo recebida a presente emenda, para o regular processamento da petição inicial e prosseguimento do feito".

7. **Fechamento da peça:** Nestes Termos, Pede Deferimento. "Local..." e "Data..." OAB n. ..., "Assinatura...".

3.2.5. Modelo de emenda da petição inicial

EXCELENTÍSSIMO SENHOR DOUTOR JUIZ DE DIREITO DA 3ª VARA CÍVEL DA COMARCA DA CAPITAL DO ESTADO DE SÃO PAULO

(pular 5 linhas)

"Processo n. ..."

NOME DO AUTOR, qualificado na inicial, na ação (NOME DA AÇÃO) que propôs em face de (NOME DO RÉU), nos termos do art. 321 do CPC, requerer a emenda da petição inicial nos seguintes termos:

Considerando que este juízo determinou que se realizasse a emenda da petição inicial, nos termos do art. 321 do CPC, indicando exatamente os dados que faltavam, para (CORRIGIR O DEFEITO OU A IRREGULARIDADE) Ex.: correta qualificação do réu, nos termos do art. 319, II, do CPC, informa o autor que o (NOME DO RÉU) exerce a profissão..., inscrito no Cadastro de Pessoas Físicas de n. ..., com endereço eletrônico... e o domicílio..., sendo recebida a presente emenda, para o regular processamento da petição inicial e prosseguimento do feito.

Nestes termos,

Pede deferimento.

"Local..." e "Data..."

OAB n. ..., "Assinatura..."

4. CONTESTAÇÃO

4.1. Apresentação

A contestação é a resposta mais utilizada pelo réu, por meio da qual se alegará toda matéria de defesa (princípio da concentração das defesas), com a exposição das razões de fato e de direito, a impugnação da pretensão do autor e a especificação das provas que pretende produzir (art. 336 do CPC). A não apresentação da contestação acarreta a revelia (art. 344 do CPC).

Na contestação, aplica-se o ***ônus da impugnação específica***, preconizado no art. 341 do CPC. De acordo com essa regra, o réu deve se manifestar impugnado especificamente cada ponto da inicial, sob pena de serem presumidos verdadeiros os fatos não impugnados. Esse ônus não se aplica ao defensor público, advogado dativo e ao curador especial.

Há também a aplicação do ***princípio da eventualidade***, ou seja, o réu deve trazer todas as teses de sua defesa de forma sucessiva, mesmo que contraditórias, para que, em rejeitando uma, o juiz possa analisar as seguintes. Em outras palavras, segundo o art. 336 do CPC, incumbe ao réu alegar, na contestação, toda a matéria de defesa, expondo as razões de fato e de direito com que impugna o pedido do autor.

Com relação à ***estrutura de prazo e sua contagem***, importante conferir o art. 335 do CPC, pois o réu poderá oferecer contestação, por petição, no prazo de 15 dias, cujo termo inicial será a data:

I – da **audiência de conciliação ou de mediação**, ou da **última sessão de conciliação**, quando qualquer parte não comparecer ou, comparecendo, não houver autocomposição;

II – do **protocolo do pedido de cancelamento da audiência de conciliação ou de mediação *apresentado pelo réu***, quando ocorrer a hipótese do art. 334, § 4º, inciso I, ou seja, caso a audiência não será realizada se ambas as partes manifestarem, expressamente, desinteresse na composição consensual;

III – **prevista no art. 231**, de acordo com o modo como foi feita a citação, nos demais casos.

4.2. Como identificar a peça

Para a correta identificação da peça profissional da contestação, o enunciado apresentará a questão técnica a ser trabalhada, indicando a existência de uma ação em andamento e que houve a propositura da ação (mediante petição inicial), sendo o candidato contratado pela parte para ser seu advogado, apresentando a peça prática adequada. Dica: em se tratando de contestação, o examinador indicará a existência somente de uma petição inicial, bem como de todo caso prático. Fiquem atentos para eventual alegação de preliminares, como incompetência, nulidade de citação, inépcia da petição inicial, entre outros que em seguida serão trabalhados.

4.3. Requisitos essenciais, fundamentos legais e estrutura da contestação

Para trabalhar a estruturação da contestação na prova prático-profissional do Exame de Ordem, alguns passos precisam ser tomados para que a referida peça possa ser bem valorada pelos examinadores.

Vejamos, meus caros amigos examinandos, aquilo que precisamos saber.

Como bem se sabe, a contestação é o meio de defesa por excelência, colocado à disposição do réu para o exercício do seu direito à ampla defesa, conforme previsto no art. 5º, LV, da CF.

Inicialmente, ao identificar a peça profissional exigida pelo Exame, o examinando deve observar o juízo em que a petição fora proposta, ou seja, a Vara específica e responsável por todo o trâmite do processo.

Exemplo: petição inicial distribuída ao Juízo da 5ª Vara Cível da Comarca de Belo Horizonte (somente indique o Estado da Federação se o enunciado assim indicar). Endereçamento da contestação:

> "EXCELENTÍSSIMO SENHOR DOUTOR JUIZ DE DIREITO DA 5ª VARA CÍVEL DA COMARCA DE BELO HORIZONTE".

Importante destacar que logo após o endereçamento o examinando deve deixar um espaço suficiente para a identificação do número do processo:

> "Processo n. ...".

A seguir, passa-se à qualificação das partes, utilizando os dados fornecidos pelo examinador, ressalvando a possibilidade de indicação dos nomes, mencionando a qualificação imputada às partes pela própria petição inicial. No entanto, recomenda-se que, se possível a individualização dos dados, realizar a qualificação correta e completa:

> "FULANO DE TAL, devidamente qualificado nos autos da ação em epígrafe", e "CICLANO DE TAL, igualmente qualificado na inicial".

"NOME DO RÉU, "nacionalidade...", "estado civil...", "profissão..." (se pessoa jurídica indicar se de direito privado, público interno ou público externo), portador do "RG n. ...", inscrito no "CPF/CNPJ sob o n. ...", "endereço eletrônico...", "domiciliado à rua..." (se for pessoa jurídica "com sede à rua...").

"NOME DO AUTOR, "nacionalidade...", "estado civil...", "profissão..." (se pessoa jurídica indicar se de direito privado, público interno ou público externo), inscrito no "CPF/CNPJ sob o n. ...", "endereço eletrônico...", "domiciliado à rua..." (se for pessoa jurídica "com sede à rua...").

Deve-se identificar, ainda, o nome da peça que está sendo oferecida, passando, posteriormente, ao *nomem iuris* da ação, conforme consta do enunciado e pretendido pelo autor em sua ação inicial

"vem, por intermédio de seu advogado, nos autos da AÇÃO DE CONHECIMENTO apresentar a sua CONTESTAÇÃO, com fulcro no art. 335 do Código de Processo Civil".

Deve-se recordar que, segundo art. 337 do CPC, **antes de discutir o mérito**, o réu deverá alegar na contestação as chamadas questões ***"preliminares"***, conforme a seguir:

I – inexistência ou nulidade da citação: quando a citação não foi efetivamente realizada ou quando realizada não observou os requisitos legais.

II – incompetência absoluta e relativa: pela nova sistemática do Código de Processo Civil, tanto a incompetência absoluta quanto a relativa deverão ser arguidas como preliminares de contestação, tendo sido extinta a exceção como forma de defesa para a impugnação da incompetência relativa. Em relação à incompetência relativa, destaque-se que não poderá ser reconhecida de ofício pelo juiz, assim como acontece com a incompetência absoluta, que não se convalida, assim como se pode depreender do art. 337, § 5º.

III – incorreção do valor da causa: o examinando deverá sempre ficar atento ao enunciado proposto pelo examinador, em especial ao valor atribuído à causa, observando as disposições do art. 292 do CPC. Ressaltando que o CPC aboliu a necessidade de instauração de incidente de impugnação ao valor da causa, sendo caso de alegação como preliminar de contestação.

IV – inépcia da petição inicial: observar se o problema proposto pelo examinador não omitiu ou apresentou algum elemento estrutural essencial da petição inicial. Assim, a petição será inepta quando não preencher alguns dos requisitos formais, conforme o art. 330, § 1º, do CPC.

V – perempção: atentar sempre se o caso não é de perempção, em razão da impossibilidade do autor de intentar nova ação, com o mesmo objeto, se tiver dado causa ao abandono do processo por três vezes (art. 486, § 3º, do CPC), sendo que no quarto ajuizamento cabe ao réu alegar em preliminar a perempção, cujo acolhimento também acarretará a extinção do processo sem resolução de mérito.

VI – litispendência: o examinando deve sempre observar se a questão apresenta ou demonstra a existência de outra ação idêntica já em curso, com as mesmas partes, causa de pedir e pedidos (art. 337, §§ 2º e 3º, do CPC), pois será caso de identificar em preliminar de mérito, com o pedido de extinção do processo, sem a resolução do mérito (art. 485, V, do CPC).

VII – coisa julgada: haverá coisa julgada se o autor reproduzir ação que já foi anteriormente decidida, por sentença de mérito transitada em julgado (arts. 335, § 4º, e 502 do CPC), cujo acolhimento da preliminar terá como consequência a extinção do processo sem resolução de mérito.

VIII – conexão: é forma de modificação da competência, ocorrendo quando duas ou mais ações tiverem o mesmo objeto ou a mesma causa de pedir. Assim, a reunião das ações propostas em separado far-se-á no juízo prevento, onde serão decididas simultaneamente; em sendo acolhida a preliminar de conexão entre processos, serão reunidos sendo decido pelo juízo que tenha primeiro ocorrido o registro ou a distribuição da petição inicial, pois prevento, (arts. 58 e 59 do CPC).

IX – incapacidade da parte, defeito de representação ou falta de autorização: deve o réu alegar defeito de representação (art. 71 do CPC) ou falta de autorização da parte (art. 73 do CPC), mencionando, ainda, eventual incapacidade postulatória do demandante, abrindo o julgador a possibilidade de sanar o vício pelo demandante (art. 76 do CPC) e, em não fazendo, deverá extinguir o processo, sem resolução do mérito (art. 485, IV, do CPC).

X – convenção de arbitragem: se existir no enunciado a identificação da chamada "cláusula compromissória" ou do "compromisso arbitral" (art. 3º da Lei n. 9.307/96), tem o demandado o ônus de arguir a convenção de arbitragem como preliminar de mérito na contestação. Isso porque, se acolhida pelo julgador, será caso de extinção do processo, sem resolução do mérito (art. 485, VII, do CPC), já que essa é preliminar que **não poderá ser reconhecida de ofício pelo juiz** (art. 337, § 5º); o reconhecimento ocasionará a extinção do feito sem resolução de mérito (art. 485, VII).

XI – ausência de legitimidade ou de interesse processual (carência de ação): ocorre quando ausentes quaisquer das condições da ação (legitimidade e interesse processual), ocasionando a extinção do processo sem resolução de mérito (art. 485, VI).

XII – falta de caução ou de outra prestação que a lei exige como preliminar: nos casos em que a lei exige que o autor preste caução para ingressar com a ação (ver exemplo: art. 968, *caput* e II, do CPC), a ausência deverá ser alegada em preliminar, acarretando um vício processual, o qual, não sanado, terá como consequência a extinção do processo sem resolução de mérito.

XIII – indevida concessão do benefício de gratuidade de justiça: se realmente não for caso de concessão de gratuidade da justiça, nos termos da lei, comprovando tal fenômeno, pode o réu arguir, a título de preliminar de mérito, a situação de que a concessão foi indevida, sendo esta resolvida pelo juiz.

Posteriormente, deverá o examinando realizar um resumo dos fatos fornecidos pelo enunciado da questão, passando à análise do mérito, apresentando todos os elementos compostos pela questão, que estiverem equivocados em relação às alegações do autor na inicial, lembrando dos princípios do ônus da impugnação especificada e da eventualidade.

Obs.: O examinando deverá se atentar se há precedente. Caso o precedente seja favorável, fazer a adesão. Caso desfavorável, fazer a distinção ou *distinguishing*.

Não esquecer que incumbe também ao réu manifestar-se "***precisamente sobre as alegações de fato constantes da petição inicial***", presumindo-se verdadeiras as não impugnadas, salvo se:

I - não for admissível, a seu respeito, a confissão;
II - a petição inicial não estiver acompanhada de instrumento que a lei considerar da substância do ato;
III - estiverem em contradição com a defesa, considerada em seu conjunto.

Ainda, o examinando deverá observar se não é caso de propor reconvenção, para manifestar pretensão própria, conexa com a ação principal ou com o fundamento da defesa.

Por fim, deverá o examinando apresentar seus pedidos, requerendo o acolhimento das preliminares eventualmente arguidas, resultando na prolação de sentença terminativa, que extingue o processo sem resolução do mérito; caso não sejam reconhecidas as preliminares levantadas, deve-se requerer que sejam julgados improcedentes os pedidos formulados pelo autor, condenando-o ao pagamento das custas processuais e honorários advocatícios de sucumbência (art. 85, § 2º, do Código de Processo Civil) e protestando por todos os meios de prova em direito admitidos, em especial especificando aqueles que sejam úteis e relevantes à comprovação do seu direito (provas pretendidas, testemunhais, periciais, documentais etc.).

4.4. Estrutura resumida da peça

1. Endereçamento: atentar que por se tratar de contestação já há a identificação exata do juízo competente, ou seja da cidade/comarca ao qual a peça deverá ser endereçada. Assim, utilizar: "EXCELENTÍSSIMO SENHOR DOUTOR JUIZ DE DIREITO DA 5ª VARA CÍVEL DA COMARCA DE BELO HORIZONTE".

2. Número do processo: importante verificar que, por se tratar de contestação, já existe uma petição inicial protocolada e distribuída, recebendo o devido número de distribuição. Assim, identificar o processo logo em seguida ao endereçamento: "Processo n. ...".

3. Identificação das partes: "NOME DO RÉU, "nacionalidade...", "estado civil...", "profissão..." (se pessoa jurídica indicar se de direito privado, público interno ou público externo), portador do "RG n. ...", inscrito no "CPF/CNPJ sob o n. ...", "endereço eletrônico...", "domiciliado à rua..." (se for pessoa jurídica "com sede à rua...").

"NOME DO AUTOR, "nacionalidade...", "estado civil...", "profissão..." (se pessoa jurídica indicar se de direito privado, público interno ou público externo), inscrito no "CPF/CNPJ sob o n. ...", "endereço eletrônico...", "domiciliado à rua..." (se for pessoa jurídica "com sede à rua...").

4. Nome da ação e sua fundamentação legal: "vem, respeitosamente, por intermédio de seu advogado infra-assinado, nos autos da AÇÃO (NOME DA AÇÃO) que lhe move NOME DO AUTOR, qualificado na inicial, apresentar a sua CONTESTAÇÃO, nos termos do art. 335 do Código de Processo Civil".

5. Preliminares: analisar se é caso de alegação de eventuais temas que estejam elencados no art. 337 do CPC como preliminares de mérito, criando tópico específico: "I – DAS PRELIMINARES".

6. Fatos: transcrição integral do texto apresentado pelo examinador no enunciado da peça prática, ressaltando a impossibilidade de criar dados inexistentes, para não identificar a peça profissional e ter a prova zerada pelo examinador.

7. Fundamentação: faça a correta ligação entre os fatos e os dispositivos legais aplicáveis, como artigos de lei, súmulas, precedentes, desenvolvendo raciocínio lógico e coerência jurídica, ressaltando que a mera indicação do artigo ou da lei não é suficiente para a pontuação, sendo necessário demonstrar a correta coligação entre fato e direito, lembrando dos princípios do ônus da impugnação especificada e da eventualidade. Não esquecer que caso o examinador indique a existência de precedente fazer a adesão, se for o caso, ou a distinção.

8. Pedidos e requerimentos: "ISTO POSTO, deve ser acolhida a preliminar, resultando na prolação de sentença terminativa, que extingue o processo sem resolução do mérito (ou determinação de medida judicial cabível em caso de questão preliminar indireta). No mérito, pelas razões de direito aduzidas nesta contestação, deve o pedido da presente ação ser julgado improcedente em todos os seus termos, condenando-se o autor nas custas processuais e honorários advocatícios a serem arbitrados nos percentuais definidos no art. 85, § 2º, do Código de Processo Civil. Protesta-se por todos os meios de prova admitidos em direito.

9. Valor da causa: Lembrar que na contestação não há valor da causa.

10. Fechamento da peça: Nestes Termos, Pede Deferimento. "Local..." e "Data..." OAB n. ..., "Assinatura...".

4.5. Modelo de contestação

EXCELENTÍSSIMO SENHOR DOUTOR JUIZ DE DIREITO DA 5ª VARA CÍVEL DA COMARCA DE BELO HORIZONTE

(pular 5 linhas)

"Processo n. ..."

NOME DO RÉU, "nacionalidade...", "estado civil...", "profissão..." (se pessoa jurídica indicar se de direito privado, público interno ou público externo), inscrito no "CPF/CNPJ sob o n. ...", "endereço eletrônico...", "domiciliado à rua..." (se for pessoa jurídica "com sede à rua..."), vem, respeitosamente, por intermédio de seu advogado infra-assinado, nos autos da AÇÃO (NOME DA AÇÃO) que lhe move NOME DO AUTOR, qualificado na inicial, apresentar a sua CONTESTAÇÃO, nos termos do art. 335 e seguintes do Código de Processo Civil, o que faz, articuladamente, nos seguintes e melhores termos de direito:

I – PRELIMINARES

Alegação de eventuais temas que estejam elencados no art. 337 do CPC.

II – DOS FATOS

Resumo dos fatos fornecidos pelo enunciado da questão.

III – NO MÉRITO

Apresentar todos os elementos do enunciado da questão que estiverem equivocados em relação às alegações do autor na inicial, lembrando dos princípios do ônus da impugnação especificada e da eventualidade.

Observar se há precedente.

Caso o precedente seja favorável, fazer a adesão. Caso desfavorável, fazer a distinção "distinguishing".

ISTO POSTO, deve ser acolhida a preliminar, resultando na prolação de sentença terminativa, que extingue o processo sem resolução do mérito (*ou determinação de medida judicial cabível em caso de questão preliminar indireta*).

No mérito, pelas razões de direito aduzidas nesta contestação, deve o pedido da presente ação ser julgado improcedente em todos os seus termos, condenando-se o autor nas custas processuais e honorários advocatícios a serem arbitrados nos percentuais definidos no art. 85, § 2º, do Código de Processo Civil.

Protesta-se por todos os meios de prova admitidos em direito.

Nestes termos,

Pede deferimento.

"Local..." e "Data..."

OAB n. ..., "Assinatura..."

5. RECONVENÇÃO

5.1. Apresentação

Nos termos do art. 343 do CPC, é lícito ao réu propor a reconvenção para manifestar pretensão própria, conexa com a ação principal ou com o fundamento da defesa, **sendo cabível no próprio corpo da contestação** (capítulo específico – art. 343, *caput*, do CPC) ou em **peça apartada** (art. 343, § 6º, do CPC). Trata-se de uma faculdade do réu, pois, caso não apresente a reconvenção, poderá deduzir sua pretensão em ação própria.

Na reconvenção, o **réu tem legitimidade ativa**, podendo ser proposta pelo réu em litisconsórcio com terceiro, enquanto apenas o **autor e o terceiro têm legitimidade passiva**. Se o autor for substituto processual, o reconvinte deverá afirmar ser titular de direito em face do substituído, e a reconvenção deverá ser proposta em face do autor, também na qualidade de substituto processual, nos termos art. 343, § 5º, do CPC.

Em sendo proposta a reconvenção, o autor será intimado, na pessoa de seu advogado, para apresentar resposta no prazo de 15 dias. Ainda, destaque que a desistência da ação ou a ocorrência de causa extintiva que impeça o exame de seu mérito não obsta ao prosseguimento do processo quanto à reconvenção.

5.2. Como identificar a peça

Como se trata de reconvenção, o examinador no momento de apresentar a problemática da peça profissional a ser estruturada pelo candidato demonstrará a existência de uma ação proposta pelo autor, a respeito de determinados fatos constitutivos de seu direito, bem como informando ao réu a necessidade de apresentar sua peça de defesa e, além disso, de apresentar uma pretensão própria em face do autor, ou seja, demonstrando que o réu pretende imputar ao autor alguma pretensão própria, conexa com a ação principal. Além disso, poderá o examinador apontar a desnecessidade de contestar a ação, bastando, tão somente, a apresentação da reconvenção como petição autônoma.

5.3. Requisitos essenciais, fundamentos legais e estrutura da reconvenção

Para trabalhar a estruturação da reconvenção na prova prático-profissional do Exame de Ordem, alguns passos precisam ser tomados para que a referida peça possa sem bem valorada pelos examinadores.

Assim como na contestação, o examinando deve observar o juízo no qual a petição inicial foi proposta, qualificando as partes conforme o enunciado e identificando corretamente o *nomem iuris* da ação e o nome da peça.

Além dos pressupostos processuais, condições da ação e requisitos (art. 319 do CPC) necessários ao exercício do direito de toda e qualquer ação, exige-se na reconvenção **pressupostos específicos: conexão entre as causas** (art. 343, *caput*, do CPC), ***a existência de processo pendente*** (art. 343, *caput*, do CPC), ***mesma competência*** (art. 327, § 1º, II, do CPC) e, por fim, ***a identidade de procedimento para uma e outra*** (art. 327, § 1º, III, do CPC).

Importante ressalvar que a reconvenção pode ser proposta contra o próprio autor da ação principal ou contra terceiros, bem como ser proposta pelo autor em litisconsórcio com terceiros, atentando-se o examinando, portanto, ao enunciado da questão (art. 343, §§ 3º e 4º, do CPC).

Caso a reconvenção seja proposta no corpo da contestação, **deve o examinando seguir o modelo anteriormente estudado** (da contestação), no entanto, **reservando capítulo específico para tratar da reconvenção, inclusive com pedido declaratório, constitutivo ou condenatório, conforme for o caso**.

Se for para apresentar a reconvenção, em peça apartada e autônoma, o modelo a ser seguido será o da **petição inicial** (pela natureza de ação), submetendo-se aos requisitos da inicial, com as condições da ação a ela inerentes (interesse e legitimidade), observando os requisitos específicos da existência de conexão entre as causas, de processo pendente, tenha a mesma competência e a identidade de procedimento para a ação principal e a reconvenção (art. 343, *caput*, do CPC).

Não esquecer que, no caso da reconvenção autônoma, o réu da reconvenção (autor da ação principal) deverá ser INTIMADO, e não citado, para apresentar a sua resposta no prazo de 15 dias, tendo em vista que ele já se encontra no processo (art. 343, § 1º, do CPC).

Observar se há precedente: caso o precedente seja favorável, fazer a adesão. Caso desfavorável, fazer a distinção ou o *distinguishing* na reconvenção.

Por fim, o examinando deverá atribuir o **exato valor da causa à reconvenção**, tenha sido ela proposta no próprio corpo da contestação ou como peça autônoma.

5.4. Estrutura resumida da peça

1. Endereçamento: atentar que por se tratar de reconvenção já há a identificação exata do juízo competente, ou seja da cidade/comarca ao qual a peça deverá ser endereçada. Assim, utilizar: "EXCELENTÍSSIMO SENHOR DOUTOR JUIZ DE DIREITO DA 3ª VARA CÍVEL DA COMARCA DE BELO HORIZONTE".

2. Número do processo: importante verificar que, por se tratar de reconvenção, já existe uma petição inicial protocolada e distribuída, recebendo o devido número de distribuição. Assim, identificar o processo logo em seguida ao endereçamento: "Processo n. ...".

3. Identificação das partes: "NOME DO RÉU, "nacionalidade...", "estado civil...", "profissão..." (se pessoa jurídica indicar se de direito privado, público interno ou público externo), portador do "RG n. ...", inscrito no "CPF/CNPJ sob o n. ...", "endereço eletrônico...", "domiciliado à rua..." (se for pessoa jurídica "com sede à rua...").

"NOME DO AUTOR, "nacionalidade...", "estado civil...", "profissão..." (se pessoa jurídica indicar se de direito privado, público interno ou público externo), inscrito no "CPF/CNPJ sob o n. ...", "endereço eletrônico...", "domiciliado à rua..." (se for pessoa jurídica "com sede à rua...").

4. Nome da ação e sua fundamentação legal: se apresentar reconvenção na peça de contestação: "vem, respeitosamente, por intermédio de seu advogado infra-assinado, nos autos da AÇÃO (NOME DA AÇÃO) que lhe move NOME DO AUTOR, qualificado na inicial, apresentar a sua CONTESTAÇÃO com RECONVENÇÃO, nos termos dos arts. 335 e seguintes, do Código de Processo Civil".

Caso apresente somente a reconvenção, em peça própria e autônoma, utilizar: "vem, respeitosamente, por intermédio de seu advogado infra-assinado, nos autos da AÇÃO (NOME DA AÇÃO) que lhe move NOME DO AUTOR, qualificado na inicial, apresentar a sua RECONVENÇÃO, nos termos dos arts. 343 e seguintes, do Código de Processo Civil".

5. Preliminares: analisar se é caso de alegação de eventuais temas que estejam elencados no art. 337 do CPC como preliminares de mérito, criando tópico específico: "I – DAS PRELIMINARES".

6. Fatos: transcrição integral do texto apresentado pelo examinador no enunciado da peça prática, ressaltando a impossibilidade de criar dados inexistentes, para não identificar a peça profissional e ter a prova zerada pelo examinador.

7. Fundamentação: faça a correta ligação entre os fatos e os dispositivos legais aplicáveis, como artigos de lei, súmulas, precedentes, desenvolvendo raciocínio lógico e coerência jurídica, ressaltando que a mera indicação do artigo ou da lei não é suficiente para a pontuação, sendo necessário demonstrar a correta coligação entre fato e direito.

8. Pedidos e requerimentos: "ISTO POSTO, requer-se a intimação do autor reconvindo para responder à presente reconvenção. Seja julgada procedente a presente reconvenção, cuja condenação do autor reconvindo ora se requer. Requer-se, outrossim, a condenação do autor reconvindo nas custas e honorários advocatícios (CPC, art. 85, § 1º). Protesta-se por todos os meios de prova admitidos em direito".

9. Valor da causa: Relembrar que em se tratando de reconvenção deverá ter o respectivo valor da causa, por ter natureza de ação. "Dá-se à presente reconvenção, nos termos do art. 292 do Código de Processo Civil, o valor de R$ (...)".

10. Fechamento da peça: Nestes Termos, Pede Deferimento. "Local..." e "Data..." OAB n. ..., "Assinatura...".

5.5. **Modelo de contestação com reconvenção**

EXCELENTÍSSIMO SENHOR DOUTOR JUIZ DE DIREITO DA 3ª VARA CÍVEL DA COMARCA DE BELO HORIZONTE

(pular 5 linhas)

"Processo n. ..."

NOME DO RÉU, "nacionalidade...", "estado civil...", "profissão..." (se pessoa jurídica indicar se de direito privado, público interno ou público externo), inscrito no "CPF/CNPJ sob o n. ...", "endereço eletrônico...", "domiciliado à rua..." (se for pessoa jurídica "com sede à rua..."), vem, respeitosamente, por intermédio de seu advogado infra-assinado, nos autos da AÇÃO (NOME DA AÇÃO) que lhe move NOME DO AUTOR, qualificado na inicial, apresentar a sua CONTESTAÇÃO, com RECONVENÇÃO, nos termos dos arts. 335 e seguintes, do Código de Processo Civil, o que faz, articuladamente, nos seguintes e melhores termos de direito:

I - PRELIMINARES

Alegação de eventuais temas que estejam elencados no art. 337 do CPC.

II - DOS FATOS

Resumo dos fatos fornecidos pelo enunciado da questão.

III - NO MÉRITO

Apresentar todos os elementos do enunciado da questão que estiverem equivocados em relação às alegações do autor na inicial, lembrando dos princípios do ônus da impugnação especificada e da eventualidade.
Observar se há precedente.
Caso o precedente seja favorável, fazer a adesão. Caso desfavorável, fazer a distinção "distinguishing".

IV - DA RECONVENÇÃO

Nos termos do art. 343 do CPC, na contestação, é lícito ao réu propor reconvenção para manifestar pretensão própria, conexa com a ação principal ou com o fundamento da defesa. Neste momento, deve-se tratar dos elementos que possibilitam a utilização da reconvenção no presente caso.

ISTO POSTO, deve ser acolhida a preliminar, resultando na prolação de sentença terminativa, que extingue o processo sem resolução do mérito (*ou determinação de medida judicial cabível em caso de questão preliminar indireta*).

No mérito, pelas razões de direito aduzidas nesta contestação, deve o pedido da presente ação ser julgado improcedente em todos os seus termos, condenando-se o autor nas custas processuais e honorários advocatícios a serem arbitrados nos percentuais definidos no art. 85, § 2º, do Código de Processo Civil, bem como requer-se seja julgada procedente a presente reconvenção, cuja condenação da autora reconvinda se requer.

Em relação à presente reconvenção, nos termos do art. 292 do Código de Processo Civil, dar-se à causa o valor de R$ (...).

Requer-se, outrossim, a condenação do autor reconvindo nas custas e honorários (CPC, art. 85, § 1º).

Dá-se à presente reconvenção, nos termos do art. 292 do Código de Processo Civil, o valor de R$ (...).

Protesta-se por todos os meios de prova admitidos em direito.

Nestes termos,

Pede deferimento.

"Local..." e "Data..."

OAB n. ..., "Assinatura..."

6. RÉPLICA

6.1. Apresentação

Trata-se de peça profissional apresentada pelo autor quando o réu apresentar na sua contestação quaisquer fatos impeditivos, modificativos ou extintivos do direito do autor, sendo certo afirmar que se o réu o pode alegar, deverá de pronto ser ouvido o autor, no prazo de 15 dias, que poderá ofertar sua réplica, permitindo-lhe o juiz a produção de prova.

Réplica é, pois, a oportunidade do autor de manifestar a respeito das argumentações apresentadas pelo réu em sua contestação, bem como de reafirmar os posicionamentos e os pedidos apresentados por ocasião de sua petição inicial.

6.2. Como identificar a peça

Por se tratar de peça apresentada pelo autor, verificar que o examinador indicará no caso prático a existência de uma petição inicial proposta pelo próprio autor e a apresentação de uma contestação, com os argumentos de defesa do réu e a imposição dos fatos extintivos, modificativos ou impeditivos do direito do autor, cabendo ao candidato, na condição de advogado do autor, apresentar a réplica, rebatendo as alegações do réu e reafirmando os pedidos feitos na petição inicial.

6.3. Requisitos essenciais, fundamentos legais e estrutura da réplica

Para a peça ser estruturada, o examinando deve seguir corretamente o endereçamento, conforme constar do enunciado da questão e indicado na petição inicial.

> "EXCELENTÍSSIMO SENHOR DOUTOR JUIZ DE DIREITO DA 5ª VARA CÍVEL DA COMARCA DE CURITIBA".

Importante destacar que logo após o endereçamento o examinando deve deixar um espaço suficiente para a identificação do número do processo:

> "Processo n. ...".

A seguir, passa-se à qualificação das partes, utilizando os dados fornecidos pelo examinador, ressalvando a possibilidade de indicação dos nomes, mencionando a qualificação imputada às partes pela própria petição inicial:

> "FULANO DE TAL, devidamente qualificado nos autos da ação em epígrafe", e "CICLANO DE TAL, igualmente qualificado na inicial".

Deve-se identificar, ainda, o nome da peça que está sendo oferecida, passando, posteriormente, ao *nomem iuris* da ação, conforme consta do enunciado e pretendido pelo autor em sua ação inicial

> "vem, por intermédio de seu advogado, nos autos da AÇÃO DE CONHECIMENTO apresentar a sua RÉPLICA, com fulcro no art. 351 do Código de Processo Civil".

Observar a transcrição dos fatos e fundamentos propostos pelo enunciado, com cuidado para não renovar na peça, obstando a apresentação exata das informações propostas pelos examinadores, rebatendo todos os pontos relevantes contidos na contestação.

Por fim, atentar para os pedidos finais, em especial para a procedência integral dos pedidos formulados na petição inicial, **ressalvando a inadmissibilidade de pedir na réplica provas** (salvo se o réu alegar a existência de fato extintivo, impeditivo ou modificativo do pedido do autor – art. 350 do CPC), **honorários advocatícios e, tampouco, atribuir valor à causa**, exceto quando reiterar e efetivar a ressalva dos pedidos já formulados.

6.4. Estrutura resumida da peça

1. Endereçamento: atentar que por se tratar de réplica já há a identificação exata do juízo competente, ou seja da cidade/comarca ao qual a peça deverá ser endereçada. Assim, utilizar: "EXCELENTÍSSIMO SENHOR DOUTOR JUIZ DE DIREITO DA 5ª VARA CÍVEL DA COMARCA DE CURITIBA".

2. Número do processo: importante verificar que, por se tratar de réplica, já existe uma petição inicial protocolada e distribuída, recebendo o devido número de distribuição. Assim, identificar o processo logo em seguida ao endereçamento: "Processo n. ...".

3. Identificação das partes: "NOME DO AUTOR, devidamente qualificado nos autos da ação em epígrafe".

"NOME DO RÉU, devidamente qualificado nos autos da ação em epígrafe".

4. Nome da ação e sua fundamentação legal: "vem, respeitosamente, por intermédio de seu advogado infra-assinado, nos autos da AÇÃO (NOME DA AÇÃO), com fundamento nos arts. 350 e 351 do Código de Processo Civil, apresentar sua RÉPLICA à Contestação".

5. Fatos: transcrição integral do texto apresentado pelo examinador no enunciado da peça prática, ressaltando a impossibilidade de criar dados inexistentes, para não identificar a peça profissional e ter a prova zerada pelo examinador.

6. Fundamentação: faça a correta ligação entre os fatos e os dispositivos legais aplicáveis, como artigos de lei, súmulas, precedentes, desenvolvendo raciocínio lógico e coerência jurídica, ressaltando que a mera indicação do artigo ou da lei não é suficiente para a pontuação, sendo necessário demonstrar a correta coligação entre fato e direito.

7. Pedidos e requerimentos: "Com efeito, ante o exposto e reiterando os termos contidos na petição inicial, espera o autor o consequente afastamento das preliminares alegadas nos termos desta réplica e sejam julgados procedentes os pedidos realizados na ação, condenado o réu em custas, despesas processuais e honorários de advogado (eventualmente em litigância de má-fé, que deverá ser superior a 1% e inferior a 10% do valor corrigido da causa, a indenizar a parte autora pelos prejuízos que esta sofreu e a arcar com os honorários advocatícios, art. 85, § 2º, do Código de Processo Civil)".

8. Valor da causa: Não cabe a fixação de valor da causa em réplica.

9. Fechamento da peça: Nestes Termos, Pede Deferimento. "Local..." e "Data..." OAB n. ..., "Assinatura...".

6.5. Modelo de réplica

EXCELENTÍSSIMO SENHOR DOUTOR JUIZ DE DIREITO DA 5ª VARA CÍVEL DA COMARCA DE CURITIBA

(pular 5 linhas)

"Processo n. ..."

NOME DO AUTOR, qualificado na inicial, vem, respeitosamente, por intermédio de seu advogado infra-assinado, nos autos da AÇÃO (NOME DA AÇÃO), com fundamento nos arts. 350 e 351 do Código de Processo Civil, apresentar sua RÉPLICA à Contestação, pelos fundamentos de fato e de direito a seguir expostos:

I - PRELIMINARES

Combater as possíveis preliminares alegadas pelo réu.

II - DO MÉRITO

Lições jurídicas sobre o tema da peça processual, rebatendo os pontos de mérito trabalhados pelo réu.

III – DOS PEDIDOS

Com efeito, ante o exposto e reiterando os termos contidos na petição inicial, espera a autora o consequente afastamento das preliminares nos termos desta réplica e, reconhecida a legitimidade do réu, sejam julgados procedentes os pedidos realizados na ação, condenado o réu em custas, despesas processuais, honorários de advogado e litigância de má-fé, que deverá ser superior a 1% e inferior a 10% do valor corrigido da causa, a indenizar a parte autora pelos prejuízos que esta sofreu e a arcar com os honorários advocatícios, art. 85, § 2º, do Código de Processo Civil.

Nestes termos,

Pede deferimento.

"Local..." e "Data..."

OAB n. ..., "Assinatura..."

7. DO CUMPRIMENTO DE SENTENÇA E DA EXECUÇÃO

7.1. Cumprimento provisório e definitivo de sentença que reconhece exigibilidade de obrigação de pagar quantia certa

7.1.1. Apresentação

O cumprimento da sentença vem a explicitar a execução de títulos judiciais que se dará por meio de uma fase processual, que está, técnica e legislativamente, ligada ao processo de conhecimento, embora saiba ser típica execução de título judicial.

Ponto fulcral, em relação à execução de título judicial, é entender que será definitiva a execução da sentença transitada em julgado, já que não se discute mais se há ou não crédito ou obrigação, visto que a coisa julgada torna indiscutível e imutável, em tese, a decisão que está sendo executada.

Ademais, será **provisória** a execução quando se tratar de sentença impugnada mediante recurso ao qual não foi atribuído efeito suspensivo, permitindo à parte interessada ingressar nos atos garantidores de futura satisfação, podendo inclusive realizar, por exemplo, a penhora.

O cumprimento provisório da sentença impugnada por recurso desprovido de efeito suspensivo será realizado, ressalvadas as peculiaridades, do mesmo modo que o definitivo, correndo por iniciativa e responsabilidade do exequente, que se obriga, se a sentença for reformada, a reparar os danos que o executado haja sofrido, assim como alerta o art. 520, I, do CPC.

Fica sem efeito, sobrevindo decisão que modifique ou anule a sentença objeto da execução, restituindo-se as partes ao estado anterior e liquidados eventuais prejuízos nos mesmos autos (art. 520, II, do CPC). Neste caso, se a sentença objeto de cumprimento provisório for modificada ou anulada apenas em parte, somente nesta ficará sem efeito a execução (art. 520, III, do CPC).

O levantamento de depósito em dinheiro e a prática de atos que importem transferência de posse ou alienação de propriedade ou de outro direito real, ou dos quais possa resultar grave dano ao executado, dependem de caução suficiente e idônea, arbitrada de plano pelo juiz e prestada nos próprios autos. A caução aqui trabalhada, que é garantia, pode ser real (como hipoteca, anticrese, penhor etc.) ou ainda fidejussória (como a fiança).

Importante, neste ponto, observar que o CPC dispensa a caução em três casos, quando (art. 521):

a) o crédito for de natureza alimentar, independentemente de sua origem;

b) o credor demonstrar situação de necessidade.

c) pender agravo do art. 1.042.

O exequente, ao requerer a execução provisória, **instruirá a petição com cópias autenticadas** (que podem ser declaradas como autênticas pelo advogado ficando este responsável por tal afirmação) da: (i) decisão exequenda; (ii) certidão de interposição do recurso não dotado de efeito suspensivo; (iii) procurações outorgadas pelas partes; (iv) decisão de habilitação, se for o caso; e, por fim, (v) facultativamente, outras peças processuais que o exequente considere necessárias para demonstrar a existência do crédito, assim como alerta o art. 522 do CPC.

Observar que no caso de **condenação em quantia certa**, ou **já fixada em liquidação**, e no caso de decisão sobre parcela incontroversa, o **cumprimento definitivo** da sentença far-se-á a requerimento do exequente, sendo o executado **intimado para pagar o débito**, no prazo de 15 dias, acrescido de custas, se houver (art. 523 do CPC).

Não ocorrendo pagamento voluntário no prazo determinado, o débito será acrescido de multa de 10% e, também, de honorários de advogado de 10%. No entanto, efetuado o pagamento parcial, a multa e os honorários incidirão tão somente sobre o restante. Ainda, em não sendo efetuado tempestivamente o pagamento voluntário, será expedido, desde logo, mandado de penhora e avaliação, seguindo-se os atos de expropriação.

Segundo o art. 515 do CPC, **são títulos executivos judiciais**:

I – as decisões proferidas no processo civil que reconheçam a exigibilidade de obrigação de pagar quantia, de fazer, de não fazer ou de entregar coisa;

II – a decisão homologatória de autocomposição judicial;

III – a decisão homologatória de autocomposição extrajudicial de qualquer natureza;

IV – o formal e a certidão de partilha, exclusivamente em relação ao inventariante, aos herdeiros e aos sucessores a título singular ou universal;

V – o crédito de auxiliar da justiça, quando as custas, emolumentos ou honorários tiverem sido aprovados por decisão judicial;

VI – a sentença penal condenatória transitada em julgado;

VII – a sentença arbitral;

VIII – a sentença estrangeira homologada pelo Superior Tribunal de Justiça;

IX – a decisão interlocutória estrangeira, após a concessão do exequatur à carta rogatória pelo Superior Tribunal de Justiça.

Por fim, a **competência**, em relação ao cumprimento da sentença, está bem definida pelo art. 516 do CPC, sendo competente para o cumprimento da sentença o órgão prolator da decisão transitada em julgado.

Assim, o cumprimento da sentença efetuar-se-á perante:

a) os **tribunais**, nas **causas de sua competência originária**	b) o **juízo** que **decidiu a causa no primeiro grau de jurisdição**.

7.1.2. Como identificar a peça

Por certo, para a estruturação do cumprimento de sentença, o examinador apresentará no caso prático a existência de uma ação de conhecimento ou de qualquer outra decisão prevista no art. 515 do CPC, demonstrando a necessidade de conferir efetividade a tais decisões, em razão da ausência do cumprimento voluntário por parte dos interessados.

Desta forma, a peça prática do cumprimento provisório de sentença haverá a indicação da ausência de trânsito em julgado da referida decisão, ao passo que para o cumprimento definitivo, por conseguinte, haverá a confirmação do trânsito em julgado e a impossibilidade de modificação do julgado.

7.1.3. Requisitos essenciais, fundamentos legais e estrutura do cumprimento provisório e definitivo de sentença

O cumprimento da sentença é o ato pelo qual visa executar uma determinação judicial, entendida como a fase de efetivação daquilo que foi estabelecido pelo juiz na sentença condenatória.

A qualificação da sentença deve seguir aquilo que já foi identificado na ação de conhecimento (exemplo: "**NOME DO EXEQUENTE, por meio de seus advogados constituídos, devidamente identificado nos autos da NOME DA AÇÃO**"), colocando a pretensão de promover o pedido de "**CUMPRIMENTO PROVISÓRIO OU DEFINITIVO DE SENTENÇA**", sempre informando e identificando o fundamento legal da peça prática, no caso, os arts. 513, § 1º, e 520 (se provisório) e art. 523 (se definitivo) e seguintes do CPC.

> NOME DO EXEQUENTE, por meio de seus advogados, nos autos da ação (NOME DA AÇÃO) que move em face de (NOME DO EXECUTADO), vem, respeitosamente, à presença de Vossa Excelência, promover o presente PEDIDO DE CUMPRIMENTO PROVISÓRIO DE SENTENÇA, nos termos dos arts. 513, § 1º, e 520 e seguintes do CPC, pelas razões de fato e de direito a seguir afirmadas:

Nos fatos, há a necessidade de o examinando realizar singelo esboço histórico do ocorrido no processo, comentando os elementos da sentença que formaram o título judicial, apontando o valor do crédito pretendido do exequente, conforme cálculo aritmético, bem como constando estar devidamente atualizado até a data da propositura do cumprimento, nos moldes estabelecidos na sentença, em respeito ao art. 524 do Código de Processo Civil.

Não se esquecer de trabalhar e apresentar a **planilha discriminada do débito**, quando assim exigida pelo enunciado.

Por fim, quanto aos pedidos, o examinando deve requerer a intimação do executado (nos arts. 520 e seguintes do Código de Processo Civil), na pessoa de seu advogado (art. 513, § 2º, I, do CPC).

Se for o caso de cumprimento definitivo da sentença, deve conter o pedido para efetuar o pagamento do valor devido, no prazo de 15 dias, sob pena de acréscimo de 10% sobre o valor executado (art. 523, *caput*, e § 1º, do CPC), a realização de penhora e honorários advocatícios de 10%, sendo possível requerer, independentemente novo pedido, nos termos do art. 523, § 3º, do CPC, a respectiva expedição de mandado de penhora e consequente avaliação, ou ainda o bloqueio de ativos financeiros pelo sistema Bacen-jud (penhora *on-line*).

7.1.4. Estrutura resumida da peça

1. Endereçamento: atentar que por se tratar de cumprimento provisório ou definitivo de sentença haverá a identificação exata do juízo competente, no qual tramitou a ação de conhecimento, ou seja da cidade/comarca ao qual a peça deverá ser endereçada. Assim, utilizar: "EXCELENTÍSSIMO SENHOR DOUTOR JUIZ DE DIREITO DA 3ª VARA CÍVEL DA COMARCA DE SÃO PAULO".

2. Número do processo: importante verificar que, por se tratar de cumprimento de sentença, já existe uma ação de conhecimento em andamento, inclusive tendo recebendo o devido número de distribuição. Assim, identificar o processo logo em seguida ao endereçamento: "Processo n. ...".

3. Identificação das partes: "NOME DO EXEQUENTE, "nacionalidade...", "estado civil...", "profissão..." (se pessoa jurídica indicar se de direito privado, público interno ou público externo), inscrito no "CPF/CNPJ sob o n. ...", "endereço eletrônico...", "domiciliado à rua..." (se for pessoa jurídica "com sede à rua...").

(NOME DO EXECUTADO), "nacionalidade...", "estado civil...", "profissão..." (se pessoa jurídica indicar se de direito privado, público interno ou público externo), inscrito no "CPF/CNPJ sob o n. ...", "endereço eletrônico...", "domiciliado à rua..." (se for pessoa jurídica "com sede à rua...").

4. Nome da ação e sua fundamentação legal: "vem, respeitosamente, à presença de Vossa Excelência, promover o presente pedido de CUMPRIMENTO PROVISÓRIO OU DEFINITIVO DE SENTENÇA, nos termos dos arts. 513, § 1º, e 520 e seguintes do CPC, pelas razões de fato e de direito a seguir afirmadas".

5. Fatos: transcrição integral do texto apresentado pelo examinador no enunciado da peça prática, ressaltando a impossibilidade de criar dados inexistentes, para não identificar a peça profissional e ter a prova zerada pelo examinador.

6. Fundamentação: faça a correta ligação entre os fatos e os dispositivos legais aplicáveis, como artigos de lei, súmulas, precedentes, desenvolvendo raciocínio lógico e coerência jurídica, ressaltando que a mera indicação do artigo ou da lei não é suficiente para a pontuação, sendo necessário demonstrar a correta coligação entre fato e direito.

7. Pedidos e requerimentos: "Assim, com base nos arts. 520 e seguintes do Código de Processo Civil, requer-se a intimação do executado, na pessoa de seu advogado (CPC, art. 513, § 2º, I) para efetuar o pagamento do valor devido, no prazo de 15 dias, sob pena de acréscimo de 10% sobre o valor executado, penhora e honorários advocatícios de 10%. Não sendo realizado o pagamento, requer-se desde logo, independentemente novo pedido, nos termos do art. 523, § 3º, do CPC, a respectiva expedição de mandado de penhora e, consequente, avaliação, ou ainda o bloqueio de ativos financeiros pelo sistema Bacen-jud (penhora *on-line*)".

8. Valor da causa: Não cabe a fixação de valor da causa.

9. Fechamento da peça: Nestes Termos, Pede Deferimento. "Local..." e "Data..." OAB n. ..., "Assinatura...".

7.1.5. Modelo de petição requerendo o cumprimento provisório de sentença que reconhece exigibilidade de obrigação de pagar quantia certa

EXCELENTÍSSIMO SENHOR DOUTOR JUIZ DE DIREITO DA 5ª VARA CÍVEL DA COMARCA DE SÃO PAULO

(pular 5 linhas)

"Processo n. ..."

"NOME DO EXEQUENTE", "nacionalidade...", "estado civil...", "profissão..." (se pessoa jurídica indicar se de direito privado, público interno ou público externo), inscrito no "CPF/CNPJ sob o n. ...", "endereço eletrônico...", "domiciliado à rua..." (se for pessoa jurídica "com sede à rua..."), nos autos da ação (NOME DA AÇÃO) que move em face de "NOME DO EXECUTADO", "nacionalidade...", "estado civil...", "profissão..." (se pessoa jurídica indicar se de direito privado, público interno ou público externo), inscrito no "CPF/CNPJ sob o n. ...", "endereço eletrônico...", "domiciliado à rua..." (se for pessoa jurídica "com sede à rua..."), vem, respeitosamente, à presença de Vossa Excelência, promover o presente pedido de CUMPRIMENTO PROVISÓRIO DE SENTENÇA, nos termos dos arts. 513, § 1º, e 520 e seguintes do CPC, pelas razões de fato e de direito a seguir afirmadas:

I – FUNDAMENTOS DO CUMPRIMENTO PROVISÓRIO DA SENTENÇA

Fazer singelo esboço histórico do ocorrido no processo, comentando os elementos sentenciais que formaram o título judicial, apontando o valor do crédito pretendido do exequente, conforme cálculo aritmético, que se encontra devidamente atualizado até a presente data nos moldes estabelecidos na sentença, em respeito ao art. 524 do Código de Processo Civil.

Trabalhar a planilha discriminada do débito.

II – DOS PEDIDOS

Assim, com base nos arts. 520 e seguintes do Código de Processo Civil, requer-se a intimação do executado, na pessoa de seu advogado (CPC, art. 513, § 2º, I) para efetuar o pagamento do valor devido, no prazo de 15 dias, sob pena de acréscimo de 10% sobre o valor executado, penhora e honorários advocatícios de 10%.

Não sendo realizado o pagamento, requer-se desde logo, independentemente novo pedido, nos termos do art. 523, § 3º, do CPC, a respectiva expedição de mandado de penhora e, consequente, avaliação, ou ainda o bloqueio de ativos financeiros pelo sistema Bacen-jud (*penhora on-line*).

Nestes termos,

Pede deferimento.

"Local..." e "Data..."

OAB n. ..., "Assinatura..."

7.1.6. Modelo de petição requerendo o cumprimento definitivo de sentença que reconhece exigibilidade de obrigação de pagar quantia certa

EXCELENTÍSSIMO SENHOR DOUTOR JUIZ DE DIREITO DA 5ª VARA CÍVEL DA COMARCA DE SÃO PAULO

(pular 5 linhas)

"Processo n. ..."

"NOME DO EXEQUENTE", "nacionalidade...", "estado civil...", "profissão..." (se pessoa jurídica indicar se de direito privado, público interno ou público externo), inscrito no "CPF/CNPJ sob o n. ...", "endereço eletrônico...", "domiciliado à rua..." (se for pessoa jurídica "com sede à rua..."), nos autos da ação (NOME DA AÇÃO) que move em face de "NOME DO EXECUTADO", "nacionalidade...", "estado civil...", "profissão..." (se pessoa jurídica indicar se de direito privado, público interno ou público externo), inscrito no "CPF/CNPJ sob o n. ...", "endereço eletrônico...", "domiciliado à rua..." (se for pessoa jurídica "com sede à rua..."), vem, respeitosamente, à presença de Vossa Excelência, promover o presente pedido de CUMPRIMENTO DEFINITIVO DE SENTENÇA, nos termos dos arts. 513, § 1º, e 520 e seguintes do CPC, pelas razões de fato e de direito a seguir afirmadas:

I – FUNDAMENTOS DO CUMPRIMENTO DEFINITIVO DA SENTENÇA

Fazer singelo esboço histórico do ocorrido no processo, comentando os elementos sen-

tenciais que formaram o título judicial definitivo, apontando o valor do crédito do exequente, conforme cálculo aritmético, que se encontra devidamente atualizado até a presente data nos moldes estabelecidos na sentença, em respeito ao art. 524 do Código de Processo Civil.

Trabalhar a planilha discriminada do débito.

II - DOS PEDIDOS

Assim, com base nos arts. 523 e seguintes do Código de Processo Civil, requer-se a intimação do executado, na pessoa de seu advogado (CPC, art. 513, § 2º, I) para efetuar o pagamento do valor devido, no prazo de 15 dias, sob pena de acréscimo de 10% sobre o valor executado, penhora e honorários advocatícios de 10%.

Não sendo realizado o pagamento, requer-se desde logo, independentemente novo pedido, nos termos do art. 523, § 3º, do CPC, a respectiva expedição de mandado de penhora e, consequente, avaliação, ou ainda o bloqueio de ativos financeiros pelo sistema Bacen-jud (*penhora on-line*).

Nestes termos,

Pede deferimento.

"Local..." e "Data..."

OAB n. ..., "Assinatura..."

8. IMPUGNAÇÃO AO CUMPRIMENTO DE SENTENÇA

8.1. Apresentação

A impugnação é o meio pelo qual o devedor de quantia, executado em relação a título judicial, tem para manifestar-se defensivamente, arguindo pontos diretos para que possa buscar o encerramento do cumprimento da sentença, sendo a modalidade legal de rebater os argumentos trazidos pela parte exequente, contestando-os.

A natureza jurídica, segundo a doutrina, é dúplice, tendo inicialmente clara característica de defesa, pois o executado utiliza este mecanismo para se opor à execução. A outra característica, que compõe a natureza jurídica dúplice, é que esta manifestação se dá por meio de ação incidental na qual busca o executado, por exemplo, a declaração da inexigibilidade do título, visto que esta medida incidental veiculará pretensão declaratória ou desconstitutiva.

Importante ressalva merece destaque, distinguindo a impugnação ao cumprimento de sentença e os embargos à execução (ou embargos do devedor), visto que este é meio específico de defesa do executado, por meio de processo autônomo, e se dá para procedimentos da **execução contra a fazenda pública** (arts. 534 a 535 do CPC) e nas **execuções fundadas em título extrajudicial** (arts. 914 a 920 do CPC).

A impugnação, diferentemente, está comprometida com a fase do cumprimento de sentença, em relação ao pagamento por quantia, sendo procedimento incidental que se desenvolve na mesma relação jurídico-processual da qual se formou a lide originária.

O legitimado a ofertar a impugnação (art. 523 do CPC) é o executado, intimado na pessoa de seu advogado (arts. 272 e 273 do CPC), ou, na falta deste, o seu representante legal, ou intimado pessoalmente, por mandado ou pelo correio.

O executado, como consequência do contraditório e da ampla defesa, tem a liberdade e o direito de opor-se à execução por meio da impugnação, desde que seja caso de cabimento, podendo trazer consequências relevantes para o cumprimento da sentença, como, inclusive, a extinção do processo e encerramento do cumprimento da sentença em alguns casos pontuais.

A impugnação é uma **faculdade do executado** que pode ofertá-la ou não. O prazo para a oferta da impugnação é de **15 dias** que serão contados, assim como alerta o art. 525 do CPC, após transcorrer o prazo previsto no art. 523 (de 15 dias), sem o pagamento voluntário, ressaltando que a impugnação será apresentada, independentemente de penhora ou nova intimação.

Ainda, verifica-se que na impugnação o executado poderá alegar:

I – falta ou nulidade da citação se, na fase de conhecimento, o processo correu à revelia;

II – ilegitimidade de parte;

III – inexequibilidade do título ou inexigibilidade da obrigação;

IV – penhora incorreta ou avaliação errônea;

V – excesso de execução ou cumulação indevida de execuções;

VI – incompetência absoluta ou relativa do juízo da execução;

VII – qualquer causa modificativa ou extintiva da obrigação, como pagamento, novação, compensação, transação ou prescrição, desde que supervenientes à sentença.

8.2. Como identificar a peça

De maneira bem simples, para a estruturação da impugnação ao cumprimento de sentença, o examinador apresentará no caso prático a existência de uma ação de conhecimento ou de qualquer outra decisão prevista no art. 515 do CPC, cujo interessado ingressou com o devido cumprimento de uma das hipóteses prevista no dispositivo legal, cabendo, portanto, ao candidato impugnar a referida execução de título judicial por intermédio da peça profissional ora estudada.

8.3. Requisitos essenciais, fundamentos legais e estrutura da impugnação ao cumprimento de sentença

Importante verificar que, pela nova sistemática do CPC, transcorrido o prazo de 15 dias previsto pelo art. 523 do CPC, sem o pagamento voluntário do débito, inicia-se o prazo de 15 dias para que o executado, independentemente de penhora ou de nova intimação, apresente, nos próprios autos, sua impugnação.

A qualificação das partes deve seguir o mesmo padrão utilizado para as peças anteriormente estudadas, com a qualificação e identificação da ação de conhecimento, ressaltando tratar de "impugnação ao cumprimento de sentença", com fulcro no art. 525 do CPC.

O examinando deverá ficar atento porque o CPC elencou o rol das matérias que poderão ser levantadas e alegadas pelo o executado na impugnação: *I – falta ou nulidade da citação se, na fase de conhecimento, o processo correu à revelia; II – ilegitimidade de parte; III – inexequibilidade do título ou inexigibilidade da obrigação; IV – penhora incorreta ou avaliação errônea; V – excesso de execução ou cumulação indevida de execuções; VI – incompetência absoluta ou relativa do juízo da execução; VII – qualquer causa modificativa ou extintiva da obrigação, como pagamento, novação, compensação, transação ou prescrição, desde que supervenientes à sentença.*

Em seguida, o examinando deverá fazer singelo esboço histórico do ocorrido no processo, comentando os elementos da sentença condenatória e o valor pretendido pelo exequente. Se for caso de requisitar efeito suspensivo, o examinando deve destacar os seus elementos (art. 525, § 6º, do CPC).

Se o examinador indicar a existência de excesso de execução, o examinando deverá apontar o valor que entende ser devido (art. 525, § 4º, do CPC), com base no cálculo aritmético, atualizado até a data da impugnação, em respeito ao art. 524 do Código de Processo Civil. Não se esquecer de apresentar e elaborar a planilha discriminada do débito.

Nestes termos, a apresentação de impugnação não impede a prática dos atos executivos, inclusive os de expropriação, podendo o juiz, **a requerimento do executado** e desde que **garantido o juízo com penhora, caução ou depósito suficientes**, atribuir-lhe efeito suspensivo, se seus fundamentos forem relevantes e se o prosseguimento da execução for manifestamente suscetível de causar ao executado grave dano de difícil ou incerta reparação.

Se o examinador indicar a existência de **excesso de execução**, o examinando deverá **apontar o valor que entende ser devido** (art. 525, § 4º, do CPC), com base no cálculo aritmético, atualizado até a data da impugnação, em respeito ao art. 524 do Código de Processo Civil. Não se esquecer de apresentar e elaborar a planilha discriminada do débito.

Por fim, o examinando deve realizar o pedido, requerendo a concessão de efeito suspensivo, visto que depositado o valor incontroverso, fazendo-se cumprir o que determina o § 6º do art. 525 do Código de Processo Civil; a remessa dos autos ao contador judicial, se for o caso, seguindo as determinações do § 2º do art. 524 do Código de Processo Civil ou, supletivamente, a designação de perícia para assim apurar em exato os cálculos contidos na impugnação; e o total acolhimento da impugnação com a consequente declaração de exatidão dos cálculos apresentados, pedindo a extinção do processo por sentença, assim como afirma o art. 316 do Código de Processo Civil.

8.4. Estrutura resumida da peça

1. Endereçamento: atentar que por se tratar de impugnação ao cumprimento de sentença haverá a identificação exata do juízo competente, no qual tramitou a ação de conhecimento e tramita o cumprimento de sentença, ou seja da cidade/comarca ao qual a peça deverá ser endereçada. Assim, utilizar: "EXCELENTÍSSIMO SENHOR DOUTOR JUIZ DE DIREITO DA 5ª VARA CÍVEL DA COMARCA DE SÃO PAULO".

2. Número do processo: importante verificar que, por se tratar de impugnação ao cumprimento de sentença, existiu ou existe uma ação de conhecimento em andamento, com seu consequente cumprimento, inclusive tendo recebendo o devido número de distribuição. Assim, identificar o processo logo em seguida ao endereçamento: "Processo n. ...".

3. Identificação das partes: "NOME DO EXECUTADO", "nacionalidade...", "estado civil...", "profissão..." (se pessoa jurídica indicar se de direito privado, público interno ou público externo), inscrito no "CPF/CNPJ sob o n. ...", "endereço eletrônico...", "domiciliado à rua..." (se for pessoa jurídica "com sede à rua...").

"NOME DO EXEQUENTE", "nacionalidade...", "estado civil...", "profissão..." (se pessoa jurídica indicar se de direito privado, público interno ou público externo), inscrito no "CPF/CNPJ sob o n. ...", "endereço eletrônico...", "domiciliado à rua..." (se for pessoa jurídica "com sede à rua...").

4. Nome da ação e sua fundamentação legal: "vem, respeitosamente, à presença de Vossa Excelência oferecer IMPUGNAÇÃO AO CUMPRIMENTO DE SENTENÇA, com fundamento no art. 525 do CPC, pelas razões de fato e de direito a seguir afirmadas".

5. Fatos: transcrição integral do texto apresentado pelo examinador no enunciado da peça prática, ressaltando a impossibilidade de criar dados inexistentes, para não identificar a peça profissional e ter a prova zerada pelo examinador.

6. Fundamentação: faça a correta ligação entre os fatos e os dispositivos legais aplicáveis, como artigos de lei, súmulas, precedentes, desenvolvendo raciocínio lógico e coerência jurídica, ressaltando que a mera indicação do artigo ou da lei não é suficiente para a pontuação, sendo necessário demonstrar a correta coligação entre fato e direito.

7. Pedidos e requerimentos: "Assim, com base no art. 525 do Código de Processo Civil, requer-se: a) a concessão de efeito suspensivo visto que depositado o valor incontroverso de R$..., fazendo-se cumprir o que determina o § 6º do art. 525 do Código de Processo Civil; b) a consequente remessa dos autos ao contador judicial, seguindo as determinações do § 2º do art. 524 do Código de Processo Civil ou, supletivamente, a designação de perícia para assim apurar em exato os cálculos contidos na impugnação (caso de excesso de execução, se for outra questão adaptar o pedido); c) por fim, o total acolhimento da impugnação com a consequente declaração de exatidão dos cálculos apresentados e extinção do processo por sentença, assim como afirma o art. 316 do Código de Processo Civil".

8. Valor da causa: Não cabe a fixação de valor da causa.

9. Fechamento da peça: Nestes Termos, Pede Deferimento. "Local..." e "Data..." OAB n. ..., "Assinatura...".

8.5. Modelo de impugnação ao cumprimento de sentença por excesso de execução

EXCELENTÍSSIMO SENHOR DOUTOR JUIZ DE DIREITO DA 5ª VARA CÍVEL DA COMARCA DE SÃO PAULO

(pular 5 linhas)

"Processo n. ..."

"NOME DO EXECUTADO", "nacionalidade...", "estado civil...", "profissão..." (se pessoa jurídica indicar se de direito privado, público interno ou público externo), inscrito no "CPF/CNPJ sob o n. ...", "endereço eletrônico...", "domiciliado à rua..." (se for pessoa jurídica "com sede à rua..."), nos autos da ação (NOME DA AÇÃO) que move em face de "NOME DO EXEQUENTE", "nacionalidade...", "estado civil...", "profissão..." (se pessoa jurídica indicar se de direito privado, público interno ou público externo), inscrito no "CPF/CNPJ sob o n. ...", "endereço eletrônico...", "domiciliado à rua..." (se for pessoa jurídica "com sede à rua..."), vem, respeitosamente, à presença de Vossa Excelência oferecer IMPUGNAÇÃO AO CUMPRIMENTO DE SENTENÇA, com fundamento no art. 525 do CPC, pelas razões de fato e de direito a seguir afirmadas:

I - FUNDAMENTOS DA IMPUGNAÇÃO AO CUMPRIMENTO DA SENTENÇA

Fazer singelo esboço histórico do ocorrido no processo, comentando os elementos sentenciais e o valor pretendido pelo exequente. Se for caso de requisitar efeito suspensivo, destacar os seus elementos (art. 525, § 6º, do CPC). Deve o executado afirmar haver excesso de execução, apontando o valor que entende ser devido (art. 525, § 4º, do CPC), com base no cálculo aritmético, que se encontra devidamente atualizado até a presente data, em respeito ao art. 524 do Código de Processo Civil.

Trabalhar a planilha discriminada do débito.

II - DOS PEDIDOS

Assim, com base no art. 525 do Código de Processo Civil, requer-se:

a) a concessão de efeito suspensivo visto que depositado o valor incontroverso de R$..., fazendo-se cumprir o que determina o § 6º do art. 525 do Código de Processo Civil;

b) a consequente remessa dos autos ao contador judicial, seguindo as determinações do § 2º do art. 524 do Código de Processo Civil ou, supletivamente, a designação de perícia para assim apurar em exato os cálculos contidos na impugnação;

c) por fim, o total acolhimento da impugnação com a consequente declaração de exatidão dos cálculos apresentados e extinção do processo por sentença, assim como afirma o art. 316 do Código de Processo Civil.

Nestes termos,

Pede deferimento.

"Local..." e "Data..."

OAB n. ..., "Assinatura..."

9. EXECUÇÃO DE TÍTULO EXTRAJUDICIAL POR QUANTIA CERTA

9.1. Apresentação

São analisadas, neste momento, as chamadas "execuções tradicionais", ou seja, aquelas ações autônomas, que se dão com a instauração de um processo próprio por meio de petição inicial e citação do executado. Executam-se, desse modo, os ***títulos executivos extrajudiciais*** (art. 784 do CPC).

Desta forma, são títulos executivos extrajudiciais, de acordo com o art. 784 do CPC:

I – a letra de câmbio, a nota promissória, a duplicata, a debênture e o cheque;

II – a escritura pública ou outro documento público assinado pelo devedor;

III – o documento particular assinado pelo devedor e por duas testemunhas;

IV – o instrumento de transação referendado pelo Ministério Público, pela Defensoria Pública, pela Advocacia Pública, pelos advogados dos transatores ou por conciliador ou mediador credenciado por tribunal;

V – o contrato garantido por hipoteca, penhor, anticrese ou outro direito real de garantia e aquele garantido por caução;

VI – o contrato de seguro de vida em caso de morte;

VII – o crédito decorrente de foro e laudêmio;

VIII – o crédito, documentalmente comprovado, decorrente de aluguel de imóvel, bem como de encargos acessórios, tais como taxas e despesas de condomínio;

IX – a certidão de dívida ativa da Fazenda Pública da União, dos Estados, do Distrito Federal e dos Municípios, correspondente aos créditos inscritos na forma da lei;

X – o crédito referente às contribuições ordinárias ou extraordinárias de condomínio edilício, previstas na respectiva convenção ou aprovadas em assembleia geral, desde que documentalmente comprovadas;

XI – a certidão expedida por serventia notarial ou de registro relativa a valores de emolumentos e demais despesas devidas pelos atos por ela praticados, fixados nas tabelas estabelecidas em lei;

XII – todos os demais títulos a que, por disposição expressa, a lei atribuir força executiva.

Importante analisarmos algumas regras específicas do processo de execução.

Primeiro, os **sujeitos ativos**, na execução, são aqueles que podem atuar como autores, agindo e demandado com base em obrigação consubstanciado em título executivo extrajudicial. Com efeito, podem **promover a execução forçada o credor a quem a lei confere título executivo** e o **Ministério Público, nos casos prescritos em lei** (art. 778, *caput* e § 1º, I, do CPC).

Também merece destaque a referência de que também podem promover a execução, bem como nela prosseguir, independentemente do consentimento do executado, (i) **o espólio, os herdeiros ou os sucessores do credor**, sempre que, por morte deste, lhes for transmitido o direito resultante do título executivo, (ii) **o cessionário**, quando o direito resultante do título executivo lhe foi transferido por ato entre vivos, (iii) **ou o sub-rogado**, nos casos de sub-rogação legal ou convencional (art. 778, § 1º, II, III e IV, do CPC).

De outro lado estão os **sujeitos passivos da execução**, aqueles que são demandados e respondem à pretensão executiva. Estes sujeitos, partes do processo executivo, são questionados como possíveis devedores de prestação específica.

Estes sujeitos passivos na execução, segundo o art. 779 do CPC, podem ser: (i) **o devedor**, reconhecido como tal no título executivo; (ii) **o espólio, os herdeiros ou os sucessores** do devedor; (iii) **o novo devedor** que assumiu, com o consentimento do credor, a obrigação resultante do título executivo; (iv) **o fiador** do débito constante em título extrajudicial; (v) **o responsável titular do bem vinculado por garantia real** ao pagamento do débito; e (vi) **o responsável tributário**, assim definido na legislação própria.

A medida executiva extrajudicial se instala por meio de demanda, que se perfectibiliza por meio de **petição inicial**, respeitando os requisitos dos arts. 319 e 320 do CPC. Verifique que o exequente tem a faculdade de desistir de toda a execução ou de apenas algumas medidas executivas, assim como determina o art. 775 do CPC, sempre de forma expressa por meio de petição com o pedido específico de desistência da execução, levando-se em conta que, na desistência da execução, serão extintos a impugnação e os embargos que versarem apenas sobre questões processuais, pagando o exequente as custas processuais e os honorários advocatícios. De outro lado, nos demais casos, a extinção dependerá da concordância do impugnante ou do embargante.

Outro aspecto relevante é perceber que, assim como na petição inicial do processo de conhecimento pode, por meio da cumulação de pedidos, cumular ações, também é lícito ao exequente **cumular, em uma única medida executiva várias outras execuções**, assim como determina o art. 780 do CPC, ainda que fundadas em títulos diferentes, desde que para todas elas seja competente o juiz e idêntico o procedimento.

Com isso, privilegia-se a celeridade, a economia e a razoável duração do processo, tornando o processo mais eficiente, visto que com uma única medida se pode resolver, potencialmente, várias outras por meio da cumulação de ações executivas.

Por fim, o exequente ressarcirá ao executado os danos que este sofreu, quando a sentença, transitada em julgado, declarar inexistente, no todo ou em parte, a obrigação que ensejou a execução (art. 776 do CPC). Esta medida busca evitar o prejuízo daquele que, embora demandado, não seja devedor, penalizando o suposto credor e autor da medida executiva, sendo medida que se impõem para que a execução não se torne mecanismo penalizador sem fundamento.

Outro aspecto de relevo, na execução de título extrajudicial, é a **competência**, que resta estabelecida no **art. 781 do CPC**. Assim, a execução, fundada em título extrajudicial, será processada perante o juízo competente, observando o seguinte:

I – a execução poderá ser proposta no foro de domicílio do executado, de eleição constante do título ou, ainda, de situação dos bens a ela sujeitos;

II – tendo mais de um domicílio, o executado poderá ser demandado no foro de qualquer deles;

III – sendo incerto ou desconhecido o domicílio do executado, a execução poderá ser proposta no lugar onde for encontrado ou no foro de domicílio do exequente;

IV – havendo mais de um devedor, com diferentes domicílios, a execução será proposta no foro de qualquer deles, à escolha do exequente;

V – a execução poderá ser proposta no foro do lugar em que se praticou o ato ou em que ocorreu o fato que deu origem ao título, mesmo que nele não mais resida o executado.

Como se pode perceber, segue-se, na execução extrajudicial, o mesmo sistema de competência determinado para o cumprimento de sentença, previsto pelo art. 516, parágrafo único, do CPC, com a menção expressa ao **foro de eleição constante do título**, bem como com a criação dos chamados **foros concorrentes**, a serem **escolhidos pelo exequente**, conforme o caso.

Importante, ainda, analisar as disposições do art. 792 do CPC, que trata dos casos em que haverá a **fraude à execução**, quando da alienação ou a oneração de bens.

Desta forma, será considerada fraude à execução:

I – quando sobre o bem pender ação fundada em direito real ou com pretensão reipersecutória, desde que a pendência do processo tenha sido averbada no respectivo registro público, se houver;

II – quando tiver sido averbada, no registro do bem, a pendência do processo de execução, na forma do art. 828;

III – quando tiver sido averbado, no registro do bem, hipoteca judiciária ou outro ato de constrição judicial originário do processo onde foi arguida a fraude;

IV – quando, ao tempo da alienação ou da oneração, tramitava contra o devedor ação capaz de reduzi-lo à insolvência;

V – nos demais casos expressos em lei.

Portanto, neste ponto, deve-se recordar que se aplicam **subsidiariamente à execução** as disposições que regem o **processo de conhecimento**, assim como determina o art. 771, parágrafo único, do CPC.

Destaque-se, ainda que, segundo o art. 798 do CPC, **cumpre ao credor, ao requerer a execução**, pedir a citação do devedor e instruir a petição inicial com:

i) o título executivo extrajudicial, bem como com

ii) o demonstrativo do débito atualizado até a data da propositura da ação, quando se tratar de execução por quantia certa, assim como, também, de ao elaborar a petição juntar

iii) a prova de que se verificou a condição, ou ocorreu o termo, e

iv) a prova, se for o caso, de que adimpliu a contraprestação que lhe corresponde ou que lhe assegura o cumprimento, se o executado não for obrigado a satisfazer a sua prestação senão mediante a contraprestação do exequente (art. 798, I, do CPC) caso um destes seja o fenômeno necessário ao implemento da obrigação.

No caso do demonstrativo do débito, para o caso de execução por quantia certa, imperioso ressaltar que este deverá conter:

a) o índice de correção monetária adotado;

b) a taxa de juros aplicada; os termos inicial e final de incidência do índice de correção monetária e da taxa de juros utilizados;

c) a periodicidade da capitalização dos juros, se for o caso;

d) a especificação de desconto obrigatório realizado.

Além destes deveres, para que a petição inicial executiva seja apta a dar ensejo à execução, faz-se necessário que o credor **indique a espécie de execução que prefere**, quando por mais de um modo puder ser efetuada. Ainda, deverá **indicar os nomes completos do exequente e do executado** e seus **números de inscrição no Cadastro de Pessoas Físicas** ou no **Cadastro Nacional da Pessoa Jurídica** e os **bens suscetíveis de penhora**, sempre que possível (art. 798, II, do CPC).

Assim, complementando o disposto no art. 798 do CPC, o art. 799 se ocupa de enumerar outras providências que deverão ser tomadas pelo exequente desde a apresentação de sua petição inicial. Desta forma, incumbe ao exequente:

I – requerer a intimação do credor pignoratício, hipotecário, anticrético ou fiduciário, quando a penhora recair sobre bens gravados por penhor, hipoteca, anticrese ou alienação fiduciária;

II – requerer a intimação do titular de usufruto, uso ou habitação, quando a penhora recair sobre bem gravado por usufruto, uso ou habitação;

III – requerer a intimação do promitente comprador, quando a penhora recair sobre bem em relação ao qual haja promessa de compra e venda registrada;

IV – requerer a intimação do promitente vendedor, quando a penhora recair sobre direito aquisitivo derivado de promessa de compra e venda registrada;

V – requerer a intimação do superficiário, enfiteuta ou concessionário, em caso de direito de superfície, enfiteuse, concessão de uso especial para fins de moradia ou concessão de direito real de uso, quando a penhora recair sobre imóvel submetido ao regime do direito de superfície, enfiteuse ou concessão;

VI – requerer a intimação do proprietário de terreno com regime de direito de superfície, enfiteuse, concessão de uso especial para fins de moradia ou concessão de direito real de uso, quando a penhora recair sobre direitos do superficiário, do enfiteuta ou do concessionário;

VII – requerer a intimação da sociedade, no caso de penhora de quota social ou de ação de sociedade anônima fechada, para o fim previsto no art. 876, § 7º;

VIII – pleitear, se for o caso, medidas urgentes;

IX – proceder à averbação em registro público do ato de propositura da execução e dos atos de constrição realizados, para conhecimento de terceiros.

9.2. Como identificar a peça

Por certo, nas ações de execução, o examinador apresentará o enunciado aos candidatos evidenciando a existência de um título executivo originário de alguma das relações jurídicas noticiadas no art. 784 do CPC, portanto, tenha sempre em mente as hipóteses ali previstas e quais são efetivamente os títulos executivos extrajudiciais, bem como representando de um lado a figura do credor interessado na satisfação do seu crédito e, de outro lado, o devedor, aquele que resiste à pretensão de saldar o débito de outrem.

Por ser uma efetiva petição inicial, não haverá a indicação de nenhuma propositura de ação anterior, por ser ato inicial a propositura da peça da execução, ressalta-se, em forma de petição inicial, inclusive respeitando todos os requisitos a ela inerentes, conforme analisado.

9.3. Requisitos essenciais, fundamentos legais e estrutura da execução por quantia certa

Importante relembrar, como estudado anteriormente, que as ações podem ser: (i) declaratórias; (ii) mandamentais; (iii) constitutivas; (iv) condenatórias; (v) executivas *lato sensu*, assim como as sentenças poderão ser também, em resposta às demandas: (i) declaratórias; (ii) mandamentais; (iii) constitutivas; (iv) condenatórias; (v) executivas *lato sensu*. Tudo isso depende da questão e o que indica.

No caso, a execução por quantia certa será proposta pelo exequente, seguindo os moldes de uma petição inicial.

Portanto, deverá o examinando observar o correto endereçamento, caso haja indicação no enunciado, ao juízo competente.

A qualificação seguirá os moldes da petição inicial. Importante ter presente que quanto mais correta a identificação das partes, melhor, pois sobre eles recairá, em regra, a coisa julgada. Salienta-se que a qualificação das partes, via de regra, dar-se-á conforme a questão dada pelos examinadores, sendo defeso ao examinando inventar dados que possam tornar a peça identificável.

Ainda, há a necessidade de identificar a peça que está sendo apresentada pelo examinando, com seus fundamentos legais (exemplo: ajuizar a presente EXECUÇÃO POR QUANTIA CERTA, nos termos dos arts. 783, 784, 786, 824 e seguintes do CPC).

Posteriormente, o examinando deverá realizar um esboço histórico do negócio realizado, comentando os elementos necessários para o título extrajudicial (obrigação líquida, certa e exigível), apontando o valor do crédito do exequente, conforme representado pelo título e o cálculo aritmético, lembrando que o cálculo deve estar devidamente atualizado até a propositura da execução, tudo conforme o disposto nos arts. 783, 784, 786 e 824 do Código de Processo Civil, destacando ao final o inadimplemento da obrigação.

Por fim, com relação aos pedidos, com base nos arts. 829 e seguintes do Código de Processo Civil, deve o examinando requerer a citação do executado para efetuar o pagamento do valor devido, no prazo de três dias, acrescido de juros legais, correção monetária, custas e honorários advocatícios de 5%, nos termos do art. 827 do Código de Processo Civil.

Ressaltar que, em caso de não pagamento no prazo legal de três dias, deve o valor ser acrescido de honorários, que deverão ser de 10% do valor executado (CPC, art. 827) com a penhora de dinheiro (CPC, art. 835, I e § 1º) por meio do bloqueio de ativos financeiros pelo sistema Bacen-jud (penhora *on-line*).

E, caso seja frustrada a penhora de dinheiro, deve-se requerer a expedição de mandado de penhora de tantos bens quantos bastem para garantir a execução, sendo cumprido pelo Oficial de Justiça, não esquecendo a necessidade de atribuição do correto valor à causa.

9.4. Estrutura resumida da peça

1. Endereçamento: assim como afirmado na petição inicial, atentar sempre para o enunciado proposto pelo examinador, se há alguma indicação de regra de competência, bem como se Vara Única, se Vara Distrital, Regional ou Específica (Família e Sucessões, Criança e Adolescente etc.), ou se já há identificação da cidade/comarca "Vara Cível da Comarca da Capital de São Paulo". Ainda, observar se vara cível da Justiça Federal ou Estadual, bem como se de competência originária dos Tribunais. Assim: "EXCELENTÍSSIMO SENHOR DOUTOR JUIZ DE DIREITO DA ... VARA CÍVEL DA COMARCA DE ...".

2. Identificação das partes: NOME DO EXEQUENTE, "nacionalidade...", "estado civil...", "profissão..." (se pessoa jurídica indicar se de direito privado, público interno ou público externo), portador do "RG n. ...", inscrito no "CPF/CNPJ sob o n. ...", "endereço eletrônico...", "domiciliado à rua..." (se for pessoa jurídica "com sede à rua...").

NOME DO EXECUTADO, "nacionalidade...", "estado civil...", "profissão..." (se pessoa jurídica indicar se de direito privado, público interno ou público externo), portador do "RG n. ...", inscrito no "CPF/CNPJ sob o n. ...", "endereço eletrônico...", "domiciliado à rua..." (se for pessoa jurídica "com sede à rua...").

3. Nome da ação e sua fundamentação legal: "vem, respeitosamente, por intermédio de seu advogado infra-assinado, perante Vossa Excelência, ajuizar a presente EXECUÇÃO POR QUANTIA CERTA, nos termos dos arts. 783, 784, 786 e 824 e seguintes do CPC, pelas razões de fato e de direito a seguir afirmadas".

4. Fatos: transcrição integral do texto apresentado pelo examinador no enunciado da peça prática, ressaltando a impossibilidade de criar dados inexistentes, para não identificar a peça profissional e ter a prova zerada pelo examinador. Fazer singelo esboço histórico do negócio realizado, comentando os elementos do título extrajudicial (obrigação liquida, certa e exigível), apontando o valor do crédito do exequente, conforme o título e cálculo aritmético, que se encontra devidamente atualizado, conforme o disposto nos arts. 783, 784, 786 e 824 do Código de Processo Civil, destacando ao final o inadimplemento.

5. Fundamentação: faça a correta ligação entre os fatos e os dispositivos legais aplicáveis, como artigos de lei, súmulas, precedentes, desenvolvendo raciocínio lógico e coerência jurídica, ressaltando que a mera indicação do artigo ou da lei não é suficiente para a pontuação, sendo necessário demonstrar a correta coligação entre fato e direito. Não esquecer que caso o examinador indique a existência de precedente fazer a adesão, se for o caso, ou a distinção.

6. Pedidos e requerimentos: "Assim, com base nos arts. 829 e seguintes do Código de Processo Civil, requer-se a citação do executado para efetuar o pagamento do valor devido, no prazo de três dias, valor de R$ (...), acrescido de juros legais, correção monetária, custas e honorários advocatícios de 5% nos termos do art. 827 do Código de Processo Civil. Em não ocorrendo pagamento no prazo legal de três dias, requer-se, desde já, o consequente acréscimo aos honorários, que deverão ser de 10% do valor executado (CPC, art. 827) com a penhora de dinheiro (CPC, art. 835, I e § 1º) por meio do bloqueio de ativos financeiros pelo sistema Bacen-jud (penhora *on-line*). Ademais, caso seja frustrada a penhora de dinheiro, requer-se, ainda, a expedição de mandado de penhora de tantos bens quantos bastem para garantir a execução, sendo cumprido pelo Oficial de Justiça. Protesta por provar o aduzido unicamente por intermédio do título que instrui a petição inicial executiva".

7. Valor da causa: Atribui-se à presente execução o valor de R$ (...).

8. Fechamento da peça: Nestes Termos, Pede Deferimento. "Local..." e "Data..." OAB n. ..., "Assinatura...".

9.5. Modelo de execução de título extrajudicial por quantia certa

EXCELENTÍSSIMO SENHOR DOUTOR JUIZ DE DIREITO DA... VARA CÍVEL DA COMARCA DE...

(pular 10 linhas)

NOME DO EXEQUENTE, "nacionalidade...", "estado civil...", "profissão..." (se pessoa jurídica indicar se de direito privado, público interno ou público externo), inscrito no "CPF/CNPJ sob o n. ...", "endereço eletrônico...", "domiciliado à rua..." (se for pessoa jurídica "com sede à rua..."), vem, respeitosamente, por intermédio de seu advogado infra-assinado, perante Vossa Excelência, ajuizar a presente EXECUÇÃO POR QUANTIA CERTA em face de NOME DO EXECUTADO, "nacionalidade...", "estado civil...", "profissão..." (se pessoa jurídica indicar se de direito privado, público interno ou público externo), inscrito no "CPF/CNPJ sob o n. ...", "endereço eletrônico...", "domiciliado à rua..." (se for pessoa jurídica "com sede à rua..."), nos termos dos arts. 783, 784, 786 e 824 e seguintes do CPC, pelas razões de fato e de direito a seguir afirmadas:

I – FUNDAMENTOS DA EXECUÇÃO POR QUANTIA CERTA

Fazer singelo esboço histórico do negócio realizado, comentando os elementos do título extrajudicial (obrigação liquida, certa e exigível), apontando o valor do crédito do exequente, conforme o título e cálculo aritmético, que se encontra devidamente atualizado, conforme o disposto nos arts. 783, 784, 786 e 824 do Código de Processo Civil, destacando ao final o inadimplemento.

II – DOS PEDIDOS

Assim, com base nos arts. 829 e seguintes do Código de Processo Civil, requer-se a citação do executado para efetuar o pagamento do valor devido, no prazo de três dias, valor de R$ (...), acrescido de juros legais, correção monetária, custas e honorários advocatícios de 5% nos termos do art. 827 do Código de Processo Civil.

Em não ocorrendo pagamento no prazo legal de três dias, requer-se, desde já, o consequente acréscimo aos honorários, que deverão ser de 10% do valor executado (CPC, art. 827) com a penhora de dinheiro (CPC, art. 835, I e § 1º) por meio do bloqueio de ativos financeiros pelo sistema Bacen-jud (*penhora on-line*).

Ademais, caso seja frustrada a penhora de dinheiro, requer-se, ainda, a expedição de mandado de penhora de tantos bens quantos bastem para garantir a execução, sendo cumprido pelo Oficial de Justiça.

Protesta por provar o aduzido unicamente por intermédio do título que instrui a petição inicial executiva.

Atribui-se à presente execução o valor de R$ (...).

Nestes termos,

Pede deferimento.

"Local..." e "Data..."

OAB n. ..., "Assinatura..."

10. EMBARGOS À EXECUÇÃO

10.1. Apresentação

É sabido que os embargos à execução constituem o meio de defesa colocado à disposição do executado, em processo autônomo, de forma incidente sobre o curso da execução. De igual maneira, o procedimento dos embargos é o comum do processo de conhecimento, ou seja, **inicia-se por meio de uma petição inicial**, instaurando-se, pois, uma **ação autônoma (dos embargos)**, cuja petição inicial deve seguir os **requisitos básicos do art. 319 do CPC**, a qual segue com a **intimação do exequente** para que em 15 dias impugne os embargos, após será determinada a realização da audiência de instrução e julgamento – se for necessário – e, por fim, a prolação da sentença.

A princípio, o que pode ser alegado nos embargos? Diz o art. 917 do CPC que nos embargos à execução, poderá o executado alegar:

I – inexequibilidade do título ou inexigibilidade da obrigação;

II – penhora incorreta ou avaliação errônea;

III – excesso de execução ou cumulação indevida de execuções;

IV – retenção por benfeitorias necessárias ou úteis, nos casos de execução para entrega de coisa certa;

V – incompetência absoluta ou relativa do juízo da execução;

VI – qualquer matéria que lhe seria lícito deduzir como defesa em processo de conhecimento.

É importante destacar que, independentemente de penhora, depósito ou caução, o executado poderá **opor-se à execução por meio de embargos**, que serão oferecidos no **prazo de 15 dias**, contados da data da juntada aos autos do mandado de citação, realizada conforme o art. 231 do CPC.

A despeito de que, nas execuções por carta, o prazo para embargos será contado:

i) da juntada, na carta, da certificação da citação, quando versarem unicamente sobre vícios ou defeitos da penhora, da avaliação ou da alienação dos bens;

ii) da juntada, nos autos de origem, do comunicado da carta precatória, rogatória ou de ordem, ou, não havendo este, da juntada da carta devidamente cumprida, quando versarem sobre questões diversas da prevista no item anterior.

Ademais, com relação ao prazo para oferecimento dos embargos à execução, **não se aplica o disposto no art. 229 do CPC**, ou seja, **não terão os prazos contados em dobro** em caso de litisconsortes que tiverem diferentes procuradores, de escritórios de advocacia distintos.

Os embargos à execução serão **distribuídos por dependência, autuados em apartado e instruídos com cópias das peças processuais relevantes**, que poderão ser declaradas autênticas pelo próprio advogado, sob sua responsabilidade pessoal. Sendo que, na execução por carta, os embargos serão oferecidos no juízo deprecante ou no juízo deprecado, mas a competência para julgá-los é do juízo deprecante, salvo se versarem unicamente sobre vícios ou defeitos da penhora, da avaliação ou da alienação dos bens efetuadas no juízo deprecado.

Destaca-se, ainda, que **os embargos não terão efeito suspensivo**, podendo, entretanto, **atribuir efeito suspensivo**, desde que, a requerimento do embargante, sejam verificados pelo juiz os requisitos necessários para a concessão da tutela provisória e desde que a execução já esteja garantida por penhora, depósito ou caução suficientes.

Cessando as circunstâncias que a motivaram, a decisão relativa aos efeitos dos embargos poderá, a requerimento da parte, **ser modificada ou revogada a qualquer tempo**, em decisão fundamentada. No entanto, quando o efeito suspensivo atribuído aos embargos disser respeito apenas a parte do objeto da execução, esta prosseguirá quanto à parte restante. Da mesma forma que a concessão de efeito suspensivo não impedirá a efetivação dos atos de substituição, de reforço ou de redução da penhora e de avaliação dos bens.

Essa decisão de conceder, modificar ou revogar o efeito suspensivo é recorrível por agravo de instrumento (art. 1.015, X, do CPC).

Verificar que, assim como ocorre com a petição inicial no processo de conhecimento, o juiz poderá rejeitar liminarmente os embargos, assim como informa o art. 919 do CPC, nos casos de **indeferimento da petição inicial e de improcedência liminar do pedido** (arts. 330 e 332 do CPC) ou quando **manifestamente protelatórios**, sendo, neste último caso, considerado como conduta atentatória à dignidade da justiça.

No procedimento, sendo recebidos os embargos, será o exequente ouvido no prazo de 15 dias. Em seguida, o juiz julgará imediatamente o pedido (art. 355 do CPC) ou designará audiência de conciliação, instrução e julgamento, proferindo, após, a sentença (art. 920 do CPC). Ao final, a sentença que julgará os embargos poderá ser recorrida por meio de apelação ou embargos de declaração, se for o caso.

10.2. **Como identificar a peça**

Em se tratando de embargos do devedor, certamente o examinador, no momento de formulação do enunciado da questão prática, indicará aos candidatos a existência de uma execução de título extrajudicial, proposta pelo exequente, havendo a necessidade de o candidato, na condição de advogado do executado, após a citação, apresentar a peça de defesa adequada, ressaltando se tratar efetivamente dos embargos à execução, meio legal para o executado apresentar seus fundamentos de defesa, processado como ação autônoma.

10.3. Requisitos essenciais, fundamentos legais e estrutura dos embargos à execução

Apesar de ser meio de defesa, a sua estruturação segue os critérios de uma petição inicial, tal como na execução de título extrajudicial, anteriormente apresentada. Portanto, além da qualificação das partes, com todos os elementos contidos no enunciado apresentado pelos examinadores, bem como a identificação da peça, com seu fundamento legal

> "opor EMBARGOS À EXECUÇÃO, com fundamento no art. 914 do CPC, com pedido de efeito suspensivo, art. 919, § 1º, do CPC".

Deve, ainda, o examinando ficar atento à existência de um processo de execução anterior, sendo necessário o correto endereçamento, conforme constar do enunciado, bem como à identificação do processo logo abaixo (**"Processo n. ..."**).

No mais, o examinando deverá ficar atento a eventuais alegações em preliminares, caso haja indicação pelos examinadores no enunciado da questão, passando, posteriormente, à análise das questões de mérito.

Assim, deve ser feita a narração dos fatos que originaram o negócio, comentando os vícios essenciais presentes nos elementos do título executivo extrajudicial (obrigação líquida, certa e exigível), conforme o art. 917, I, do CPC, caso haja o vício, apontando ainda, casa exista, o excesso de execução art. 917, III e § 2º, do CPC, demonstrando o valor supostamente devido (art. 917, § 3º, do CPC), conforme cálculo aritmético atualizado, requerendo, ainda, se for o caso, que seja atribuído o efeito suspensivo nos termos do art. 919, § 1º, do CPC.

Ressalta-se que o art. 917 do CPC elenca as matérias que poderão ser arguidas pelo executado nos embargos à execução: *I – inexequibilidade do título ou inexigibilidade da obrigação; II – penhora incorreta ou avaliação errônea; III – excesso de execução ou cumulação indevida de execuções; IV – retenção por benfeitorias necessárias ou úteis, nos casos de execução para entrega de coisa certa; V – incompetência absoluta ou relativa do juízo da execução; VI – qualquer matéria que lhe seria lícito deduzir como defesa em processo de conhecimento.*

Ainda, necessário observar que, se for o caso de ser alegado o excesso de execução, o § 2º determina que haverá o referido excesso quando:

I – o exequente pleiteia quantia superior à do título;

II – ela recai sobre coisa diversa daquela declarada no título;

III – ela se processa de modo diferente do que foi determinado no título;

IV – o exequente, sem cumprir a prestação que lhe corresponde, exige o adimplemento da prestação do executado;

V – o exequente não prova que a condição se realizou.

Quanto aos pedidos, o examinando deverá requerer a **concessão de efeito suspensivo** visto que comprovada a situação de gravidade e a penhora realizada, fazendo-se cumprir o que determina o § 1º do art. 919 do Código de Processo Civil, bem como **pedindo o total acolhimento dos embargos à execução** para reconhecer "**a inexigibilidade do título**", "**o excesso de execução**", **ou as demais hipóteses do art. 917**, pleiteando a **procedência do pedido dos embargos** e a **improcedência e extinção da execução**, condenando o embargado nas custas com o processo e honorários advocatícios.

Por fim, deve o examinando protestar por provas e atribuir valor à causa, relembrando que os embargos à execução, muito embora sejam meio de defesa, têm natureza de ação autônoma, processada e julgada de forma incidente à execução.

10.4. Estrutura resumida da peça

1. Endereçamento: atentar que por se tratar de embargos do devedor, muito embora tenha natureza de ação autônoma, observando os requisitos dos arts. 319 e 320 do CPC, haverá a identificação exata do juízo competente, no qual tramita a execução do título extrajudicial, ou seja, da cidade/comarca ao qual a peça deverá ser endereçada. Assim, utilizar: "EXCELENTÍSSIMO SENHOR DOUTOR JUIZ DE DIREITO DA 5ª VARA CÍVEL DA COMARCA DE SÃO PAULO".

2. Número do processo: importante verificar que por se tratar de embargos do devedor à execução de título extrajudicial em andamento, tendo recebendo o devido número de distribuição. Assim, identificar o processo logo em seguida ao endereçamento: "Processo n. ...".

3. Identificação das partes: "NOME DO EXECUTADO", "nacionalidade...", "estado civil...", "profissão..." (se pessoa jurídica indicar se de direito privado, público interno ou público externo), inscrito no "CPF/CNPJ sob o n. ...", "endereço eletrônico...", "domiciliado à rua..." (se for pessoa jurídica "com sede à rua...").

"NOME DO EXEQUENTE", "nacionalidade...", "estado civil...", "profissão..." (se pessoa jurídica indicar se de direito privado, público interno ou público externo), inscrito no "CPF/CNPJ sob o n. ...", "endereço eletrônico...", "domiciliado à rua..." (se for pessoa jurídica "com sede à rua...").

4. Nome da ação e sua fundamentação legal: "vem, respeitosamente, à presença de Vossa Excelência opor EMBARGOS À EXECUÇÃO, com fundamento no art. 914 do CPC, inclusive com pedido de efeito suspensivo, conforme o art. 919, § 1º, do CPC".

5. Fatos: transcrição integral do texto apresentado pelo examinador no enunciado da peça prática, ressaltando a impossibilidade de criar dados inexistentes, para não identificar a peça profissional e ter a prova zerada pelo examinador.

Verifique a identificação do vício dos elementos do título extrajudicial (obrigação líquida, certa e exigível) art. 917, I, do CPC, caso haja o vício, apontando ainda, casa exista, o excesso de execução art. 917, III e § 2º, do CPC, apontando o valor supostamente devido (art. 917, § 3º, do CPC), conforme cálculo aritmético, que se encontra devidamente atualizado, requerendo, ainda, se for o caso, que seja atribuído o efeito suspensivo nos termos do art. 919, § 1º, do CPC.

6. Fundamentação: faça a correta ligação entre os fatos e os dispositivos legais aplicáveis, como artigos de lei, súmulas, precedentes, desenvolvendo raciocínio lógico e coerência jurídica, ressaltando que a mera indicação do artigo ou da lei não é suficiente para a pontuação, sendo necessário demonstrar a correta coligação entre fato e direito.

7. Pedidos e requerimentos: "Assim, com base no art. 919, § 1º, do Código de Processo Civil, requer-se: a) a concessão de efeito suspensivo visto que comprovada a situação de gravidade e a penhora realizada (conforme autor de avaliação e penhora do bem...), fazendo-se cumprir o que determina o § 1º do art. 919 do Código de Processo Civil; b) por fim, o total acolhimento dos Embargos à Execução para reconhecer (a inexigibilidade do título, a inexequibilidade da obrigação, o excesso de execução ou qualquer outra hipótese), procedendo-se os Embargos e improcedendo-se a Execução, condenando o embargado nas custas e honorários. Protesta por provar o aduzido por todos os meios de provas em direito admitidos e moralmente aceitos".

8. Valor da causa: Atribui-se aos Embargos à Execução o valor de R$ (...).

9. Fechamento da peça: Nestes Termos, Pede Deferimento. "Local..." e "Data..." OAB n. ..., "Assinatura...".

10.5. Modelo de embargos à execução

EXCELENTÍSSIMO SENHOR DOUTOR JUIZ DE DIREITO DA 5ª VARA CÍVEL DA COMARCA DE SÃO PAULO"

(pular 5 linhas)

"Processo n. ..."

NOME DO EXECUTADO, "nacionalidade...", "estado civil...", "profissão..." (se pessoa jurídica indicar se de direito privado, público interno ou público externo), inscrito no "CPF/CNPJ sob o n. ...", "endereço eletrônico...", "domiciliado à rua..." (se for pessoa jurídica "com sede à rua..."), vem, respeitosamente, por intermédio de seu advogado infra-assinado, perante Vossa Excelência, opor EMBARGOS À EXECUÇÃO em face de NOME DO EXEQUENTE, "nacionalidade...", "estado civil...", "profissão..." (se pessoa jurídica indicar se de direito privado, público interno ou público externo), inscrito no "CPF/CNPJ sob o n. ...", "endereço eletrônico...", "domiciliado à rua..." (se for pessoa jurídica "com sede à rua..."), com fundamento no art. 914 do CPC, com pedido de efeito suspensivo (art. 919, § 1º, do CPC) pelas razões de fato e de direito a seguir afirmadas:

I – FUNDAMENTOS DOS EMBARGOS À EXECUÇÃO

Fazer singelo esboço histórico do negócio, comentando o vício dos elementos do título extrajudicial (obrigação líquida, certa e exigível) art. 917, I, do CPC, caso haja o vício, apontando ainda, casa exista, o excesso de execução art. 917, III e § 2º, do CPC, apontando o valor supostamente devido (art. 917, § 3º, do CPC), conforme cálculo aritmético, que se encontra devidamente atualizado, requerendo, ainda, se for o caso, que seja atribuído o efeito suspensivo nos termos do art. 919, § 1º, do CPC.

II – DOS PEDIDOS

Assim, com base no art. 919, § 1º, do Código de Processo Civil, requer-se:

a) a concessão de efeito suspensivo visto que comprovada a situação de gravidade e a penhora realizada (conforme autor de avaliação e penhora do bem...), fazendo-se cumprir o que determina o § 1º do art. 919 do Código de Processo Civil;

b) por fim, o total acolhimento dos Embargos à Execução para reconhecer (a inexigibilidade do título ou o excesso de execução), procedendo-se os Embargos e improcedendo-se a Execução, condenando o embargado nas custas e honorários.

Protesta por provar o aduzido por todos os meios de provas em direito admitidos e moralmente aceitos.

Atribui-se aos Embargos à Execução o valor de R$ (...).

Nestes termos,

Pede deferimento.

"Local..." e "Data..."

OAB n. ..., "Assinatura..."

11. RECURSOS

11.1. Apelação

11.1.1. Apresentação

Inicialmente, importante destacar que, em se tratando de sentença, ou seja, aquela decisão em que o juiz põe termo ao processo (com ou sem resolução de mérito – arts. 485 e 487 do CPC), o recurso cabível será o de apelação, conforme estabelecido no art. 1.009 do CPC.

O prazo de interposição é de 15 dias, nos termos do art. 1.003, § 5º, do CPC.

Importante verificar que, conforme disposição do art. 1.009, § 1º, as questões resolvidas na fase de conhecimento, se a decisão a seu respeito não comportar agravo de instrumento, não são cobertas pela preclusão, devendo ser suscitadas em preliminar de apelação, eventualmente interposta contra a decisão final, ou nas contrarrazões. No entanto, se as questões forem suscitadas em contrarrazões, o recorrente será intimado para, em 15 dias, manifestar-se a respeito delas.

A apelação será **dirigida ao juízo de primeiro grau** e deverá conter:

i) os nomes e a qualificação das partes;

ii) a exposição do fato e do direito;

iii) as razões do pedido de reforma ou de decretação de nulidade; e

iv) o pedido de nova decisão.

Assim, o apelado será intimado para apresentar suas contrarrazões, igualmente pelo prazo de 15 dias úteis e, em sendo caso de o apelado interpuser apelação adesiva, o juiz intimará o apelante para apresentar contrarrazões. Após a realização das formalidades acima previstas, os autos serão remetidos ao Tribunal pelo juiz, independentemente de juízo de admissibilidade.

No procedimento do recurso, sendo interposta a apelação, o juiz, declarando os efeitos em que a recebe, mandará dar vista ao apelado para responder por meio das contrarrazões.

Desta forma, recebido o recurso de apelação no tribunal e distribuído imediatamente, o relator poderá:

i) decidir monocraticamente, apenas nas hipóteses do art. 932, incisos III a V; ou

ii) se não for o caso de decisão monocrática, elaborará seu voto para julgamento do recurso pelo órgão colegiado.

Ademais, a apelação, em regra, será recebida em seu duplo efeito (devolutivo e suspensivo). No entanto, em algumas situações, o recurso de apelação somente será recebido em seu efeito devolutivo, possibilitando, desde logo, o início da produção dos efeitos da sentença, ou seja, a execução ou o seu cumprimento provisório. Veja-se:

> Art. 1.012. A apelação terá efeito suspensivo.
>
> § 1º Além de outras hipóteses previstas em lei, começa a produzir efeitos imediatamente após a sua publicação a sentença que:
>
> I – homologar a divisão ou a demarcação de terras;
>
> II – condenar a pagar alimentos;
>
> III – extingue sem resolução do mérito ou julga improcedentes os embargos do executado;
>
> IV – julga procedente o pedido de instituição da arbitragem;
>
> V – confirma, concede ou revoga tutela provisória;
>
> VI – decreta a interdição;

No entanto, o pedido de concessão de efeito suspensivo para as hipóteses acima previstas poderá ser formulado por requerimento dirigido ao:

I – tribunal, no período compreendido entre a interposição da apelação e sua distribuição, ficando o relator designado para seu exame prevento para julgá-la; ou

II – relator, se já distribuída a apelação.

Desta forma, a eficácia da sentença poderá ser suspensa pelo relator desde que o apelante demonstre os requisitos necessários para tanto, quais sejam a probabilidade de provimento do recurso ou se, sendo relevante a fundamentação, houver risco de dano grave ou de difícil reparação.

Por fim, recebida a apelação em ambos os efeitos, o juiz não poderá inovar no processo, todavia, como ressaltado anteriormente, sendo recebida tão somente no efeito devolutivo, o apelado poderá promover, desde logo, a execução provisória da sentença, extraindo a respectiva carta.

Atente-se para as regras do preparo recursal, assim entendido como o pagamento do recurso (custas judiciais) e a sua devida comprovação no ato de interposição, de acordo com o art. 1.007 do CPC. A pena para quem não paga o recurso é a **deserção**.

Em se tratando de processo em autos eletrônicos, é dispensado o recolhimento do porte de remessa e de retorno, nos termos do art. 1.007, § 3º, do CPC.

Com o CPC, algumas importantes considerações e mudanças a respeito do preparo, relativizando as hipóteses de configuração da deserção, desta forma:

- a **insuficiência no valor do preparo**, inclusive porte de remessa e retorno, implicará deserção se o recorrente, intimado na pessoa de seu advogado, não vier a supri-lo no prazo de cinco dias;

- o recorrente que **não comprovar**, no ato de interposição do recurso, o recolhimento do preparo, inclusive do porte de remessa e retorno, será intimado, na pessoa de seu advogado, para realizar o recolhimento em dobro, sob pena de deserção;
- **é vedada a complementação** se houver insuficiência parcial do preparo, inclusive porte de remessa e retorno, no recolhimento realizado na forma do item anterior.

Havendo justo motivo para não realizar o preparo da apelação, o juiz relevará a pena de deserção e fixará o prazo de cinco dias para efetuar o preparo, de acordo com o art. 1.007, § 6º, do CPC.

Ainda, o equívoco no preenchimento da guia de custas não implicará a aplicação da pena de deserção, cabendo ao relator, na hipótese de dúvida quanto ao recolhimento, intimar o recorrente para sanar o vício no prazo de cinco dias.

Há, ainda, algumas exceções à regra da comprovação do preparo no ato de interposição do recurso:

- O **recurso inominado dos Juizados Especiais**, que pode ser preparado até 48 horas após a interposição.
- O **recurso interposto após o encerramento do horário bancário**, cujo preparo será feito no primeiro dia útil seguinte, sem implicar deserção, conforme a Súmula 484 do STJ.

Como regra, todos os recursos têm preparo, porém o recurso de agravo do art. 1.042 do CPC, o agravo interno, o agravo regimental e os embargos declaratórios são isentos de preparo. Estão dispensados do preparo qualquer recurso interposto pelo Ministério Público, pela União, pelos Estados e Municípios e respectivas autarquias, e pelos que gozam de isenção legal (beneficiários da justiça gratuita, p. ex.).

11.1.2. Como identificar a peça

Para identificar a peça profissional da apelação, verifique que o examinador sempre apresentará um caso prático demonstrando que uma sentença foi proferida pelo magistrado, exigindo que o candidato, na condição de advogado da parte, apresente seu recurso. Atente-se, sempre caberá a apelação da sentença, ou seja, da decisão judicial que põe fim ao processo de conhecimento ou à execução, que tenha uma das hipóteses dos arts. 485 e 487 do CPC.

Cuidado no momento de identificar se o caso apresentado pelo examinador trata, realmente, de sentença, quando for hipótese de julgamento antecipado total ou parcial de mérito (arts. 355 e 356 do CPC). Isto porque, conforme determinação legal, no caso de **julgamento antecipado do mérito**, a natureza da decisão judicial será, efetivamente, de **sentença**, sujeita à **interposição de apelação**. No entanto, se for hipótese de julgamento parcial de mérito (art. 356 do CPC), a decisão do magistrado terá natureza de decisão interlocutória, desafiando recurso de agravo de instrumento.

11.1.3. Requisitos essenciais, fundamentos legais e estrutura da apelação

Em razão das peculiaridades da apelação, alguns passos devem ser observados:

I – Necessidade de apresentação de uma petição de Interposição ou de Admissibilidade.

Assim, verificada pelo examinando a necessidade de apresentação de apelação contra a sentença, deve ser constatado que o referido recurso exige a elaboração de duas peças. Uma dirigida ao juiz da causa, *juízo a quo*, prolator da sentença e responsável pelo juízo inicial de admissibilidade do recurso (sempre analisando às proposições apresentadas pelo enunciado da questão); e outra, no tocante às razões do recurso de apelação, cujo endereçamento é realizado ao juízo *ad quem*, ou seja, ao Tribunal de Justiça responsável pela apreciação e julgamento do recurso de apelação.

Quanto à primeira peça, o examinando deverá observar:

O endereçamento ao juízo de primeiro grau competente e, logo após, o examinando deve deixar um espaço, suficiente para apresentar as informações da ação, em especial o número de distribuição do processo.

> EXCELENTÍSSIMO SENHOR DOUTOR JUIZ DE DIREITO DA 1ª VARA CÍVEL DA COMARCA DE RIBEIRÃO PRETO
>
> ("Processo n. ...").

Em seguida, como o recurso de apelação acompanha os autos, as partes já se encontram devidamente qualificadas, devendo o examinando tão somente transcrever a qualificação, conforme já especificadas nos autos da ação.

> "FULANO DE TAL, já devidamente qualificado nos autos da ação em epígrafe..." e "CICLANO DE TAL, igualmente qualificado nos autos...").

Importante sempre lembrar de identificar aquilo que a questão exige para a elaboração do recurso de apelação, sendo imprescindível ao examinando trazer a fundamentação legal.

> "interpor o presente RECURSO DE APELAÇÃO, com fundamento no art. 1.009 do CPC".

Ao final da peça de admissibilidade, o examinando deve comprovar o recolhimento do preparo (art. 1.007 do CPC), bem como requerer que o juízo *a quo* receba o recurso de apelação, e remeta-o ao Egrégio Tribunal de Justiça para apreciação e julgamento por uma de suas Câmaras, finalizando "Nestes termos, Aguarda deferimento!"

II – Apresentação da Peça das Razões Recursais

Feita a petição de interposição do recurso de apelação perante o juízo de primeiro grau, deve o examinando em outra folha ou deixando espaço suficiente para separar as peças, as quais serão anexas à primeira peça, iniciar as chamadas razões do recurso.

Como dito anteriormente, o endereçamento é realizado ao juízo de segundo grau, ou *ad quem*, ou seja, ao Tribunal de Justiça responsável pela apreciação e julgamento do Recurso de Apelação, o qual reformará ou manterá a sentença combatida, identificando, ainda, o número do processo e as partes da relação processual.

Conforme exemplo a seguir:

> Apelante: ...
> Apelado: ...
> Processo n. ...
> Egrégio Tribunal,
> Colenda Câmara,
> Ínclitos Julgadores.

No primeiro tópico a ser destacado nas razões de recurso de apelação, o examinando deve analisar se é caso de ter decisão interlocutória não agravável que, nos termos do art. 1.009, § 1º, do Código de Processo Civil, pode ser combatida, pois as questões resolvidas na fase de conhecimento, se a decisão a seu respeito não comportar agravo de instrumento, não são cobertas pela preclusão e devem ser suscitadas em preliminar de apelação, eventualmente interposta contra a decisão final, ou nas contrarrazões. Por isso, requerer a reforma daquela decisão.

Por fim, neste tópico, ver se ainda há outras questões preliminares que devam ser arguidas.

Posteriormente, deve o examinando elaborar uma síntese dos autos, ou seja, uma narrativa lógica das principais situações ocorridas ao longo do trâmite do processo, da inicial até a prolação da sentença. Ressalta-se a necessidade de leitura da questão, em especial analisando que as informações do processo estão inseridas no corpo da questão, obrigando ao examinando sua verificação.

Após as considerações acerca da síntese dos autos, deve o examinando apontar os erros ou equívocos do julgamento e/ou de atividade, levantando as questões de direito e pedindo a reforma e/ou a anulação da sentença, com retorno dos autos para nova sentença, se for o caso, indicando, ainda, as razões do pedido de reforma ou de decretação de nulidade da decisão (art. 1.010, III, do CPC).

Lembrando mais uma vez que, se for caso de uso de precedentes favorável, o examinando deverá fazer a adesão, caso desfavorável, imprescindível a realização da distinção – ou *distinguishing*.

Ao final, o examinando deve formular o pedido específico de acolhimento da questão preliminar, se for caso de decisão interlocutória não agravável, para reforma da decisão (dizer qual a decisão não agravável que deve ser reformada) nos termos do art. 1.009, § 1º, do Código de Processo Civil, bem como pedir a reforma da sentença proferida pelo juízo *a quo*, conforme exemplo a seguir: "deverá esse E. Tribunal dar PROVIMENTO à Apelação para REFORMAR a douta sentença, julgando PROCEDENTES os pedidos formulados na petição inicial, por ser de direito e de justiça, a fim de que (conforme o caso proposto e dependendo do caso concreto pode ser pedido só de reforma, só de anulação ou os dois, como aqui foi exposto)".

Lembrando, ainda e finalmente, que o prazo para a interposição do recurso de apelação é de 15 dias, conforme estabelecido pelo art. 1.003, § 5º, do CPC.

11.1.4. Estrutura resumida da peça

1. 1ª peça – Folha de rosto ou petição de interposição:

1.1. Endereçamento: atentar que, por se tratar de recurso de apelação, deverá ser dirigido ao juízo da causa, já identificado, em razão de ser o juízo competente pelo julgamento da demanda (sentença), ou seja da cidade/comarca ao qual a peça deverá ser endereçada. Assim, utilizar: "EXCELENTÍSSIMO SENHOR DOUTOR JUIZ DE DIREITO DA 1ª VARA CÍVEL DA COMARCA DE RIBEIRÃO PRETO".

1.2. Número do processo: importante verificar que, por se tratar de recurso de apelação, haverá o devido número de distribuição. Assim, identificar o processo logo em seguida ao endereçamento: "Processo n. ...".

1.3. Identificação das partes: "APELANTE", "já devidamente qualificado nos autos". Ressalta-se, todavia, que não há a necessidade de nova qualificação das partes, existindo a possibilidade de ser utilizada a informação "já devidamente qualificado nos autos", entendimento este já devidamente autorizado pela FGV.

"NOME DO APELADO", "já devidamente qualificado nos autos". De igual maneira, ressalta-se a possibilidade de ser utilizada a informação "já devidamente qualificado nos autos".

1.4. Nome da ação e sua fundamentação legal, com o pedido de recebimento do recurso: "vem, respeitosamente, interpor APELAÇÃO, nos termos do art. 1.009 e seguintes do CPC, para superior instância contra a referida sentença, o que faz tempestivamente, requerendo a Vossa Excelência que se digne a receber o presente recurso nos seus devidos efeitos e encaminhá-lo, depois do devido processamento na forma da lei, com as inclusas razões de apelação".

1.5. Fechamento: Nestes Termos, Pede Deferimento. "Local..." e "Data..." OAB n. ..., "Assinatura...".

2. 2ª peça – folha das razões de apelação:

2.1. Endereçamento: Razões de Recurso de Apelação; identificação das partes (Apelante: ...; Apelado: ...); identificação do processo (Processo n. ...); "Egrégio Tribunal, Colenda Câmara, Ínclitos Julgadores".

2.2. Fatos: transcrição integral do texto apresentado pelo examinador no enunciado da peça prática, ressaltando a impossibilidade de criar dados inexistentes, para não identificar a peça profissional e ter a prova zerada pelo examinador. Importante verificar se é caso de ter decisão interlocutória não agravável que, nos termos do art. 1.009, § 1º, do Código de Processo Civil, pode ser combatida, pois as questões resolvidas na fase de conhecimento, se a decisão a seu respeito não comportar agravo de instrumento, não são cobertas pela preclusão e devem ser suscitadas em preliminar de apelação, eventualmente interposta contra a decisão final, ou nas contrarrazões. Por isso, requerer a reforma daquela decisão.

2.3. Fundamentação: faça a correta ligação entre os fatos e os dispositivos legais aplicáveis, como artigos de lei, súmulas, precedentes, desenvolvendo raciocínio lógico e coerência jurídica, ressaltando que a mera indicação do artigo ou da lei não é suficiente para a pontuação, sendo necessário demonstrar a correta coligação entre fato e direito.

2.4. Pedidos e requerimentos: "Diante do exposto, requerer o recebimento da presente Apelação, sendo reconhecida, preliminarmente, estar incorreta a decisão interlocutória referida, para então reformar a decisão interlocutória (dizer qual a decisão não agravável que deve ser reformada) nos termos do art. 1.009, § 1º, do Código de Processo Civil. Ultrapassada a questão preliminar, deverá esse E. Tribunal dar PROVIMENTO à Apelação para REFORMAR a douta sentença, julgando PROCEDENTES os pedidos formulados na petição inicial, por ser de direito e de justiça (dependendo do caso concreto pode ser pedido só de reforma, só de anulação ou os dois, como aqui foi exposto)".

2.5. Fechamento da peça: Nestes Termos, Pede Deferimento. "Local..." e "Data..." OAB n. ..., "Assinatura...".

11.1.5. Modelo de razões de apelação

EXCELENTÍSSIMO SENHOR DOUTOR JUIZ DE DIREITO DA 1ª VARA CÍVEL DA COMARCA DE RIBEIRÃO PRETO

(pular 5 linhas)

"Processo n. ..."

NOME DO APELANTE, já devidamente qualificado nos autos da AÇÃO... (colocar o nome da ação) em curso perante esse MM. Juízo, em que contende com NOME DO APELADO, "já qualificado nos autos", cuja sentença julgou procedente/improcedente o pedido (depende se o autor ou o réu está apelando), vem, respeitosamente, interpor APELAÇÃO, nos termos do art. 1.009 e seguintes do CPC, para superior instância contra a referida sentença, o que faz tempestivamente, requerendo a Vossa Excelência que se digne a receber o presente recurso nos seus devidos efeitos e encaminhá-lo, depois do devido processamento na forma da lei, com as inclusas razões de apelação.

Segue anexado a este recurso a guia do comprovante do pagamento do preparo (CPC, art. 1.007).

Nestes termos,

Pede deferimento.

"Local..." e "Data..."

OAB n. ..., "Assinatura..."

RAZÕES DE APELAÇÃO

Apelante: ...
Apelado: ...
Processo n. ...
Egrégio Tribunal,
Colenda Câmara,
Ínclitos Julgadores.

I – PRELIMINARMENTE

Ver se é caso de ter decisão interlocutória não agravável que, nos termos do art. 1.009, § 1º, do Código de Processo Civil, pode ser combatida, pois as questões resolvidas na fase de conhecimento, se a decisão a seu respeito não comportar agravo de instrumento, não são cobertas pela preclusão e devem ser suscitadas em preliminar de apelação, eventualmente interposta contra a decisão final, ou nas contrarrazões. Por isso, requerer a reforma daquela decisão.

Por fim, neste tópico, ver se ainda há outra questão preliminar que deva ser arguida.

II – SÍNTESE DOS FATOS

Narrar os fatos ocorridos desde a propositura da ação até a prolação da sentença ora recorrida.

III – MÉRITO

Apontar os erros de julgamento e/ou de atividade, levantando as questões de direito, pedindo a reforma e/ou anulação da sentença com retorno dos autos para nova sentença.

IV – RAZÕES DO PEDIDO DE REFORMA OU DE DECRETAÇÃO DE NULIDADE DA DECISÃO (CPC, ART. 1.010, III)

Apontar as razões do pedido de reforma ou de decretação de nulidade da sentença, pois elementos necessários do presente recurso.

Observar se há precedente.

Caso o precedente seja favorável, fazer a adesão. Caso desfavorável, fazer a distinção – "distinguishing".

V – CONCLUSÕES

Diante do exposto, requerer o recebimento da presente Apelação, sendo reconhecida, preliminarmente, estar incorreta a decisão interlocutória referida, para então reformar a decisão interlocutória (dizer qual a decisão não agravável que deve ser reformada) nos termos do art. 1.009, § 1º, do Código de Processo Civil. Ultrapassada a questão preliminar, deverá esse E. Tribunal dar PROVIMENTO à Apelação para REFORMAR a douta sentença, julgando PROCEDENTES os pedidos formulados na petição inicial, por ser de direito e de justiça (*dependendo do caso concreto pode ser pedido só de reforma, só de anulação ou os dois, como aqui foi exposto*).

Nestes termos,

Pede deferimento.

"Local..." e "Data..."

OAB n. ..., "Assinatura..."

11.1.6. Modelo de contrarrazões de apelação

EXCELENTÍSSIMO SENHOR DOUTOR JUIZ DE DIREITO DA 1ª VARA CÍVEL DA COMARCA DE RIBEIRÃO PRETO

(pular 5 linhas)

"Processo n. ..."

NOME DO APELADO, já qualificado nos autos da AÇÃO... (colocar o nome da ação) em curso perante esse MM. Juízo, em que contende com NOME DO APELANTE, já qualificado nos autos, cuja sentença julgou procedente/improcedente o pedido (depende se o autor ou o réu está apelando), vem, respeitosamente, apresentar CONTRARRAZÕES DE APELAÇÃO, nos termos do art. 1.009 e seguintes do CPC, o que faz tempestivamente, requerendo a Vossa Excelência que se digne encaminhar o recurso ao Tribunal de Justiça, pugnando pelo não recebimento e não conhecimento do recurso de apelação, pelos motivos a seguir expostos.

Nestes termos,
Pede deferimento.
"Local..." e "Data..."
OAB n. ..., "Assinatura..."

CONTRARRAZÕES DE APELAÇÃO

Apelado: ...
Apelante: ...
Processo n. ...
Egrégio Tribunal,
Colenda Câmara,
Ínclitos Julgadores.

I – PRELIMINARMENTE

Ver se é caso de ter decisão interlocutória não agravável que, nos termos do art. 1.009, § 1º, do Código de Processo Civil, pode ser combatida, pois as questões resolvidas na fase de conhecimento, se a decisão a seu respeito não comportar agravo de instrumento, não são cobertas pela preclusão e devem ser suscitadas em preliminar de apelação, eventualmente interposta contra a decisão final, ou nas contrarrazões. Por isso, requerer a reforma daquela decisão.

Por fim, neste tópico, ver se ainda há outra questão preliminar que deva ser arguida.

II – SÍNTESE DOS FATOS

Narrar os fatos ocorridos desde a propositura da ação até a prolação da sentença ora recorrida.

III – MÉRITO

Apontar a necessidade de manutenção do julgamento, levantando as questões de direito, pedindo o não recebimento, o não conhecimento ou o não provimento do recurso de apelação e, por consequência a manutenção da sentença.

Observar se há precedente.

Caso o precedente seja favorável, fazer a adesão. Caso desfavorável, fazer a distinção – "distinguishing".

V – CONCLUSÕES

Diante do exposto, requerer o não recebimento do recurso de Apelação, ou, em sendo recebido, o não conhecimento ou o não provimento do recurso, devendo a r. sentença ser mantida por seus próprios fundamentos, com a condenação... (*fazer a demonstração da condenação – exemplo: julgando IMPROCEDENTES os pedidos formulados na petição inicial*), por ser de direito e de justiça (*dependendo do caso concreto pode ser pedido só de manutenção da sentença, só de não recebimento do recurso ou de conhecimento, dependendo do juízo de admissibilidade realizado pelo Tribunal de Justiça*). Requer, ainda, a condenação do apelante a pagamento dos honorários recursais, nos termos do art. 85, § 11, do CPC.

Nestes termos,

Pede deferimento.

"Local..." e "Data..."

OAB n. ..., "Assinatura..."

12. AGRAVO DE INSTRUMENTO

12.1. Apresentação

O agravo de instrumento é o recurso que ataca as decisões interlocutórias, ou seja, aquelas decisões que não extinguem o processo. Das decisões interlocutórias, como visto, o recurso cabível é o agravo de instrumento, conforme o art. 1.015 do CPC.

Pelas disposições do art. 1.015 do CPC, caberá agravo de instrumento contra as decisões que versarem sobre:

I – tutelas provisórias;

II – mérito do processo;

III – rejeição da alegação de convenção de arbitragem;

IV – incidente de desconsideração da personalidade jurídica;

V – rejeição do pedido de gratuidade da justiça ou acolhimento do pedido de sua revogação;

VI – exibição ou posse de documento ou coisa;

VII – exclusão de litisconsorte;

VIII – rejeição do pedido de limitação do litisconsórcio;

IX – admissão ou inadmissão de intervenção de terceiros;

X – concessão, modificação ou revogação do efeito suspensivo aos embargos à execução;

XI – redistribuição do ônus da prova nos termos do art. 373, § 1º;

XII – vetado;

XIII – outros casos expressamente referidos em lei.

Ainda, nos termos do parágrafo único do art. 1.015, também caberá agravo de instrumento contra **decisões interlocutórias** proferidas na fase de **liquidação de sentença** ou de **cumprimento de sentença**, no **processo de execução** e no **processo de inventário**.

Além disso, o agravo de instrumento **será dirigido diretamente ao tribunal competente**, por meio de petição com os seguintes requisitos (art. 1.016 do CPC):

I – os nomes das partes;

II – a exposição do fato e do direito;

III – as razões do pedido de reforma ou de invalidação da decisão e o próprio pedido;

IV – o nome e o endereço completo dos advogados constantes do processo.

Mas só isso não basta, pois o agravante ainda poderá **requerer a juntada** aos autos do processo, de **cópia da petição do agravo de instrumento**, do **comprovante de sua interposição** e da **relação de documentos que instruíram o recurso**. No entanto, em não sendo eletrônicos os autos, o agravante tomará a providência supramencionada, **no prazo de três dias**, a contar da interposição do agravo de instrumento, sob pena de inadmissibilidade do recurso.

Deverá, pois, o agravante, **obrigatoriamente**, instruir o **recurso de agravo** com:

1. cópias da petição inicial, da contestação, da petição que ensejou a decisão agravada, da própria decisão agravada, da certidão da respectiva intimação ou outro documento oficial que comprove a tempestividade e das procurações outorgadas aos advogados do agravante e do agravado; ou
2. com a declaração de inexistência dos referidos documentos, feita pelo advogado do agravante, sob pena de sua responsabilidade pessoal (inciso III).

E, **facultativamente**, com **quaisquer outras peças que entender úteis e necessárias** para o julgamento do recurso (inciso III), além do comprovante do pagamento das respectivas custas e porte de remessa e retorno, quando devidos (§ 1º).

Ressalta-se que, no prazo previsto para a interposição do recurso, ou seja, de 15 dias, o CPC prevê algumas possibilidades para o agravo ser interposto, vejamos:

O recurso poderá ser protocolado (art. 1.017, § 2º, do CPC):

i) diretamente no tribunal competente para julgá-lo (inciso I);

ii) realizado na própria comarca, seção ou subseção judiciárias (inciso II);

iii) por via postal, sob registro, com aviso de recebimento (inciso III);

iv) por transmissão de dados tipo fac-símile, nos termos da lei (inciso IV); e

v) nos demais casos eventualmente previstos em legislação especial (inciso V).

Na falta da cópia de qualquer peça ou no caso de algum outro vício que comprometa a admissibilidade do agravo de instrumento, deve o relator aplicar o disposto no art. 932, parágrafo único, do CPC, ou seja, antes de considerar inadmissível o recurso de agravo de instrumento, o relator concederá o prazo de cinco dias ao recorrente para que seja sanado o referido vício ou complementada a documentação exigível.

Por fim, em sendo recebido o agravo de instrumento no tribunal, distribuído *incontinenti*, o relator poderá, se não for o caso de aplicação do art. 932, III e IV (não conhecer o recurso inadmissível, prejudicado ou que não tenha sido impugnado especificamente os fundamentos da decisão recorrida; ou negar provimento a recurso contrário a súmula do STF, STJ ou do próprio Tribunal, acórdão proferido pelo STF, STJ em julgamento de recursos repetitivos, ou de entendimento firmado em incidente de resolução de demandas repetitivas ou de assunção de competência), no **prazo de cinco dias**:

I – **atribuir efeito suspensivo** ao recurso ou **deferir, em antecipação de tutela**, total ou parcialmente, a pretensão recursal, comunicando ao juiz sua decisão;

II – **ordenar a intimação do agravado** pessoalmente, por carta com aviso de recebimento, quando não tiver procurador constituído, ou pelo Diário da Justiça ou por carta com aviso de recebimento dirigida ao seu advogado, para que responda no prazo de 15 dias, facultando-lhe juntar a documentação que entender necessária ao julgamento do recurso;

III – **determinar a intimação do Ministério Público**, preferencialmente por meio eletrônico, quando for o caso de sua intervenção, para que se manifeste no prazo de 15 dias.

12.2. Como identificar a peça

Para identificar a peça profissional do agravo de instrumento, verifique que o examinador demonstrará que houve a prolação de uma decisão interlocutória, que não coloca fim ao processo, exigindo que o candidato, na condição de advogado da parte, apresente seu recurso. Atente-se que no caso do agravo de instrumento deve-se verificar o rol taxativo do art. 1.015 do CPC, atentando, ainda, para o caso de não ser a decisão agravável (ou seja, fora do rol do art. 1.015), será matéria a ser impugnada em preliminar de recurso de apelação, conforme determinado no art. 1.009, § 1º, do CPC.

Conforme ressaltado anteriormente, cuidado no momento de identificar se o caso apresentado pelo examinador trata, realmente, de decisão interlocutória, quando for hipótese de julgamento antecipado total ou parcial de mérito (arts. 355 e 356 do CPC). Isto porque, conforme determinação legal, no caso de julgamento antecipado do mérito, a natureza da decisão judicial será, efetivamente, de sentença, sujeita à interposição de apelação. No entanto, **ser for hipótese de julgamento parcial de mérito** (art. 356 do CPC), a decisão do magistrado terá **natureza de decisão interlocutória**, desafiando recurso de **agravo de instrumento**.

12.3. Requisitos essenciais, fundamentos legais e estrutura do agravo de instrumento

Importante mencionar, incialmente, que o agravo de instrumento, pela sistemática do CPC, está previsto no art. 1.015, trazendo hipóteses taxativas para o seu cabimento.

Assim, caberá agravo de instrumento contra as decisões interlocutórias que versarem sobre:

I – tutelas provisórias;

II – mérito do processo;

III – rejeição da alegação de convenção de arbitragem;

IV – incidente de desconsideração da personalidade jurídica;

V – rejeição do pedido de gratuidade da justiça ou acolhimento do pedido de sua revogação;

VI – exibição ou posse de documento ou coisa;

VII – exclusão de litisconsorte;

VIII – rejeição do pedido de limitação do litisconsórcio;

IX – admissão ou inadmissão de intervenção de terceiros;

X – concessão, modificação ou revogação do efeito suspensivo aos embargos à execução;

XI – redistribuição do ônus da prova nos termos do art. 373, § 1º;

XII – (VETADO);

XIII – outros casos expressamente referidos em lei.

Identificada a peça profissional, ou seja, em se tratando de interposição de recurso de agravo de instrumento, contra uma das decisões interlocutórias acima referidas, caberá ao examinando, assim como no recurso de apelação, a propositura do recurso em duas petições distintas.

A primeira no tocante à interposição e admissibilidade do recurso; e a segunda, a respeito das razões de recurso.

I – Necessidade de apresentação de uma petição de Interposição ou de Admissibilidade.

Diferentemente do que ocorre com a apelação, o recurso de agravo de instrumento será dirigido e protocolado diretamente em *segunda instância*, ou seja, ao Tribunal de Justiça, ressaltando que, logo após o endereçamento, o examinando deve deixar um espaço, suficiente para trazer as informações da ação.

> EXCELENTÍSSIMO SENHOR DOUTOR DESEMBARGADOR PRESIDENTE DO EGRÉGIO TRIBUNAL DE JUSTIÇA DE SÃO PAULO
>
> "Processo n. ..."

Ressaltando que, logo após o endereçamento, o examinando deve deixar um espaço, suficiente para trazer as informações da ação (**"Processo n. ..."**).

Como o agravo de instrumento é interposto diretamente no Tribunal de Justiça, o examinando **deve** fazer uma nova qualificação das partes, bem como de seus advogados, exatamente como realizada na petição inicial e indicado pelos examinadores na questão, conforme anteriormente estudado.

A peça de agravo exige uma peculiaridade, que deve ser **obrigatoriamente** verificada pelo examinando, qual seja, a necessária indicação dos nomes e endereços dos advogados, tanto do agravante, como do agravado, trazendo, inclusive, suas procurações, conforme estabelece o art. 1.017, I, do CPC.

Assim como nas demais peças, há a necessidade de identificação correta do recurso, com a sua fundamentação legal.

> "interpor o presente AGRAVO DE INSTRUMENTO, com fulcro no art. 1.015, e seguintes do CPC".

Com relação ao preparo, este é requisito fundamental a ser demonstrado, indicando a juntada da **guia de recolhimento das custas recursais**.

Ao final da peça de admissibilidade, deve o examinando requerer que o Tribunal de Justiça conheça do recurso, dando cumprimento ao disposto no art. 1.017, I e II, do CPC, que estabelece a necessária juntada das peças obrigatórias e facultativas.

II – Apresentação da Peça das Razões Recursais

Finalizada a confecção da petição de interposição do recurso de agravo de instrumento, deve o examinando, **em outra folha ou deixando espaço suficiente para separar as peças**, as quais serão anexas à primeira peça, iniciar as razões do recurso.

Da mesma forma que fora realizado na petição de interposição e de admissibilidade, as razões de recurso também devem ser dirigidas ao Tribunal de Justiça, identificando agravante e agravado, bem como o número do processo, exemplo:

Agravante: ...
Agravado: ...
Processo n. ...
Egrégio Tribunal,
Colenda Câmara,
Ínclitos Julgadores.

O primeiro tópico a ser destacado nas razões de agravo de instrumento são os pressupostos de admissibilidade, como a tempestividade, salientando que o prazo de interposição do referido recurso será de **15 dias**, conforme estabelecido pelo art. 1.003, § 5º, do CPC.

Com relação ao preparo, este é requisito fundamental a ser demonstrado, indicando a juntada da guia de recolhimento das custas recursais.

Na sequência, o examinando deve narrar os fatos ocorridos desde a propositura da ação até a prolação da decisão interlocutória recorrida, assim como determina o art. 1.016, II, do CPC. Ressalta-se a necessidade de leitura da questão, em especial analisando que referida síntese encontra-se no corpo da questão e proposta pelo examinador.

Após a demonstração do teor da decisão proferida pelo Juízo *a quo*, deve o examinando apresentar sua fundamentação, narrando as questões jurídicas que dão margem à reforma da decisão, bem como impugnando e apontando os erros de julgamento, assim como determina o art. 1.016, II, do CPC.

Se for caso de **atribuição de efeito suspensivo** ou de **antecipação da tutela recursal**, fundamentar e desenvolver a necessidade de concessão de efeito (arts. 1.019, III, e 932, II, do CPC). Ao final do tópico, concluir pleiteando a concessão do efeito suspensivo/tutela antecipada, uma vez evidenciada a presença de seus requisitos no caso concreto.

Ao final, o examinando deve formular o pedido específico de reforma da decisão proferida pelo juízo singular, bem como requerendo a concessão do efeito suspensivo/antecipação da tutela (conforme o caso), nos termos dos arts. 1.019, III, e 932, II, do CPC, determinando-se a intimação do agravado (art. 1.019, II, do CPC) para querer responder no prazo legal.

De igual maneira, deverá requerer o provimento do agravo de instrumento para, com a reforma da decisão agravada, conceder o pedido principal (constado e observado no enunciado), dando seguimento ao processo, por ser de direito e de justiça (dependendo do caso concreto pode ser pedido só de reforma, só de anulação ou os dois, como aqui foi exposto).

12.4. Estrutura resumida da peça

1. 1ª peça – Folha de rosto ou petição de Interposição:

1.1. Endereçamento: atentar que, por se tratar de recurso de agravo de instrumento, deverá ser dirigido diretamente ao Tribunal de Justiça. Assim, utilizar: "EXCELENTÍSSIMO SENHOR DOUTOR DESEMBARGADOR PRESIDENTE DO EGRÉGIO TRIBUNAL DE JUSTIÇA DE SÃO PAULO".

1.2. Número do processo: importante verificar que, por se tratar de recurso de agravo de instrumento, haverá o devido número de distribuição. Assim, identificar o processo logo em seguida ao endereçamento: "Processo n. ...".

1.3. Identificação das partes: "NOME DO AGRAVANTE, "nacionalidade...", "estado civil...", "profissão..." (se pessoa jurídica indicar se de direito privado, público interno ou público externo), portador do "RG n. ...", inscrito no "CPF/CNPJ sob o n. ...", "endereço eletrônico...", "domiciliado à rua..." (se for pessoa jurídica "com sede à rua...").

NOME DO AGRAVADO, "nacionalidade...", "estado civil...", "profissão..." (se pessoa jurídica indicar se de direito privado, público interno ou público externo), portador do "RG n. ...", inscrito no "CPF/CNPJ sob o n. ...", "endereço eletrônico...", "domiciliado à rua..." (se for pessoa jurídica "com sede à rua...")".

1.4. Nome da ação e sua fundamentação legal: "vem, respeitosamente, interpor o presente AGRAVO DE INSTRUMENTO, nos termos dos arts. 1.015 e seguintes do CPC, o que faz tempestivamente, inclusive tendo recolhido o devido preparo recursal (art. 1.007 do CPC)".

1.5. Indicação do nome e endereço dos advogados e das peças: "Nome e endereço completo dos advogados" (art. 1.016, IV, do CPC).

Os advogados que atuam no caso são os seguintes: Pelo Agravante:

(NOME DO ADVOGADO...), Endereço: (...)

Pelo Agravado:

(NOME DO ADVOGADO...), Endereço: (...)

Juntada das peças obrigatórias e facultativas (art. 1.017 do CPC).

Informa o Agravante que juntou a este Agravo de Instrumento cópia integral dos autos, declarada autêntica pelo advogado subscritor nos termos do art. 425, IV, do Código de Processo Civil, estando, portanto, juntadas as seguintes peças obrigatórias:

a) Cópia da decisão agravada fls. (...) dos autos reproduzidos;

b) Cópia da certidão da intimação da decisão agravada fls. (...) dos autos reproduzidos;

c) Cópia da procuração e substabelecimento outorgado aos advogados fls. (...) dos autos reproduzidos.

1.6. Fechamento: Nestes Termos, Pede Deferimento. "Local..." e "Data..." OAB n. ..., "Assinatura..."

2. 2ª Peça – Folha das razões:

2.1. Endereçamento: Razões de Recurso de Agravo de Instrumento; identificação das partes (Agravante: ...; Agravado: ...); identificação do processo (Processo n. ...); "Egrégio Tribunal, Colenda Câmara, Ínclitos Julgadores".

2.2. Fatos: transcrição integral do texto apresentado pelo examinador no enunciado da peça prática, ressaltando a impossibilidade de criar dados inexistentes, para não identificar a peça profissional e ter a prova zerada pelo examinador. Importante mencionar que os fatos apresentados se encaixam nas hipóteses de cabimento do art. 1.015, do CPC.

2.3. Fundamentação: faça a correta ligação entre os fatos e os dispositivos legais aplicáveis, como artigos de lei, súmulas, precedentes, desenvolvendo raciocínio lógico e coerência jurídica, ressaltando que a mera indicação do artigo ou da lei não é suficiente para a pontuação, sendo necessário demonstrar a correta coligação entre fato e direito.

2.4. Pedidos e requerimentos: "Diante do exposto, requer o recebimento do presente Agravo de Instrumento, concedendo o efeito suspensivo/antecipação da tutela, arts. 1.019, III, e 932, II, do CPC, determinando-se a intimação do agravado (CPC, art. 1.019, II) para querer responder no prazo legal. Ao final, requer o Agravante o provimento do Agravo de Instrumento para, com a reforma da decisão agravada (fazer o pedido pleiteado – art. 1.015 do CPC, ex. *concedendo os benefícios da justiça gratuita*), dando seguimento ao processo, por ser de direito e de justiça (*dependendo do caso concreto pode ser pedido só de reforma, só de anulação ou os dois*)".

2.5. Fechamento da peça: Nestes Termos, Pede Deferimento. "Local..." e "Data..." OAB n. ..., "Assinatura...".

12.5. Modelo de agravo de instrumento, com a folha de rosto ou petição de interposição

EXCELENTÍSSIMO SENHOR DOUTOR DESEMBARGADOR PRESIDENTE DO E. TRIBUNAL DE JUSTIÇA DO ESTADO DE SÃO PAULO

(pular 5 linhas)

"Processo n. ..."

NOME DO AGRAVANTE, "nacionalidade...", "estado civil...", "profissão..." (se pessoa jurídica indicar se de direito privado, público interno ou público externo), portador do "RG n. ...", inscrito no "CPF/CNPJ sob o n. ...", "endereço eletrônico...", "domiciliado à rua..." (se for pessoa jurídica "com sede à rua..."), no autos da AÇÃO... (colocar o nome da ação), em epígrafe, em que contende com NOME DO AGRAVADO, "nacionalidade...", "estado civil...", "profissão..." (se pessoa jurídica indicar se de direito privado, público interno ou público externo), portador do "RG n. ...", inscrito no "CPF/CNPJ sob o n. ...", "endereço eletrônico...", "domiciliado à rua..." (se for pessoa jurídica "com sede à rua..."), vem, respeitosamente, interpor o presente AGRAVO DE INSTRUMENTO, nos termos do art. 1.015, V, e seguintes do CPC, o que faz tempestivamente, inclusive tendo sido recolhido o devido preparo recursal (art. 1.007 do CPC), com as inclusas razões do Agravo de Instrumento.

Nome e endereço completo dos Advogados (art. 1.016, IV, do CPC).

Os Advogados que atuam no caso são os seguintes:

Pelo Agravante:

(NOME DO ADVOGADO...), Endereço: (...)

Pelo Agravado:

(NOME DO ADVOGADO...), Endereço: (...)

Juntada das peças obrigatórias e facultativas (art. 1.017 do CPC).

Informa o Agravante que juntou a este Agravo de Instrumento cópia integral dos autos, declarada autêntica pelo advogado subscritor nos termos do art. 425, IV, do Código de Processo Civil, estando, portanto, juntadas as seguintes peças obrigatórias:

a) Cópia da decisão agravada fls. (...) dos autos reproduzidos;

b) Cópia da certidão da intimação da decisão agravada fls. (...) dos autos reproduzidos;

c) Cópia da procuração e substabelecimento outorgado aos advogados fls. (...) dos autos reproduzidos.

Nestes termos,

Pede deferimento.

"Local..." e "Data..."

OAB n. ..., "Assinatura..."

RAZÕES DO AGRAVO DE INSTRUMENTO

Agravante: ...
Agravado: ...
Processo n. ...

Egrégio Tribunal,
Colenda Câmara,
Ínclitos Julgadores.

I - SÍNTESE DOS FATOS

Narrar os fatos ocorridos desde a propositura da ação até a prolação da decisão interlocutória recorrida, assim como determina o art. 1.016, II, do CPC, demonstrando que, no caso, era situação de concessão de gratuidade da justiça, em face dos elementos trazidos.

II - MÉRITO

Na narrativa das questões jurídicas, assim como determina o art. 1.016, II, do CPC, apontar o erro de julgamento em relação à gratuidade de justiça indeferida pelo julgador de base.

III - RAZÕES DO PEDIDO DE REFORMA DA DECISÃO (CPC, ART. 1.016, III)

Apontar as razões do pedido de reforma da decisão (art. 1.016, III, do CPC), pois elementos necessários do presente recurso.

Observar se é caso de atribuição de efeito suspensivo ou de antecipação da tutela recursal, fundamentar e desenvolver a necessidade de concessão de efeito, art. 1.019, III, e 932, II, do CPC.

IV - CONCLUSÕES

Diante do exposto, requer o recebimento do presente Agravo de Instrumento, concedendo o efeito suspensivo/antecipação da tutela, arts. 1.019, e 932, II, do CPC, determinando-se a intimação do agravado (CPC, art. 1.019, II) para querer responder no prazo legal. Ao final, requer o Agravante o provimento do Agravo de Instrumento para, com a reforma da decisão agravada (*fazer o pedido pleiteado - art. 1.015 do CPC, ex. concedendo os benefícios da justiça gratuita*), dando seguimento ao processo, por ser de direito e de justiça (*dependendo do caso concreto pode ser pedido só de reforma, só de anulação ou os dois, como aqui foi exposto*).

Nestes termos,

Pede deferimento.

"Local..." e "Data..."

OAB n. ..., "Assinatura..."

12.6. Modelo do agravo de instrumento, sem a folha de rosto ou peça de interposição

EXCELENTÍSSIMO SENHOR DOUTOR DESEMBARGADOR PRESIDENTE DO E. TRIBUNAL DE JUSTIÇA DO ESTADO DE SÃO PAULO

(pular 5 linhas)

"Processo n. ..."

NOME DO AGRAVANTE, "nacionalidade...", "estado civil...", "profissão..." (se pessoa jurídica indicar se de direito privado, público interno ou público externo), portador do "RG n. ...", inscrito no "CPF/CNPJ sob o n. ...", "endereço eletrônico...", "domiciliado à rua..." (se for pessoa jurídica "com sede à rua..."), no autos da AÇÃO... (colocar o nome da ação), em epígrafe, em que contende com NOME DO AGRAVADO, "nacionalidade...", "estado civil...", "profissão..." (se pessoa jurídica indicar se de direito privado, público interno ou público externo), portador do "RG n. ...", inscrito no "CPF/CNPJ sob o n. ...", "endereço eletrônico...", "domiciliado à rua..." (se for pessoa jurídica "com sede à rua..."), vem, respeitosamente, interpor o presente AGRAVO DE INSTRUMENTO, nos termos do art. 1.015, V, e seguintes do CPC, o que faz tempestivamente, inclusive tendo sido recolhido o devido preparo recursal (art. 1.007 do CPC), com as inclusas razões do Agravo de Instrumento.

I – SÍNTESE DOS FATOS

Narrar os fatos ocorridos desde a propositura da ação até a prolação da decisão interlocutória recorrida, assim como determina o art. 1.016, II, do CPC, demonstrando que, no caso, era situação do art. 1.015 do CPC, em face dos elementos trazidos.

II – MÉRITO

Na narrativa das questões jurídicas, assim como determina o art. 1.016, II, do CPC, apontar o erro de julgamento em relação à gratuidade de justiça indeferida pelo julgador de base.

III – RAZÕES DO PEDIDO DE REFORMA DA DECISÃO (art. 1.016, III, do CPC)

Apontar as razões do pedido de reforma da decisão (art. 1.016, III, do CPC), pois elementos necessários do presente recurso.

Observar se é caso de atribuição de efeito suspensivo ou de antecipação da tutela recursal, fundamentar e desenvolver a necessidade de concessão de efeito, arts. 1.019, III, e 932, II, do CPC.

IV – CONCLUSÕES

Diante do exposto, requer o recebimento do presente Agravo de Instrumento, concedendo o efeito suspensivo/antecipação da tutela, arts. 1.019, III, e 932, II, do CPC, determinando-se a intimação do agravado (CPC, art. 1.019, II) para querer responder no prazo legal. Ao final, requer o Agravante o provimento do Agravo de Instrumento para, com a reforma da decisão agravada, (*fazer o pedido pleiteado – art. 1.015 do CPC, ex. concedendo os benefícios da justiça gratuita*), dando seguimento ao processo, por ser de direito e de justiça (*dependendo do caso concreto pode ser pedido só de reforma, só de anulação ou os dois, como aqui foi exposto*).

Nestes termos,

Pede deferimento.

"Local..." e "Data..."

OAB n. ..., "Assinatura..."

13. AGRAVO INTERNO

13.1. Apresentação

O agravo interno é recurso para combater a **decisão proferida de forma monocrática ou unipessoal pelo relator** (ex.: art. 932 do CPC), visando ao pronunciamento do respectivo órgão colegiado (Turma Julgadora ou Câmara) em decisão colegiada, bem como buscando o esgotamento das vias recursais (art. 1.021 do CPC). É recurso que não pode ser decidido monocraticamente, em especial porque tem o propósito precípuo o de apontar vício na decisão monocrática e de submeter as questões decididas pelo relator ao reexame do órgão colegiado.

Cuidado com a grande e principal solução apresentada pela nova sistemática do CPC a respeito do agravo, qual seja, a respeito do ***nomen juris*** adotado ao recurso, em especial porque sob a vigência do CPC/73 o agravo interno tinha variadas nomenclaturas, sendo chamado de agravo regimental, agravo interno, agravo do art. 557 ou, até mesmo, de "agravinho". Assim, pelo CPC o recurso é **agravo interno**.

Além disso, determinou-se ao agravante o **dever de impugnação específica** dos fundamentos da decisão agravada, fazendo-se presente o princípio da **dialeticidade recursal**. Da mesma forma, determinou-se o **dever de oitiva da parte contrária** para, em querendo, responder ao recurso no prazo de **15 dias**, sendo a petição dirigida ao relator que proferiu a decisão monocrática.

Ainda, nos termos do § 5º do art. 1.003 do CPC, o prazo para interpor o agravo interno também será de **15 dias**, excetuando algumas hipóteses previstas em leis especiais, como, por exemplo, o prazo de **cinco dias** (mandado de segurança), para interposição do agravo em face da decisão do presidente de tribunal que suspende a segurança concedida (art. 15 da Lei n. 12.016/2009).

A **competência** para processar e julgar o agravo interno será do órgão fracionário do Tribunal do qual faz parte o relator que proferiu a decisão monocrática impugnada. Outrossim, nos casos de decisão de presidente ou vice-presidente do Tribunal, a competência será do Órgão Especial do Tribunal – onde houver – ou do seu Pleno, sendo que o regimento interno de cada tribunal determinará como se dará o processamento do agravo, ressalvada a possibilidade de o prolator da decisão agravada exercer juízo de retratação.

13.2. Como identificar a peça

Para a correta identificação da peça profissional do agravo interno, por certo, o candidato deverá observar se o enunciado faz referência à decisão proferida de forma monocrática pelo relator, ou seja, decisão unipessoal, seja nos recursos ou nas causas de sua competência originária, buscando a manifestação pelo órgão colegiado.

13.3. Requisitos essenciais, fundamentos legais e estrutura do agravo interno

Primeiro, o examinando deverá ficar atento quanto ao endereçamento da peça prática, tendo em vista que a peça deverá ser sempre **dirigida ao relator** que proferiu a decisão monocraticamente, conforme o art. 1.021, § 2º, do CPC.

> "Excelentíssimo Senhor Desembargador relator da 3ª Câmara de Direito Privado do Tribunal de Justiça de São Paulo"

Na petição de agravo interno, o recorrente impugnará especificadamente os fundamentos da decisão agravada, demonstrando que está em desacerto a decisão monocrática recorrida (art. 1.021, § 1º, do CPC).

Ao final, quanto aos pedidos, deve ser requerida a **intimação do agravado** (art. 1.021, § 2º, do CPC) para querer responder no prazo legal, requerendo-se ao Nobre Relator **a reconsideração da decisão monocrática recorrida**.

Ainda, deve ser pedido que o agravo interno seja **remetido à Colenda Câmara julgadora** do Colendo Tribunal para que a ele seja dado provimento, reformando a decisão monocrática agravada (dependendo do caso concreto, pode ser pedido só de reforma, só de anulação ou os dois, como aqui foi exposto).

Importante verificar, ainda, alguns pormenores relativos ao agravo interno:

I – É vedado ao relator meramente reproduzir os fundamentos da decisão agravada.

Nos termos do art. 1.021, § 3º, do CPC, é vedado ao relator simplesmente limitar-se à reprodução dos fundamentos da decisão agravada para julgar improcedente o agravo interno.

Nesse sentido: "Descabe adotar o vezo de reportar-se sem análise das premissas em que esteada tal decisão, aos fundamentos do recurso apreciado" (2ª T., AgRg no AgIn 255.362/SP, Rel. Min. Marco Aurélio, j. 11-4-2000, *DJ* 4-8-2000, p. 12).

II – Multa

A respeito do art. 1.021, § 4º, quando o agravo interno for declarado manifestamente inadmissível ou improcedente em votação unânime, o órgão colegiado, em decisão fundamentada, condenará o agravante a pagar ao agravado multa fixada entre 1% e 5% do valor atualizado da causa.

Nesse sentido: "(...) sendo manifestamente inadmissível ou infundado o agravo regimental, cabe a imposição de multa (...), sem prejuízo de condicionar-se a interposição de qualquer outro recurso ao depósito do respectivo valor. Precedentes do STJ" (4ª T., AgRg no Ag 1.343.305/RS, Rel. Min. Maria Isabel Gallotti, j. 18-8-2011, *DJe* 25-8-2011).

"(...) na hipótese de agravo regimental manifestamente inadmissível ou infundado, ficando condicionada a interposição de qualquer outro recuso ao depósito do respectivo valor" (3ª T., AgRg no Ag 1.230.067/PA, Rel. Min. Paulo de Tarso Sanseverino, j. 22-11-2011, *DJe* 30-11-2011).

III – Não poderá recorrer enquanto não depositar o valor da multa

Por fim, conforme determinado no art. 1.021, § 5º, do CPC, a interposição de qualquer outro recurso está condicionada ao depósito prévio do valor da multa prevista no § 4º, à exceção da Fazenda Pública e do beneficiário de gratuidade da justiça, que farão o pagamento ao final.

13.4. Estrutura resumida da peça

1. Endereçamento: atentar que, por se tratar de recurso de agravo interno, deverá ser dirigido diretamente ao Desembargador Relator do Tribunal de Justiça, responsável pela decisão monocrática agravável. Assim, utilizar: "EXCELENTÍSSIMO SENHOR DESEMBARGADOR RELATOR DA 3ª CÂMARA DE DIREITO PRIVADO DO TRIBUNAL DE JUSTIÇA DE SÃO PAULO".

2. Número do processo: importante verificar que, por se tratar de recurso de agravo interno, haverá o devido número de distribuição. Assim, identificar o processo logo em seguida ao endereçamento: "Processo n. ...".

3. Identificação das partes: "NOME DO AGRAVANTE, já devidamente qualificado nos autos. (...) NOME DO AGRAVADO, já qualificado nos autos".

4. Nome da ação e sua fundamentação legal: "vem, respeitosamente perante Vossa Excelência, interpor o presente AGRAVO INTERNO, nos termos do art. 1.021 do CPC".

5. Fatos: transcrição integral do texto apresentado pelo examinador no enunciado da peça prática, ressaltando a impossibilidade de criar dados inexistentes, para não identificar a peça profissional e ter a prova zerada pelo examinador.

6. Fundamentação: faça a correta ligação entre os fatos e os dispositivos legais aplicáveis, como artigos de lei, súmulas, precedentes, desenvolvendo raciocínio lógico e coerência jurídica, ressaltando que a mera indicação do artigo ou da lei não é suficiente para a pontuação, sendo necessário demonstrar a correta coligação entre fato e direito. Apontar e tratar diretamente da impugnação específica dos fundamentos da decisão agravada, demonstrando que está em desacerto a decisão monocrática recorrida.

7. Pedidos e requerimentos: "Diante do exposto, requer o recebimento do presente Agravo Interno, determinando-se a intimação do agravado (CPC, art. 1.021, § 2º) para querer responder no prazo legal, requerendo-se ao Nobre Relator a reconsideração da decisão monocrática recorrida. Em assim não sendo, seja o Agravo Interno remetido à Colenda Câmara julgadora deste Egrégio Tribunal de Justiça e que a ele seja dado provimento para reformar a decisão monocrática agravada (*dependendo do caso concreto pode ser pedido só de reforma, só de anulação ou os dois, como aqui foi exposto*), fazendo-se justiça".

8. Fechamento da peça: Nestes Termos, Pede Deferimento. "Local..." e "Data..." OAB n. ..., "Assinatura...".

13.5. Modelo de agravo de interno

EXCELENTÍSSIMO SENHOR DOUTOR DESEMBARGADOR RELATOR DA COLENDA 3ª CÂMARA DE DIREITO PRIVADO DO E. TRIBUNAL DE JUSTIÇA DE SÃO PAULO

(pular 5 linhas)

"Processo n. ..."

NOME DO AGRAVANTE, já qualificado nos autos em epígrafe, em que contende com NOME DO AGRAVADO, já qualificado nos autos, vem, respeitosamente, interpor o presente AGRAVO INTERNO, nos termos do art. 1.021 do CPC, o que faz tempestivamente, com as inclusas razões do Agravo de Instrumento.

RAZÕES DO AGRAVO INTERNO

I – SÍNTESE DO OCORRIDO

Narrar os fatos ocorridos desde a propositura da ação até a prolação da decisão interlocutória recorrida, bem como a decisão monocrática combatida, assim como determina o art. 1.021 do CPC, demonstrando que, no caso, a decisão monocrática resta equivocada em face dos elementos trazidos.

II – MÉRITO

Na narrativa das questões jurídicas que dão margem à reforma, em colegiado, da decisão monocrática do Relator.

III – DA IMPUGNAÇÃO ESPECÍFICA DOS FUNDAMENTOS DA DECISÃO AGRAVADA (CPC, ART. 1.021, § 1º)

Apontar e tratar diretamente da impugnação específica dos fundamentos da decisão agravada, demonstrando que está em desacerto a decisão monocrática recorrida.

IV – CONCLUSÕES

Diante do exposto, requer o recebimento do presente Agravo Interno, determinando-se a intimação do agravado (CPC, art. 1.021, § 2º) para querer responder no prazo legal, requerendo-se ao Nobre Relator a reconsideração da decisão monocrática recorrida. Em assim não sendo, seja o Agravo Interno remetido à Colenda Câmara julgadora deste Colendo Tribunal e que a ele seja dado provimento para reformar a decisão monocrática agravada (*dependendo do caso concreto pode ser pedido só de reforma, só de anulação ou os dois, como aqui foi exposto*), fazendo-se justiça.

Nestes termos,

Pede deferimento.

"Local..." e "Data..."

OAB n. ..., "Assinatura..."

14. EMBARGOS DE DECLARAÇÃO

14.1. Apresentação

De acordo com a previsão do art. 1.022 do CPC, cabem embargos de declaração quando:

- houver, na sentença, no acórdão ou na decisão interlocutória, obscuridade (falta de clareza) ou contradição (falta de coerência e contradição entre os fundamentos lançados e o dispositivo decisório);
- for omitido ponto ou questão sobre o qual devia pronunciar-se o juiz ou tribunal de ofício ou a requerimento da parte;
- em caso de correção de erro material;
- houver notório propósito de prequestionamento (questionar determinada matéria exigida para interposição de outros recursos) – Súmula 98 do STJ;
- houver notório propósito de modificação do julgado (embargos de declaração com efeito infringente ou modificativo).

Os embargos de declaração **serão opostos no prazo de cinco dias**, em petição dirigida ao juiz ou relator, com indicação do erro, da obscuridade, da contradição ou da omissão, não estando sujeitos ao preparo. Segundo o art. 1.026 do CPC, os embargos de declaração **não possuem efeito suspensivo e interrompem** o prazo para a interposição de outros recursos, por qualquer das partes, ou seja, devolvem por inteiro o prazo.

Nos Juizados Especiais Cíveis, o prazo para interposição também é de cinco dias, cabíveis quando, em sentença ou acórdão, houver obscuridade, contradição ou omissão, destacando-se que o CPC alterou a redação dos arts. 50 e 83, § 2º, da Lei n. 9.099/95, conforme os arts. 1.065 e 1.066 do CPC, respectivamente, prevendo que os embargos passam a ter efeito interruptivo do prazo e não mais efeito meramente suspensivo.

Os embargos declaratórios objetivam preencher a decisão omissa ou esclarecer a decisão contraditória ou obscura, da mesma forma que objetiva resolver ou corrigir eventual erro material (assim entendido como as inexatidões materiais ou erros de cálculos) existente na decisão. Por tal razão, quem faz o juízo de admissibilidade e o juízo de mérito é o próprio julgador que proferiu a decisão recorrida; até porque será ele o responsável a sanar o vício eventualmente existente na decisão, por tal razão, como regra, o recurso de embargos declaratórios não comporta contrarrazões ou resposta da parte contrária, exceto se o acolhimento do recurso ocasionar na inversão do julgado, caso em que a parte contrária será intimada para apresentar resposta aos embargos.

14.2. Como identificar a peça

De maneira simples, para identificar corretamente a peça profissional, o examinador apresentará a problemática identificando a existência de uma ação judicial, em que foi proferida uma decisão judicial (em primeiro ou segundo grau), padecendo ela de algum vício de omissão, contradição, obscuridade ou para a correção de erro material, buscando o interessado a modificação ou o aclaramento da decisão, aptos à compreensão correta e adequada da decisão, mas não a sua imediata reforma de mérito.

14.3. Requisitos essenciais, fundamentos legais e estrutura dos embargos de declaração

Os embargos de declaração são recursos destinados a vícios decisórios, bem como para aperfeiçoar as decisões judiciais, possibilitando uma tutela jurisdicional clara e completa.

Importante relembrar que os embargos declaratórios não têm por finalidade revisar ou anular as decisões judiciais (STJ, 2ª T., EDcl no REsp 930.515/SP, Rel. Min. Castro Meira, j. 2-10-2007, *DJ* 18-10-2007, p. 338).

Cabem embargos de declaração contra qualquer decisão judicial quando:

I – a parte narra obscuridade, contradição ou omissão em qualquer espécie de decisão judicial – decisões interlocutórias, sentenças, acórdãos ou decisões monocráticas de relator (STJ, 1ª T., REsp 762.384/SP, Rel. Min. Teori Zavascki, j. 6-12-2005, DJ 19-12-2005, p. 262);

II – a parte pretende esclarecer obscuridade ou eliminar contradição;

Não configura contradição o antagonismo entre as razões da decisão e as alegações das partes (STJ, 2ª T., REsp 928.075/PE, Rel. Min. Castro Meira, j. 4-9-2007, *DJ* 18-9-2007, p. 290). A contradição pode se estabelecer entre afirmações constantes do relatório, da fundamentação, do dispositivo e da ementa (STJ, Corte Especial, EREsp 40.468/CE, Rel. Min. Cesar Asfor Rocha, j. 16-2-2000, *DJ* 3-4-2000, p. 102).

III – para suprir omissão de ponto ou questão sobre o qual devia se pronunciar o juiz de ofício ou a requerimento;

IV – para corrigir erro material.

A peça deverá ser dirigida ao magistrado prolator da decisão (juiz, desembargador, ministro etc.), qualificando as partes e com a identificação da peça, com seus fundamentos legais (exemplo: opor EMBARGOS DE DECLARAÇÃO, nos termos do art. 1.022 e seguintes do CPC)

Posteriormente, narrar os fatos ocorridos desde a propositura da ação até a prolação da decisão embargada, destacando omissão, obscuridade, contradição ou erro material existente, assim como se depreende do art. 1.022 do CPC.

A seguir, o examinando deve apresentar as questões jurídicas que dão margem ao aperfeiçoamento da decisão, vale destacar qual o vício apontado, quer seja omissão, obscuridade, contradição ou o erro material existente, assim como se depreende do art. 1.022, I, II ou III, do CPC, demonstrando e comprovando o vício para, então, assim, pretender que seja este sanado.

Por fim, o examinando deve requerer o recebimento dos embargos de declaração, ressaltando que, em caso de eventual modificação da decisão, seja intimado o embargado para responder no prazo legal, nos termos do art. 1.023, § 2º, do Código de Processo Civil.

Ao final, que seja dado provimento aos embargos de declaração, sanando-se o vício existente e anunciado nestes embargos (quer seja omissão, obscuridade, contradição ou o erro material existente, assim como se depreende do art. 1.022, I, II ou III, do CPC).

14.4. Estrutura resumida da peça

1. Endereçamento: os embargos de declaração deverão ser dirigidos e endereçados diretamente ao magistrado prolator da decisão, juiz, desembargador, ministro etc. Assim, utilizar: "EXCELENTÍSSIMO SENHOR DOUTOR JUIZ DE DIREITO DA 2ª VARA CÍVEL DA COMARCA DE RIBEIRÃO PRETO"; "EXCELENTÍSSIMO SENHOR DESEMBARGADOR RELATOR DA 3ª CÂMARA DE DIREITO PRIVADO DO TRIBUNAL DE JUSTIÇA DE SÃO PAULO".

2. Número do processo: importante verificar que, por se tratar de recurso de embargos de declaração, haverá o devido número de distribuição. Assim, identificar o processo logo em seguida ao endereçamento: "Processo n. ...".

3. Identificação das partes: "NOME DO EMBARGANTE, já devidamente qualificado nos autos. (...) NOME DO EMBARGADO, já qualificado nos autos".

4. Nome da ação e sua fundamentação legal: "vem, respeitosamente, opor EMBARGOS DE DECLARAÇÃO, nos termos do art. 1.022 e seguintes do CPC".

5. Fatos: transcrição integral do texto apresentado pelo examinador no enunciado da peça prática, ressaltando a impossibilidade de criar dados inexistentes, para não identificar a peça profissional e ter a prova zerada pelo examinador, destacando a omissão, a obscuridade, a contradição ou o erro material existente, assim como se depreende do art. 1.022 do CPC.

6. Fundamentação: faça a correta ligação entre os fatos e os dispositivos legais aplicáveis, como artigos de lei, súmulas, precedentes, desenvolvendo raciocínio lógico e coerência jurídica, ressaltando que a mera indicação do artigo ou da lei não é suficiente para a pontuação, sendo necessário demonstrar a correta coligação entre fato e direito. Apontar e tratar diretamente da impugnação específica dos fundamentos da decisão agravada, demonstrando que está em desacerto a decisão monocrática recorrida.

7. Pedidos e requerimentos: "Diante do exposto, requer o recebimento dos Embargos de Declaração e, sendo o caso de eventual modificação da decisão, seja intimado o Embargado para responder no prazo legal, nos termos do art. 1.023, § 2º, do Código de Processo Civil. Ao final, seja dado provimento aos Embargos de Declaração, sanando-se o vício existente e anunciado nestes Embargos (quer seja omissão, obscuridade, contradição ou o erro material existente, assim como se depreende do art. 1.022, I, II ou III, do CPC)".

8. Fechamento da peça: Nestes Termos, Pede Deferimento. "Local..." e "Data..." OAB n. ..., "Assinatura...".

14.5. Modelo de embargos de declaração

EXCELENTÍSSIMO SENHOR DOUTOR JUIZ DE DIREITO DA 10ª VARA CÍVEL DA COMARCA DE RIBEIRÃO PRETO

(pular 5 linhas)

"Processo n. ..."

NOME DO EMBARGANTE, já qualificado nos autos da Apelação..., em epígrafe, em que contende com NOME DO EMBARGADO, já qualificado nos autos, vem, respeitosamente, opor EMBARGOS DE DECLARAÇÃO, nos termos do art. 1.022 e seguintes do CPC, o que faz tempestivamente, com base nas razões a seguir tratadas.

I - SÍNTESE DO OCORRIDO

Narrar os fatos ocorridos desde a propositura da ação até a prolação da decisão embargada, destacando omissão, obscuridade, contradição ou erro material existente, assim como se depreende do art. 1.022 do CPC.

II - MÉRITO

Na narrativa das questões jurídicas que dão margem ao aperfeiçoamento da decisão, vale destacar qual o vício apontado, quer seja omissão, obscuridade, contradição ou erro material existente, assim como se depreende do art. 1.022, I, II ou III, do CPC, demonstrando e comprovando o vício para, então, assim, pretender que seja este sanado.

III - CONCLUSÕES

Diante do exposto, requer o recebimento dos Embargos de Declaração e, sendo o caso de eventual modificação da decisão, seja intimado o Embargado para responder no prazo legal, nos termos do art. 1.023, § 2º, do Código de Processo Civil. Ao final, seja dado provimento aos Embargos de Declaração, sanando-se o vício existente e anunciado nestes Embargos (quer seja omissão, obscuridade, contradição ou o erro material existente, assim como se depreende do art. 1.022, I, II ou III, do CPC).

Nestes termos,

Pede deferimento.

"Local..." e "Data..."

OAB n. ..., "Assinatura..."

15. RECURSOS ESPECIAL E EXTRAORDINÁRIO

15.1. Apresentação

Em relação ao recurso extraordinário (RE), assim como determina o art. 102 da CF/88, compete ao Supremo Tribunal Federal, precipuamente, a guarda da Constituição, cabendo-lhe, assim como determina o inciso III, julgar, mediante recurso extraordinário (RE), as causas decididas em única ou última instância, quando a decisão recorrida:

a) contrariar dispositivo da Constituição;
b) declarar a inconstitucionalidade de tratado ou lei federal;
c) julgar válida lei ou ato de governo local contestado em face desta Constituição;
d) julgar válida lei local contestada em face de lei federal.

Com efeito, no recurso extraordinário, o recorrente deverá demonstrar a repercussão geral das questões constitucionais discutidas no caso, nos termos do CPC, a fim de que o Tribunal examine a admissão do recurso, somente podendo recusá-lo pela manifestação de dois terços de seus membros.

De outro lado, seguindo as diretrizes da CF/88, especialmente no art. 105, III, compete ao Superior Tribunal de Justiça julgar, em recurso especial (REsp), as causas decididas, em única ou última instância, pelos Tribunais Regionais Federais ou pelos tribunais dos Estados, do Distrito Federal e Territórios, quando a decisão recorrida:

a) contrariar tratado ou lei federal, ou negar-lhes vigência;
b) julgar válido ato de governo local contestado em face de lei federal;
c) der a lei federal interpretação divergente da que lhe haja atribuído outro tribunal.

O recurso extraordinário e o recurso especial, nos casos previstos na Constituição Federal, serão interpostos perante o **presidente ou o vice-presidente do tribunal recorrido**, em petições distintas, que conterão a exposição do fato e do direito, a demonstração do cabimento do recurso interposto, bem como as razões do pedido de reforma da decisão recorrida.

Com efeito, quando o recurso fundar-se em dissídio jurisprudencial, o recorrente fará a prova da divergência com a certidão, cópia ou citação do repositório de jurisprudência (art. 1.029, § 1º, do CPC), oficial ou credenciado, inclusive em mídia eletrônica, em que tiver sido publicada o acórdão divergente, ou ainda com a reprodução de julgado disponível na rede mundial de computadores, com indicação da respectiva fonte, devendo-se, em qualquer caso, mencionar as circunstâncias que identifiquem ou assemelhem os casos confrontados.

Ademais, em caso de eventual existência de vícios formais de tempestividade nos recursos interpostos, poderá o Supremo Tribunal Federal ou o Superior Tribunal de Justiça desconsiderar ou determinar a sua correção, desde que seja reputado de maneira grave.

Quando, por ocasião do processamento do incidente de resolução de demandas repetitivas, o presidente do Supremo Tribunal Federal ou do Superior Tribunal de Justiça receber requerimento de suspensão de processos em que se discuta questão federal constitucional ou infraconstitucional, poderá, considerando razões de segurança jurídica ou de excepcional interesse social, estender a suspensão a todo o território nacional, até ulterior decisão do recurso extraordinário ou do recurso especial a ser interposto (art. 1.029, § 4º, do CPC).

Como regra, os recursos excepcionais (especial e extraordinário) não terão efeito suspensivo, operando-se, tão somente, o efeito devolutivo quanto às questões relativas à matéria constitucional, no caso do STF, e à lei federal, com relação ao STJ, cuja profundidade do referido efeito está prevista pelo art. 1.034, parágrafo único, do CPC, determinando que, em sendo admitido o recurso extraordinário ou o recurso especial por um fundamento, devolver-se-á ao tribunal superior o conhecimento dos demais fundamentos para a solução do capítulo impugnado.

No entanto, de forma excepcional, poderá o interessado formalizar pedido expresso requerendo a concessão de efeito suspensivo aos recursos extraordinário ou especial, desde que se faça por requerimento escrito, dirigido: (i) ao tribunal superior respectivo, no período compreendido entre a publicação da decisão de admissão do recurso e sua distribuição, ficando o relator designado para seu exame prevento para julgá-lo; ou (ii) ao presidente ou ao vice-presidente do tribunal recorrido, no período compreendido entre a interposição do recurso e a publicação da decisão de admissão do recurso, assim como no caso de o recurso ter sido sobrestado, nos termos do art. 1.037.

Ainda, nos termos do art. 1.030 do CPC, já com alterações legislativas provocadas pela Lei n. 13.256/2016, determina que em sendo recebida a petição do recurso pela secretaria do tribunal, o recorrido será intimado para apresentar suas contrarrazões no prazo de 15 dias, findo o qual os autos serão conclusos ao presidente ou ao vice-presidente do tribunal recorrido, que deverá:

I – negar seguimento:

a) a recurso extraordinário que discuta questão constitucional à qual o Supremo Tribunal Federal não tenha reconhecido a existência de repercussão geral ou a recurso extraordinário interposto contra acórdão que esteja em conformidade com entendimento do Supremo Tribunal Federal exarado no regime de repercussão geral;

b) a recurso extraordinário ou a recurso especial interposto contra acórdão que esteja em conformidade com entendimento do Supremo Tribunal Federal ou do Superior Tribunal de Justiça, respectivamente, exarado no regime de julgamento de recursos repetitivos;

II – encaminhar o processo ao órgão julgador para realização do juízo de retratação, se o acórdão recorrido divergir do entendimento do Supremo Tribunal Federal ou do Superior Tribunal de Justiça exarado, conforme o caso, nos regimes de repercussão geral ou de recursos repetitivos;

III – sobrestar o recurso que versar sobre controvérsia de caráter repetitivo ainda não decidida pelo Supremo Tribunal Federal ou pelo Superior Tribunal de Justiça, conforme se trate de matéria constitucional ou infraconstitucional;

IV – selecionar o recurso como representativo de controvérsia constitucional ou infraconstitucional, nos termos do § 6º do art. 1.036;

V – realizar o juízo de admissibilidade e, se positivo, remeter o feito ao Supremo Tribunal Federal ou ao Superior Tribunal de Justiça, desde que:

a) o recurso ainda não tenha sido submetido ao regime de repercussão geral ou de julgamento de recursos repetitivos;

b) o recurso tenha sido selecionado como representativo da controvérsia; ou

c) o tribunal recorrido tenha refutado o juízo de retratação.

Importante verificar que sendo interpostos conjuntamente ambos os recursos, os autos serão remetidos ao Superior Tribunal de Justiça. Destarte, concluído o julgamento do recurso especial, serão os autos remetidos ao Supremo Tribunal Federal, para apreciação do recurso extraordinário, se este não estiver prejudicado. Ademais, na hipótese de o relator do recurso especial considerar que o recurso extraordinário é prejudicial àquele, em decisão irrecorrível, sobrestará o seu julgamento e remeterá os autos ao Supremo Tribunal Federal, para o julgamento do recurso extraordinário.

Nesse caso, se o relator do recurso extraordinário, em decisão irrecorrível, não o considerar prejudicial, devolverá os autos ao Supremo Tribunal de Justiça, para o julgamento do recurso especial. Ainda, o Supremo Tribunal Federal, em decisão irrecorrível, não conhecerá do recurso extraordinário, quando a questão constitucional nele versada não tiver repercussão geral.

No entanto, questão importante é aquela apresentada pelo CPC chamada de fungibilidade entre os recursos extraordinário e especial, determinando o art. 1.032 que, caso o relator, no Superior Tribunal de Justiça, entender que o recurso especial versa sobre questão constitucional, deverá conceder prazo de 15 dias para que o recorrente demonstre a existência de repercussão geral e se manifeste sobre a questão constitucional, evitando-se, assim, a rejeição prévia do recurso interposto. Restando cumprida a diligência de comprovar a repercussão geral o esclarecimento sobre a questão constitucional, o relator remeterá o recurso ao Supremo Tribunal Federal, que, em juízo de admissibilidade, poderá devolvê-lo ao Superior Tribunal de Justiça.

Igualmente, de maneira inversa, se o Supremo Tribunal Federal considerar como reflexa a ofensa à Constituição afirmada no recurso extraordinário, por pressupor a revisão da interpretação de lei federal ou de tratado, remetê-lo-á ao Superior Tribunal de Justiça para julgamento como recurso especial (art. 1.033 do CPC), mas uma vez tento aproveitar o recurso manobrado, desde que possível, é claro, para que, ao final, decida-se de uma vez por todas o mérito da causa.

Desta forma, admitido o recurso extraordinário ou o recurso especial, o Supremo Tribunal Federal ou o Superior Tribunal de Justiça julgará o processo, aplicando o direito. Admitido o recurso extraordinário ou o recurso especial por um fundamento, devolve-se ao tribunal superior o conhecimento dos demais fundamentos para a solução do capítulo impugnado.

15.2. Como identificar a peça

Verificar que em se tratando de recurso especial o enunciado apresentará o caso prático narrando uma situação em que houve decisão proferida por Tribunal de Justiça ou por Tribunal Regional Federal, que contrariou tratado ou lei federal, ou negou-lhe vigência, conforme o art. 105, III, *a*, da CF, ou que der à lei federal interpretação divergente da que lhe haja atribuído outro Tribunal, nos termos do art. 105, III, *c*, da CF. Em caso de recurso extraordinário, verificar que, de igual maneira, haverá a decisão proferida pelo TJ ou TRF, que contrariar dispositivos da própria Constituição Federal, conforme o art. 102, III, *a*, da CF.

15.3. Requisitos essenciais, fundamentos legais e estrutura dos recursos especial e extraordinário

O recurso especial e o recurso extraordinário, destacadamente, têm como característica ser recursos diferenciados, pois são dirigidos a finalidade própria, em relação aos demais recursos, exigindo do examinando maior cuidado ao elaborá-los no Exame de Ordem. Vejamos, meus caros amigos examinandos, aquilo que precisamos saber.

Antes de falar, necessariamente da peça, precisa-se saber que para interpor estes recursos deve haver esgotamento das vias recursais ordinárias (Súmulas 281–STF/207–STJ), bem como que nesses recursos excepcionais não se discute matéria de fato (Súmulas 279-STF/07-STJ), sendo necessário e imprescindível, para ambos os recursos, o prequestionamento (Súmulas 282 e 356-STF/211-STJ).

É cabível recurso especial, dirigido ao STJ, quando a decisão recorrida contrariar tratado ou lei federal, ou negar-lhes vigência, bem como quando a decisão recorrida julgar válido ato de governo local contestado em face de lei federal, ou ainda, por fim, quando a decisão recorrida der à lei federal interpretação divergente da que lhe haja atribuído outro tribunal.

É cabível recurso extraordinário, dirigido ao STF, quando a decisão recorrida contrariar dispositivo da Constituição, bem como quando a decisão recorrida declarar a inconstitucionalidade de tratado ou lei federal, assim como quando a decisão recorrida julgar válida lei ou ato de governo local contestado em face da

Constituição, ou, ainda, por fim, quando a decisão recorrida julgar válida lei local contestada em face de lei federal. Deve-se, no recurso extraordinário, demonstrar a repercussão geral das questões constitucionais, nos termos do art. 102, § 3º, da CF/88.

Dito isso, para que a eventual peça possa ser trabalhada de forma segura, visando acertar o recurso cabível, importante seguir essas diretrizes, compreendendo qual a violação apontada na questão para, portanto, com base nos arts. 102, III, e 105, III, da CF/88 saber se se trata de recurso especial ou extraordinário.

O recurso extraordinário e o recurso especial, nos casos previstos na Constituição Federal, **serão interpostos perante o presidente ou o vice-presidente do tribunal recorrido**, nos termos do art. 1.029 do CPC, em petições distintas que conterão:

I – a exposição do fato e do direito;

Deve o examinando fazer breve relato da síntese do processado, ou seja, um breve resumo do caso, historicamente relatando tudo desde o início da demanda até o estágio atual, trabalhando, seguidamente, as questões de direito que estão envolvidas no caso para que a peça possa seguir a ordem.

II – a demonstração do cabimento do recurso interposto;

Importante ao examinando, sempre, demonstrar o cabimento do recurso especial ou extraordinário, em tópico próprio, fundamentando as razões jurídicas para o cabimento de cada um dos recursos, por exemplo: (i) havendo violação ao texto da CF/88, por exemplo, certamente será cabível o recurso extraordinário; (ii) havendo violação da lei federal, por exemplo, certamente será cabível o recurso especial.

III – as razões do pedido de reforma ou de invalidação da decisão recorrida.

Por fim, e não menos importante, apontar as razões do pedido de reforma ou de invalidação da decisão guerreada. Aqui, o examinando deverá juridicamente construir as razões jurídicas do seu pedido recursal, sendo, por exemplo, neste ponto que deve o examinando tratar da violação de lei federal que, gerando cerceamento de defesa e nulidade processual, permite que o recurso especial invalide a decisão.

Deve o examinando apontar no que consiste, na decisão recorrida, a causa constitucional ou a causa federal (STJ, 6ª T., AgRg no Ag 756.278/BA, Rel. Min. Hamilton Carvalhido, j. 8-3-2007, *DJ* 28-5-2007, p. 406). Não bastando que o examinando (recorrente) discorra "aleatoriamente" sobre a matéria versada na causa, necessitando demonstrar no que precisamente a decisão recorrida viola a Constituição ou o direito infraconstitucional federal (STJ, 1ª T., AgRg no REsp 326.001/PR, Rel. Min. Francisco Falcão, j. 25-10-2005, *DJ* 13-3-2006, p. 185).

No direito sumular, relacionado aos recursos especial e extraordinário, "é inadmissível o recurso extraordinário, quando a deficiência na sua fundamentação não permitir a exata compreensão da controvérsia" (**Súmula 284 do STF**), assim como "nega-se provimento ao agravo quando a deficiência na sua fundamentação, ou na do recurso extraordinário, não permitir a exata compreensão da controvérsia" (**Súmula 287 do STF**).

Outro importante destaque que se deve fazer é exatamente no sentido de que "é inadmissível o recurso extraordinário quando a decisão recorrida assenta em mais de um fundamento suficiente e o recurso não abrange todos eles" (**Súmula 283 do STF**). Com efeito, "é inadmissível recurso especial, quando o acórdão recorrido assenta em fundamentos constitucional e infraconstitucional, qualquer deles suficiente, por si só, para mantê-lo, e a parte vencida não manifesta recurso extraordinário" (**Súmula 126 do STJ**).

Ainda merece destaque que, segundo o art. 1.029, § 1º, do CPC, quando o recurso fundar-se em dissídio jurisprudencial, o recorrente fará a prova da divergência com a certidão, cópia ou citação do repositório de jurisprudência, oficial ou credenciado, inclusive em mídia eletrônica, em que houver sido publicado o acórdão divergente, ou ainda com a reprodução de julgado disponível na rede mundial de computadores, com indicação da respectiva fonte, devendo-se, em qualquer caso, mencionar as circunstâncias que identifiquem ou assemelhem os casos confrontados. Nesse caso, não basta a simples transcrição de ementas dos julgados (STJ, 4ª T., AgRg no REsp 853.943/CE, Rel. Min. Fernando Gonçalves, j. 20-11-2007, *DJ* 3-12-2007, p. 320). Resta imprescindível verificar, consoante a jurisprudência do Superior Tribunal de Justiça, se os acórdãos alegadamente divergentes realmente enfrentaram os mesmos ou semelhantes problemas fático-jurídicos, sem o que não pode restar configurada a divergência jurisprudencial (STJ, 1ª T., AgRg no Ag 922.832/SP, Rel. Min. Luiz Fux, j. 13-11-2007, *DJ* 29-11-2007, p. 225).

Ainda assim, segundo a **Súmula 13 do STJ**: "a divergência entre julgados do mesmo Tribunal não enseja recurso especial", bem como "não se conhece do recurso extraordinário fundado em divergência jurisprudencial, quando a orientação do plenário do Supremo Tribunal Federal já se firmou no mesmo sentido da decisão recorrida" (**Súmula 286 do STF**), assim como "não se conhece do recurso especial pela divergência, quando a orientação do Tribunal se firmou no mesmo sentido da decisão recorrida" (**Súmula 83 do STJ**).

Destarte, segundo o art. 1.031 do CPC, na hipótese de interposição conjunta de recurso extraordinário e recurso especial, os autos serão remetidos ao Superior Tribunal de Justiça. Ainda assim, deve-se alertar que o julgamento pelo STJ pode em tese ensejar novo recurso extraordinário (STJ, 2ª T., EDcl no REsp 396.796/RS, Rel. Min. Eliana Calmon, j. 10-2-2004, *DJ* 17-5-2004, p. 170). Todavia, pode ser que o STJ venha a não conhecer o recurso especial, encaminhando desde logo o recurso extraordinário ao STF (STJ, 1ª T., AgRg no REsp 550.433/RS, Rel. Min. Teori Zavascki, j. 25-11-2003, *DJ* 15-12-2003, p. 223).

Falando de recurso extraordinário, **o Supremo Tribunal Federal, em decisão irrecorrível, não conhecerá do recurso extraordinário quando a questão constitucional nele versada não tiver repercussão geral**, nos termos do art. 1.035 do CPC. De fato, o requisito da repercussão geral no recurso extraordinário se aplica a todos os recursos extraordinários, independentemente da natureza da matéria neles versada (STF, Pleno, QO no Ag 664.567/RS, Rel. Min. Sepúlveda Pertence, j. 18-6-2007, *DJ* 6-9-2007, p. 37). Para efeito de **repercussão geral**, será considerada a existência ou não de questões relevantes do ponto de vista **econômico, político, social ou jurídico** que ultrapassem os interesses subjetivos do processo.

Também **haverá repercussão geral** *sempre* que o recurso impugnar acórdão que (art. 1.035, § 3º, do CPC):

*I – **contrarie** súmula ou jurisprudência dominante do Supremo Tribunal Federal;*

II – (Revogado); (Redação dada pela Lei n. 13.256, de 2016) (Vigência)

III – tenha reconhecido a inconstitucionalidade de tratado ou de lei federal, nos termos do art. 97 da Constituição Federal.

O examinando não pode esquecer, ademais, de em caso de situação de precedente favorável fazer a adesão ao precedente, bem como em sendo desfavorável para a questão, fazer a distinção e, até, sendo o caso, pretender a superação do precedente.

No mais, é fazer a peça com a devida calma, pensando que o recurso especial e o extraordinário são diferentes dos demais e, absolutamente, incomuns.

15.4. Estrutura resumida da peça

1. 1ª peça – Folha de rosto ou petição de interposição:

1.1. Endereçamento: atentar que ambos os recursos, especial e extraordinários, serão endereçados ao presidente (ou vice-presidente) do Tribunal recorrido. Assim, utilizar: "EXCELENTÍSSIMO SENHOR DOUTOR DESEMBARGADOR PRESIDENTE (OU VICE-PRESIDENTE) DO E. TRIBUNAL DE JUSTIÇA DE...".

1.2. Número do processo: importante verificar que, por se tratar de recursos, haverá o devido número de distribuição do processo. Assim, identificar o processo logo em seguida ao endereçamento: "Processo n. ...".

1.3. Identificação das partes: "NOME DO RECORRENTE, já devidamente identificado nos autos em epígrafe; NOME DO RECORRIDO, devidamente qualificado nos autos".

1.4. Nome da ação e sua fundamentação legal: Recurso especial: "vem, respeitosamente, interpor o presente RECURSO ESPECIAL, com pedido de efeito suspensivo (art. 1.029, § 5º, do CPC), nos termos dos arts. 105, III, *a*, da CF/88 e 1.029 e seguintes do CPC".

Recurso extraordinário: "vem, respeitosamente, interpor o presente RECURSO EXTRAORDINÁRIO, com pedido de efeito suspensivo (art. 1.029, § 5º, do CPC), nos termos dos arts. 102, III, *a*, da CF/88 e 1.029 e seguintes do CPC".

1.5. Fechamento: Nestes Termos, Pede Deferimento. "Local..." e "Data..." OAB n. ..., "Assinatura...".

2. 2ª Peça – Folha das razões:

2.1. Endereçamento: Razões de Recurso Especial ou Razões de Recurso Extraordinário; identificação das partes (Recorrente: ...; Recorrido: ...); identificação do processo (Processo n. ...); "Egrégio Superior Tribunal de Justiça ou Supremo Tribunal Federal, Ínclitos Ministros".

2.2. Fatos: transcrição integral do texto apresentado pelo examinador no enunciado da peça prática, ressaltando a impossibilidade de criar dados inexistentes, para não identificar a peça profissional e ter a prova zerada pelo examinador.

Recurso Especial: Demonstrar, com base no art. 105, III, *a*, da CF/88, o cabimento do recurso (art. 1.029, II, do CPC), fundamentando ser cabível o referido recurso contra decisão que, em única ou última instância, pelos Tribunais Regionais Federais ou pelos tribunais dos Estados, do Distrito Federal e Territórios, contrariar tratado ou lei federal, ou negar-lhes vigência. Por fim, em relação ao cabimento, importante destacar que não se aplica ao caso a Súmula 7 do STJ, pois a pretensão de simples reexame de prova não enseja recurso especial, não sendo o caso dos autos. Por fim, restam prequestionados os dispositivos de lei violados ou negados em sua vigência, cumprindo o disposto na Súmula 211 do STJ.

Recurso Extraordinário: Demonstrar, com base no art. 102, III, *a*, da CF/88, o cabimento do recurso (art. 1.029, II, do CPC), fundamentando ser cabível o referido recurso contra decisão que julgar as causas decididas em única ou última instância, quando a decisão recorrida contrariar dispositivo da Constituição. Por fim, em relação ao cabimento, importante destacar que não se aplica ao caso a Súmula 279 do STF, pois para simples reexame de prova não cabe recurso extraordinário, não sendo o caso dos autos. Ademais, no recurso extraordinário, o recorrente demonstra a repercussão geral das questões constitucionais discutidas no caso, nos termos do art. 102, § 3º, da CF/88, a fim de que o Tribunal examine a admissão do recurso, somente podendo recusá-lo pela manifestação de dois terços de seus membros. Nesse sentido, resta importante afirmar que, nos termos do art. 1.035, § 1º, do CPC, a repercussão geral será considerada como a existência de questões relevantes do ponto de vista econômico, político, social ou jurídico que ultrapassem os interesses subjetivos do processo, ou, ainda, sempre que o recurso impugnar acórdão que contrarie súmula ou jurisprudência dominante do Supremo Tribunal Federal; ou tenha reconhecido a inconstitucionalidade de tratado ou de lei federal, nos termos do art. 97 da CF/88, assim como estipula o art. 1.035, § 3º, do CPC. Portanto, assim sendo, o recorrente demonstra (narrar os aspectos do caso que ensejem repercussão geral) a existência de repercussão geral para apreciação exclusiva pelo Supremo Tribunal Federal, nos termos do art. 1.035, §§ 2º e 3º, do CPC. Por fim, restam prequestionados os dispositivos de lei violados ou negados em sua vigência, cumprindo o disposto na Súmula 282 do STF.

2.3. Fundamentação: faça a correta ligação entre os fatos e os dispositivos legais aplicáveis, como artigos de lei, súmulas, precedentes, desenvolvendo raciocínio lógico e coerência jurídica, ressaltando que a mera indicação do artigo ou da lei não é suficiente para a pontuação, sendo necessário demonstrar a correta coligação entre fato e direito.

2.4. Pedidos e requerimentos: Recurso Especial: "Diante do exposto, requer o recebimento e conhecimento do Recurso Especial, determinando-se a intimação do Recorrido (CPC, art. 1.030) para querer responder no prazo legal. Requer-se, ainda, em face da situação de urgência (narrar a situação), seja concedido o efeito suspensivo ao presente recurso, com base no disposto no art. 1.029, § 5º, do CPC. Ao final, requer o Recorrente o provimento do Recurso Especial, em decorrência da contrariedade ou negativa de vigência a tratado ou lei federal para, com a reforma da decisão recorrida, julgar procedentes os pedidos da petição inicial (dependendo do caso concreto pode ser pedido só de reforma, só de anulação ou os dois, como aqui foi exposto)".

Recurso Extraordinário: "Diante do exposto, requer o recebimento e conhecimento do Recurso Extraordinário, determinando-se a intimação do Recorrido (CPC, art. 1.030) para querer responder no prazo legal. Requer-se, ainda, em face da situação de urgência (narrar a situação), seja concedido o efeito suspensivo ao presente recurso, com base no disposto no art. 1.029, § 5º, do CPC. Ao final, requer o Recorrente o provimento do Recurso Extraordinário, em decorrência de restar contrariado dispositivo da Constituição, para, com a reforma da decisão recorrida, julgar procedentes os pedidos da petição inicial (dependendo do caso concreto pode ser pedido só de reforma, só de anulação ou os dois, como aqui foi exposto)".

2.5. Fechamento da peça: Nestes Termos, Pede Deferimento. "Local..." e "Data..." OAB n. ..., "Assinatura...".

15.5. Modelo de recurso especial

EXCELENTÍSSIMO SENHOR DOUTOR DESEMBARGADOR PRESIDENTE (OU VICE-PRESIDENTE) DO E. TRIBUNAL DE JUSTIÇA DE...

(pular 5 linhas)

"Processo n. ..."

NOME DO RECORRENTE, já qualificado nos autos da Apelação..., em epígrafe, em que contende com NOME DO RECORRIDO, já qualificado nos autos, vem, respeitosamente, interpor o presente RECURSO ESPECIAL com pedido de efeito suspensivo (CPC, art. 1.029, § 5º), nos termos dos arts. 105, III, *a*, da CF/88 e 1.029 e seguintes do CPC, o que faz tempestivamente, seguindo no anexo o comprovante do preparado recursal (art. 1.007 do CPC), com as inclusas razões do Recurso Especial.

Nestes termos,

Pede deferimento.

"Local..." e "Data..."

OAB n. ..., "Assinatura..."

RAZÕES DO RECURSO ESPECIAL

Recorrente: ...
Recorrido: ...
Processo n. ...
Egrégio Superior Tribunal de Justiça:
Ínclitos Ministros:

I – DO CABIMENTO DO PRESENTE RECURSO

Demonstrar, com base no art. 105, III, a, da CF/88, o cabimento do recurso (art. 1.029, II, do CPC), fundamentando ser cabível o referido recurso contra decisão que, em única ou última instância, pelos Tribunais Regionais Federais ou pelos tribunais dos Estados, do Distrito Federal e Territórios, contrariar tratado ou lei federal, ou negar-lhes vigência.

Por fim, em relação ao cabimento, importante destacar que não se aplica ao caso a Súmula 7 do STJ, pois a pretensão de simples reexame de prova não enseja recurso especial, não sendo o caso dos autos.

Por fim, restam prequestionados os dispositivos de lei violados ou negados em sua vigência, cumprindo o disposto na Súmula 211 do STJ.

II – SÍNTESE DO PROCESSADO

Narrar os fatos (art. 1.029, I, do CPC) ocorridos desde a propositura da ação até a prolação da decisão recorrida, passando pela sentença e pelo acórdão de apelação, demonstrando as questões relevantes para a reforma/anulação da decisão recorrida (contrariedade ou negativa de vigência a tratado ou lei federal).

III – DOS FUNDAMENTOS JURÍDICOS

Na narrativa das questões jurídicas, assim como determina o art. 1.029, I, do CPC, apontar as incorreções da decisão recorrida (contrariedade ou negativa de vigência a tratado ou lei federal).

Observar se há precedente.

Caso o precedente seja favorável, fazer a adesão. Caso desfavorável, fazer a distinção – "distinguishing".

IV – RAZÕES DO PEDIDO DE REFORMA OU DE INVALIDAÇÃO DA DECISÃO RECORRIDA (CPC, ART. 1.029, III)

Apontar as razões do pedido de reforma ou invalidação (error in judicando ou error in procedendo) da decisão recorrida (art. 1.029, III, do CPC), pois elemento necessário do presente recurso, demonstrando qual o vício/defeito (contrariedade ou negativa de vigência a tratado ou lei federal) da decisão recorrida.

V - CONCLUSÕES

Diante do exposto, requer o recebimento e conhecimento do Recurso Especial, determinando-se a intimação do Recorrido (CPC, art. 1.030) para querer responder no prazo legal. Requer-se, ainda, em face da situação de urgência (narrar a situação), seja concedido o efeito suspensivo ao presente recurso, com base no disposto no art. 1.029, § 5º, do CPC. Ao final, requer o Recorrente o provimento do Recurso Especial, em decorrência da contrariedade ou negativa de vigência a tratado ou lei federal para, com a reforma da decisão recorrida, julgar procedentes os pedidos da petição inicial (*dependendo do caso concreto pode ser pedido só de reforma, só de anulação ou os dois, como aqui foi exposto*).

Nestes termos,

Pede deferimento.

"Local..." e "Data..."

OAB n. ..., "Assinatura..."

15.6. **Modelo de recurso extraordinário**

EXCELENTÍSSIMO SENHOR DOUTOR DESEMBARGADOR PRESIDENTE (OU VICE-PRESIDENTE) DO E. TRIBUNAL DE JUSTIÇA DE...

(pular 5 linhas)

"Processo n. ..."

NOME DO RECORRENTE, já qualificado nos autos da Apelação..., em epígrafe, em que contende com NOME DO RECORRIDO, já qualificado nos autos, vem, respeitosamente, interpor o presente RECURSO EXTRAORDINÁRIO com pedido de efeito suspensivo (CPC, art. 1.029, § 5º), nos termos dos arts. 102, III, *a*, da CF/88 e 1.029 e seguintes do CPC, o que faz tempestivamente, seguindo no anexo o comprovante do preparado recursal (art. 1.007 do CPC), com as inclusas razões do Recurso Extraordinário.

Nestes termos,

Pede deferimento.

"Local..." e "Data..."

OAB n. ..., "Assinatura..."

RAZÕES DO RECURSO EXTRAORDINÁRIO

Recorrente: ...
Recorrido: ...
Processo n. ...
Egrégio Supremo Tribunal Federal:
Ínclitos Ministros:

I – DO CABIMENTO DO PRESENTE RECURSO

Demonstrar, com base no art. 102, III, a, *da CF/88, o cabimento do recurso (art. 1.029, II, do CPC), fundamentando ser cabível o referido recurso contra decisão que julgar as causas decididas em única ou última instância, quando a decisão recorrida contrariar dispositivo da Constituição.*

Por fim, em relação ao cabimento, importante destacar que não se aplica ao caso a Súmula 279 do STF, pois para simples reexame de prova não cabe recurso extraordinário, não sendo o caso dos autos.

Ademais, no recurso extraordinário, o recorrente demonstra a repercussão geral das questões constitucionais discutidas no caso, nos termos do art. 102, § 3º, da CF/88, a fim de que o Tribunal examine a admissão do recurso, somente podendo recusá-lo pela manifestação de dois terços de seus membros. Nesse sentido, resta importante afirmar que, nos termos do art. 1.035, § 1º, do CPC, a repercussão geral será considerada como a existência de questões relevantes do ponto de vista econômico, político, social ou jurídico que ultrapassem os interesses subjetivos do processo, ou, ainda, sempre que o recurso impugnar acórdão que contrarie súmula ou jurisprudência dominante do Supremo Tribunal Federal; ou tenha reconhecido a inconstitucionalidade de tratado ou de lei federal, nos termos do art. 97 da CF/88, assim como estipula o art. 1.035, § 3º, do CPC. Portanto, assim sendo, o recorrente demonstra (narrar os aspectos do caso que ensejem repercussão geral) a existência de repercussão geral para apreciação exclusiva pelo Supremo Tribunal Federal, nos termos do art. 1.035, §§ 2º e 3º, do CPC.

Por fim, restam prequestionados os dispositivos de lei violados ou negados em sua vigência, cumprindo o disposto na Súmula 282 do STF.

II – SÍNTESE DO PROCESSADO

Narrar os fatos (art. 1.029, I, do CPC) ocorridos desde a propositura da ação até a prolação da decisão recorrida, passando pela sentença e pelo acórdão de apelação, demonstrando as questões relevantes para a reforma/anulação da decisão recorrida (contrariar dispositivo da Constituição).

III - DOS FUNDAMENTOS JURÍDICOS

Na narrativa das questões jurídicas, assim como determina o art. 1.029, I, do CPC, apontar as incorreções da decisão recorrida (contrariar dispositivo da Constituição).

Observar se há precedente.

Caso o precedente seja favorável, fazer a adesão. Caso desfavorável, fazer a distinção "distinguishing".

IV - RAZÕES DO PEDIDO DE REFORMA OU DE INVALIDAÇÃO DA DECISÃO RECORRIDA (CPC, ART. 1.029, III)

Apontar as razões do pedido de reforma ou invalidação (error in judicando ou error in procedendo) da decisão recorrida (art. 1.029, III, do CPC), pois elemento necessário do presente recurso, demonstrando qual o vício/defeito (contrariar dispositivo da Constituição) da decisão recorrida.

V - CONCLUSÕES

Diante do exposto, requer o recebimento e conhecimento do Recurso Extraordinário, determinando-se a intimação do Recorrido (CPC, art. 1.030) para querer responder no prazo legal. Requer-se, ainda, em face da situação de urgência (narrar a situação), seja concedido o efeito suspensivo ao presente recurso, com base no disposto no art. 1.029, § 5º, do CPC. Ao final, requer o Recorrente o provimento do Recurso Extraordinário, em decorrência de restar contrariado dispositivo da Constituição, para, com a reforma da decisão recorrida, julgar procedentes os pedidos da petição inicial (*dependendo do caso concreto pode ser pedido só de reforma, só de anulação ou os dois, como aqui foi exposto*).

Nestes termos,

Pede deferimento.

"Local..." e "Data..."

OAB n. ..., "Assinatura..."

16. AGRAVO EM RECURSO ESPECIAL E EXTRAORDINÁRIO

16.1. Apresentação

O recurso de agravo será admitido e interposto contra decisão do presidente ou do vice-presidente do tribunal recorrido que inadmitir recurso extraordinário ou recurso especial, salvo quando fundada na aplicação de entendimento firmado em regime de repercussão geral ou em julgamento de recursos repetitivos (art. 1.042 do CPC).

Trata-se de recurso que busca demonstrar que os requisitos de admissibilidade dos recursos extraordinário ou especial estão presentes, sendo a motivação e a possibilidade de eventual comprovação de que, em estando presentes os requisitos, deverá ocorrer o recebimento e o posterior conhecimento, com a análise das questões propostas nos recursos excepcionais anteriormente interpostos.

Portanto, segundo o art. 1.042 do CPC, com redação dada pela Lei n. 13.256/2016, caberá agravo contra decisão do presidente ou do vice-presidente do Tribunal recorrido que inadmitir recurso extraordinário ou recurso especial, exceto quando a referida decisão estiver fundamentada na aplicação de entendimento firmado em regime de repercussão geral ou em julgamento de recursos repetitivos.

O recurso deverá ser interposto no prazo de 15 dias, conforme reza a literalidade do art. 1.003, § 5º, do CPC.

A petição de agravo será dirigida ao **presidente ou ao vice-presidente do tribunal de origem** e **independe do pagamento de custas e despesas postais**, aplicando-se a ela o regime de repercussão geral e de recursos repetitivos, inclusive quanto à possibilidade de sobrestamento e do juízo de retratação.

Depois de interposto o recurso, o **agravado será intimado**, de imediato, para **oferecer resposta no prazo de 15 dias**, exercendo-se, portanto, o contraditório.

Transcorrido o prazo de resposta e não havendo juízo de retratação, o agravo será remetido ao tribunal superior competente, podendo ser julgado, conforme o caso, conjuntamente com o recurso especial ou extraordinário, assegurada, neste caso, sustentação oral, observando-se, ainda, o disposto no regimento interno do tribunal respectivo.

Na hipótese de interposição conjunta de recursos extraordinário e especial, o agravante deverá interpor um agravo para cada recurso não admitido, por se tratar de recursos excepcionais (recurso extraordinário e especial) próprios e que, de modo individual, devem respeitar aos requisitos de admissibilidade, sem falar que o mérito, certamente, será distinto, já que são recursos com objetivos diferentes.

De outro lado, havendo apenas um agravo, o recurso será remetido ao tribunal competente, e, havendo interposição conjunta, os autos serão remetidos ao Superior Tribunal de Justiça. Concluído o julgamento do agravo pelo Superior Tribunal de Justiça e, se for o caso, do recurso especial, independentemente de pedido, os autos serão remetidos ao Supremo Tribunal Federal para apreciação do agravo a ele dirigido, salvo se estiver prejudicado.

Por fim, em sendo provido o agravo, certamente, será conhecido o recurso extraordinário ou especial anteriormente interposto, permitindo, pelo Tribunal Superior o conhecimento e julgamento do mérito do recurso, cumprindo, assim sua finalidade de fazer chegar à Corte Superior o respectivo recurso.

16.2. Como identificar a peça

Para a correta verificação da possibilidade de interposição do agravo, verificar que a hipótese de cabimento é justamente a decisão proferida pelo presidente ou vice-presidente do Tribunal recorrido que inadmitir recurso extraordinário ou recurso especial, sendo justamente essa hipótese a ser apresentada pelo examinador no caso prático.

16.3. Requisitos essenciais, fundamentos legais e estrutura do agravo em recurso especial e extraordinário

O examinando deverá sempre endereçar corretamente a peça ao **Presidente ou Vice-Presidente do Tribunal de Justiça recorrido** (art. 1.042, § 2º, do CPC), que indeferiu ou inadmitiu seguimento ao recurso especial ou extraordinário, deixando sempre espaço suficiente para a identificação do processo.

> EXCELENTÍSSIMO SENHOR DOUTOR DESEMBARGADOR PRESIDENTE (OU VICE-PRESIDENTE) DO E. TRIBUNAL DE JUSTIÇA DE...

O examinando precisa fundamentar a peça, buscando obter a reforma da decisão que não admitiu o recurso especial (ou recurso extraordinário), narrando os fatos ocorridos desde a propositura da ação até a prolação da decisão recorrida, bem como demonstrando as questões relevantes para a reforma da decisão recorrida (sempre atentando às colocações do examinador na questão exigida).

Na narrativa das questões jurídicas que dão ensejo à compreensão de que o anterior recurso especial (ou recurso extraordinário) mereceria ser recebido e conhecido, pois se trata de casos de evidente cabimento.

Por fim, o examinando deverá requerer o recebimento e o conhecimento do agravo em recurso especial ou extraordinário, determinando-se a intimação do recorrido (art. 1.042, § 3º, do CPC) para querer responder no prazo legal.

Ao final, requer, em não sendo efetuado o juízo de retratação (art. 1.042, § 4º, do CPC), que seja admitido o recurso, sejam os autos remetidos ao Colendo Superior Tribunal de Justiça (ou Supremo Tribunal Federal, caso o recurso anterior seja o recurso extraordinário) para conhecimento e provimento nos exatos termos do art. 1.042, § 5º, do CPC, cumpridas as necessárias formalidades legais.

16.4. Estrutura resumida da peça

1. 1ª peça – Folha de rosto ou petição de interposição:

1.1. Endereçamento: atentar que o recurso de agravo em recurso especial e extraordinário deverá ser endereçado ao presidente (ou vice-presidente) do Tribunal recorrido. Assim, utilizar: "EXCELENTÍSSIMO SENHOR DOUTOR DESEMBARGADOR PRESIDENTE (OU VICE-PRESIDENTE) DO E. TRIBUNAL DE JUSTIÇA DE ...".

1.2. Número do processo: importante verificar que, por se tratar de recurso, haverá o devido número de distribuição do processo. Assim, identificar o processo logo em seguida ao endereçamento: "Processo n. ...".

1.3. Identificação das partes: "NOME DO AGRAVANTE, já devidamente identificado nos autos do Recurso Especial ou Extraordinário; NOME DO AGRAVADO, devidamente qualificado nos autos do Recurso Especial ou Extraordinário".

1.4. Nome da ação e sua fundamentação legal: "vem, respeitosamente, interpor o presente AGRAVO EM RECURSO ESPECIAL (OU RECURSO EXTRAORDINÁRIO), nos termos do art. 1.042 do CPC".

1.5. Fechamento: Nestes Termos, Pede Deferimento. "Local..." e "Data..." OAB n. ..., "Assinatura...".

2. 2ª Peça – folha das razões:

2.1. Endereçamento: razões de recurso de agravo; identificação das partes (Agravante: ...; Agravado: ...); identificação do processo (Processo n. ...); "Egrégio Superior Tribunal de Justiça (ou Supremo Tribunal Federal), Ínclitos Ministros".

2.2. Fatos: transcrição integral do texto apresentado pelo examinador no enunciado da peça prática, ressaltando a impossibilidade de criar dados inexistentes, para não identificar a peça profissional e ter a prova zerada pelo examinador. Demonstrar, com base no art. 1.042 do CPC, que cabe agravo contra decisão do presidente ou do vice-presidente do tribunal recorrido que inadmitir recurso extraordinário ou recurso especial, salvo quando fundada na aplicação de entendimento firmado em regime de repercussão geral ou em julgamento de recursos repetitivos. Neste ponto, busca-se obter a reforma da decisão que não admitiu o Recurso Especial (ou Recurso Extraordinário) anteriormente interposto.

2.3. Fundamentação: faça a correta ligação entre os fatos e os dispositivos legais aplicáveis, como artigos de lei, súmulas, precedentes, desenvolvendo raciocínio lógico e coerência jurídica, ressaltando que a mera indicação do artigo ou da lei não é suficiente para a pontuação, sendo necessário demonstrar a correta coligação entre fato e direito. Na narrativa das questões jurídicas que dão ensejo à compreensão de que o anterior Recurso Especial (ou Recurso Extraordinário) mereceria ser recebido e conhecido, pois são casos de evidente cabimento.

2.4. Pedidos e requerimentos: recurso especial: "Diante do exposto, requer o recebimento e conhecimento do Agravo em Recurso Especial ou Extraordinário, determinando-se a intimação do recorrido (art. 1.042, § 3º, do CPC) para querer responder no prazo legal. Ao final, requer, sendo admitido este recurso, sejam os autos remetidos ao Colendo Superior Tribunal de Justiça (ou Supremo Tribunal Federal, caso o recurso anterior seja o Recurso Extraordinário) para conhecimento e provimento nos exatos termos do art. 1.042, § 5º, do CPC, cumpridas as necessárias formalidades legais".

2.5. Fechamento da peça: Nestes Termos, Pede Deferimento. "Local..." e "Data..." OAB n. ..., "Assinatura...".

16.5. Modelo de agravo em recurso especial e em recurso extraordinário

EXCELENTÍSSIMO SENHOR DOUTOR DESEMBARGADOR PRESIDENTE (OU VICE-PRESIDENTE) DO E. TRIBUNAL DE JUSTIÇA DE...

(pular 5 linhas)

"Processo n. ..."

NOME DO AGRAVANTE, já qualificado nos autos do Recurso (Especial ou Extraordinário), em epígrafe, em que contende com NOME DO AGRAVADO, já qualificado nos autos, vem, respeitosamente, interpor o presente AGRAVO em Recurso Especial (ou Recurso Extraordinário), nos termos do art. 1.042 do CPC, o que faz tempestivamente, com as inclusas razões do Agravo.

Nestes termos,

Pede deferimento.

"Local..." e "Data..."

OAB n. ..., "Assinatura..."

RAZÕES DO AGRAVO

Recorrente: ...
Recorrido: ...
Processo n. ...
Egrégio Superior Tribunal de Justiça (ou Supremo Tribunal Federal),
Ínclitos Ministros.

I – DO CABIMENTO DO PRESENTE RECURSO

Demonstrar, com base no art. 1.042 do CPC, que cabe agravo contra decisão do presidente ou do vice-presidente do tribunal recorrido que inadmitir recurso extraordinário ou recurso especial, salvo quando fundada na aplicação de entendimento firmado em regime de repercussão geral ou em julgamento de recursos repetitivos.

Neste ponto, busca-se obter a reforma da decisão que não admitiu o Recurso Especial (ou Recurso Extraordinário) anteriormente interposto.

II – SÍNTESE DO PROCESSADO

Narrar os fatos ocorridos desde a propositura da ação até a prolação da decisão recorrida, demonstrando as questões relevantes para a reforma da decisão recorrida.

III – DOS FUNDAMENTOS JURÍDICOS

Na narrativa das questões jurídicas que dão ensejo à compreensão de que o anterior Recurso Especial (ou Recurso Extraordinário) mereceria ser recebido e conhecido, pois casos de evidente cabimento.

IV – CONCLUSÕES

Diante do exposto, requer o recebimento e conhecimento do Agravo em Recurso Especial ou Extraordinário, determinando-se a intimação do recorrido (art. 1.042, § 3º, do CPC) para querer responder no prazo legal. Ao final, requer, sendo admitido este recurso, sejam os autos remetidos ao Colendo Superior Tribunal de Justiça (ou Supremo Tribunal Federal, caso o recurso anterior seja o Recurso Extraordinário) para conhecimento e provimento nos exatos termos do art. 1.042, § 5º, do CPC, cumpridas as necessárias formalidades legais.

Nestes termos,

Pede deferimento.

"Local..." e "Data..."

OAB n. ..., "Assinatura..."

17. EMBARGOS DE TERCEIROS

17.1. Apresentação

Os embargos de terceiro são considerados procedimentos processuais concedidos àqueles que não são partes do processo, como garantia para salvar de constrição judicial seus bens integrados ao seu patrimônio. Têm natureza de ação constitutiva, que busca desconstituir o ato judicial abusivo, restituindo as partes ao estado anterior à apreensão impugnada.

Com efeito, os embargos podem ser de terceiro proprietário, inclusive fiduciário, ou possuidor, desde que pretenda proteger, como visto, sua posse em relação aos seus bens. Neste contexto, relevante compreender que o terceiro é, efetivamente, aquele que não faz parte da relação jurídico-processual entabulada. Ademais, considera-se terceiro, para ajuizamento dos embargos:

a) o cônjuge ou companheiro, quando defende a posse de bens próprios ou de sua meação, ressalvado o disposto no art. 843;
b) o adquirente de bens cuja constrição decorreu de decisão que declara a ineficácia da alienação realizada em fraude à execução;
c) quem sofre constrição judicial de seus bens por força de desconsideração da personalidade jurídica, de cujo incidente não fez parte;
d) o credor com garantia real para obstar expropriação judicial do objeto de direito real de garantia, caso não tenha sido intimado, nos termos legais dos atos expropriatórios respectivos.

Com relação ao tempo, afirme-se, com base no art. 675 do CPC, que os embargos podem ser opostos a qualquer tempo no processo de conhecimento enquanto não transitada em julgado a sentença e, no cumprimento de sentença ou no processo de execução, até cinco dias depois da adjudicação, da alienação por iniciativa particular ou da arrematação, mas sempre antes da assinatura da respectiva carta. Assim, caso identifique a existência de terceiro titular de interesse em embargar o ato, o juiz mandará intimá-lo pessoalmente.

Sabendo disso, resta, ainda, destacar que o embargante, em petição inicial elaborada com observância do disposto nos arts. 319 e 320 do CPC, fará a prova sumária de sua posse ou de seu domínio e da qualidade de terceiro, oferecendo documentos e rol de testemunhas. Em relação às provas, é facultada a prova da posse em audiência preliminar designada pelo juiz.

Destarte, os embargos serão distribuídos por dependência ao juízo que ordenou a constrição e autuados em apartado, buscando manter a celeridade processual, visto que o julgador já conhece a demanda e suas peculiaridades. No entanto, nos casos de ato de constrição realizado por carta, os embargos serão oferecidos no juízo deprecado, salvo se indicado pelo juízo deprecante o bem constrito ou se já devolvida a carta.

Em sendo julgado suficientemente provado o domínio ou a posse determinará a suspensão das medidas constritivas sobre os bens litigiosos objeto dos embargos, bem como a manutenção ou a reintegração provisória da posse, se o embargante a houver requerido, assim como autoriza o art. 678 do CPC. Ademais, o juiz poderá condicionar a ordem de manutenção ou de reintegração provisória de posse à prestação de caução pelo requerente, ressalvada a impossibilidade da parte economicamente hipossuficiente.

Com efeito, os embargos poderão ser contestados no prazo de 15 dias (art. 679 do CPC), findo o qual se seguirá o procedimento comum.

Em relação às matérias suscetíveis de serem alegadas, contra os embargos do credor com garantia real, somente poderá o embargado alegar que (art. 680 do CPC):

I – o devedor comum é insolvente;

II – o título é nulo ou não obriga a terceiro;

III – outra é a coisa dada em garantia.

Finalmente, determina ao art. 681 do CPC que, acolhido o pedido inicial, o ato de constrição judicial indevida será cancelado, com o reconhecimento do domínio, da manutenção da posse ou da reintegração definitiva do bem ou do direito ao embargante.

17.2. Como identificar a peça

Para a correta verificação da possibilidade de propositura dos embargos de terceiros, por certo o examinador apresentará o caso prático demonstrando a existência de uma constrição judicial daquele que não é parte no processo, sendo que este terceiro buscará a defesa de seu patrimônio em caso de arresto, sequestro, penhora, depósito, alienação judicial, arrolamento, arrecadação, inventário ou partilha.

17.3. Requisitos essenciais, fundamentos legais e estrutura do agravo em recurso especial e extraordinário

Diante disso, o examinando deve ficar atento à formulação de uma petição inicial, conforme antes estudado, com especial atenção àquilo que diz respeito à qualificação das partes, bem como identificando corretamente a peça exigida, juntamente com seus fundamentos legais (exemplo: "ajuizar os presentes EMBARGOS DE TERCEIROS, com fulcro no art. 674 do CPC").

Importante observação a ser feita é a identificação de que os embargos de terceiros foram distribuídos por dependência ao feito principal, indicando o número do referido processo (exemplo: "Processo de n. ..."), nos termos do art. 676 do CPC.

O examinando deverá indicar, logo no início da peça processual, a prova sumária de sua posse ou de seu domínio, bem como de sua qualidade de terceiro em relação ao processo principal, inclusive apresentando o rol de testemunhas, conforme o art. 677 do CPC.

Ficar atento às disposições do art. 680 do CPC, determinando que contra os embargos do credor com garantia real, o embargado somente poderá alegar que:

I – o devedor comum é insolvente;

II – o título é nulo ou não obriga a terceiro;

III – outra é a coisa dada em garantia.

Por fim, o examinando deverá pedir a distribuição do feito por dependência ao "Processo de n. ...", na forma do art. 676 do Código de Processo Civil; a expedição de mandado de "manutenção ou reintegração de posse em favor do embargante" (conforme o caso especificado); seja o embargado citado para, querendo, apresentar resposta no prazo legal em uma das modalidades permitidas na lei processual; que sejam acolhidos os embargos, "desconstituindo-se a penhora recaída sobre o imóvel (ou outro ato de constrição judicial), com a manutenção ou reintegração definitiva na posse do bem"; que o réu seja condenado em custas e honorários advocatícios em percentuais arbitrados nos termos do art. 85, § 8º, do Código de Processo Civil.

Por se tratar de petição inicial, além da prova sumária da posse ou domínio, deferidos todos os meios de prova admitidos em direito para comprovação dos fatos que se apresentarem controvertidos, em especial provas documentais e testemunhais, após apresentação da contestação pelo réu, bem como conferindo o correto valor à causa e apresentando o rol de testemunhas.

17.4. Estrutura resumida da peça

1. Endereçamento: os embargos de terceiros serão sempre distribuídos por dependência ao feito principal, devendo obedecer às regras de endereçamento ao mesmo juiz. Assim, utilizar, por exemplo: "EXCELENTÍSSIMO SENHOR DOUTOR JUIZ DE DIREITO DA 2ª VARA CÍVEL DA COMARCA DO RIO DE JANEIRO".

2. Número do processo: importante verificar que, por se tratar de embargos de terceiro distribuído por dependência, haverá o devido número de distribuição da ação principal. Assim, identificar o processo logo em seguida ao endereçamento: "Distribuído por dependência ao Processo n. ...".

3. Identificação das partes: "NOME DO AUTOR, "nacionalidade...", "estado civil...", "profissão..." (se pessoa jurídica indicar se de direito privado, público interno ou público externo), inscrito no "CPF/CNPJ sob o n. ...", "endereço eletrônico...", "domiciliado à rua..." (se for pessoa jurídica "com sede à rua...")".

"NOME DO RÉU, "nacionalidade...", "estado civil...", "profissão..." (se pessoa jurídica indicar se de direito privado, público interno ou público externo), inscrito no "CPF/CNPJ sob o n. ...", "endereço eletrônico...", "domiciliado à rua..." (se for pessoa jurídica "com sede à rua...")".

4. Nome da ação e sua fundamentação legal: "vem, respeitosamente, por intermédio de seu advogado infra-assinado, perante Vossa Excelência, ajuizar a presente EMBARGOS DE TERCEIROS, com fulcro no art. 674 e seguintes do CPC".

5. Fatos: transcrição integral do texto apresentado pelo examinador no enunciado da peça prática, ressaltando a impossibilidade de criar dados inexistentes, para não identificar a peça profissional e ter a prova zerada pelo examinador, destacando a prova sumária de sua posse ou de seu domínio e da qualidade de terceiro.

6. Fundamentação: faça a correta ligação entre os fatos e os dispositivos legais aplicáveis, como artigos de lei, súmulas, precedentes, desenvolvendo raciocínio lógico e coerência jurídica, ressaltando que a mera indicação do artigo ou da lei não é suficiente para a pontuação, sendo necessário demonstrar a correta coligação entre fato e direito.

7. Pedidos e requerimentos: "Diante de todo o exposto, requer-se a Vossa Excelência: a) seja concedida a distribuição do feito por dependência ao processo de n. ..., na forma do art. 676 do Código de Processo Civil; b) a expedição de mandado de 'manutenção ou reintegração de posse em favor do embargante'; c) seja o embargado citado para, querendo, apresentar resposta no prazo legal em uma das modalidades permitidas na lei processual; d) sejam acolhidos os presentes embargos, 'desconstituindo-se a penhora recaída sobre o imóvel (ou outro ato de constrição judicial), com a manutenção ou reintegração definitiva na posse do bem'; e) seja o réu condenado em custas e honorários advocatícios em percentuais arbitrados nos termos do art. 85, § 8º, do Código de Processo Civil; f) sejam deferidos todos os meios de prova admitidos em direito para comprovação dos fatos que se apresentarem controvertidos, em especial provas documentais e testemunhais, após apresentação da contestação pelo réu. O endereço do advogado do autor, onde deverá receber as intimações, é 'Endereço...'".

8. Valor da causa e rol de testemunhas: Dá-se à causa o valor de R$ (colocar valor da causa); Rol de testemunhas: 1 – "FULANO, qualificação...". 2 – "CICLANO, qualificação...".

9. Fechamento da peça: Nestes Termos, Pede Deferimento. "Local..." e "Data..." OAB n. ..., "Assinatura...".

17.5. Modelo de embargos de terceiro

EXCELENTÍSSIMO SENHOR DOUTOR JUIZ DE DIREITO DA 2ª VARA CÍVEL DA COMARCA DO RIO DE JANEIRO

Distribuição por dependência ao Processo "n. ..."

NOME DO AUTOR, "nacionalidade...", "estado civil...", "profissão..." (se pessoa jurídica indicar se de direito privado, público interno ou público externo), inscrito no "CPF/CNPJ sob o n. ...", "endereço eletrônico...", "domiciliado à rua..." (se for pessoa jurídica "com sede à rua..."), vem, respeitosamente, por intermédio de seu advogado infra-assinado, perante Vossa Excelência, ajuizar a presente EMBARGOS DE TERCEIROS, com fulcro no art. 674 e seguintes do CPC, em face de NOME DO RÉU, "nacionalidade...", "estado civil...", "profissão..." (se pessoa jurídica indicar se de direito privado, público interno ou público externo), inscrito no "CPF/CNPJ sob o n. ...", "endereço eletrônico...", "domiciliado à rua..." (se for pessoa jurídica "com sede à rua..."), pelos fundamentos de fato e de direito a seguir expostos:

I – DOS FATOS

Resumo dos fatos fornecidos pelo enunciado da questão.

II – DOS FUNDAMENTOS DE DIREITO

Vide pertinentes noções de Direito Civil destacadas.

Observar se há precedente.

Caso o precedente seja favorável, fazer a adesão. Caso desfavorável, fazer a distinção "distinguishing".

III – DOS PEDIDOS

Diante de todo o exposto, requer-se a Vossa Excelência:

a) seja concedida a distribuição do feito por dependência ao processo de n. ..., na forma do art. 676 do Código de Processo Civil;

b) a expedição de mandado de *"manutenção ou reintegração de posse em favor do embargante"*;

c) seja o embargado citado para, querendo, apresentar resposta no prazo legal em uma das modalidades permitidas na lei processual;

d) sejam acolhidos os presentes embargos, *"desconstituindo-se a penhora recaída sobre o imóvel (ou outro ato de constrição judicial), com a manutenção ou reintegração definitiva na posse do bem"*;

e) seja o réu condenado em custas e honorários advocatícios em percentuais arbitrados nos termos do art. 85, § 8º, do Código de Processo Civil;

f) sejam deferidos todos os meios de prova admitidos em direito para comprovação dos fatos que se apresentarem controvertidos, em especial provas documentais e testemunhais, após apresentação da contestação pelo réu.

O endereço do advogado do autor, onde deverá receber as intimações, é "Endereço...".

Dá-se à causa o valor de R$ (*colocar valor da causa*).

Rol de testemunhas:

1 – "FULANO, qualificação...".

2 - "CICLANO, qualificação...".

Nestes termos,

Pede deferimento.

"Local..." e "Data..."

OAB n. ..., "Assinatura..."

18. PRINCIPAIS PEÇAS PROCESSUAIS DA PARTE GERAL DO DIREITO CIVIL

18.1. Ação de tutela de direitos da personalidade, com pedido de tutela antecipada

18.1.1. Apresentação

Os direitos da personalidade tutelam aqueles direitos inerentes e que integram o próprio ser humano, sendo necessária uma análise da proteção da personalidade diante de três perspectivas:

a) integridade física, compreendendo a vida, a saúde, o alimento, o próprio corpo ou o corpo alheio;

b) integridade intelectual, compreendendo a liberdade de pensamento, a autoria literária, científica e artística;

c) integridade moral, compreendendo a honra, o segredo profissional, o direito de autor, a identidade familiar, pessoal e social.

Desta forma, a chamada tutela geral de personalidade encontra, no direito brasileiro, reconhecido, não apenas no art. 1º, III, da CF, como princípio da dignidade da pessoa humana, mas com profundida de proteção mais profunda no art. 12 do CC, que traça uma hipótese de proteção geral aos direitos de personalidade.

Ainda, no que tange à referida proteção civil, a tutela jurídica dos direitos da personalidade deve ser concebida no ordenamento jurídico como uma forma de tutela binária, ou seja, representando:

- Por um lado, uma tutela preventiva; e
- Por outro lado, também em perdas e danos, portanto, sem prejuízo de ser também reparatória.

Os direitos da personalidade, como um todo, submetem-se a esse esquema de proteção: preventiva e reparatória. A proteção preventiva poderá ser exercida pelo titular do direito ameaçado por meio de uma chamada tutela inibitória, assim entendida como o provimento judicial que visa impedir a prática, a continuação ou a repetição de um ato ilícito.

Desta forma, a tutela específica das obrigações está disposta no art. 497 do CPC, em se tratando de tutela individual e no art. 84 do CDC, nas tutelas coletivas, sendo a forma em que se materializa a tutela preventiva, se consubstanciando no processo por intermédio das tutelas específicas. Por seu turno, a tutela reparatória se dará pela propositura de uma de indenização por danos morais, verificando a efetiva ocorrência do dano e identificando o esquema protetivo que se visa reparar, ou seja, se a honra, a imagem, a privacidade, a integridade física etc.

18.1.2. Estrutura resumida da peça

1. Endereçamento: por ser uma petição inicial, faz-se a mesma recomendação anteriormente realizada, ou seja, atentar sempre para o enunciado proposto pelo examinador com respeito à competência (se Vara Única, se Vara Distrital, Regional ou Específica – Família e Sucessões, Criança e Adolescente etc.), ou se já há identificação exata da cidade/comarca "Vara Cível da Comarca da Capital de São Paulo". Ainda, observar se vara cível da Justiça Federal ou Estadual, bem como se de competência originária dos Tribunais. Assim, utilizar: "EXCELENTÍSSIMO SENHOR DOUTOR JUIZ DE DIREITO DA... VARA CÍVEL DA COMARCA DE...".

2. Identificação das partes: NOME DO AUTOR, "nacionalidade...", "estado civil...", "profissão..." (se pessoa jurídica indicar se de direito privado, público interno ou público externo), portador do "RG n. ...", inscrito no "CPF/CNPJ sob o n. ...", "endereço eletrônico...", "domiciliado à rua..." (se for pessoa jurídica "com sede à rua...").

NOME DO RÉU, "nacionalidade...", "estado civil...", "profissão..." (se pessoa jurídica indicar se de direito privado, público interno ou público externo), portador do "RG n. ...", inscrito no "CPF/CNPJ sob o n. ...", "endereço eletrônico...", "domiciliado à rua..." (se for pessoa jurídica "com sede à rua...").

3. Nome da ação e sua fundamentação legal: vem, respeitosamente, por intermédio de seu advogado infra-assinado, perante Vossa Excelência, ajuizar a presente NOME DA AÇÃO, com fulcro no "art. ..." (...). Observar se é caso de cumulação de pedidos, ou se é hipótese de requerer a concessão de tutela antecipada. No caso específico: AÇÃO DE TUTELA DE DIREITOS DA PERSONALIDADE, COM PEDIDO DE TUTELA ANTECIPADA. Se o ato ilícito tiver sido finalizado com algum dano causado, verificar ser hipótese de propor AÇÃO DE INDENIZAÇÃO POR DANOS MORAIS.

4. Fatos: transcrição integral do texto apresentado pelo examinador no enunciado da peça prática, ressaltando a impossibilidade de criar dados inexistentes, para não identificar a peça profissional e ter a prova zerada pelo examinador.

5. Fundamentação: faça a correta ligação entre os fatos e os dispositivos legais aplicáveis, como artigos de lei, súmulas, precedentes, desenvolvendo raciocínio lógico e coerência jurídica, ressaltando que a mera indicação do artigo ou da lei não é suficiente para a pontuação, sendo necessário demonstrar a correta coligação entre fato e direito. Não esquecer que caso o examinador indique a existência de precedente fazer a adesão, se for o caso, ou a distinção. Ainda, sendo caso de pedido de tutela de urgência, utilizar o fundamento legal do art. 300 do CPC, demonstrando o *fumus boni iuris* (probabilidade do direito) e o *periculum in mora* (perigo de dano ou o risco ao resultado útil do processo).

6. Pedidos e requerimentos: "Diante de todo o exposto, requer-se a Vossa Excelência: a) Seja o réu citado para, querendo, apresentar resposta no prazo legal em uma das modalidades permitidas na lei processual. b) Seja concedida *inicio litis* tutela antecipada para a condenação imediata a não mais (fazer pedido. Ex.: cessar a utilização da imagem do autor), sob pena de condenação do réu ao pagamento de multa diária a ser arbitrada por esse MM. Juízo, nos termos do art. 497, do CPC. c) Nos termos do art. 334, *caput* ou § 5º, do Código de Processo Civil, o autor deve se manifestar sobre o (des)interesse em autocomposição para a realização da audiência de conciliação ou de mediação do art. 334 do CPC. d) Seja, ao final, confirmada a tutela antecipada, sendo julgado procedente o pedido da presente ação, condenando o réu a abster-se de usar a imagem do autor para fins comerciais, sob pena de fixação de multa diária a ser arbitrada por esse MM. Juízo. e) Seja o réu condenado em custas e honorários advocatícios em percentuais arbitrados nos termos do art. 85, § 2º, do Código de Processo Civil. f) Sejam deferidos todos os meios de prova admitidos em direito para comprovação dos fatos que se apresentarem controvertidos após apresentação da contestação pelo réu. O endereço do advogado do autor, onde deverá receber as intimações, é "Endereço..."

7. Valor da causa: Dá-se à causa o valor de R$ (colocar valor da causa).

8. Fechamento da peça: Nestes Termos, Pede Deferimento. "Local..." e "Data..." OAB n. ..., "Assinatura...".

18.1.3. Modelo de ação de tutela de direitos da personalidade, com pedido de tutela antecipada

EXCELENTÍSSIMO SENHOR DOUTOR JUIZ DE DIREITO DA... VARA CÍVEL DA COMARCA DE...

(pular 10 linhas)

NOME DO AUTOR, "nacionalidade...", "estado civil...", "profissão..." (se pessoa jurídica indicar se de direito privado, público interno ou público externo), portador do "RG n. ...", inscrito no "CPF/CNPJ sob o n. ...", "endereço eletrônico...", "domiciliado à rua..." (se for pessoa jurídica "com sede à rua..."), vem, respeitosamente, por intermédio de seu advogado infra-assinado, perante Vossa Excelência, ajuizar a presente AÇÃO DE TUTELA DE DIREITOS DA PERSONALIDADE, COM PEDIDO DE TUTELA ANTECIPADA, com fulcro no "art. ...", em face de NOME DO RÉU, "nacionalidade...", "estado civil...", "profissão..." (se pessoa jurídica indicar se de direito privado, público interno ou público externo), portador do "RG n. ...", inscrito no "CPF/CNPJ sob o n. ...", "endereço eletrônico...", "domiciliado à rua..." (se for pessoa jurídica "com sede à rua...", pelos fundamentos de fato e de direito a seguir expostos:

I DOS FATOS

Resumo dos fatos fornecidos pelo enunciado da questão.

II - DOS FUNDAMENTOS DE DIREITO

Vide pertinentes noções de Direito Civil destacadas.

Observar se há precedente.

Caso o precedente seja favorável, fazer a adesão. Caso desfavorável, fazer a distinção "distinguishing".

III - DA TUTELA ANTECIPADA

Fundamento legal: art. 300 do CPC. Comprovação do fumus boni iuris *(probabilidade do direito) e do* periculum in mora *(perigo de dano ou o risco ao resultado útil do processo).*

IV - DOS PEDIDOS

Diante de todo o exposto, requer-se a Vossa Excelência:

a) Seja o réu citado para, querendo, apresentar resposta no prazo legal em uma das modalidades permitidas na lei processual.

b) Seja concedida *inicio litis* tutela antecipada para a condenação imediata a não mais (Fazer pedido. Ex.: cessar a utilização da imagem do autor), sob pena de condenação do réu ao pagamento de multa diária a ser arbitrada por esse MM. Juízo, nos termos do art. 497 do CPC.

c) Nos termos do art. 334, *caput* ou § 5º, do Código de Processo Civil, o autor deve se manifestar sobre o (des)interesse em autocomposição para a realização da audiência de conciliação ou de mediação do art. 334 do CPC.

d) Seja, ao final, confirmada a tutela antecipada, sendo julgado procedente o pedido da presente ação, condenando o réu a abster-se de usar a imagem do autor para fins comerciais, sob pena de fixação de multa diária a ser arbitrada por esse MM. Juízo.

e) Seja o réu condenado em custas e honorários advocatícios em percentuais arbitrados nos termos do art. 85, § 2º, do Código de Processo Civil.

f) Sejam deferidos todos os meios de prova admitidos em direito para comprovação dos fatos que se apresentarem controvertidos após apresentação da contestação pelo réu.

O endereço do advogado do autor, onde deverá receber as intimações, é "Endereço...".

Dá-se à causa o valor de R$ (*colocar valor da causa*).

Nestes termos,

Pede deferimento.

"Local..." e "Data..."

OAB n. ..., "Assinatura..."

18.2. **Ação declaratória de nulidade e ação anulatória**

18.2.1. Apresentação

A previsibilidade doutrinária e normativa da teoria das nulidades impede a proliferação de atos jurídicos considerados como ilegais ou portadores de algum vício, a depender da natureza do interesse jurídico violado. Sendo assim, é possível afirmar que o reconhecimento desses estados é uma forma de proteção e defesa do ordenamento jurídico vigente. Dentro dessa perspectiva, é correto dizer-se que o ato nulo (ou de nulidade absoluta) viola norma de ordem pública, de natureza cogente, e carrega em si vício considerado grave. Por sua vez, o ato anulável (ou de nulidade relativa), contaminado de vício menos grave, decorre de infringência de norma jurídica protetora de interesses eminentemente privados.

Sabe-se que o negócio jurídico pode ser declarado nulo ou anulável, observando que no caso de nulidade, com a sua declaração, todos os atos deverão ser desfeitos, desde a data da sua celebração, tendo assim, efeitos retroativos, por se tratar de nulidade absoluta. Pode ser declarado de ofício pelo juiz, pois, evidente, que o negócio jurídico não se torna nulo a partir da decisão judicial, já o é desde a sua celebração. Desta forma, o magistrado apenas o declara, ou seja, torna pública e notória sua nulidade.

Já nos casos de anulabilidade, o negócio jurídico pode ter sido válido até a sua declaração de nulidade e, por óbvio, pode ter gerado plenamente seus efeitos. Sua nulidade, portanto, é relativa e, portanto, atribui-se ao instituto, a propriedade de ser anulável, podendo ou não ser invocado o instituto do aproveitamento dos atos do negócio, que se faz mediante um ato decisório, pelo qual o juiz, quando presentes certos pressupostos, adequa um modelo jurídico negocial a outro, preservando seu conteúdo e objetivos, afastando a anulabilidade, aproveitando, naquilo que for possível, os atos válidos e preservando a vontade das partes em alcançar um objetivo lícito, que seria prejudicado pela anulabilidade, conforme o art. 170 e seguintes do Código Civil. Quanto aos efeitos, observa-se:

Nulidade absoluta	Nulidade relativa
1. O ato nulo atinge interesse público.	1. O ato anulável atinge interesses privados.
2. Opera-se de pleno direito.	2. Não se opera de pleno direito.

3. Pode ser arguida pelas partes, terceiro interessado, MP, DP, ou até mesmo de ofício pelo juiz.	3. Somente pode ser arguida pelos legítimos interessados.
4. Não se admite confirmação.	4. Admite-se confirmação expressa ou tácita.
5. Ação declaratória de nulidade é decidida por sentença de natureza declaratória.	5. Ação anulatória é decidida por sentença desconstitutiva.
6. Pode ser reconhecida, segundo o CC, a qualquer tempo, não se sujeitando ao prazo prescricional ou decadencial.	6. A anulabilidade somente pode ser arguida pela via judicial, em prazos decadenciais de 4 anos (regra geral) ou de 2 anos (regra supletiva), salvo norma em sentido contrário.

Verifica-se que as ações serão diferentes para o reconhecimento do vício, dependendo do negócio jurídico, ou seja, caso seja ***nulo***, a ação é chamada de **ação declaratória** de nulidade (com evidente natureza declaratória), enquanto se o negócio jurídico for ***anulável***, a ação é chamada de **ação anulatória** (com natureza constitutiva ou desconstitutiva).

Por isso, faz-se necessário saber que, se o negócio jurídico é nulo, a ação será declaratória e, portanto, gerando tão somente efeitos *ex tunc*. No entanto, se anulável o negócio jurídico, a ação será constitutiva ou desconstitutiva, e seus efeitos, como regra, serão *ex nunc*.

Segundo o art. 166 do Código Civil de 2002, o negócio jurídico é nulo quando

I – celebrado por pessoa absolutamente incapaz;

II – for ilícito, impossível ou indeterminável o seu objeto;

III – o motivo determinante, comum a ambas as partes, for ilícito;

IV – não revestir a forma prescrita em lei;

V – for preterida alguma solenidade que a lei considere essencial para a sua validade;

VI – tiver por objetivo fraudar lei imperativa;

VII – a lei taxativamente o declarar nulo, ou proibir-lhe a prática, sem cominar sanção.

Da mesma forma, o art. 171 do Código Civil, determina que são anuláveis, além de outros casos previstos em lei:

I – por incapacidade relativa do agente;

II – por vício resultante de erro, dolo, coação, estado de perigo, lesão ou fraude contra credores.

18.2.2. Estrutura resumida da peça

1. Endereçamento: por ser uma petição inicial, faz-se a mesma recomendação anteriormente realizada, ou seja, atentar sempre para o enunciado proposto pelo examinador com respeito à competência (se Vara Única, se Vara Distrital,

Regional ou Específica – Família e Sucessões, Criança e Adolescente etc.), ou se já há identificação exata da cidade/comarca "Vara Cível da Comarca da Capital de São Paulo". Ainda, observar se vara cível da Justiça Federal ou Estadual, bem como se de competência originária dos Tribunais. Assim, utilizar: "EXCELENTÍSSIMO SENHOR DOUTOR JUIZ DE DIREITO DA ... VARA CÍVEL DA COMARCA DE ...".

2. Identificação das partes: NOME DO AUTOR, "nacionalidade...", "estado civil...", "profissão..." (se pessoa jurídica indicar se de direito privado, público interno ou público externo), portador do "RG n. ...", inscrito no "CPF/CNPJ sob o n. ...", "endereço eletrônico...", "domiciliado à rua..." (se for pessoa jurídica "com sede à rua...").

NOME DO RÉU, "nacionalidade...", "estado civil...", "profissão..." (se pessoa jurídica indicar se de direito privado, público interno ou público externo), portador do "RG n. ...", inscrito no "CPF/CNPJ sob o n. ...", "endereço eletrônico...", "domiciliado à rua..." (se for pessoa jurídica "com sede à rua...").

3. Nome da ação e sua fundamentação legal: "vem, respeitosamente, por intermédio de seu advogado infra-assinado, perante Vossa Excelência, ajuizar a presente DECLARATÓRIA DE NULIDADE, com fulcro no art. 166 do Código Civil" ou "vem, respeitosamente, por intermédio de seu advogado infra-assinado, perante Vossa Excelência, ajuizar a presente DECLARATÓRIA ANULATÓRIA, com fulcro no art. 177 e seguintes do Código Civil, (se com base em fraude contra credores, chamar de AÇÃO PAULIANA)". Observar se é caso de cumulação de pedidos, ou se é hipótese de requerer a concessão de tutela antecipada.

4. Fatos: transcrição integral do texto apresentado pelo examinador no enunciado da peça prática, ressaltando a impossibilidade de criar dados inexistentes, para não identificar a peça profissional e ter a prova zerada pelo examinador.

5. Fundamentação: faça a correta ligação entre os fatos e os dispositivos legais aplicáveis, como artigos de lei, súmulas, precedentes, desenvolvendo raciocínio lógico e coerência jurídica, ressaltando que a mera indicação do artigo ou da lei não é suficiente para a pontuação, sendo necessário demonstrar a correta coligação entre fato e direito. Não esquecer que caso o examinador indique a existência de precedente fazer a adesão, se for o caso, ou a distinção. Ainda, sendo caso de pedido de tutela de urgência, utilizar o fundamento legal do art. 300 do CPC, demonstrando o *fumus boni iuris* (probabilidade do direito) e o *periculum in mora* (perigo de dano ou o risco ao resultado útil do processo).

6. Pedidos e requerimentos: "Diante de todo o exposto, requer-se a Vossa Excelência: a) Seja o réu citado para, querendo, apresentar resposta no prazo legal em uma das modalidades permitidas na lei processual. b) Seja julgado procedente o pedido da presente ação, sendo declarado nulo (ou anulável) o "ato..." praticado pelo réu da presente demanda. c) Nos termos do art. 334, *caput* ou § 5º, do Código de Processo Civil, o autor deve se manifestar sobre o (des)interesse em autocomposição para a realização da audiência de conciliação ou de mediação do art. 334 do CPC. d) Seja o réu condenado em custas e honorários advocatícios em percentuais arbitrados nos termos do art. 85, § 2º, do Código de Processo Civil. e) Sejam deferidos todos os meios de prova admitidos em direito para comprovação dos fatos que se apresentarem controvertidos após apresentação da contestação pelo réu. O endereço do advogado do autor, onde deverá receber as intimações, é "Endereço...".

7. Valor da causa: Dá-se à causa o valor de R$ (colocar valor da causa).

8. Fechamento da peça: Nestes Termos, Pede Deferimento. "Local..." e "Data..." OAB n. ..., "Assinatura...".

18.2.3. Modelo de ação declaratória de nulidade

EXCELENTÍSSIMO SENHOR DOUTOR JUIZ DE DIREITO DA... VARA CÍVEL DA COMARCA DE...

(pular 10 linhas)

NOME DO AUTOR, "nacionalidade...", "estado civil...", "profissão..." (se pessoa jurídica indicar se de direito privado, público interno ou público externo), portador do "RG n. ...", inscrito no "CPF/CNPJ sob o n. ...", "endereço eletrônico...", "domiciliado à rua..." (se for pessoa jurídica "com sede à rua..."), vem, respeitosamente, por intermédio de seu advogado infra-assinado, perante Vossa Excelência, ajuizar a presente DECLARATÓRIA DE NULIDADE, com fulcro no "art. ...", em face de NOME DO RÉU, "nacionalidade...", "estado civil...", "profissão..." (se pessoa jurídica indicar se de direito privado, público interno ou público externo), portador do "RG n. ...", inscrito no "CPF/CNPJ sob o n. ...", "endereço eletrônico...", "domiciliado à rua..." (se for pessoa jurídica "com sede à rua..."), pelos fundamentos de fato e de direito a seguir expostos:

I - DOS FATOS

Resumo dos fatos fornecidos pelo enunciado da questão, em especial previstos no art. 166 do Código Civil.

II - DOS FUNDAMENTOS DE DIREITO

Vide pertinentes noções de Direito Civil destacadas.
Observar se há precedente.
Caso o precedente seja favorável, fazer a adesão. Caso desfavorável, fazer a distinção "distinguishing".

III - DOS PEDIDOS

Diante de todo o exposto, requer-se a Vossa Excelência:

a) Seja o réu citado para, querendo, apresentar resposta no prazo legal em uma das modalidades permitidas na lei processual.

b) Seja julgado procedente o pedido da presente ação, sendo declarado nulo o "ato..." praticado pelo réu da presente demanda.

c) Nos termos do art. 334, *caput* ou § 5º, do Código de Processo Civil, o autor deve se manifestar sobre o (des)interesse em autocomposição para a realização da audiência de conciliação ou de mediação do art. 334 do CPC.

d) Seja o réu condenado em custas e honorários advocatícios em percentuais arbitrados nos termos do art. 85, § 2º, do Código de Processo Civil.

e) Sejam deferidos todos os meios de prova admitidos em direito para comprovação dos fatos que se apresentarem controvertidos após apresentação da contestação pelo réu.

O endereço do advogado do autor, onde deverá receber as intimações, é "Endereço...".

Dá-se à causa o valor de R$ (*colocar valor da do contrato*).

Nestes termos,

Pede deferimento.

"Local..." e "Data..."

OAB n. ..., "Assinatura..."

18.2.4. Modelo de ação anulatória

EXCELENTÍSSIMO SENHOR DOUTOR JUIZ DE DIREITO DA... VARA CÍVEL DA COMARCA DE...

(pular 10 linhas)

NOME DO AUTOR, "nacionalidade...", "estado civil...", "profissão..." (se pessoa jurídica indicar se de direito privado, público interno ou público externo), portador do "RG n. ...", inscrito no "CPF/CNPJ sob o n. ...", "endereço eletrônico...", "domiciliado à rua..." (se for pessoa jurídica "com sede à rua..."), vem, respeitosamente, por intermédio de seu advogado infra-assinado, perante Vossa Excelência, ajuizar a presente DECLARATÓRIA ANULATÓRIA, com fulcro no "art. ...", (*se com base em fraude contra credores, chamar de AÇÃO PAULIANA*), em face de NOME DO RÉU, "nacionalidade...", "estado civil...", "profissão..." (se pessoa jurídica indicar se de direito privado, público interno ou público externo), portador do "RG n. ...", inscrito no "CPF/CNPJ sob o n. ...", "endereço eletrônico...", "domiciliado à rua..." (se for pessoa jurídica "com sede à rua..."), pelos fundamentos de fato e de direito a seguir expostos:

I – DOS FATOS

Resumo dos fatos fornecidos pelo enunciado da questão.

II – DOS FUNDAMENTOS DE DIREITO

Vide pertinentes noções de Direito Civil destacadas, em especial analisando o art. 177 do Código Civil.

Observar se há precedente.

Caso o precedente seja favorável, fazer a adesão. Caso desfavorável, fazer a distinção "distinguishing".

III – DOS PEDIDOS

Diante de todo o exposto, requer-se a Vossa Excelência:

a) Seja o réu citado para, querendo, apresentar resposta no prazo legal em uma das modalidades permitidas na lei processual.

b) Seja julgado procedente o pedido da presente ação, sendo anulado o "ato..." praticado pelo réu da presente demanda.

c) Nos termos do art. 334, *caput* ou § 5º, do Código de Processo Civil, o autor deve se manifestar sobre o (des)interesse em autocomposição para a realização da audiência de conciliação ou de mediação do art. 334 do CPC.

d) Seja o réu condenado em custas e honorários advocatícios em percentuais arbitrados nos termos do art. 85, § 2º, do Código de Processo Civil.

e) Sejam deferidos todos os meios de prova admitidos em direito para comprovação dos fatos que se apresentarem controvertidos após apresentação da contestação pelo réu.

O endereço do advogado do autor, onde deverá receber as intimações, é "Endereço...".

Dá-se à causa o valor de R$ (*colocar valor da do contrato*).

Nestes termos,

Pede deferimento.

"Local..." e "Data..."

OAB n. ..., "Assinatura..."

18.3. Principais peças processuais do direito das obrigações

18.3.1. Ação de obrigação de dar coisa certa e incerta

18.3.1.1. Apresentação

Sabe-se que obrigação é o vínculo jurídico pelo qual o sujeito passivo pode dar, fazer ou não fazer qualquer coisa em favor do sujeito ativo, sendo classificada em três espécies: **positivas: de dar e de fazer**; e **negativas: de não fazer**.

Desta forma, verifica-se que a obrigação de dar consiste na efetiva entrega de alguma coisa (certa ou incerta) pelo devedor ao credor, ou seja, o devedor que se obrigar à entrega ou restituição de coisa certa e determinada ao seu credor deverá cumprir sua obrigação, entregando ou restituindo essa mesma coisa, sem que haja qualquer alteração no objeto da prestação jurídica.

As modalidades de obrigação de dar consistem na entrega de coisa certa ou incerta. Por certo, dar coisa certa significa que ao devedor cabe o dever jurídico de entregar ou de restituir a coisa determinada, bem como seus acessórios, salvo se o contrário resultar do título obrigacional ou das circunstâncias do caso, segundo se depreende do art. 233 do CC.

Importante verificar algumas regras principais a respeito da obrigação de dar:

Deteriorada a coisa, não sendo o devedor culpado, poderá o credor resolver a obrigação, ou aceitar a coisa, abatido de seu preço o valor que perdeu. Sendo culpado o devedor, poderá o credor exigir o equivalente, ou aceitar a coisa no estado em que se acha, com direito a reclamar, em um ou em outro caso, indenização das perdas e danos.

Até a tradição pertence ao devedor a coisa, com os seus melhoramentos e acrescidos, pelos quais poderá exigir aumento no preço; se o credor não anuir, poderá o devedor resolver a obrigação. Os frutos percebidos são do devedor, cabendo ao credor os pendentes.

Se a obrigação for de restituir coisa certa, e esta, sem culpa do devedor, se perder antes da tradição, sofrerá o credor a perda, e a obrigação se resolverá, ressalvados os seus direitos até o dia da perda. Se a coisa se perder por culpa do devedor, responderá este pelo equivalente, mais perdas e danos.

No entanto, o art. 243 do CC determina que a coisa incerta será indicada, ao menos, pelo gênero e quantidade, ou seja, a obrigação de dar coisa incerta tem como objeto da obrigação coisa indeterminada, no entanto, evidente que o objeto da obrigação não poderá permanecer indeterminado. Na verdade há a necessidade de ser determinável, então, posteriormente, quando se conhecer sua qualidade. Desta forma, sem a mínima indicação do gênero e da quantidade da coisa não é possível o cumprimento obrigacional.

Desta forma, verificar que as coisas determinadas pelo gênero e pela quantidade, a escolha pertence ao devedor, se o contrário não resultar do título da obrigação; mas não poderá dar a coisa pior, nem será obrigado a prestar a melhor. Cientificado da escolha o credor, vigorará as disposições quanto à obrigação de dar coisa certa. Por fim, antes da escolha, não poderá o devedor alegar perda ou deterioração da coisa, ainda que por força maior ou caso fortuito.

A respeito das **regras processuais**, verificar as disposições dos **arts. 498 a 501 e 538 do CPC**:

Na ação que tenha por objeto a entrega de coisa, o juiz, ao conceder a tutela específica, fixará o prazo para o cumprimento da obrigação. Tratando-se de entrega de coisa determinada pelo gênero e pela quantidade, o autor individualizá-la-á na petição inicial, se lhe couber a escolha, ou, se a escolha couber ao réu, este a entregará individualizada, no prazo fixado pelo juiz. A obrigação somente será convertida em perdas e danos se o autor o requerer ou se impossível a tutela específica ou a obtenção de tutela pelo resultado prático equivalente.

A indenização por perdas e danos dar-se-á sem prejuízo da multa fixada periodicamente para compelir o réu ao cumprimento específico da obrigação. Na ação que tenha por objeto a emissão de declaração de vontade, a sentença que julgar procedente o pedido, uma vez transitada em julgado, produzirá todos os efeitos da declaração não emitida.

Não cumprida a obrigação de entregar coisa no prazo estabelecido na sentença, será expedido mandado de busca e apreensão ou de imissão na posse em favor do credor, conforme se tratar de coisa móvel ou imóvel. A existência de benfeitorias deve ser alegada na fase de conhecimento, em contestação, de forma discriminada e com atribuição, sempre que possível e justificadamente, do respectivo valor.

O direito de retenção por benfeitorias deve ser exercido na contestação, na fase de conhecimento. Aplicam-se ao procedimento previsto neste artigo, no que couber, as disposições sobre o cumprimento de obrigação de fazer ou de não fazer.

18.3.1.2. Estrutura resumida da peça

1. Endereçamento: por ser uma petição inicial, faz-se a mesma recomendação anteriormente realizada, ou seja, atentar sempre para o enunciado proposto pelo examinador com respeito à competência (se Vara Única, se Vara Distrital, Regional ou Específica – Família e Sucessões, Criança e Adolescente etc.), ou se já há identificação exata da cidade/comarca "Vara Cível da Comarca da Capital de São Paulo". Ainda, observar se vara cível da Justiça Federal ou Estadual, bem como se de competência originária dos Tribunais. Assim, utilizar: "EXCELENTÍSSIMO SENHOR DOUTOR JUIZ DE DIREITO DA ... VARA CÍVEL DA COMARCA DE ...".

2. Identificação das partes: NOME DO AUTOR, "nacionalidade...", "estado civil...", "profissão..." (se pessoa jurídica indicar se de direito privado, público interno ou público externo), portador do "RG n. ...", inscrito no "CPF/CNPJ sob o n. ...", "endereço eletrônico...", "domiciliado à rua..." (se for pessoa jurídica "com sede à rua...").

NOME DO RÉU, "nacionalidade...", "estado civil...", "profissão..." (se pessoa jurídica indicar se de direito privado, público interno ou público externo), portador do "RG n. ...", inscrito no "CPF/CNPJ sob o n. ...", "endereço eletrônico...", "domiciliado à rua..." (se for pessoa jurídica "com sede à rua...").

3. Nome da ação e sua fundamentação legal: "vem, respeitosamente, por intermédio de seu advogado infra-assinado, perante Vossa Excelência, ajuizar a presente AÇÃO DE OBRIGAÇÃO DE DAR COISA (CERTA OU INCERTA), (se for o caso, COM PEDIDO DE TUTELA ANTECIPADA), com fulcro nos arts. 233 e seguintes do CC e art. 498 do CPC". Observar se é caso de cumulação de pedidos, ou se é hipótese de requerer a concessão de tutela antecipada.

4. Fatos: transcrição integral do texto apresentado pelo examinador no enunciado da peça prática, ressaltando a impossibilidade de criar dados inexistentes, para não identificar a peça profissional e ter a prova zerada pelo examinador.

5. Fundamentação: faça a correta ligação entre os fatos e os dispositivos legais aplicáveis, como artigos de lei, súmulas, precedentes, desenvolvendo raciocínio lógico e coerência jurídica, ressaltando que a mera indicação do artigo ou da lei não é suficiente para a pontuação, sendo necessário demonstrar a correta coligação entre fato e direito. Não esquecer que caso o examinador indique a existência de precedente fazer a adesão, se for o caso, ou a distinção. Ainda, sendo caso de pedido de tutela de urgência, utilizar o fundamento legal do art. 300 do CPC, demonstrando o *fumus boni iuris* (probabilidade do direito) e o *periculum in mora* (perigo de dano ou o risco ao resultado útil do processo).

6. Pedidos e requerimentos: "Diante de todo o exposto, requer-se a Vossa Excelência: a) Seja o réu citado para, querendo, apresentar resposta no prazo legal em uma das modalidades permitidas na lei processual. b) Seja concedida *inicio litis* tutela antecipada para condenar o réu a entregar o "bem...", no prazo fixado por esse MM. Juízo, sob pena de condenação do réu ao pagamento de multa diária a também ser arbitrada por Vossa Excelência, conforme o art. 498 do CPC. c) Nos termos do art. 334, *caput* ou § 5º, do Código de Processo Civil, o autor deve se manifestar sobre o (des)interesse em autocomposição para a realização da audiência de conciliação ou de mediação do art. 334 do CPC. d) NO MÉRITO, seja, ao final, confirmada a tutela antecipada, sendo julgado procedente o pedido da presente ação. e) Seja o réu condenado em custas e honorários advocatícios em percentuais arbitrados nos termos do art. 85, § 2º, do Código de Processo Civil. f) Sejam deferidos todos os meios de prova admitidos em direito para comprovação dos fatos que se apresentarem controvertidos após apresentação da contestação pelo réu. O endereço do advogado do autor, onde deverá receber as intimações, é "Endereço...".

7. Valor da causa: Dá-se à causa o valor de R$ (colocar valor da causa).

8. Fechamento da peça: Nestes Termos, Pede Deferimento. "Local..." e "Data..." OAB n. ..., "Assinatura...".

18.3.1.3. Modelo de ação de obrigação de dar coisa certa ou incerta

EXCELENTÍSSIMO SENHOR DOUTOR JUIZ DE DIREITO DA... VARA CÍVEL DA COMARCA DE...

(pular 10 linhas)

NOME DO AUTOR, "nacionalidade...", "estado civil...", "profissão..." (se pessoa jurídica indicar se de direito privado, público interno ou público externo), portador do "RG n. ...", inscrito no "CPF/CNPJ sob o n. ...", "endereço eletrônico...", "domiciliado à rua..." (se for pessoa jurídica "com sede à rua..."), vem, respeitosamente, por intermédio de seu advogado infra-assinado, perante Vossa Excelência, ajuizar a presente AÇÃO DE OBRIGAÇÃO DE DAR COISA (CERTA OU INCERTA) (se for o caso, COM PEDIDO DE TUTELA ANTECIPADA, com fulcro nos arts. 233 e seguintes do CC e arts. 498 e 538 do CPC, em face de NOME DO RÉU, "nacionalidade...", "estado civil...", "profissão..." (se pessoa jurídica indicar se de direito privado, público interno ou público externo), portador do "RG n. ...", inscrito no "CPF/CNPJ sob o n. ...", "endereço eletrônico...", "domiciliado à rua..." (se for pessoa jurídica "com sede à rua..."), pelos fundamentos de fato e de direito a seguir expostos:

I – DOS FATOS

Resumo dos fatos fornecidos pelo enunciado da questão.

II – DOS FUNDAMENTOS DE DIREITO

Vide pertinentes noções de Direito Civil destacadas, em especial dos arts. 233 e seguintes do CC e arts. 498 e 538 do CPC.

Observar se há precedente.

Caso o precedente seja favorável, fazer a adesão. Caso desfavorável, fazer a distinção "distinguishing".

III – DA TUTELA ANTECIPADA

Fundamento legal: art. 300 do CPC. Comprovação do fumus boni iuris *(probabilidade do direito) e do* periculum in mora *(perigo de dano ou risco ao resultado útil do processo).*

IV – DOS PEDIDOS

Diante de todo o exposto, requer-se a Vossa Excelência:

a) Seja o réu citado para, querendo, apresentar resposta no prazo legal em uma das modalidades permitidas na lei processual.

b) Seja concedida *inicio litis* tutela antecipada para condenar o réu a entregar o "bem..." no prazo fixado por esse MM. Juízo, sob pena de condenação do réu ao pagamento de multa diária a também ser arbitrada por Vossa Excelência.

c) NO MÉRITO, seja, ao final, confirmada a tutela antecipada, sendo julgado procedente o pedido da presente ação.

d) Seja o réu condenado em custas e honorários advocatícios em percentuais arbitrados nos termos do art. 85, § 2º, do Código de Processo Civil.

e) Sejam deferidos todos os meios de prova admitidos em direito para comprovação dos fatos que se apresentarem controvertidos após apresentação da contestação pelo réu.

O endereço do advogado do autor, onde deverá receber as intimações, é "Endereço...".

Dá-se à causa o valor de R$ (*colocar valor da causa*).

Nestes termos,

Pede deferimento.

"Local..." e "Data..."

OAB n. ..., "Assinatura..."

18.3.2. Ação de obrigação de fazer

18.3.2.1. Apresentação

Seguindo a análise dos direitos das obrigações, vejamos algumas das principais consequências de direito material e de direito processual a respeito da obrigação de fazer, assim entendida como a obrigação que se concretiza com uma determinada atividade a ser praticada pelo devedor, físico ou intelectual.

Observamos algumas regras de direito material previstas nos **arts. 247 a 249 do CC**: incorre na obrigação de indenizar perdas e danos o devedor que recusar a prestação a ele só imposta, ou só por ele exequível. Se a prestação do fato se tornar impossível sem culpa do devedor, resolver-se-á a obrigação; se por culpa dele, responderá por perdas e danos.

Se o fato puder ser executado por terceiro, será livre ao credor mandá-lo executar à custa do devedor, havendo recusa ou mora deste, sem prejuízo da indenização cabível. Em caso de urgência, pode o credor, independentemente de autorização judicial, executar ou mandar executar o fato, sendo depois ressarcido.

Verifiquem, ainda, as regras de processo, previstas no **arts. 497, 536 e seguintes do CPC**.

Na ação que tenha por objeto a prestação de fazer ou de não fazer, o juiz, se procedente o pedido, concederá a tutela específica ou determinará providências que assegurem a obtenção de tutela pelo resultado prático equivalente. Para a concessão da tutela específica destinada a inibir a prática, a reiteração ou a continuação de um ilícito, ou a sua remoção, é irrelevante a demonstração da ocorrência de dano ou da existência de culpa ou dolo.

No cumprimento de sentença que reconheça a exigibilidade de obrigação de fazer ou de não fazer, o juiz poderá, de ofício ou a requerimento, para a efetivação da tutela específica ou a obtenção de tutela pelo resultado prático equivalente, determinar as medidas necessárias à satisfação do exequente.

Para atender ao disposto no *caput*, o juiz poderá determinar, entre outras medidas, a imposição de multa, a busca e apreensão, a remoção de pessoas e coisas, o desfazimento de obras e o impedimento de atividade nociva, podendo, caso necessário, requisitar o auxílio de força policial.

O mandado de busca e apreensão de pessoas e coisas será cumprido por dois oficiais de justiça, observando-se o disposto no art. 846, §§ 1º a 4º, se houver necessidade de arrombamento. O executado incidirá nas penas de litigância de má-fé quando injustificadamente descumprir a ordem judicial, sem prejuízo de sua responsabilização por crime de desobediência.

No cumprimento de sentença que reconheça a exigibilidade de obrigação de fazer ou de não fazer, aplica-se o art. 525, no que couber. O disposto neste artigo aplica-se, no que couber, no cumprimento de sentença que reconheça deveres de fazer e de não fazer de natureza não obrigacional.

A multa independe de requerimento da parte e poderá ser aplicada na fase de conhecimento, em tutela provisória ou na sentença, ou na fase de execução, desde que seja suficiente e compatível com a obrigação e que se determine prazo razoável para cumprimento do preceito. O juiz poderá, de ofício ou a requerimento, modificar o valor ou a periodicidade da multa vincenda ou excluí-la, caso verifique que:

I – se tornou insuficiente ou excessiva;

II – o obrigado demonstrou cumprimento parcial superveniente da obrigação ou justa causa para o descumprimento.

O valor da multa será devido ao exequente e a decisão que fixa a multa é passível de cumprimento provisório, devendo ser depositada em juízo, permitido o levantamento do valor após o trânsito em julgado da sentença favorável à parte. A multa será devida desde o dia em que se configurar o descumprimento da decisão e incidirá enquanto não for cumprida a decisão que a tiver cominado, verificando que todas as disposições serão aplicadas, no que couber, ao cumprimento de sentença que reconheça deveres de fazer e de não fazer de natureza não obrigacional.

18.3.2.2. Estrutura resumida da peça

1. Endereçamento: por ser uma petição inicial, faz-se a mesma recomendação anteriormente realizada, ou seja, atentar sempre para o enunciado proposto pelo examinador com respeito à competência (se Vara Única, se Vara Distrital,

Regional ou Específica – Família e Sucessões, Criança e Adolescente etc.), ou se já há identificação exata da cidade/comarca "Vara Cível da Comarca da Capital de São Paulo". Ainda, observar se vara cível da Justiça Federal ou Estadual, bem como se de competência originária dos Tribunais. Assim, utilizar: "EXCELENTÍSSIMO SENHOR DOUTOR JUIZ DE DIREITO DA ... VARA CÍVEL DA COMARCA DE ...".

2. Identificação das partes: NOME DO AUTOR, "nacionalidade...", "estado civil...", "profissão..." (se pessoa jurídica indicar se de direito privado, público interno ou público externo), portador do "RG n. ...", inscrito no "CPF/CNPJ sob o n. ...", "endereço eletrônico...", "domiciliado à rua..." (se for pessoa jurídica "com sede à rua...").

NOME DO RÉU, "nacionalidade...", "estado civil...", "profissão..." (se pessoa jurídica indicar se de direito privado, público interno ou público externo), portador do "RG n. ...", inscrito no "CPF/CNPJ sob o n. ...", "endereço eletrônico...", "domiciliado à rua..." (se for pessoa jurídica "com sede à rua...").

3. Nome da ação e sua fundamentação legal: "vem, respeitosamente, por intermédio de seu advogado infra-assinado, perante Vossa Excelência, ajuizar a presente AÇÃO DE OBRIGAÇÃO DE FAZER, (se for o caso, COM PEDIDO DE TUTELA ANTECIPADA), com fulcro nos arts. 247 e seguintes do CC e arts. 497, 536 e seguintes do CPC". Observar se é caso de cumulação de pedidos, ou se é hipótese de requerer a concessão de tutela antecipada.

4. Fatos: transcrição integral do texto apresentado pelo examinador no enunciado da peça prática, ressaltando a impossibilidade de criar dados inexistentes, para não identificar a peça profissional e ter a prova zerada pelo examinador.

5. Fundamentação: faça a correta ligação entre os fatos e os dispositivos legais aplicáveis, como artigos de lei, súmulas, precedentes, desenvolvendo raciocínio lógico e coerência jurídica, ressaltando que a mera indicação do artigo ou da lei não é suficiente para a pontuação, sendo necessário demonstrar a correta coligação entre fato e direito. Não esquecer que caso o examinador indique a existência de precedente fazer a adesão, se for o caso, ou a distinção. Ainda, sendo caso de pedido de tutela de urgência, utilizar o fundamento legal do art. 300 do CPC, demonstrando o *fumus boni iuris* (probabilidade do direito) e o *periculum in mora* (perigo de dano ou o risco ao resultado útil do processo).

6. Pedidos e requerimentos: "Diante de todo o exposto, requer-se a Vossa Excelência: a) Seja o réu citado para, querendo, apresentar resposta no prazo legal em uma das modalidades permitidas na lei processual. b) Seja concedida *inicio litis* tutela antecipada para condenar em obrigação de fazer, consistente na (...), sob pena de multa diária, a ser prudentemente fixada por este MM. Juízo, nos termos dos arts. 497, 536 e seguintes do CPC; c) Nos termos do art. 334, *caput* ou § 5º, do Código de Processo Civil, o autor deve se manifestar sobre o (des)interesse em autocomposição para a realização da audiência de conciliação ou de mediação do art. 334 do CPC. d) NO MÉRITO, seja, ao final, confirmada a tutela antecipada, sendo julgado procedente o pedido da presente ação. e) Seja o réu condenado em custas e honorários advocatícios em percentuais arbitrados nos termos do art. 85, § 2º, do Código de Processo Civil. f) Sejam deferidos todos os meios de prova admitidos em direito para comprovação dos fatos que se apresentarem controvertidos após apresentação da contestação pelo réu. O endereço do advogado do autor, onde deverá receber as intimações, é "Endereço...".

7. Valor da causa: Dá-se à causa o valor de R$ (colocar valor da causa).

8. Fechamento da peça: Nestes Termos, Pede Deferimento. "Local..." e "Data..." OAB n. ..., "Assinatura...".

18.3.2.3. Modelo de ação de obrigação de fazer

EXCELENTÍSSIMO SENHOR DOUTOR JUIZ DE DIREITO DA... VARA CÍVEL DA COMARCA DE...

(pular 10 linhas)

NOME DO AUTOR, "nacionalidade...", "estado civil...", "profissão..." (se pessoa jurídica indicar se de direito privado, público interno ou público externo), portador do "RG n. ...", inscrito no "CPF/CNPJ sob o n. ...", "endereço eletrônico...", "domiciliado à rua..." (se for pessoa jurídica "com sede à rua..."), vem, respeitosamente, por intermédio de seu advogado infra-assinado, perante Vossa Excelência, ajuizar a presente AÇÃO DE OBRIGAÇÃO DE FAZER, (se for o caso, COM PEDIDO DE TUTELA ANTECIPADA), com fulcro nos arts. 247 e seguintes do CC e arts. 497, 536 e seguintes do CPC, em face de NOME DO RÉU, "nacionalidade...", "estado civil...", "profissão..." (se pessoa jurídica indicar se de direito privado, público interno ou público externo), portador do "RG n. ...", inscrito no "CPF/CNPJ sob o n. ...", "endereço eletrônico...", "domiciliado à rua..." (se for pessoa jurídica "com sede à rua..."), pelos fundamentos de fato e de direito a seguir expostos:

I – DOS FATOS

Resumo dos fatos fornecidos pelo enunciado da questão.

II – DOS FUNDAMENTOS DE DIREITO

Vide pertinentes noções de Direito Civil destacadas, em especial os arts. 247 a 249 do Código Civil e arts. 497, 536 e 537 do Código de Processo Civil.

Observar se há precedente.

Caso o precedente seja favorável, fazer a adesão. Caso desfavorável, fazer a distinção "distinguishing".

III – DA TUTELA ANTECIPADA

Fundamento legal: art. 300 do CPC. Comprovação do fumus boni iuris (*probabilidade do direito*) *e do* periculum in mora (*perigo de dano ou risco ao resultado útil do processo*).

IV - DOS PEDIDOS

Diante de todo o exposto, requer-se a Vossa Excelência:

a) Seja o réu citado para, querendo, apresentar resposta no prazo legal em uma das modalidades permitidas na lei processual.

b) Seja concedida *inicio litis* tutela antecipada para condenar em obrigação de fazer, consistente na (...), sob pena de multa diária, a ser prudentemente fixada por este MM. Juízo, nos termos dos arts. 497, 536 e seguintes do CPC;

c) Nos termos do art. 334, *caput* ou § 5º, do Código de Processo Civil, o autor deve se manifestar sobre o (des)interesse em autocomposição para a realização da audiência de conciliação ou de mediação do art. 334 do CPC.

d) NO MÉRITO, seja, ao final, confirmada a tutela antecipada, sendo julgado procedente o pedido da presente ação.

e) Seja o réu condenado em custas e honorários advocatícios em percentuais arbitrados nos termos do art. 85, § 2º, do Código de Processo Civil.

f) Sejam deferidos todos os meios de prova admitidos em direito para comprovação dos fatos que se apresentarem controvertidos após apresentação da contestação pelo réu.

O endereço do advogado do autor, onde deverá receber as intimações, é "Endereço...".

Dá-se à causa o valor de R$ (*colocar valor da causa*).

Nestes termos,

Pede deferimento.

"Local..." e "Data..."

OAB n. ..., "Assinatura..."

18.3.3. Ação ordinária de obrigação de não fazer

18.3.3.1. Apresentação

Por seu turno, vejamos agora as principais regras a respeito das obrigações de não fazer, ou seja, nas obrigações em que incumbe ao devedor deixar de executar determinada conduta, ato ou comportamento em favor do credor.

Desta forma, segundo os **arts. 250 e 251 do CC**: extingue-se a obrigação de não fazer, desde que, sem culpa do devedor, se lhe torne impossível abster-se do ato, que se obrigou a não praticar. Praticado pelo devedor o ato, a cuja abstenção se obrigara, o credor pode exigir dele que o desfaça, sob pena de se desfazer à sua custa, ressarcindo o culpado perdas e danos. Em caso de urgência, poderá o credor desfazer ou mandar desfazer, independentemente de autorização judicial, sem prejuízo do ressarcimento devido.

Verifiquem, ainda, as regras de processo, previstas no **arts. 497, 536 e 537 do CPC**.

Na ação que tenha por objeto a prestação de fazer ou de não fazer, o juiz, se procedente o pedido, concederá a tutela específica ou determinará providências que assegurem a obtenção de tutela pelo resultado prático equivalente. Para a concessão da tutela específica destinada a inibir a prática, a reiteração ou a continuação de um ilícito, ou a sua remoção, é irrelevante a demonstração da ocorrência de dano ou da existência de culpa ou dolo.

No cumprimento de sentença que reconheça a exigibilidade de obrigação de fazer ou de não fazer, o juiz poderá, de ofício ou a requerimento, para a efetivação da tutela específica ou a obtenção de tutela pelo resultado prático equivalente, determinar as medidas necessárias à satisfação do exequente.

Para atender ao disposto no *caput*, o juiz poderá determinar, entre outras medidas, a imposição de multa, a busca e apreensão, a remoção de pessoas e coisas, o desfazimento de obras e o impedimento de atividade nociva, podendo, caso necessário, requisitar o auxílio de força policial.

O mandado de busca e apreensão de pessoas e coisas será cumprido por dois oficiais de justiça, observando-se o disposto no art. 846, §§ 1º a 4º, se houver necessidade de arrombamento. O executado incidirá nas penas de litigância de má-fé quando injustificadamente descumprir a ordem judicial, sem prejuízo de sua responsabilização por crime de desobediência.

No cumprimento de sentença que reconheça a exigibilidade de obrigação de fazer ou de não fazer, aplica-se o art. 525, no que couber. O disposto neste artigo aplica-se, no que couber, ao cumprimento de sentença que reconheça deveres de fazer e de não fazer de natureza não obrigacional.

A multa independe de requerimento da parte e poderá ser aplicada na fase de conhecimento, em tutela provisória ou na sentença, ou na fase de execução, desde que seja suficiente e compatível com a obrigação e que se determine prazo razoável para cumprimento do preceito. O juiz poderá, de ofício ou a requerimento, modificar o valor ou a periodicidade da multa vincenda ou excluí-la, caso verifique que:

I – se tornou insuficiente ou excessiva;

II – o obrigado demonstrou cumprimento parcial superveniente da obrigação ou justa causa para o descumprimento.

O valor da multa será devido ao exequente e a decisão que fixa a multa é passível de cumprimento provisório, devendo ser depositada em juízo, permitido o levantamento do valor após o trânsito em julgado da sentença favorável à parte.

A multa será devida desde o dia em que se configurar o descumprimento da decisão e incidirá enquanto não for cumprida a decisão que a tiver cominado, verificando que todas as disposições serão aplicadas, no que couber, ao cumprimento de sentença que reconheça deveres de fazer e de não fazer de natureza não obrigacional.

18.3.3.2. Estrutura resumida da peça

1. Endereçamento: por ser uma petição inicial, faz-se a mesma recomendação anteriormente realizada, ou seja, atentar sempre para o enunciado proposto pelo examinador com respeito à competência (se Vara Única, se Vara Distrital, Regional ou Específica – Família e Sucessões, Criança e Adolescente etc.), ou se já há identificação exata da cidade/comarca "Vara Cível da Comarca da Capital de São Paulo". Ainda, observar se vara cível da Justiça Federal ou Estadual, bem como se de competência originária dos Tribunais. Assim, utilizar: "EXCELENTÍSSIMO SENHOR DOUTOR JUIZ DE DIREITO DA ... VARA CÍVEL DA COMARCA DE ...".

2. Identificação das partes: NOME DO AUTOR, "nacionalidade...", "estado civil...", "profissão..." (se pessoa jurídica indicar se de direito privado, público interno ou público externo), portador do "RG n. ...", inscrito no "CPF/CNPJ sob o n. ...", "endereço eletrônico...", "domiciliado à rua..." (se for pessoa jurídica "com sede à rua...").

NOME DO RÉU, "nacionalidade...", "estado civil...", "profissão..." (se pessoa jurídica indicar se de direito privado, público interno ou público externo), portador do "RG n. ...", inscrito no "CPF/CNPJ sob o n. ...", "endereço eletrônico...", "domiciliado à rua..." (se for pessoa jurídica "com sede à rua...").

3. Nome da ação e sua fundamentação legal: "vem, respeitosamente, por intermédio de seu advogado infra-assinado, perante Vossa Excelência, ajuizar a presente AÇÃO DE OBRIGAÇÃO DE NÃO FAZER (se for o caso, COM PEDIDO DE TUTELA ANTECIPADA), com fulcro nos arts. 250 e 251 do CC e arts. 497, 536 a 538 do CPC". Observar se é caso de cumulação de pedidos, ou se é hipótese de requerer a concessão de tutela antecipada.

4. Fatos: transcrição integral do texto apresentado pelo examinador no enunciado da peça prática, ressaltando a impossibilidade de criar dados inexistentes, para não identificar a peça profissional e ter a prova zerada pelo examinador.

5. Fundamentação: faça a correta ligação entre os fatos e os dispositivos legais aplicáveis, como artigos de lei, súmulas, precedentes, desenvolvendo raciocínio lógico e coerência jurídica, ressaltando que a mera indicação do artigo ou da lei não é suficiente para a pontuação, sendo necessário demonstrar a correta coligação entre fato e direito. Não esquecer que caso o examinador indique a existência de precedente fazer a adesão, se for o caso, ou a distinção. Ainda, sendo caso de pedido de tutela de urgência, utilizar o fundamento legal do art. 300 do CPC, demonstrando o *fumus boni iuris* (probabilidade do direito) e o *periculum in mora* (perigo de dano ou o risco ao resultado útil do processo).

6. Pedidos e requerimentos: "Diante de todo o exposto, requer-se a Vossa Excelência: a) Seja o réu citado para, querendo, apresentar resposta no prazo legal em uma das modalidades permitidas na lei processual. b) Seja concedida *inicio litis* tutela antecipada para condenar o réu em obrigação de não fazer consubstanciada na determinação que se abstenha de (fazer o pedido da obrigação de não fazer), fixando a tutela específica para o cumprimento da obrigação, nos termos dos arts. 497, 536 e 537 do CPC. c) Nos termos do art. 334, *caput* ou § 5º, do Código de Processo Civil, o autor deve se manifestar sobre o (des)interesse em autocomposição para a realização da audiência de conciliação ou de mediação do art. 334 do CPC. d) NO MÉRITO, seja, ao final, confirmada a tutela antecipada, sendo julgado procedente o pedido condenatório de determinação do réu a se abster de enviar boletos bancários de cobrança para autor da presente demanda. e) Seja o réu condenado em custas e honorários advocatícios em percentuais arbitrados nos termos do art. 85, § 2º, do Código de Processo Civil. f) Sejam deferidos todos os meios de prova admitidos em direito para comprovação dos fatos que se apresentarem controvertidos após apresentação da contestação pelo réu. O endereço do advogado do autor, onde deverá receber as intimações, é "Endereço...".

7. Valor da causa: Dá-se à causa o valor de R$ (colocar valor da causa).

8. Fechamento da peça: Nestes Termos, Pede Deferimento. "Local..." e "Data..." OAB n. ..., "Assinatura...".

18.3.3.3. Modelo de ação de obrigação de não fazer

EXCELENTÍSSIMO SENHOR DOUTOR JUIZ DE DIREITO DA... VARA CÍVEL DA COMARCA DE...

(pular 10 linhas)

NOME DO AUTOR, "nacionalidade...", "estado civil...", "profissão..." (se pessoa jurídica indicar se de direito privado, público interno ou público externo), portador do "RG n. ...", inscrito no "CPF/CNPJ sob o n. ...", "endereço eletrônico...", "domiciliado à rua..." (se for pessoa jurídica "com sede à rua..."), vem, respeitosamente, por intermédio de seu advogado infra-assinado, perante Vossa Excelência, ajuizar a presente AÇÃO DE OBRIGAÇÃO DE NÃO FAZER (se for o caso, COM PEDIDO DE TUTELA ANTECIPADA), com fulcro nos arts. 250 e 251 do CC e arts. 497, 536 e 537 do CPC, em face de NOME DO RÉU, "nacionalidade...", "estado civil...", "profissão..." (se pessoa jurídica indicar se de direito privado, público interno ou público externo), portador do "RG n. ...", inscrito no "CPF/CNPJ sob o n. ...", "endereço eletrônico...", "domiciliado à rua..." (se for pessoa jurídica "com sede à rua..."), pelos fundamentos de fato e de direito a seguir expostos:

I – DOS FATOS

Resumo dos fatos fornecidos pelo enunciado da questão.

II – DOS FUNDAMENTOS DE DIREITO

Vide pertinentes noções de Direito Civil destacadas, em especial destacando os arts. 250 e 251 do CC e arts. 497, 536 a 538 do CPC.

Observar se há precedente.

Caso o precedente seja favorável, fazer a adesão. Caso desfavorável, fazer a distinção – "distinguishing".

III – DA TUTELA ANTECIPADA

Fundamento legal: art. 300 do CPC. Comprovação do fumus boni iuris *(probabilidade do direito) e do* periculum in mora *(perigo de dano ou risco ao resultado útil do processo).*

IV – DOS PEDIDOS

Diante de todo o exposto, requer-se a Vossa Excelência:

a) Seja o réu citado para, querendo, apresentar resposta no prazo legal em uma das modalidades permitidas na lei processual.

b) Seja concedida *inicio litis* tutela antecipada para condenar o réu em obrigação de não fazer consubstanciada na determinação que se abstenha de (fazer o pedido da obrigação de não fazer), fixando a tutela específica para o cumprimento da obrigação, nos termos dos arts. 497, 536 e 537 do CPC.

c) Nos termos do art. 334, *caput* ou § 5º, do Código de Processo Civil, o autor deve se manifestar sobre o (des)interesse em autocomposição para a realização da audiência de conciliação ou de mediação do art. 334 do CPC.

d) NO MÉRITO, seja, ao final, confirmada a tutela antecipada, sendo julgado procedente o pedido condenatório de determinação do réu a se abster de enviar boletos bancários de cobrança para autor da presente demanda.

e) Seja o réu condenado em custas e honorários advocatícios em percentuais arbitrados nos termos do art. 85, § 2º, do Código de Processo Civil.

f) Sejam deferidos todos os meios de prova admitidos em direito para comprovação dos fatos que se apresentarem controvertidos após apresentação da contestação pelo réu.

O endereço do advogado do autor, onde deverá receber as intimações, é "Endereço...".

Dá-se à causa o valor de R$ (*colocar valor da causa*).

Nestes termos,

Pede deferimento.

"Local..." e "Data..."

OAB n. ..., "Assinatura..."

18.4. Principais peças processuais do direito contratual

18.4.1. Ação redibitória e ação *quanti minoris* ou estimatória

Com efeito, as ações redibitórias e as ações estimatórias ou *quanti minoris* consistem naquelas ações relativas à necessidade de reparação de danos em razão da existência de eventuais vícios redibitórios existentes na coisa objeto de contrato, de forma que poderá o prejudicar buscar o abatimento do preço, de forma proporcional à diminuição do valor da coisa ou visando à própria rescisão do contrato, restituindo as partes ao status quo ante à contratação.

Por vícios redibitórios entenda-se, conforme o art. 441 do CC: "A coisa recebida em virtude de contrato comutativo pode ser enjeitada por vícios ou defeitos ocultos, que a tornem imprópria ao uso a que é destinada ou lhe diminuam o valor".

Assim, o que guiará a escolha da ação a ser proposta pelo prejudicado é justamente a impropriedade da coisa definida para o uso a que destinada ou com valor diminuído, sendo opção do adquirente a utilização da ação redibitória para o desfazimento do negócio, ou da ação *quanti minoris* ou estimatória para abatimento do preço (art. 442 do CC).

Todavia, uma vez decidida e proposta a ação, o autor não pode mais variar o pedido, porque nosso ordenamento processual não permite, a menos que haja o consentimento do réu, considerando que a prova do vício é de responsabilidade do adquirente, seguindo-se a regra geral do ônus probatório do autor.

Vejamos as principais regras previstas nos **arts. 441 a 443 do CC**: se o alienante conhecia o vício ou defeito da coisa, restituirá o que recebeu com perdas e danos; se o não conhecia, tão somente restituirá o valor recebido, mais as despesas do contrato.

A responsabilidade do alienante subsiste ainda que a coisa pereça em poder do alienatário, se perecer por vício oculto, já existente ao tempo da tradição.

O adquirente decai do direito de obter a redibição ou abatimento no preço no prazo de **30 dias se a coisa for móvel**, e de **um ano se for imóvel**, contado da entrega efetiva; se já estava na posse, o **prazo conta-se da alienação, reduzido à metade**.

Quando o vício, por sua natureza, só puder ser conhecido mais tarde, o prazo contar-se-á do momento em que dele tiver ciência, até o prazo máximo de 180 dias, em se tratando de bens móveis; e de um ano, para os imóveis.

Tratando-se de venda de animais, os prazos de garantia por vícios ocultos serão os estabelecidos em lei especial, ou, na falta desta, pelos usos locais, aplicando-se o disposto no parágrafo antecedente se não houver regras disciplinando a matéria.

Por fim, não correrão os prazos do artigo antecedente na constância de cláusula de garantia; mas o adquirente deve denunciar o defeito ao alienante nos 30 dias seguintes ao seu descobrimento, sob pena de decadência.

18.4.2. Estrutura resumida da peça

1. Endereçamento: por ser uma petição inicial, faz-se a mesma recomendação anteriormente realizada, ou seja, atentar sempre para o enunciado proposto pelo examinador com respeito à competência (se Vara Única, se Vara Distrital, Regional ou Específica – Família e Sucessões, Criança e Adolescente etc.), ou se já há identificação exata da cidade/comarca "Vara Cível da Comarca da Capital de São Paulo". Ainda, observar se vara cível da Justiça Federal ou Estadual, bem como se de competência originária dos Tribunais. Assim, utilizar: "EXCELENTÍSSIMO SENHOR DOUTOR JUIZ DE DIREITO DA ... VARA CÍVEL DA COMARCA DE ...".

2. Identificação das partes: NOME DO AUTOR, "nacionalidade...", "estado civil...", "profissão..." (se pessoa jurídica indicar se de direito privado, público interno ou público externo), portador do "RG n. ...", inscrito no "CPF/CNPJ sob o n. ...", "endereço eletrônico...", "domiciliado à rua..." (se for pessoa jurídica "com sede à rua...").

NOME DO RÉU, "nacionalidade...", "estado civil...", "profissão..." (se pessoa jurídica indicar se de direito privado, público interno ou público externo), portador do "RG n. ...", inscrito no "CPF/CNPJ sob o n. ...", "endereço eletrônico...", "domiciliado à rua..." (se for pessoa jurídica "com sede à rua...").

3. Nome da ação e sua fundamentação legal: "vem, respeitosamente, por intermédio de seu advogado infra-assinado, perante Vossa Excelência, ajuizar a presente AÇÃO REDIBITÓRIA ou AÇÃO ESTIMATÓRIA OU *QUANTI MINORIS* (se for o caso, COM PEDIDO DE TUTELA ANTECIPADA), com fulcro nos arts. 441 a 446 do CC". Observar se é caso de cumulação de pedidos, ou se é hipótese de requerer a concessão de tutela antecipada.

4. Fatos: transcrição integral do texto apresentado pelo examinador no enunciado da peça prática, ressaltando a impossibilidade de criar dados inexistentes, para não identificar a peça profissional e ter a prova zerada pelo examinador.

5. Fundamentação: faça a correta ligação entre os fatos e os dispositivos legais aplicáveis, como artigos de lei, súmulas, precedentes, desenvolvendo raciocínio lógico e coerência jurídica, ressaltando que a mera indicação do artigo ou da lei não é suficiente para a pontuação, sendo necessário demonstrar a correta coligação entre fato e direito. Não esquecer que caso o examinador indique a existência de precedente fazer a adesão, se for o caso, ou a distinção. Ainda, sendo caso de pedido de tutela de urgência, utilizar o fundamento legal do art. 300 do CPC, demonstrando o *fumus boni iuris* (probabilidade do direito) e o *periculum in mora* (perigo de dano ou o risco ao resultado útil do processo).

6. Pedidos e requerimentos: "Diante de todo o exposto, requer-se a Vossa Excelência: a) Seja o réu citado para, querendo, apresentar resposta no prazo legal em uma das modalidades permitidas na lei processual. b) Seja julgado procedente o pedido da presente ação, sendo desconstituída uma situação jurídica de validade contratual a partir da redibição do "contrato..." objeto do presente processo (*se ação estimatória usar: Seja julgado procedente o pedido da presente ação, sendo condenado o réu à repetição do "valor..." em razão do abatimento do preço do "bem..." por ele vendido ao autor da presente demanda decorrente de vício redibitório*), conforme os arts. 441 a 446 do CC. c) Nos termos do art. 334, *caput* ou § 5º, do Código de Processo Civil, o autor deve se manifestar sobre o (des)interesse em autocomposição para a realização da audiência de conciliação ou de mediação do art. 334 do CPC. d) Seja o réu condenado em custas e honorários advocatícios em percentuais arbitrados nos termos do art. 85, § 2º, do Código de Processo Civil. e) Sejam deferidos todos os meios de prova admitidos em direito para comprovação dos fatos que se apresentarem controvertidos após apresentação da contestação pelo réu. O endereço do advogado do autor, onde deverá receber as intimações, é "Endereço...".

7. Valor da causa: Dá-se à causa o valor de R$ (colocar valor da causa).

8. Fechamento da peça: Nestes Termos, Pede Deferimento. "Local..." e "Data..." OAB n. ..., "Assinatura...".

18.4.3. Modelo de ação redibitória

EXCELENTÍSSIMO SENHOR DOUTOR JUIZ DE DIREITO DA... VARA CÍVEL DA COMARCA DE...

(pular 10 linhas)

NOME DO AUTOR, "nacionalidade...", "estado civil...", "profissão..." (se pessoa jurídica indicar se de direito privado, público interno ou público externo), portador do "RG n. ...", inscrito no "CPF/CNPJ sob o n. ...", "endereço eletrônico...", "domiciliado à rua..." (se for pessoa jurídica "com sede à rua..."), vem, respeitosamente, por intermédio de seu advogado infra-assinado, perante Vossa Excelência, ajuizar a presente AÇÃO REDIBITÓRIA, com fulcro nos arts. 441 a 446 do CC", em face de NOME DO RÉU, "nacionalidade...", "estado civil...", "profissão..." (se pessoa jurídica indicar se de direito privado, público interno ou público externo), portador do "RG n. ...", inscrito no "CPF/CNPJ sob o n. ...", "endereço eletrônico...", "domiciliado à rua..." (se for pessoa jurídica "com sede à rua..."), pelos fundamentos de fato e de direito a seguir expostos:

I – DOS FATOS

Resumo dos fatos fornecidos pelo enunciado da questão.

II – DOS FUNDAMENTOS DE DIREITO

Vide pertinentes noções de Direito Civil destacadas, principalmente nos arts. 441 a 446 do CC.

Observar se há precedente.

Caso o precedente seja favorável, fazer a adesão. Caso desfavorável, fazer a distinção "distinguishing".

III - DOS PEDIDOS

Diante de todo o exposto, requer-se a Vossa Excelência:

a) Seja o réu citado para, querendo, apresentar resposta no prazo legal em uma das modalidades permitidas na lei processual.

b) Seja julgado procedente o pedido da presente ação, sendo desconstituída uma situação jurídica de validade contratual a partir da redibição do "contrato..." objeto do presente processo, conforme os arts. 441 a 446 do CC.

c) Nos termos do art. 334, *caput* ou § 5º, do Código de Processo Civil, o autor deve se manifestar sobre o (des)interesse em autocomposição para a realização da audiência de conciliação ou de mediação do art. 334 do CPC.

d) Seja o réu condenado em custas e honorários advocatícios em percentuais arbitrados nos termos do art. 85, § 2º, do Código de Processo Civil.

e) Sejam deferidos todos os meios de prova admitidos em direito para comprovação dos fatos que se apresentarem controvertidos após apresentação da contestação pelo réu.

O endereço do advogado do autor, onde deverá receber as intimações, é "Endereço...".

Dá-se à causa o valor de R$ (*colocar valor da causa*).

Nestes termos,

Pede deferimento.

"Local..." e "Data..."

OAB n. ..., "Assinatura..."

18.4.4. Modelo de ação *quanti minoris* ou estimatória

Excelentíssimo Senhor Doutor Juiz de Direito da... Vara Cível da "Comarca..."

(pular 10 linhas)

NOME DO AUTOR, "nacionalidade...", "estado civil...", "profissão..." (se pessoa jurídica indicar se de direito privado, público interno ou público externo), portador do "RG n. ...", inscrito no "CPF/CNPJ sob o n. ...", "endereço eletrônico...", "domiciliado à rua..." (se for pessoa jurídica "com sede à rua..."), vem, respeitosamente, por intermédio de seu advogado infra-assinado, perante Vossa Excelência, ajuizar a presente AÇÃO ESTIMATÓRIA OU *QUANTI MINORIS*, com fulcro nos arts. 441 a 446 do CC, em face de NOME DO RÉU, "nacionalidade...", "estado civil...", "profissão..." (se pessoa jurídica indicar se de direito privado, público interno ou público externo), portador do "RG n. ...", inscrito no "CPF/CNPJ sob o n. ...", "endereço eletrônico...", "domiciliado à rua..." (se for pessoa jurídica "com sede à rua..."), pelos fundamentos de fato e de direito a seguir expostos:

I – DOS FATOS

Resumo dos fatos fornecidos pelo enunciado da questão.

II – DOS FUNDAMENTOS DE DIREITO

Vide pertinentes noções de Direito Civil destacadas, em especial dos arts. 441 a 446, do CC.

Observar se há precedente.

Caso o precedente seja favorável, fazer a adesão. Caso desfavorável, fazer a distinção "distinguishing".

III – DOS PEDIDOS

Diante de todo o exposto, requer-se a Vossa Excelência:

a) Seja o réu citado para, querendo, apresentar resposta no prazo legal em uma das modalidades permitidas na lei processual.

b) Seja julgado procedente o pedido da presente ação, sendo condenado o réu à repetição do "valor..." em razão do abatimento do preço do "bem..." por ele vendido ao autor da presente demanda decorrente de vício redibitório.

c) Nos termos do art. 334, *caput* ou § 5º, do Código de Processo Civil, o autor deve se manifestar sobre o (des)interesse em autocomposição para a realização da audiência de conciliação ou de mediação do art. 334 do CPC.

d) Seja o réu condenado em custas e honorários advocatícios em percentuais arbitrados nos termos do art. 85, § 2º, do Código de Processo Civil.

e) Sejam deferidos todos os meios de prova admitidos em direito para comprovação dos fatos que se apresentarem controvertidos após apresentação da contestação pelo réu.

O endereço do advogado do autor, onde deverá receber as intimações, é "Endereço...".

Dá-se à causa o valor de R$ (*colocar valor da causa*).

Nestes termos,

Pede deferimento.

"Local..." e "Data..."

OAB n. ..., "Assinatura..."

18.4.5. Ação de evicção

18.4.5.1. Apresentação

Com efeito, considera-se evicção a perda total ou parcial de um bem adquirido em favor de um terceiro, que tem direito anterior, em virtude de decisão judicial, relacionada a causas de um contrato. Referida evicção, ressalta-se, poderá ser total ou parcial. A evicção total se dá pela perda total da coisa; a evicção parcial se dá pela perda de parte da coisa.

Ainda, para ocorrer uma evicção, existem alguns requisitos a ser observados pelo candidato, tais como:

i) a onerosidade na aquisição da coisa;

ii) a perda total ou parcial da propriedade, posse ou uso da coisa alienada;

iii) a ignorância por parte do adquirente da litigiosidade da coisa;

iv) o direito do evictor anterior à alienação e a denunciação da lide ao alienante.

O art. 447 do CC estipula que, nos contratos onerosos, o **alienante responde pela evicção**, ou seja, pelos prejuízos causados ao adquirente. Subsiste esta garantia ainda que a aquisição se tenha realizado em hasta pública. Podem as partes, por cláusula expressa, reforçar, diminuir ou excluir a responsabilidade pela evicção. Não obstante a cláusula que exclui a garantia contra a evicção, se esta se der, tem direito o evicto a receber o preço que pagou pela coisa evicta, se não soube do risco da evicção, ou, dele informado, não o assumiu.

Salvo estipulação em contrário, tem direito o evicto, além da restituição integral do preço ou das quantias que pagou:

I – à indenização dos frutos que tiver sido obrigado a restituir;

II – à indenização pelas despesas dos contratos e pelos prejuízos que diretamente resultarem da evicção;

III – às custas judiciais e aos honorários do advogado por ele constituído.

O preço, seja a evicção total ou parcial, será o do valor da coisa, na época em que se evenceu, e proporcional ao desfalque sofrido, no caso de evicção parcial, verificando que subsiste para o alienante esta obrigação, ainda que a coisa alienada esteja deteriorada, exceto havendo dolo do adquirente.

Ainda verificar que as benfeitorias necessárias ou úteis, não abonadas ao que sofreu a evicção, serão pagas pelo alienante e, se parcial, mas considerável, for a evicção, poderá o evicto optar entre a rescisão do contrato e a restituição da parte do preço correspondente ao desfalque sofrido. Se não for considerável, caberá somente direito a indenização.

18.4.5.2. Estrutura resumida da peça

1. Endereçamento: por ser uma petição inicial, faz-se a mesma recomendação anteriormente realizada, ou seja, atentar sempre para o enunciado proposto pelo examinador com respeito à competência (se Vara Única, se Vara Distrital, Regional ou Específica – Família e Sucessões, Criança e Adolescente etc.), ou se já há identificação exata da cidade/comarca "Vara Cível da Comarca da Capital de São Paulo". Ainda, observar se vara cível da Justiça Federal ou Estadual, bem como se de competência originária dos Tribunais. Assim, utilizar: "EXCELENTÍSSIMO SENHOR DOUTOR JUIZ DE DIREITO DA ... VARA CÍVEL DA COMARCA DE ...".

2. Identificação das partes: NOME DO AUTOR, "nacionalidade...", "estado civil...", "profissão..." (se pessoa jurídica indicar se de direito privado, público interno ou público externo), portador do "RG n. ...", inscrito no "CPF/CNPJ sob o n. ...", "endereço eletrônico...", "domiciliado à rua..." (se for pessoa jurídica "com sede à rua...").

NOME DO RÉU, "nacionalidade...", "estado civil...", "profissão..." (se pessoa jurídica indicar se de direito privado, público interno ou público externo), portador do "RG n. ...", inscrito no "CPF/CNPJ sob o n. ...", "endereço eletrônico...", "domiciliado à rua..." (se for pessoa jurídica "com sede à rua...").

3. Nome da ação e sua fundamentação legal: "vem, respeitosamente, por intermédio de seu advogado infra-assinado, perante Vossa Excelência, ajuizar a presente AÇÃO DE EVICÇÃO (se for o caso, COM PEDIDO DE TUTELA ANTECIPADA), com fulcro nos arts. 447 a 457 do CC". Observar se é caso de cumulação de pedidos, ou se é hipótese de requerer a concessão de tutela antecipada.

4. Fatos: transcrição integral do texto apresentado pelo examinador no enunciado da peça prática, ressaltando a impossibilidade de criar dados inexistentes, para não identificar a peça profissional e ter a prova zerada pelo examinador.

5. Fundamentação: faça a correta ligação entre os fatos e os dispositivos legais aplicáveis, como artigos de lei, súmulas, precedentes, desenvolvendo raciocínio lógico e coerência jurídica, ressaltando que a mera indicação do artigo ou da lei não é suficiente para a pontuação, sendo necessário demonstrar a correta coligação entre fato e direito. Não esquecer que caso o examinador indique a existência de precedente fazer a adesão, se for o caso, ou a distinção. Ainda, sendo caso de pedido de tutela de urgência, utilizar o fundamento legal do art. 300 do CPC, demonstrando o *fumus boni iuris* (probabilidade do direito) e o *periculum in mora* (perigo de dano ou o risco ao resultado útil do processo).

6. Pedidos e requerimentos: "Diante de todo o exposto, requer-se a Vossa Excelência: a) Seja o réu citado para, querendo, apresentar resposta no prazo legal em uma das modalidades permitidas na lei processual. b) Seja julgado procedente o pedido da presente ação, sendo condenado o réu à restituição do "valor...", valor a ele pago pelo autor para aquisição do bem evicto. c) Nos termos do art. 334, *caput* ou § 5º, do Código de Processo Civil, o autor deve se manifestar sobre o (des) interesse em autocomposição para a realização da audiência de conciliação ou de mediação do art. 334 do CPC. d) Seja o réu condenado ao pagamento de "valor..." a título de perdas e danos em razão da perda do bem pela evicção. e) Seja condenado o réu ao pagamento de "valor..." a título de frutos que fora obrigado a restituir ao evictor. f) Seja condenado o réu ao pagamento de "valor..." a título gastos com custas e honorários advocatícios na ação em que perdeu o bem pela evicção. g) Seja o réu condenado em custas e honorários advocatícios em percentuais arbitrados nos termos do art. 85, § 2º, do Código de Processo Civil. h) Sejam deferidos todos os meios de prova admitidos em direito para comprovação dos fatos que se apresentarem controvertidos após apresentação da contestação pelo réu. O endereço do advogado do autor, onde deverá receber as intimações, é "Endereço...".

7. Valor da causa: Dá-se à causa o valor de R$ (colocar valor da causa).

8. Fechamento da peça: Nestes Termos, Pede Deferimento. "Local..." e "Data..." OAB n. ..., "Assinatura...".

18.4.5.3. Modelo de ação de evicção

EXCELENTÍSSIMO SENHOR DOUTOR JUIZ DE DIREITO DA... VARA CÍVEL DA COMARCA DE...

(pular 10 linhas)

NOME DO AUTOR, "nacionalidade...", "estado civil...", "profissão..." (se pessoa jurídica indicar se de direito privado, público interno ou público externo), portador do "RG n. ...", inscrito no "CPF/CNPJ sob o n. ...", "endereço eletrônico...", "domiciliado à rua..." (se for pessoa jurídica "com sede à rua..."), vem, respeitosamente, por intermédio de seu advogado infra-assinado, perante Vossa Excelência, ajuizar a presente AÇÃO DE EVICÇÃO, com fulcro nos arts. 447 a 457 do CC, em face de NOME DO RÉU, "nacionalidade...", "estado civil...", "profissão..." (se pessoa jurídica indicar se de direito privado, público interno ou público externo), portador do "RG n. ...", inscrito no "CPF/CNPJ sob o n. ...", "endereço eletrônico...", "domiciliado à rua..." (se for pessoa jurídica "com sede à rua..."), pelos fundamentos de fato e de direito a seguir expostos:

I – DOS FATOS

Resumo dos fatos fornecidos pelo enunciado da questão.

II – DOS FUNDAMENTOS DE DIREITO

Vide pertinentes noções de Direito Civil destacadas, em especial dos arts. 447 a 457 do CC.

Observar se há precedente.

Caso o precedente seja favorável, fazer a adesão. Caso desfavorável, fazer a distinção "distinguishing".

III – DOS PEDIDOS

Diante de todo o exposto, requer-se a Vossa Excelência:

a) Seja o réu citado para, querendo, apresentar resposta no prazo legal em uma das modalidades permitidas na lei processual.

b) Seja julgado procedente o pedido da presente ação, sendo condenado o réu à restituição do "valor...", valor a ele pago pelo autor para aquisição do bem evicto.

c) Nos termos do art. 334, *caput* ou § 5º, do Código de Processo Civil, o autor deve se manifestar sobre o (des)interesse em autocomposição para a realização da audiência de conciliação ou de mediação do art. 334 do CPC.

d) Seja o réu condenado ao pagamento de "valor..." a título de perdas e danos em razão da perda do bem pela evicção.

e) Seja condenado o réu ao pagamento de "valor..." a título de frutos que fora obrigado a restituir ao evictor.

f) Seja condenado o réu ao pagamento de "valor..." a título gastos com custas e honorários advocatícios na ação em que perdeu o bem pela evicção.

g) Seja o réu condenado em custas e honorários advocatícios em percentuais arbitrados nos termos do art. 85, § 2º, do Código de Processo Civil.

h) Sejam deferidos todos os meios de prova admitidos em direito para comprovação dos fatos que se apresentarem controvertidos após apresentação da contestação pelo réu.

O endereço do advogado do autor, onde deverá receber as intimações, é "Endereço...".

Dá-se à causa o valor de R$ (*colocar valor da causa*).

Nestes termos,

Pede deferimento.

"Local..." e "Data..."

OAB n. ..., "Assinatura..."

18.5. Ação de cobrança

18.5.1. Apresentação

A principal problemática em uma ação de cobrança no exame de ordem é justamente a sua identificação e, mais do que isso, visualizar a diferença entre a ação e a execução de título extrajudicial, para que o candidato não se equivoque no momento de realização da peça prática profissional.

A ação de cobrança, por certo, é aquela utilizada para exigir ou cobrar uma obrigação que não foi quitada tempestivamente pelo devedor, ou seja, quando se encontrar inadimplente quanto às prestações do contrato, no entanto o título ou instrumento da referida ação não terá eficácia de título executivo extrajudicial, caso contrário estamos diante de uma execução por título extrajudicial.

Portanto, a ação de cobrança é uma ação de conhecimento, seguindo as regras da petição inicial e visando a um título executivo judicial (sentença de natureza condenatória), reconhecendo o débito e, consequentemente, a obrigação do devedor de pagar a quantia certa.

Observar que, pelo art. 389 do CC, não cumprida a obrigação, responde o devedor por perdas e danos, mais juros e atualização monetária segundo índices oficiais regularmente estabelecidos, e honorários de advogado, sendo que, pelo inadimplemento das obrigações respondem todos os bens do devedor.

18.5.2. Estrutura resumida da peça

1. Endereçamento: por ser uma petição inicial, faz-se a mesma recomendação anteriormente realizada, ou seja, atentar sempre para o enunciado proposto pelo examinador com respeito à competência (se Vara Única, se Vara Distrital, Regional ou Específica – Família e Sucessões, Criança e Adolescente etc.), ou se já há identificação exata da cidade/comarca "Vara Cível da Comarca da Capital de São Paulo". Ainda, observar se vara cível da Justiça Federal ou Estadual, bem como se de competência originária dos Tribunais. Assim, utilizar: "EXCELENTÍSSIMO SENHOR DOUTOR JUIZ DE DIREITO DA ... VARA CÍVEL DA COMARCA DE ...".

2. Identificação das partes: NOME DO AUTOR, "nacionalidade...", "estado civil...", "profissão..." (se pessoa jurídica indicar se de direito privado, público interno ou público externo), portador do "RG n. ...", inscrito no "CPF/CNPJ sob o n. ...", "endereço eletrônico...", "domiciliado à rua..." (se for pessoa jurídica "com sede à rua...").

NOME DO RÉU, "nacionalidade...", "estado civil...", "profissão..." (se pessoa jurídica indicar se de direito privado, público interno ou público externo), portador do "RG n. ...", inscrito no "CPF/CNPJ sob o n. ...", "endereço eletrônico...", "domiciliado à rua..." (se for pessoa jurídica "com sede à rua...").

3. Nome da ação e sua fundamentação legal: "vem, respeitosamente, por intermédio de seu advogado infra-assinado, perante Vossa Excelência, ajuizar a presente AÇÃO DE COBRANÇA (se for o caso, COM PEDIDO DE TUTELA ANTECIPADA), com fulcro nos arts. 389 a 393 do CC". Observar se é caso de cumulação de pedidos, ou se é hipótese de requerer a concessão de tutela antecipada.

4. Fatos: transcrição integral do texto apresentado pelo examinador no enunciado da peça prática, ressaltando a impossibilidade de criar dados inexistentes, para não identificar a peça profissional e ter a prova zerada pelo examinador.

5. Fundamentação: faça a correta ligação entre os fatos e os dispositivos legais aplicáveis, como artigos de lei, súmulas, precedentes, desenvolvendo raciocínio lógico e coerência jurídica, ressaltando que a mera indicação do artigo ou da lei não é suficiente para a pontuação, sendo necessário demonstrar a correta coligação entre fato e direito. Não esquecer que caso o examinador indique a existência de precedente fazer a adesão, se for o caso, ou a distinção. Ainda, sendo caso de pedido de tutela de urgência, utilizar o fundamento legal do art. 300 do CPC, demonstrando o *fumus boni iuris* (probabilidade do direito) e o *periculum in mora* (perigo de dano ou o risco ao resultado útil do processo).

6. Pedidos e requerimentos: "Diante de todo o exposto, requer-se a Vossa Excelência: a) Seja o réu citado para, querendo, apresentar resposta no prazo legal em uma das modalidades permitidas na lei processual. b) Seja julgado procedente o pedido da presente ação, condenando, por consequência, o réu ao pagamento de quantia no valor de "valor...". c) Nos termos do art. 334, *caput* ou § 5º, do Código de Processo Civil, o autor deve se manifestar sobre o (des)interesse em autocomposição para a realização da audiência de conciliação ou de mediação do art. 334 do CPC. d) Seja o réu condenado em custas e honorários advocatícios em percentuais arbitrados nos termos do art. 85, § 2º, do Código de Processo Civil. e) Sejam deferidos todos os meios de prova admitidos em direito para comprovação dos fatos que se apresentarem controvertidos após apresentação da contestação pelo réu. O endereço do advogado do autor, onde deverá receber as intimações, é "Endereço...".

7. Valor da causa: Dá-se à causa o valor de R$ (colocar valor da causa).

8. Fechamento da peça: Nestes Termos, Pede Deferimento. "Local..." e "Data..." OAB n. ..., "Assinatura...".

18.5.3. Modelo de ação de cobrança

EXCELENTÍSSIMO SENHOR DOUTOR JUIZ DE DIREITO DA... VARA CÍVEL DA COMARCA DE...

(pular 10 linhas)

NOME DO AUTOR, , "nacionalidade...", "estado civil...", "profissão..." (se pessoa jurídica indicar se de direito privado, público interno ou público externo), portador do "RG n. ...", inscrito no "CPF/CNPJ sob o n. ...", "endereço eletrônico...", "domiciliado à rua..." (se for pessoa jurídica "com sede à rua..."), vem, respeitosamente, por intermédio de seu advogado infra-assinado, perante Vossa Excelência, ajuizar a presente AÇÃO DE COBRANÇA, com fulcro nos arts. 389 a 393 do CC, em face de NOME DO RÉU, "nacionalidade...", "estado civil...", "profissão..." (se pessoa jurídica indicar se de direito privado, público interno ou público externo), portador do "RG n. ...", inscrito no "CPF/CNPJ sob o n. ...", "endereço eletrônico...", "domiciliado à rua..." (se for pessoa jurídica "com sede à rua..."), pelos fundamentos de fato e de direito a seguir expostos:

I - DOS FATOS

Resumo dos fatos fornecidos pelo enunciado da questão.

II - DOS FUNDAMENTOS DE DIREITO

Vide pertinentes noções de Direito Civil destacadas, em especial a respeito da natureza da obrigação e do inadimplemento (arts. 389 a 393 do CC).

Observar se há precedente.

Caso o precedente seja favorável, fazer a adesão. Caso desfavorável, fazer a distinção "distinguishing".

III - DA TUTELA ANTECIPADA

Fundamento legal: art. 300 do CPC. Comprovação do fumus boni iuris *(probabilidade do direito) e do* periculum in mora *(perigo de dano ou risco ao resultado útil do processo).*

IV - DOS PEDIDOS

Diante de todo o exposto, requer-se a Vossa Excelência:

a) Seja o réu citado para, querendo, apresentar resposta no prazo legal em uma das modalidades permitidas na lei processual.

b) Seja julgado procedente o pedido da presente ação, condenando, por consequência, o réu ao pagamento de quantia no valor de "valor...".

c) Nos termos do art. 334, *caput* ou § 5º, do Código de Processo Civil, o autor deve se manifestar sobre o (des)interesse em autocomposição para a realização da audiência de conciliação ou de mediação do art. 334 do CPC.

d) Seja o réu condenado em custas e honorários advocatícios em percentuais arbitrados nos termos do art. 85, § 2º, do Código de Processo Civil.

e) Sejam deferidos todos os meios de prova admitidos em direito para comprovação dos fatos que se apresentarem controvertidos após apresentação da contestação pelo réu.

O endereço do advogado do autor, onde deverá receber as intimações, é "Endereço...".

Dá-se à causa o valor de R$ (*colocar valor da causa*).

Nestes termos,

Pede deferimento.

"Local..." e "Data..."

OAB n. ..., "Assinatura..."

18.6. Principal peça processual da responsabilidade civil: ação indenizatória

18.6.1. Apresentação

Sabe-se que, de acordo com o Código Civil, aquele que, por ato ilícito (arts. 186 e 187), causar dano a outrem fica obrigado a repará-lo. Esta é a determinação legal contida no art. 927 do CC, consistente no fundamento principal para a indenização pelos danos causados. Ademais, os danos poderão ser causados quando praticados por ação ou omissão voluntária, negligência ou imprudência, surgindo a responsabilidade de indenizar quando violar direito e causar dano a outrem, ainda que exclusivamente moral, comete ato ilícito (art. 186 do CC).

Importante mencionar que os danos passíveis de serem indenização são todos aqueles de natureza material, capazes de reparar todos os prejuízos patrimoniais sofridos pela parte, aí incluídos os danos emergentes, os lucros cessantes e, eventualmente, os danos estéticos, bem como aqueles de natureza extrapatrimoniais, como os danos morais e à imagem que, todavia, são passíveis de conversão em pecúnia.

Ainda, também comete ato ilícito o titular de um direito que, ao exercê-lo, excede manifestamente os limites impostos pelo seu fim econômico ou social, pela boa-fé ou pelos bons costumes. No entanto, atentar que não constituem atos ilícitos, para efeitos de indenização aqueles: I – os praticados em legítima defesa ou no exercício regular de um direito reconhecido; II – a deterioração ou destruição da coisa alheia, ou a lesão a pessoa, a fim de remover perigo iminente.

Finalmente, atentar que no momento de realizar o pedido quanto aos valores da indenização, o CC determina que a indenização se mede pela extensão do dano e de acordo com ela deverá ser pleiteada, sob pena de enriquecimento sem causa (art. 884 do CC). Ademais, verificar que toda indenização tem um duplo caráter, ou seja, um caráter punitivo para que o causador do dano, pelo fato da condenação, se veja castigado pela ofensa que praticou; e o caráter compensatório para a vítima, que receberá a quantia necessária para lhe proporcionar a contrapartida ao mal sofrido.

18.6.2. Estrutura resumida da peça

1. Endereçamento: por ser uma petição inicial, faz-se a mesma recomendação anteriormente realizada, ou seja, atentar sempre para o enunciado proposto pelo examinador com respeito à competência (se Vara Única, se Vara Distrital, Regional ou Específica – Família e Sucessões, Criança e Adolescente etc.), ou se já há identificação exata da cidade/comarca "Vara Cível da Comarca da Capital de São Paulo". Ainda, observar se vara cível da Justiça Federal ou Estadual, bem como se de competência originária dos Tribunais. Assim, utilizar: "EXCELENTÍSSIMO SENHOR DOUTOR JUIZ DE DIREITO DA ... VARA CÍVEL DA COMARCA DE ...".

2. Identificação das partes: NOME DO AUTOR, "nacionalidade...", "estado civil...", "profissão..." (se pessoa jurídica indicar se de direito privado, público interno ou público externo), portador do "RG n. ...", inscrito no "CPF/CNPJ sob o n. ...", "endereço eletrônico...", "domiciliado à rua..." (se for pessoa jurídica "com sede à rua...").

NOME DO RÉU, "nacionalidade...", "estado civil...", "profissão..." (se pessoa jurídica indicar se de direito privado, público interno ou público externo), portador do "RG n. ...", inscrito no "CPF/CNPJ sob o n. ...", "endereço eletrônico...", "domiciliado à rua..." (se for pessoa jurídica "com sede à rua...").

3. Nome da ação e sua fundamentação legal: "vem, respeitosamente, por intermédio de seu advogado infra-assinado, perante Vossa Excelência, ajuizar a presente AÇÃO DE INDENIZAÇÃO (POR DANOS MORAIS, MATERIAIS, ESTÉTICOS), (se for o caso, COM PEDIDO DE TUTELA ANTECIPADA), com fulcro nos arts. 186 e 187 do CC". Observar se é caso de cumulação de pedidos, ou se é hipótese de requerer a concessão de tutela antecipada.

4. Fatos: transcrição integral do texto apresentado pelo examinador no enunciado da peça prática, ressaltando a impossibilidade de criar dados inexistentes, para não identificar a peça profissional e ter a prova zerada pelo examinador.

5. Fundamentação: faça a correta ligação entre os fatos e os dispositivos legais aplicáveis, como artigos de lei, súmulas, precedentes, desenvolvendo raciocínio lógico e coerência jurídica, ressaltando que a mera indicação do artigo ou da lei não é suficiente para a pontuação, sendo necessário demonstrar a correta coligação entre fato e direito. Não esquecer que caso o examinador indique a existência de precedente fazer a adesão, se for o caso, ou a distinção. Ainda, sendo caso de pedido de tutela de urgência, utilizar o fundamento legal do art. 300 do CPC, demonstrando o *fumus boni iuris* (probabilidade do direito) e o *periculum in mora* (perigo de dano ou o risco ao resultado útil do processo).

6. Pedidos e requerimentos: "Diante de todo o exposto, requer-se a Vossa Excelência: a) Seja o réu citado para, querendo, apresentar resposta no prazo legal em uma das modalidades permitidas na lei processual. b) Seja julgado procedente o pedido no sentido de condenar o réu ao pagamento de "valor..." a título de danos materiais. c) Nos termos do art. 334, *caput* ou § 5º, do Código de Processo

Civil, o autor deve se manifestar sobre o (des)interesse em autocomposição para a realização da audiência de conciliação ou de mediação do art. 334 do CPC. d) Seja julgado procedente o pedido no sentido de condenar o réu ao pagamento de "valor..." a título de danos emergentes e/ou lucros cessantes. e) Seja julgado procedente o pedido no sentido de condenar o réu ao pagamento de indenização por danos morais em valor a ser arbitrado por esse MM. Juízo. f) Seja julgado procedente o pedido no sentido de condenar o réu ao pagamento de indenização por danos estéticos em valor a ser arbitrado por esse MM. Juízo. g) Seja o réu condenado em custas e honorários advocatícios em percentuais arbitrados nos termos do art. 85, § 2º, do Código de Processo Civil. h) Sejam deferidos todos os meios de prova admitidos em direito para comprovação dos fatos que se apresentarem controvertidos após apresentação da contestação pelo réu. O endereço do advogado do autor, onde deverá receber as intimações, é "Endereço...".

7. Valor da causa: Dá-se à causa o valor de R$ (colocar valor da causa).

8. Fechamento da peça: Nestes Termos, Pede Deferimento. "Local..." e "Data..." OAB n. ..., "Assinatura...".

18.6.3. Modelo de ação de indenização

EXCELENTÍSSIMO SENHOR DOUTOR JUIZ DE DIREITO DA... VARA CÍVEL DA COMARCA DE...

(pular 10 linhas)

NOME DO AUTOR, "nacionalidade...", "estado civil...", "profissão..." (se pessoa jurídica indicar se de direito privado, público interno ou público externo), portador do "RG n. ...", inscrito no "CPF/CNPJ sob o n. ...", "endereço eletrônico...", "domiciliado à rua..." (se for pessoa jurídica "com sede à rua..."), vem, respeitosamente, por intermédio de seu advogado infra-assinado, perante Vossa Excelência, ajuizar a presente AÇÃO DE INDENIZAÇÃO (POR DANOS MORAIS, MATERIAIS, ESTÉTICOS), (se for o caso, COM PEDIDO DE TUTELA ANTECIPADA), com fulcro nos arts. 186 e 187 do CC, em face de NOME DO RÉU, "nacionalidade...", "estado civil...", "profissão..." (se pessoa jurídica indicar se de direito privado, público interno ou público externo), portador do "RG n. ...", inscrito no "CPF/CNPJ sob o n. ...", "endereço eletrônico...", "domiciliado à rua..." (se for pessoa jurídica "com sede à rua..."), pelos fundamentos de fato e de direito a seguir expostos:

I – DOS FATOS

Resumo dos fatos fornecidos pelo enunciado da questão.

II – DOS FUNDAMENTOS DE DIREITO

Lições jurídicas sobre o tema da peça processual, em especial demonstrando o ato ilícito praticado (arts. 186 e 187 do CC), bem como da obrigação e do dever de indenizar (arts. 927 a 943 e 944 a 954, todos do CC).

Observar se há precedente.

Caso o precedente seja favorável, fazer a adesão. Caso desfavorável, fazer a distinção "distinguishing".

III - DOS PEDIDOS

Diante de todo o exposto, requer-se a Vossa Excelência:

a) Seja o réu citado para, querendo, apresentar resposta no prazo legal em uma das modalidades permitidas na lei processual.

b) Seja julgado procedente o pedido no sentido de condenar o réu ao pagamento de "valor..." a título de danos materiais.

c) Nos termos do art. 334, *caput* ou § 5º, do Código de Processo Civil, o autor deve se manifestar sobre o (des)interesse em autocomposição para a realização da audiência de conciliação ou de mediação do art. 334 do CPC.

d) Seja julgado procedente o pedido no sentido de condenar o réu ao pagamento de "valor..." a título de danos emergentes e/ou lucros cessantes.

e) Seja julgado procedente o pedido no sentido de condenar o réu ao pagamento de indenização por danos morais em valor a ser arbitrado por esse MM. Juízo.

f) Seja julgado procedente o pedido no sentido de condenar o réu ao pagamento de indenização por danos estéticos em valor a ser arbitrado por esse MM. Juízo.

g) Seja o réu condenado em custas e honorários advocatícios em percentuais arbitrados nos termos do art. 85, § 2º, do Código de Processo Civil.

h) Sejam deferidos todos os meios de prova admitidos em direito para comprovação dos fatos que se apresentarem controvertidos após apresentação da contestação pelo réu.

O endereço do advogado do autor, onde deverá receber as intimações, é "Endereço...".

Dá-se à causa o valor de R$ (*colocar valor da causa*).

Nestes termos,

Pede deferimento.

"Local..." e "Data..."

OAB n. ..., "Assinatura..."

18.7. Principais peças processuais dos direitos reais

18.7.1. Ações possessórias

Com efeito, as ações possessórias são aquelas que visam assegurar, garantir ou defender a posse, em razão de alguma circunstância fática que tenha acarretado na sua perda ou na ameaça de perda. No CPC, a proteção possessória vem disciplinada como procedimento especial, previstas pelos arts. 554 a 558, cabível quando a posse sofrer turbação ou esbulho dentro do prazo de ano e dia, caso contrário, seguirá as regras do procedimento comum.

Quanto ao procedimento, importante mencionar a possibilidade de o examinador apontar a existência de invasão com número indeterminado de pessoas, neste caso, mencionar que deverá ser realizada a citação pessoal dos ocupantes que forem encontrados no local e a citação por edital dos demais, determinando-se, ainda, a intimação do Ministério Público e, se envolver pessoas em situação de hipossuficiência econômica, da Defensoria Pública (art. 554 do CPC).

Ainda, segundo o CPC, é lícito ao autor cumular ao pedido possessório o de:

I – condenação em perdas e danos;

II – indenização dos frutos.

De igual maneira, pode o autor requerer, ainda, imposição de medida necessária e adequada para:

I – evitar nova turbação ou esbulho;

II – cumprir-se a tutela provisória ou final.

Observar que as ações possessórias constituem ações de natureza dúplice, portanto, segundo as regras do CPC, é lícito ao réu, na contestação, alegando que foi o ofendido em sua posse, demandar a proteção possessória e a indenização pelos prejuízos resultantes da turbação ou do esbulho cometido pelo autor.

Por fim, são consideradas como ações possessórias: as ações de reintegração, de manutenção de posse e o interdito proibitório.

18.7.2. Ações de reintegração e de manutenção de posse

18.7.2.1. Apresentação

Para verificar a natureza da ação possessória a ser proposta, o candidato deve, inicialmente, identificar qual circunstância fática houve para justificar a tutela da posse, ou seja, caberá ação de reintegração de posse quando ficar evidenciada a prática de esbulho à posse, ou seja, a perda total da posse, razão pela qual o possuidor terá direito a ser reintegrado. No entanto, caberá a ação de manutenção da posse quando estiver demonstrada a prática de turbação, ou seja, quando existir um impedimento ao exercício pleno da posse pelo possuidor.

Na petição inicial, incumbe ao autor provar alguns requisitos essenciais, quais sejam:

I – a sua posse;

II – a turbação ou o esbulho praticado pelo réu;

III – a data da turbação ou do esbulho;

IV – a continuação da posse, embora turbada, na ação de manutenção, ou a perda da posse, na ação de reintegração.

Estando a petição inicial devidamente instruída, o juiz deferirá, sem ouvir o réu, a expedição do mandado liminar de manutenção ou de reintegração, caso contrário, determinará que o autor justifique previamente o alegado, na chamada **audiência de justificação prévia**, citando-se o réu para comparecer à audiência que for designada (art. 562 do CPC).

Se for caso de litígio coletivo pela posse de imóvel, quando o esbulho ou a turbação afirmado na petição inicial houver ocorrido **há mais de ano e dia**, observar que, antes de apreciar o pedido de concessão da medida liminar, o juiz deverá designar **audiência de mediação**, a realizar-se em até 30 dias (art. 565 do CPC).

18.7.2.2. Estrutura resumida da peça

1. Endereçamento: por ser uma petição inicial, faz-se a mesma recomendação anteriormente realizada, ou seja, atentar sempre para o enunciado proposto pelo examinador com respeito à competência (se Vara Única, se Vara Distrital, Regional ou Específica – Família e Sucessões, Criança e Adolescente etc.), ou se já há identificação exata da cidade/comarca "Vara Cível da Comarca da Capital de São Paulo". Ainda, observar se vara cível da Justiça Federal ou Estadual, bem como se de competência originária dos Tribunais. Assim, utilizar: "EXCELENTÍSSIMO SENHOR DOUTOR JUIZ DE DIREITO DA ... VARA CÍVEL DA COMARCA DE ...".

2. Identificação das partes: NOME DO AUTOR, "nacionalidade...", "estado civil...", "profissão..." (se pessoa jurídica indicar se de direito privado, público interno ou público externo), portador do "RG n. ...", inscrito no "CPF/CNPJ sob o n. ...", "endereço eletrônico...", "domiciliado à rua..." (se for pessoa jurídica "com sede à rua...").

NOME DO RÉU, "nacionalidade...", "estado civil...", "profissão..." (se pessoa jurídica indicar se de direito privado, público interno ou público externo), portador do "RG n. ...", inscrito no "CPF/CNPJ sob o n. ...", "endereço eletrônico...", "domiciliado à rua..." (se for pessoa jurídica "com sede à rua...").

3. Nome da ação e sua fundamentação legal: "vem, respeitosamente, por intermédio de seu advogado infra-assinado, perante Vossa Excelência, ajuizar a presente AÇÃO DE REINTEGRAÇÃO ou MANUTENÇÃO DE POSSE, com fulcro nos arts. 560 e seguintes do CPC. Observar se é caso de cumulação de pedidos, ou se é hipótese de requerer a concessão da liminar ou da tutela antecipada.

4. Fatos: transcrição integral do texto apresentado pelo examinador no enunciado da peça prática, ressaltando a impossibilidade de criar dados inexistentes, para não identificar a peça profissional e ter a prova zerada pelo examinador. Importante demonstrar o esbulho possessório, no caso da reintegração de posse e a turbação, no caso da manutenção de posse.

5. Fundamentação: faça a correta ligação entre os fatos e os dispositivos legais aplicáveis, como artigos de lei, súmulas, precedentes, desenvolvendo raciocínio lógico e coerência jurídica, ressaltando que a mera indicação do artigo ou da lei não é suficiente para a pontuação, sendo necessário demonstrar a correta coligação entre fato e direito, em especial demonstrando o preenchimento dos requisitos dos arts. 561 e 562 do CPC. Sendo ação possessória de força nova (ano e dia), é fundamental abrir um capítulo para justificar o pedido que será feito de liminar específica. O fundamento legal: art. 562 do CPC, bastando comprovação de que o autor tinha a posse e que foi agredido. Ou, ainda, solicitar a audiência de justificação prévia. Caso seja ação possessória de força velha (a partir de ano e dia), até pode ser pedido tutela antecipada geral, caso em que o fundamento legal será o art. 300 do CPC e exigirá a comprovação do *fumus boni iuris* e do *periculum in mora* (procedimento comum).

6. Pedidos e requerimentos: "Diante de todo o exposto, requer-se a Vossa Excelência: a) Seja o réu citado para, querendo, apresentar resposta no prazo legal em uma das modalidades permitidas na lei processual. b) Seja liminarmente deferida a expedição de mandado de (*reintegração ou manutenção*) de posse determinando que (*o réu seja retirado da posse do bem para reintegração do autor ou que o autor seja mantido em sua posse*) ou outro mandado possessório, caso se entenda ser outro o tipo de agressão da posse, o que se permite fazer em razão da fungibilidade das ações possessórias. c) O autor deve se manifestar sobre o (des)interesse em autocomposição para a realização da audiência de mediação do art. 565 do CPC (ou de justificação prévia do art. 562 do CPC). d) NO MÉRITO, seja, ao final, confirmada a tutela antecipada, sendo julgado procedente o pedido para que seja o autor reintegrado na posse do bem ou que seja concedida outra medida possessória, caso se entenda ser outro o tipo de agressão da posse, o que se permite fazer em razão da fungibilidade das ações possessórias. e) Seja o réu condenado a indenizar o autor em perdas e danos no "valor..." em razão do prejuízo experimentado em decorrência da agressão à sua posse. f) Seja cominada pena pecuniária em valor a ser arbitrado por esse MM. Juízo para eventual nova agressão do réu à posse do autor da presente demanda. g) Seja o réu condenado a desfazer a obra ou plantação (*depende do caso*) por ele feita em detrimento à posse do autor. h) Seja o réu condenado em custas e honorários advocatícios em percentuais arbitrados nos termos do art. 85, § 2º, do Código de Processo Civil. i) Sejam deferidos todos os meios de prova admitidos em direito para comprovação dos fatos que se apresentarem controvertidos após apresentação da contestação pelo réu. O endereço do advogado do autor, onde deverá receber as intimações, é "Endereço...".

7. Valor da causa: Dá-se à causa o valor de R$ (colocar valor da causa).

8. Fechamento da peça: Nestes Termos, Pede Deferimento. "Local..." e "Data..." OAB n. ..., "Assinatura...".

18.7.2.3. Modelo de ação de reintegração de posse

EXCELENTÍSSIMO SENHOR DOUTOR JUIZ DE DIREITO DA... VARA CÍVEL DA COMARCA DE...

(pular 10 linhas)

NOME DO AUTOR, "nacionalidade...", "estado civil...", "profissão..." (se pessoa jurídica indicar se de direito privado, público interno ou público externo), portador do "RG n. ...", inscrito no "CPF/CNPJ sob o n. ...", "endereço eletrônico...", "domiciliado à rua..." (se for pessoa jurídica "com sede à rua..."), vem, respeitosamente, por intermédio de seu advogado infra-assinado, perante Vossa Excelência, ajuizar a presente AÇÃO DE REINTEGRAÇÃO DE POSSE, com fulcro no art. 560 e seguintes do CPC, em face de NOME DO RÉU, "nacionalidade...", "estado civil...", "profissão..." (se pessoa jurídica indicar se de direito privado, público interno ou público externo), portador do "RG n. ...", inscrito no "CPF/CNPJ sob o n. ...", "endereço eletrônico...", "domiciliado à rua..." (se for pessoa jurídica "com sede à rua...") (*se for o caso de um número indeterminado de pessoas, cabe indicação genérica, por exemplo, em face dos invasores da "fazenda..."*) pelos fundamentos de fato e de direito a seguir expostos:

I – DOS FATOS

Resumo dos fatos fornecidos pelo enunciado da questão, demonstrando o esbulho possessório.

II – DOS FUNDAMENTOS DE DIREITO

Vide pertinentes noções de Direito Civil destacadas, em especial demonstrando o preenchimento dos requisitos dos arts. 561 e 562 do CPC.

Observar se há precedente.

Caso o precedente seja favorável, fazer a adesão. Caso desfavorável, fazer a distinção "distinguishing".

III – DA LIMINAR ESPECÍFICA

Sendo ação possessória de força nova, é fundamental você abrir um capítulo para justificar o pedido que será feito de liminar específica. O fundamento legal: art. 562 do CPC, bastando comprovação de que o autor tinha a posse e que foi agredido. Ou, ainda, solicitar a audiência de justificação prévia.

Obs.: Caso seja ação possessória de força velha, até pode ser pedido tutela antecipada geral, caso em que o fundamento legal será o art. 300 do CPC e exigirá de você a comprovação do fumus boni iuris *e do* periculum in mora *(procedimento comum).*

IV – DOS PEDIDOS

Diante de todo o exposto, requer-se a Vossa Excelência:

a) Seja o réu citado para, querendo, apresentar resposta no prazo legal em uma das modalidades permitidas na lei processual.

b) Seja liminarmente deferida a expedição de mandado de reintegração de posse determinando que o réu seja retirado da posse do bem para reintegração do autor em sua posse ou outro mandado possessório, caso se entenda ser outro o tipo de agressão da posse, o que se permite fazer em razão da fungibilidade das ações possessórias.

c) O autor deve se manifestar sobre o (des)interesse em autocomposição para a realização da audiência de mediação do art. 565 do CPC (ou de justificação prévia do art. 562 do CPC).

d) NO MÉRITO, seja, ao final, confirmada a tutela antecipada, sendo julgado procedente o pedido para que seja o autor reintegrado na posse do bem ou que seja concedida outra medida possessória, caso se entenda ser outro o tipo de agressão da posse, o que se permite fazer em razão da fungibilidade das ações possessórias.

e) Seja o réu condenado a indenizar o autor em perdas e danos no "valor..." em razão do prejuízo experimentado em decorrência da agressão à sua posse.

f) Seja cominada pena pecuniária em valor a ser arbitrado por esse MM. Juízo para eventual nova agressão do réu à posse do autor da presente demanda.

g) Seja o réu condenado a desfazer a obra ou plantação (depende do caso) por ele feita em detrimento à posse do autor.

h) Seja o réu condenado em custas e honorários advocatícios em percentuais arbitrados nos termos do art. 85, § 2º, do Código de Processo Civil.

i) Sejam deferidos todos os meios de prova admitidos em direito para comprovação dos fatos que se apresentarem controvertidos após apresentação da contestação pelo réu.

O endereço do advogado do autor, onde deverá receber as intimações, é "Endereço...".

Dá-se à causa o valor de R$ (*colocar valor da causa*).

Nestes termos,

Pede deferimento.

"Local..." e "Data..."

OAB n. ..., "Assinatura..."

18.7.2.4. Modelo de ação de manutenção de posse

EXCELENTÍSSIMO SENHOR DOUTOR JUIZ DE DIREITO DA ... VARA CÍVEL DA "COMARCA..."

(pular 10 linhas)

NOME DO AUTOR, "nacionalidade...", "estado civil...", "profissão..." (se pessoa jurídica indicar se de direito privado, público interno ou público externo), portador do "RG n. ...", inscrito no "CPF/CNPJ sob o n. ...", "endereço eletrônico...", "domiciliado à rua..." (se for pessoa jurídica "com sede à rua..."), vem, respeitosamente, por intermédio de seu advogado infra-assinado, perante Vossa Excelência, ajuizar a presente AÇÃO DE MANUTENÇÃO DE POSSE, com fulcro no art. 560 e seguintes do CPC, em face de NOME DO RÉU, "nacionalidade...", "estado civil...", "profissão..." (se pessoa jurídica indicar se de direito privado, público interno ou público externo), portador do "RG n. ...", inscrito no "CPF/CNPJ sob o n. ...", "endereço eletrônico...", "domiciliado à rua..." (se for pessoa jurídica "com sede à rua...") (se for o caso de um número indeterminado de pessoas, cabe indicação genérica, por exemplo, em face dos invasores da "fazenda...") pelos fundamentos de fato e de direito a seguir expostos:

I - DOS FATOS

Resumo dos fatos fornecidos pelo enunciado da questão, demonstrando a prática de turbação na posse.

II - DOS FUNDAMENTOS DE DIREITO

Vide pertinentes noções de Direito Civil destacadas, em especial demonstrando o preenchimento dos requisitos dos arts. 561 e 562 do CPC.

Observar se há precedente.

Caso o precedente seja favorável, fazer a adesão. Caso desfavorável, fazer a distinção "distinguishing".

III - DA LIMINAR ESPECÍFICA

Sendo ação possessória de força nova, é fundamental você abrir um capítulo para justificar o pedido que será feito de liminar específica. O fundamento legal: art. 562 do CPC, bastando comprovação de que o autor tinha a posse e que foi agredido. Ou, se o caso, solicitar a realização da audiência de justificação prévia.

Obs.: Caso seja ação possessória de força velha, até pode ser pedido tutela antecipada geral, caso em que o fundamento legal será o art. 300 do CPC e exigirá de você a comprovação do fumus boni iuris *e do* periculum in mora.

IV - DOS PEDIDOS

Diante de todo o exposto, requer-se a Vossa Excelência:

a) Seja o réu citado para, querendo, apresentar resposta no prazo legal em uma das modalidades permitidas na lei processual.

b) Seja liminarmente deferida a expedição de mandado de manutenção de posse determinando que o réu cesse com a agressão à posse do autor desta ação para que ele seja mantido em sua posse ou outro mandado possessório, caso se entenda ser outro o tipo de agressão da posse, o que se permite fazer em razão da fungibilidade das ações possessórias.

c) O autor deve se manifestar sobre o (des)interesse em autocomposição para a realização da audiência de mediação do art. 565 do CPC (ou de justificação prévia do art. 562 do CPC).

d) NO MÉRITO, seja, ao final, confirmada a tutela antecipada, sendo julgado procedente o pedido para que seja o autor mantido na posse do bem ou que seja concedida outra medida possessória, caso se entenda ser outro o tipo de agressão da posse, o que se permite fazer em razão da fungibilidade das ações possessórias.

e) Seja o réu condenado a indenizar o autor em perdas e danos no "valor..." em razão do prejuízo experimentado em decorrência da agressão à sua posse.

f) Seja cominada pena pecuniária em valor a ser arbitrado por esse MM. Juízo para eventual nova agressão do réu à posse do autor da presente demanda.

g) Seja o réu condenado a desfazer a obra ou plantação (depende do caso) por ele feita em detrimento à posse do autor.

h) Seja o réu condenado em custas e honorários advocatícios em percentuais arbitrados nos termos do art. 85, § 2º, do Código de Processo Civil.

i) Sejam deferidos todos os meios de prova admitidos em direito para comprovação dos fatos que se apresentarem controvertidos após apresentação da contestação pelo réu.

O endereço do advogado do autor, onde deverá receber as intimações, é "Endereço...".

Dá-se à causa o valor de R$ (*colocar valor da causa*).

Nestes termos,

Pede deferimento.

"Local..." e "Data..."

OAB n. ..., "Assinatura..."

18.7.3. Ação de interdito proibitório

18.7.3.1. Apresentação

Interdito proibitório é a ação possessória competente e utilizada em situações de agressão iminente ou receio justificável de perturbação da posse, ou seja, circunstâncias em que a turbação ou o esbulho são altamente prováveis e atuais.

Desta forma, diz o art. 567 do CPC que o possuidor direto ou indireto que tenha justo receio de ser molestado na posse poderá requerer ao juiz que o segure da turbação ou esbulho iminente, mediante mandado proibitório em que se comine ao réu determinada pena pecuniária caso transgrida o preceito.

Assim, o interdito visa efetivamente tutelar a ameaça ao estado de fato de bens pertencentes ao possuidor direto e indireto contra eventuais atos de perturbação da posse, tais como supressão do fornecimento de energia elétrica ou de água ao imóvel, suspensão de sinais televisivos e informáticos, de linha telefônica ou outra modalidade de comunicação, dentre outros.

Prevê-se, portanto, a possibilidade de expedição de mandado proibitório como forma de coibir a situação de ameaça ou violência iminente sobre a posse, inclusive sendo possível a imposição de pena pecuniária (*astreintes*) em caso de descumprimento, sendo fundamental para a efetividade do interdito, sendo que, caso o autor não requeira o mandado proibitório, deve o juiz concedê-lo de ofício.

18.7.3.2. Estrutura resumida da peça

1. Endereçamento: por ser uma petição inicial, faz-se a mesma recomendação anteriormente realizada, ou seja, atentar sempre para o enunciado proposto pelo examinador com respeito à competência (se Vara Única, se Vara Distrital, Regional ou Específica – Família e Sucessões, Criança e Adolescente etc.), ou se já há identificação exata da cidade/comarca "Vara Cível da Comarca da Capital de São Paulo". Ainda, observar se vara cível da Justiça Federal ou Estadual, bem como se de competência originária dos Tribunais. Assim, utilizar: "EXCELENTÍSSIMO SENHOR DOUTOR JUIZ DE DIREITO DA ... VARA CÍVEL DA COMARCA DE ...".

2. Identificação das partes: NOME DO AUTOR, "nacionalidade...", "estado civil...", "profissão..." (se pessoa jurídica indicar se de direito privado, público interno ou público externo), portador do "RG n. ...", inscrito no "CPF/CNPJ sob o n. ...", "endereço eletrônico...", "domiciliado à rua..." (se for pessoa jurídica "com sede à rua...").

NOME DO RÉU, "nacionalidade...", "estado civil...", "profissão..." (se pessoa jurídica indicar se de direito privado, público interno ou público externo), portador do "RG n. ...", inscrito no "CPF/CNPJ sob o n. ...", "endereço eletrônico...", "domiciliado à rua..." (se for pessoa jurídica "com sede à rua...").

3. Nome da ação e sua fundamentação legal: "vem, respeitosamente, por intermédio de seu advogado infra-assinado, perante Vossa Excelência, ajuizar o presente INTERDITO PROIBITÓRIO, com fulcro nos arts. 567 e 568 do CPC. Observar se é caso de cumulação de pedidos, ou se é hipótese de requerer a concessão da liminar ou da tutela antecipada.

4. Fatos: transcrição integral do texto apresentado pelo examinador no enunciado da peça prática, ressaltando a impossibilidade de criar dados inexistentes, para não identificar a peça profissional e ter a prova zerada pelo examinador. Importante demonstrar a hipótese de ameaça ou violência eminente à posse.

5. Fundamentação: faça a correta ligação entre os fatos e os dispositivos legais aplicáveis, como artigos de lei, súmulas, precedentes, desenvolvendo raciocínio lógico e coerência jurídica, ressaltando que a mera indicação do artigo ou da lei não é suficiente para a pontuação, sendo necessário demonstrar a correta coligação entre fato e direito, em especial demonstrando o preenchimento dos requisitos dos arts. 561 e 562 do CPC. Sendo ação possessória de força nova (ano e dia), é fundamental abrir um capítulo para justificar o pedido que será feito de liminar específica. O fundamento legal: art. 562 do CPC, bastando comprovação de que o autor tinha a posse e que foi agredido. Ou, ainda, solicitar a audiência de justificação prévia. Caso seja ação possessória de força velha (a partir de ano e dia), até pode ser pedido tutela antecipada geral, caso em que o fundamento legal será o art. 300 do CPC e exigirá a comprovação do *fumus boni iuris* e do *periculum in mora* (procedimento comum).

6. Pedidos e requerimentos: "Diante de todo o exposto, requer-se a Vossa Excelência: a) Seja o réu citado para, querendo, apresentar resposta no prazo legal em uma das modalidades permitidas na lei processual. b) Seja liminarmente deferida a expedição de mandado proibitório fixando multa suficientemente alta a ser arbitrada por esse MM. Juízo para coibir o réu a concretizar a ameaça de agressão à posse do autor da presente demanda, ou outro mandado possessório, caso se entenda ser outro o tipo de agressão da posse, o que se permite fazer em razão da fungibilidade das ações possessórias. c) O autor deve se manifestar sobre o (des)interesse em autocomposição para a realização da audiência de mediação do art. 565 do CPC (ou de justificação prévia do art. 562 do CPC). d) NO MÉRITO, seja, ao final, confirmada a tutela antecipada, sendo julgado procedente o pedido para que seja fixada multa suficientemente alta a ser arbitrada por esse MM. Juízo para coibir o réu a concretizar a ameaça de agressão à posse do autor da presente demanda ou que seja concedida outra medida possessória, caso se entenda ser outro o tipo de agressão da posse, o que se permite fazer em razão da fungibilidade das ações possessórias. e) Seja o réu condenado a indenizar o autor em perdas e danos no "valor..." em razão do prejuízo experimentado em decorrência da agressão à sua posse. f) Seja cominada pena pecuniária em valor a ser arbitrado por esse MM. Juízo para eventual nova agressão do réu à posse do autor da presente demanda. g) Seja o réu condenado em custas e honorários advocatícios em percentuais arbitrados nos termos do art. 85, § 2º, do Código de Processo Civil. h) Sejam deferidos todos os meios de prova admitidos em direito para comprovação dos fatos que se apresentarem controvertidos após apresentação da contestação pelo réu. O endereço do advogado do autor, onde deverá receber as intimações, é "Endereço...".

7. Valor da causa: Dá-se à causa o valor de R$ (colocar valor da causa).

8. Fechamento da peça: Nestes Termos, Pede Deferimento. "Local..." e "Data..." OAB n. ..., "Assinatura...".

18.7.3.3. Modelo de interdito proibitório

EXCELENTÍSSIMO SENHOR DOUTOR JUIZ DE DIREITO DA... VARA CÍVEL DA COMARCA DE...

(pular 10 linhas)

NOME DO AUTOR, "nacionalidade...", "estado civil...", "profissão..." (se pessoa jurídica indicar se de direito privado, público interno ou público externo), portador do "RG n. ...", inscrito no "CPF/CNPJ sob o n. ...", "endereço eletrônico...", "domiciliado à rua..." (se for pessoa jurídica "com sede à rua..."), vem, respeitosamente, por intermédio de seu advogado infra-assinado, perante Vossa Excelência, ajuizar o presente INTERDITO PROIBITÓRIO, com fulcro no art. 567 do CPC, em face de NOME DO RÉU, "nacionalidade...", "estado civil...", "profissão..." (se pessoa jurídica indicar se de direito privado, público interno ou público externo), portador do "RG n. ...", inscrito no "CPF/CNPJ sob o n. ...", "endereço eletrônico...", "domiciliado à rua..." (se for pessoa jurídica "com sede à rua...") (*se for o caso de um número indeterminado de pessoas, cabe indicação genérica, por exemplo, em face dos invasores da "fazenda..."*) pelos fundamentos de fato e de direito a seguir expostos:

I – DOS FATOS

Resumo dos fatos fornecidos pelo enunciado da questão, identificando as causas de perturbação da posse.

II – DOS FUNDAMENTOS DE DIREITO

Vide pertinentes noções de Direito Civil destacadas, em especial do art. 567 do CPC.

Observar se há precedente.

Caso o precedente seja favorável, fazer a adesão. Caso desfavorável, fazer a distinção "distinguishing".

III – DA LIMINAR ESPECÍFICA

Sendo ação possessória de força nova, é fundamental você abrir um capítulo para justificar o pedido que será feito de liminar específica. O fundamento legal: art. 562 do CPC, bastando comprovação de que o autor tinha a posse e que foi agredido.

Obs.: Caso seja ação possessória de força velha, até pode ser pedido tutela antecipada geral, caso em que o fundamento legal será o art. 300 do CPC e exigirá de você a comprovação do fumus boni iuris *e do* periculum in mora.

IV – DOS PEDIDOS

Diante de todo o exposto, requer-se a Vossa Excelência:

a) Seja o réu citado para, querendo, apresentar resposta no prazo legal em uma das modalidades permitidas na lei processual.

b) Seja liminarmente deferida a expedição de mandado proibitório fixando multa suficientemente alta a ser arbitrada por esse MM. Juízo para coibir o réu a concretizar a ameaça de agressão à posse do autor da presente demanda, ou outro mandado possessório, caso se entenda ser outro o tipo de agressão da posse, o que se permite fazer em razão da fungibilidade das ações possessórias.

c) O autor deve se manifestar sobre o (des)interesse em autocomposição para a realização da audiência de mediação do art. 565 do CPC (ou de justificação prévia do art. 562 do CPC).

d) NO MÉRITO, seja, ao final, confirmada a tutela antecipada, sendo julgado procedente o pedido para que seja fixada multa suficientemente alta a ser arbitrada por esse MM. Juízo para coibir o réu a concretizar a ameaça de agressão à posse do autor da presente demanda ou que seja concedida outra medida possessória, caso se entenda ser outro o tipo de agressão da posse, o que se permite fazer em razão da fungibilidade das ações possessórias.

e) Seja o réu condenado a indenizar o autor em perdas e danos no "valor..." em razão do prejuízo experimentado em decorrência da agressão à sua posse.

f) Seja cominada pena pecuniária em valor a ser arbitrado por esse MM. Juízo para eventual nova agressão do réu à posse do autor da presente demanda.

g) Seja o réu condenado em custas e honorários advocatícios em percentuais arbitrados nos termos do art. 85, § 2º, do Código de Processo Civil.

h) Sejam deferidos todos os meios de prova admitidos em direito para comprovação dos fatos que se apresentarem controvertidos após apresentação da contestação pelo réu.

O endereço do advogado do autor, onde deverá receber as intimações, é "Endereço...".

Dá-se à causa o valor de R$ (*colocar valor da causa*).

Nestes termos,

Pede deferimento.

"Local..." e "Data..."

OAB n. ..., "Assinatura..."

18.7.3.4. Contestação ação de reintegração ou manutenção de posse ou interdito proibitório

18.7.3.4.1. Estrutura resumida da peça

1. Endereçamento: atentar que por se tratar de contestação já há a identificação exata do juízo competente, ou seja da cidade/comarca ao qual a peça deverá ser endereçada. Assim, utilizar: "EXCELENTÍSSIMO SENHOR DOUTOR JUIZ DE DIREITO DA 1ª VARA CÍVEL DA COMARCA DE CAMPINAS/SP".

2. Número do processo: importante verificar que por se tratar de contestação, já existe uma petição inicial protocolada e distribuída, recebendo o devido número de distribuição. Assim, identificar o processo logo em seguida ao endereçamento: "Processo n. ...".

3. Identificação das partes: "NOME DO RÉU, "nacionalidade...", "estado civil...", "profissão..." (se pessoa jurídica indicar se de direito privado, público interno ou público externo), portador do "RG n. ...", inscrito no "CPF/CNPJ sob o n. ...", "endereço eletrônico...", "domiciliado à rua..." (se for pessoa jurídica "com sede à rua...").

"NOME DO AUTOR, "nacionalidade...", "estado civil...", "profissão..." (se pessoa jurídica indicar se de direito privado, público interno ou público externo), inscrito no "CPF/CNPJ sob o n. ...", "endereço eletrônico...", "domiciliado à rua..." (se for pessoa jurídica "com sede à rua...").

4. Nome da ação e sua fundamentação legal: "vem, respeitosamente, por intermédio de seu advogado infra-assinado, nos autos da AÇÃO DE REINTEGRAÇÃO OU MANUTENÇÃO DE POSSE (OU INTERDITO PROIBITÓRIO), apresentar a sua CONTESTAÇÃO, nos termos do art. 335 e seguintes do Código de Processo Civil".

5. Preliminares: analisar se é caso de alegação de eventuais temas que estejam elencados no art. 337 do CPC como preliminares de mérito, criando tópico específico: "I – DAS PRELIMINARES".

6. Fatos: transcrição integral do texto apresentado pelo examinador no enunciado da peça prática, ressaltando a impossibilidade de criar dados inexistentes, para não identificar a peça profissional e ter a prova zerada pelo examinador, demonstrando as questões relativas ao alegado esbulho, turbação ou ameaça da posse do autor. Lembrando que as ações possessórias possuem natureza dúplice, portanto verificar ser o caso ou não de pedir a proteção possessória do réu.

7. Fundamentação: faça a correta ligação entre os fatos e os dispositivos legais aplicáveis, como artigos de lei, súmulas, precedentes, desenvolvendo raciocínio lógico e coerência jurídica, ressaltando que a mera indicação do artigo ou da lei não é suficiente para a pontuação, sendo necessário demonstrar a correta coligação entre fato e direito, lembrando dos princípios do ônus da impugnação especificada e da eventualidade. Não esquecer que caso o examinador indique a existência de precedente fazer a adesão, se for o caso, ou a distinção.

8. Pedidos e requerimentos: "ISTO POSTO, deve ser acolhida a preliminar, resultando na prolação de sentença terminativa, que extingue o processo sem julgamento do mérito (*ou determinação de medida judicial cabível em caso de questão preliminar indireta*). No mérito, pelas razões de direito aduzidas nesta contestação, requer-se: a) Que o pedido da presente ação seja julgado improcedente em todos os seus termos. b) Que seja, em razão da sua natureza dúplice, expedido mandado de manutenção de posse contra o autor, determinando que ele cesse com a agressão à posse do réu desta ação para que ele seja mantido em sua posse. c) Seja condenado o autor nas custas processuais e honorários advocatícios a serem arbitrados nos percentuais definidos no art. 85, § 2º, do Código de Processo Civil.

9. Valor da causa: Lembrar que na contestação não há valor da causa.

10. Fechamento da peça: Nestes Termos, Pede Deferimento. "Local..." e "Data..." OAB n. ..., "Assinatura..."

18.7.3.4.2. Modelo de contestação ação de reintegração ou manutenção de posse ou interdito proibitório

EXCELENTÍSSIMO SENHOR DOUTOR JUIZ DE DIREITO DA... VARA CÍVEL DA COMARCA DE...

(pular 5 linhas)

"Processo n. ..."

NOME DO RÉU, "nacionalidade...", "estado civil...", "profissão..." (se pessoa jurídica indicar se de direito privado, público interno ou público externo), portador do "RG n. ...", inscrito no "CPF/CNPJ sob o n. ...", "endereço eletrônico...", "domiciliado à rua..." (se for pessoa jurídica "com sede à rua..."), vem, respeitosamente, por intermédio de seu advogado infra-assinado, nos autos da AÇÃO DE REINTEGRAÇÃO OU MANUTENÇÃO DE POSSE (OU INTERDITO PROIBITÓRIO) que lhe move NOME DO AUTOR, "NOME DO RÉU, "nacionalidade...", "estado civil...", "profissão..." (se pessoa jurídica indicar se de direito privado, público interno ou público externo), portador do "RG n. ...", inscrito no "CPF/CNPJ sob o n. ...", "endereço eletrônico...", "domiciliado à rua..." (se for pessoa jurídica "com sede à rua..."), apresentar a sua CONTESTAÇÃO, nos termos do art. 335 e seguintes do CPC, o que faz, articuladamente, nos seguintes e melhores termos de direito:

I – PRELIMINARES

Alegação de eventuais temas que estejam elencados no art. 337 do CPC.

II – NO MÉRITO

Apresentar todos os elementos do enunciado da questão que estiverem equivocados em relação às alegações do autor na inicial, lembrando dos princípios do ônus da impugnação especificada e da eventualidade e que estamos diante de uma ação dúplice.

Observar se há precedente.

Caso o precedente seja favorável, fazer a adesão. Caso desfavorável, fazer a distinção – "distinguishing".

ISTO POSTO, deve ser acolhida a preliminar, resultando na prolação de sentença terminativa, que extingue o processo sem julgamento do mérito (*ou determinação de medida judicial cabível em caso de questão preliminar indireta*).

No mérito, pelas razões de direito aduzidas nesta contestação, requer-se:

a) Que o pedido da presente ação seja julgado improcedente em todos os seus termos.

b) Que seja, em razão da sua natureza dúplice, expedido mandado de manutenção de posse contra o autor, determinando que ele cesse com a agressão à posse do réu desta ação para que ele seja mantido em sua posse.

c) Seja condenado o autor nas custas processuais e honorários advocatícios a serem arbitrados nos percentuais definidos no art. 85, § 2º, do Código de Processo Civil.

Protesta-se por todos os meios de prova admitidos em direito.

Nestes termos,

Pede deferimento.

"Local..." e "Data..."

OAB n. ..., "Assinatura..."

18.7.4. Ação de imissão de posse

18.7.4.1. Apresentação

Primeiro, importante esclarecer que, ao contrário das ações possessórias, as ações de imissão na posse e reivindicatória são ações chamadas de petitórias, pois buscam a defesa da posse, no entanto, com fundamento no direito de propriedade.

Desta forma, a ação de imissão na posse é aquela utilizada pelo proprietário do bem, todavia que nunca teve na posse. Isso porque, é comum que alguém adquira a propriedade de um bem, por intermédio de contrato de compra e venda, pela arrematação em leilão etc., mas tenha a dificuldade de ser investido na posse em virtude de injusta resistência apresentada pelo atual possuidor. Poderá ser utilizada a ação para que seja imitido pela primeira vez na posse do imóvel, ao contrário da reivindicatória que veremos na sequência.

Importante esclarecer que, para que a ação de imissão de posse seja a ação adequada, é necessário que a posse do atual possuidor tenha se originado de qualquer fato (ocupação irregular, contrato de comodato, dentre outros), exceto de um contrato de locação, porque, neste caso, existe lei específica tutelando a locação (qual seja, Lei n. 8.245/91), que previu instrumento específico (ação de despejo) para o exercício daquele direito.

18.7.4.2. Estrutura resumida da peça

1. Endereçamento: por ser uma petição inicial, faz-se a mesma recomendação anteriormente realizada, ou seja, atentar sempre para o enunciado proposto pelo examinador com respeito à competência (se Vara Única, se Vara Distrital, Regional ou Específica – Família e Sucessões, Criança e Adolescente etc.), ou se já há identificação exata da cidade/comarca "Vara Cível da Comarca da Capital de São Paulo". Ainda, observar se vara cível da Justiça Federal ou Estadual, bem como se de competência originária dos Tribunais. Assim, utilizar: "EXCELENTÍSSIMO SENHOR DOUTOR JUIZ DE DIREITO DA ... VARA CÍVEL DA COMARCA DE ...".

2. Identificação das partes: NOME DO AUTOR, "nacionalidade...", "estado civil...", "profissão..." (se pessoa jurídica indicar se de direito privado, público interno ou público externo), portador do "RG n. ...", inscrito no "CPF/CNPJ sob o n. ...", "endereço eletrônico...", "domiciliado à rua..." (se for pessoa jurídica "com sede à rua...").

NOME DO RÉU, "nacionalidade...", "estado civil...", "profissão..." (se pessoa jurídica indicar se de direito privado, público interno ou público externo), portador do "RG n. ...", inscrito no "CPF/CNPJ sob o n. ...", "endereço eletrônico...", "domiciliado à rua..." (se for pessoa jurídica "com sede à rua...").

3. Nome da ação e sua fundamentação legal: "vem, respeitosamente, por intermédio de seu advogado infra-assinado, perante Vossa Excelência, ajuizar a presente AÇÃO DE IMISSÃO NA POSSE, com fulcro no art. 1.228 do CC e arts. 536 e seguintes do CPC". Observar se é caso de cumulação de pedidos, ou se é hipótese de requerer a concessão da liminar ou da tutela antecipada.

4. Fatos: transcrição integral do texto apresentado pelo examinador no enunciado da peça prática, ressaltando a impossibilidade de criar dados inexistentes, para não identificar a peça profissional e ter a prova zerada pelo examinador. Importante demonstrar a hipótese de eventual violação ao direito de propriedade e a impossibilidade de reaver a coisa de quem a tenha injustamente.

5. Fundamentação: faça a correta ligação entre os fatos e os dispositivos legais aplicáveis, como artigos de lei, súmulas, precedentes, desenvolvendo raciocínio lógico e coerência jurídica, ressaltando que a mera indicação do artigo ou da lei não é suficiente para a pontuação, sendo necessário demonstrar a correta coligação entre fato e direito.

6. Pedidos e requerimentos: "Diante de todo o exposto, requer-se a Vossa Excelência: a) Seja o réu citado para, querendo, apresentar resposta no prazo legal em uma das modalidades permitidas na lei processual. b) Seja julgado procedente o pedido no sentido de ser o autor imitido na posse do referido imóvel, exercendo seu pleno direito de propriedade. c) Nos termos do art. 334, *caput* ou § 5º, do Código de Processo Civil, o autor deve se manifestar sobre o (des)interesse em autocomposição para a realização da audiência de conciliação ou de mediação do art. 334 do CPC. d) Seja o réu condenado em custas e honorários advocatícios em percentuais arbitrados nos termos do art. 85, § 2º, do Código de Processo Civil. e)

Sejam deferidos todos os meios de prova admitidos em direito para comprovação dos fatos que se apresentarem controvertidos após apresentação da contestação pelo réu. O endereço do advogado do autor, onde deverá receber as intimações, é "Endereço...".

7. Valor da causa: Dá-se à causa o valor de R$ (colocar valor da causa).

8. Fechamento da peça: Nestes Termos, Pede Deferimento. "Local..." e "Data..." OAB n. ..., "Assinatura...".

18.7.4.3. Modelo de ação de imissão de posse

EXCELENTÍSSIMO SENHOR DOUTOR JUIZ DE DIREITO DA... "VARA..." DA "COMARCA..."

(pular 10 linhas)

NOME DO AUTOR, "nacionalidade...", "estado civil...", "profissão..." (se pessoa jurídica indicar se de direito privado, público interno ou público externo), portador do "RG n. ...", inscrito no "CPF/CNPJ sob o n. ...", "endereço eletrônico...", "domiciliado à rua..." (se for pessoa jurídica "com sede à rua..."), vem, respeitosamente, por intermédio de seu advogado infra-assinado, perante Vossa Excelência, ajuizar a presente AÇÃO DE IMISSÃO DE POSSE, com fulcro no art. 1.228 do CC e arts. 536 e seguintes do CPC, em face de NOME DO RÉU, "nacionalidade...", "estado civil...", professor, inscrito no "CPF sob o n. ...", "domiciliado à rua..." pelos fundamentos de fato e de direito a seguir expostos:

I - DOS FATOS

Fazer a transcrição integral do texto apresentado pelo examinador no enunciado da peça prática, ressaltando a impossibilidade de criar dados inexistentes, para não identificar a peça profissional e ter a prova zerada pelo examinador. Importante demonstrar a hipótese de eventual violação ao direito de propriedade e a impossibilidade de reaver a coisa de quem a tenha injustamente.

II - DOS FUNDAMENTOS DE DIREITO

Faça a correta ligação entre os fatos e os dispositivos legais aplicáveis, como artigos de lei, súmulas, precedentes, desenvolvendo raciocínio lógico e coerência jurídica, ressaltando que a mera indicação do artigo ou da lei não é suficiente para a pontuação, sendo necessário demonstrar a correta coligação entre fato e direito.

Observar se há precedente.

Caso o precedente seja favorável, fazer a adesão. Caso desfavorável, fazer a distinção "distinguishing".

III – DOS PEDIDOS

Diante de todo o exposto, requer-se a Vossa Excelência:

a) Seja o réu citado para, querendo, apresentar resposta no prazo legal em uma das modalidades permitidas na lei processual.

b) Seja julgado procedente o pedido no sentido de ser o autor imitido na posse do referido imóvel, exercendo plenamente seu direito de propriedade.

c) Nos termos do art. 334, *caput* ou § 5º, do Código de Processo Civil, o autor deve se manifestar sobre o (des)interesse em autocomposição para a realização da audiência de conciliação ou de mediação do art. 334 do CPC.

d) Seja o réu condenado em custas e honorários advocatícios em percentuais arbitrados nos termos do art. 85, § 2º, do Código de Processo Civil.

e) Sejam deferidos todos os meios de prova admitidos em direito para comprovação dos fatos que se apresentarem controvertidos após apresentação da contestação pelo réu.

O endereço do advogado do autor, onde deverá receber as intimações, é "Endereço...".

Dá-se à causa o valor de R$ (*colocar valor da causa*).

Nestes termos,

Pede deferimento.

"Local..." e "Data..."

OAB n. ..., "Assinatura..."

18.7.5. Ação reivindicatória

18.7.5.1. Apresentação

Por certo, a ação reivindicatória também é espécie das chamadas ações petitórias, utilizadas com fundamento no direito de propriedade, no entanto, somente legitimando a propositura pelo proprietário que já esteve na posse do bem, mas a perdeu por qualquer outra circunstância e deseja recuperá-la de quem a detenha injustamente.

Desta forma, está fundada no direito de sequela, ou seja, no direito que tem o proprietário de perseguir a coisa, buscando-a das mãos de quem quer que injustamente a detenha, também com fundamento no direito de propriedade e no exercício pleno dos poderes a ela inerentes, previstos no art. 1.228 do CC.

18.7.5.2. Estrutura resumida da peça

1. Endereçamento: por ser uma petição inicial, faz-se a mesma recomendação anteriormente realizada, ou seja, atentar sempre para o enunciado proposto pelo examinador com respeito à competência (se Vara Única, se Vara Distrital, Regional ou Específica – Família e Sucessões, Criança e Adolescente etc.), ou se já há identificação exata da cidade/comarca "Vara Cível da Comarca da Capital de São Paulo". Ainda, observar se vara cível da Justiça Federal ou Estadual, bem como se de competência originária dos Tribunais. Assim, utilizar: "EXCELENTÍSSIMO SENHOR DOUTOR JUIZ DE DIREITO DA ... VARA CÍVEL DA COMARCA DE ...".

2. Identificação das partes: NOME DO AUTOR, "nacionalidade...", "estado civil...", "profissão..." (se pessoa jurídica indicar se de direito privado, público interno ou público externo), portador do "RG n. ...", inscrito no "CPF/CNPJ sob o n. ...", "endereço eletrônico...", "domiciliado à rua..." (se for pessoa jurídica "com sede à rua...").

NOME DO RÉU, "nacionalidade...", "estado civil...", "profissão..." (se pessoa jurídica indicar se de direito privado, público interno ou público externo), portador do "RG n. ...", inscrito no "CPF/CNPJ sob o n. ...", "endereço eletrônico...", "domiciliado à rua..." (se for pessoa jurídica "com sede à rua...").

3. Nome da ação e sua fundamentação legal: "vem, respeitosamente, por intermédio de seu advogado infra-assinado, perante Vossa Excelência, ajuizar a presente AÇÃO REIVINDICATÓRIA, com fulcro no art. 1.228 do CC. Observar se é caso de cumulação de pedidos, ou se é hipótese de requerer a concessão da liminar ou da tutela antecipada.

4. Fatos: transcrição integral do texto apresentado pelo examinador no enunciado da peça prática, ressaltando a impossibilidade de criar dados inexistentes, para não identificar a peça profissional e ter a prova zerada pelo examinador. Importante demonstrar a hipótese de violação ao direito de propriedade e a impossibilidade de reaver a coisa de quem a tenha injustamente (art. 1.228 do CC).

5. Fundamentação: faça a correta ligação entre os fatos e os dispositivos legais aplicáveis, como artigos de lei, súmulas, precedentes, desenvolvendo raciocínio lógico e coerência jurídica, ressaltando que a mera indicação do artigo ou da lei não é suficiente para a pontuação, sendo necessário demonstrar a correta coligação entre fato e direito.

6. Pedidos e requerimentos: "Diante de todo o exposto, requer-se a Vossa Excelência: a) Seja o réu citado para, querendo, apresentar resposta no prazo legal em uma das modalidades permitidas na lei processual. b) Seja julgado procedente o pedido no sentido de ser o autor imitido na posse do referido imóvel, exercendo seu pleno direito de propriedade. c) Nos termos do art. 334, *caput* ou § 5º, do Código de Processo Civil, o autor deve se manifestar sobre o (des)interesse em autocomposição para a realização da audiência de conciliação ou de mediação do art. 334 do CPC. d) Seja o réu condenado em custas e honorários advocatícios em percentuais arbitrados nos termos do art. 85, § 2º, do Código de Processo Civil. e) Sejam deferidos todos os meios de prova admitidos em direito para comprovação dos fatos que se apresentarem controvertidos após apresentação da contestação pelo réu. O endereço do advogado do autor, onde deverá receber as intimações, é "Endereço...".

7. Valor da causa: Dá-se à causa o valor de R$ (colocar valor da causa).

8. Fechamento da peça: Nestes Termos, Pede Deferimento. "Local..." e "Data..." OAB n. ..., "Assinatura...".

18.7.5.3. Modelo de ação reivindicatória

EXCELENTÍSSIMO SENHOR DOUTOR JUIZ DE DIREITO DA... VARA CÍVEL DA COMARCA DE...

(pular 10 linhas)

NOME DO AUTOR, "nacionalidade...", "estado civil...", "profissão..." (se pessoa jurídica indicar se de direito privado, público interno ou público externo), portador do "RG n. ...", inscrito no "CPF/CNPJ sob o n. ...", "endereço eletrônico...", "domiciliado à rua..." (se for pessoa jurídica "com sede à rua...") (*não se esqueça de indicar e qualificar o cônjuge, se ele for casado*), inscrito no "CPF sob o n. ...", "domiciliado à rua...", vem, respeitosamente, por intermédio de seu advogado infra-assinado, perante Vossa Excelência, ajuizar a presente AÇÃO REIVINDICATÓRIA, com fulcro no art. 1.228 do CC, em face de NOME DO RÉU, "nacionalidade...", "estado civil...", "profissão..." (se pessoa jurídica indicar se de direito privado, público interno ou público externo), portador do "RG n. ...", inscrito no "CPF/CNPJ sob o n. ...", "endereço eletrônico...", "domiciliado à rua..." (se for pessoa jurídica "com sede à rua..."), pelos fundamentos de fato e de direito a seguir expostos:

I – DOS FATOS

Resumo dos fatos fornecidos pelo enunciado da questão, em especial analisando a perda da propriedade e pretensão de reivindicar em poder de quem a detiver, com fundamento no direito de propriedade (art. 1.228 do CC).

II – DOS FUNDAMENTOS DE DIREITO

Lições jurídicas sobre o tema da peça processual. A discussão aqui gira em torno da propriedade.

Observar se há precedente.

Caso o precedente seja favorável, fazer a adesão. Caso desfavorável, fazer a distinção "distinguishing".

III – DOS PEDIDOS

Diante de todo o exposto, requer-se a Vossa Excelência:

a) Seja o réu citado para, querendo, apresentar resposta no prazo legal em uma das modalidades permitidas na lei processual.

b) Seja julgado procedente o pedido no sentido de ser condenado o réu a devolver o "bem..." ao autor por ser ele o seu legítimo proprietário.

c) Nos termos do art. 334, *caput* ou § 5º, do Código de Processo Civil, o autor deve se manifestar sobre o (des)interesse em autocomposição para a realização da audiência de conciliação ou de mediação do art. 334 do CPC.

d) Seja o réu condenado em custas e honorários advocatícios em percentuais arbitrados nos termos do art. 85, § 2º, do Código de Processo Civil.

e) Sejam deferidos todos os meios de prova admitidos em direito para comprovação dos fatos que se apresentarem controvertidos após apresentação da contestação pelo réu.

O endereço do advogado do autor, onde deverá receber as intimações, é "Endereço...".

Dá-se à causa o valor de R$ (*colocar valor da causa*).

Nestes termos,

Pede deferimento.

"Local..." e "Data..."

OAB n. ..., "Assinatura..."

18.7.6. Ação de usucapião

18.7.6.1. Apresentação

A usucapião, também chamada de hipótese de prescrição aquisitiva, é considerada uma forma originária de aquisição da propriedade. Consiste em uma posse prolongada no tempo de um bem móvel ou imóvel, acompanhada de determinados requisitos e restrições estabelecidos pela lei, para que possa ser exercida ou pleiteada.

No que diz respeito aos bens imóveis, a legislação prevê algumas espécies de usucapião, quais sejam: a ordinária, a extraordinária, a especial urbana, a especial rural e a especial coletiva, além da usucapião especial indígena, algumas das modalidades previstas no Código Civil e outras estabelecidas no Estatuto das Cidades.

No CPC, a ação de usucapião deixou de ser considerada uma ação a ser processada perante procedimento especial, sendo adotada para todas as espécies de usucapião o procedimento comum.

Assim, quanto às espécies de usucapião, temos:

1. usucapião de bens móveis;
2. usucapião de bens imóveis;

2.1. usucapião extraordinária (art. 1.238, *caput* e parágrafo único, do CC);
2.2. usucapião ordinária (art. 1.242, *caput* e parágrafo único, do CC);
2.3. usucapião especial urbana (art. 183 da CF/88 e art. 1.240 do CC);
2.4. usucapião especial rural (art. 191 da CF/88 e art. 1.239 do CC);
2.5. usucapião coletiva (art. 10 da Lei n. 10.257/2001);
2.6. usucapião indígena (art. 33 da Lei n. 6.001/73).

Resta, agora, a necessidade de analisar os requisitos principais essenciais autorizadores da usucapião, em especial se for para justificar o preenchimento, no caso de petições iniciais, ou para rejeitar o pedido, nos casos de recursos ou de contestação.

Requisitos comuns:

1. **Requisitos pessoais:** condição de possuidor.
2. **Requisitos reais:** bens que podem ser usucapidos (bens públicos não podem ser usucapidos, bem como os bens de absolutamente incapazes, pois contra eles não correm a prescrição).
3. **Requisitos formais:** tempo e posse.

   – Tempo: inicia-se no primeiro dia da posse e não se admite que o tempo transcorrido entre o ajuizamento da usucapião e da sentença seja computada (STJ – REsp 3.325/SP).

   – Posse: admite-se a somatória da posse anterior com a atual, entre os possuidores, desde que contínua e pacífica. Portanto, deve ser mansa, pacífica, tranquila e ininterrupta (sem a oposição ou contestação por parte do proprietário).

Requisitos específicos para cada espécie de usucapião:

Usucapião extraordinária	Art. 1.238 do CC: - prazo: 15 anos; - posse: contínua, mansa, pacífica e tranquila; - sem a necessidade de justo título e boa-fé. Art. 1.238, parágrafo único, do CC: - prazo: 10 anos, se o possuidor houver estabelecido no imóvel a sua moradia habitual ou nele realizado obras ou serviços de natureza produtiva; - posse mansa, pacífica, tranquila e contínua; - sem a necessidade de justo título e boa-fé.
Usucapião ordinária	1. art. 1.242 do CC: - prazo: 10 anos; - posse mansa, pacífica, tranquila e contínua; - justo título e boa-fé.

Usucapião ordinária	2. art. 1.242, parágrafo único, do CC: – prazo: 5 anos, se o imóvel houver sido adquirido, onerosamente, com base no registro constante do respectivo cartório, cancelada posteriormente, desde que os possuidores nele tiverem estabelecido a sua moradia, ou realizado investimentos de interesse social e econômico; – posse mansa, pacífica, tranquila e contínua; – justo título e boa-fé.
Usucapião especial urbana	– prazo: 5 anos; – posse mansa, pacífica, tranquila e contínua; – animo de dono; – sem justo título e boa-fé; – área não superior a 250m²; – utilização para moradia; – possuidor não pode ser proprietário de outro imóvel urbano ou rural; – somente pessoa física.
Usucapião especial rural	– prazo: 5 anos; – posse mansa, pacífica, tranquila e contínua; – animo de dono; – sem justo título e boa-fé; – área não superior a 50 hectares; – tornou a terra produtiva por seu trabalho ou de sua família, tendo nela moradia; – possuidor não pode ser proprietário de outro imóvel urbano ou rural; – somente pessoa física.
Usucapião coletiva	– prazo: 5 anos; – posse mansa, pacífica, tranquila e contínua; – animo de dono; – sem justo título e boa-fé; – área urbana superior a 250 m²; – possuidor de baixa renda; – possuidor não pode ser proprietário de outro imóvel urbano ou rural; – forma especial de condomínio.
Usucapião indígena	– prazo: 10 anos; – animo de dono; – área rural e particular inferior a 50 hectares.

Regras específicas previstas pelo CPC para a ação de usucapião:

1. Petição inicial: arts. 319 e 320 do CPC.
2. Publicação de edital: art. 259, I, do CPC.
3. Citação dos confrontantes da área: art. 246, § 3º, do CPC.
4. Participação do MP nos litígios coletivos pela posse de terra rural ou urbana: art. 178, III, do CPC.

Por fim, importante ressaltar que o CPC estabeleceu uma nova modalidade de usucapião extrajudicial, em seu art. 1.071, alterando a Lei de Registros Públicos.

18.7.6.2. Estrutura resumida da peça

1. Endereçamento: por ser uma petição inicial, faz-se a mesma recomendação anteriormente realizada, ou seja, atentar sempre para o enunciado proposto pelo examinador com respeito à competência (se Vara Única, se Vara Distrital, Regional ou Específica), ou se já há identificação exata da cidade/comarca "Vara Cível da Comarca da Capital de São Paulo". Ainda, observar se vara cível da Justiça Federal ou Estadual, bem como se de competência originária dos Tribunais. Assim, utilizar: "EXCELENTÍSSIMO SENHOR DOUTOR JUIZ DE DIREITO DA ... VARA CÍVEL DA COMARCA DE ...".

2. Identificação das partes: NOME DO AUTOR, "nacionalidade...", "estado civil...", "profissão..." (se pessoa jurídica indicar se de direito privado, público interno ou público externo), portador do "RG n. ...", inscrito no "CPF/CNPJ sob o n. ...", "endereço eletrônico...", "domiciliado à rua..." (se for pessoa jurídica "com sede à rua...").

NOME DO RÉU, "nacionalidade...", "estado civil...", "profissão..." (se pessoa jurídica indicar se de direito privado, público interno ou público externo), portador do "RG n. ...", inscrito no "CPF/CNPJ sob o n. ...", "endereço eletrônico...", "domiciliado à rua..." (se for pessoa jurídica "com sede à rua...").

3. Nome da ação e sua fundamentação legal: "vem, respeitosamente, por intermédio de seu advogado infra-assinado, perante Vossa Excelência, ajuizar a presente AÇÃO DECLARATÓRIA DE USUCAPIÃO, com fulcro no (*ver qual a natureza da usucapião*)".

4. Fatos: transcrição integral do texto apresentado pelo examinador no enunciado da peça prática, ressaltando a impossibilidade de criar dados inexistentes, para não identificar a peça profissional e ter a prova zerada pelo examinador. Importante demonstrar o lapso temporal para a aquisição da propriedade e a posse mansa, pacífica, tranquila e ininterrupta.

5. Fundamentação: faça a correta ligação entre os fatos e os dispositivos legais aplicáveis, como artigos de lei, súmulas, precedentes, desenvolvendo raciocínio lógico e coerência jurídica, ressaltando que a mera indicação do artigo ou da lei não é suficiente para a pontuação, sendo necessário demonstrar a correta coligação entre fato e direito.

6. Pedidos e requerimentos: "a) Sejam citados o réu e todos os vizinhos confrontantes do imóvel para, querendo, apresentarem defesa no prazo legal em uma das modalidades permitidas na lei processual. b) Seja julgado procedente o pedido no sentido de ser declarado o domínio em nome do autor do imóvel objeto da presente ação. c) Nos termos do art. 334, *caput* ou § 5º, do Código de Processo Civil, o autor deve se manifestar sobre o (des)interesse em autocomposição para a realização da audiência de conciliação ou de mediação do art. 334 do CPC. d) Seja o réu condenado em custas e honorários advocatícios em percentuais arbitrados nos termos do art. 85, § 2º, do Código de Processo Civil. e) Requer-se a participação do Ministérios Público (art. 178, III, CPC). f) Sejam deferidos todos os meios de prova admitidos em direito para comprovação dos fatos que se apresentarem controvertidos após apresentação da contestação pelo réu. O endereço do advogado do autor, onde deverá receber as intimações, é "Endereço...".

7. Valor da causa: Dá-se à causa o valor de R$ (colocar valor da causa).

8. Fechamento da peça: Nestes Termos, Pede Deferimento. "Local..." e "Data..." OAB n. ..., "Assinatura...".

18.7.6.3. Modelo de ação declaratória de usucapião

EXCELENTÍSSIMO SENHOR DOUTOR JUIZ DE DIREITO DA... VARA CÍVEL DA COMARCA DE...

(pular 10 linhas)

NOME DO AUTOR, "nacionalidade...", "estado civil...", "profissão..." (se pessoa jurídica indicar se de direito privado, público interno ou público externo), portador do "RG n. ...", inscrito no "CPF/CNPJ sob o n. ...", "endereço eletrônico...", "domiciliado à rua..." (se for pessoa jurídica "com sede à rua..."), vem, respeitosamente, por intermédio de seu advogado infra-assinado, perante Vossa Excelência, ajuizar a presente AÇÃO DECLARATÓRIA DE USUCAPIÃO, com fulcro no (ver qual a natureza da usucapião), em face de NOME DO RÉU, "nacionalidade...", "estado civil...", "profissão..." (se pessoa jurídica indicar se de direito privado, público interno ou público externo), portador do "RG n. ...", inscrito no "CPF/CNPJ sob o n. ...", "endereço eletrônico...", "domiciliado à rua..." (se for pessoa jurídica "com sede à rua..."), pelos fundamentos de fato e de direito a seguir expostos:

I – DOS FATOS

Resumo dos fatos fornecidos pelo enunciado da questão, em especial decorrendo o lapso temporal para a aquisição da propriedade, sendo a posse mansa, pacífica e ininterrupta.

II – DOS FUNDAMENTOS DE DIREITO

Lições jurídicas sobre o tema da peça processual.

Observar se há precedente.

Caso o precedente seja favorável, fazer a adesão. Caso desfavorável, fazer a distinção "distinguishing".

III – DOS PEDIDOS

Diante de todo o exposto, requer-se a Vossa Excelência:

a) Sejam citados o réu e todos os vizinhos confrontantes do imóvel para, querendo, apresentarem defesa no prazo legal em uma das modalidades permitidas na lei processual.

b) Seja julgado procedente o pedido no sentido de ser declarado o domínio em nome do autor do imóvel objeto da presente ação.

c) Nos termos do art. 334, *caput* ou § 5º, do Código de Processo Civil, o autor deve se manifestar sobre o (des)interesse em autocomposição para a realização da audiência de conciliação ou de mediação do art. 334 do CPC.

d) Seja o réu condenado em custas e honorários advocatícios em percentuais arbitrados nos termos do art. 85, § 2º, do Código de Processo Civil.

e) Requer-se a participação do Ministérios Público (art. 178, III, do CPC).

f) Sejam deferidos todos os meios de prova admitidos em direito para comprovação dos fatos que se apresentarem controvertidos após apresentação da contestação pelo réu.

O endereço do advogado do autor, onde deverá receber as intimações, é "Endereço...".

Dá-se à causa o valor de R$ (*colocar valor da causa*).

Nestes termos,

Pede deferimento.

"Local..." e "Data..."

OAB n. ..., "Assinatura..."

18.7.7. Ação de adjudicação compulsória

18.7.7.1. Apresentação

A adjudicação compulsória é o procedimento adotado para exigir do vendedor a transferência obrigatória (ou compulsória) de um bem móvel ou imóvel, quando houver aquisição de um imóvel por intermédio de um compromisso de venda e compra, no qual ambas as partes se comprometem, após a quitação do débito, a passar a escritura definitiva.

Neste caso, em face da recusa dos promitentes vendedores em assinar a escritura definitiva, utiliza-se o procedimento, ou seja, se alguma das partes, por razões diversas, negar-se a concluir o negócio, lavrando a escritura definitiva, a parte interessada pode ingressar com ação de adjudicação compulsória com a finalidade de obter, pela sentença, a denominada carta de adjudicação, o que substitui a lavratura da escritura definitiva (arts. 1.417 e 1.418 do CC).

Adjudicar, portanto, é ato judicial pelo qual se transfere determinado bem do patrimônio do devedor para o do credor, ou seja, é a ação pessoal pertinente ao compromissário comprador, ajuizada em relação ao titular do domínio do imóvel, que se negou à transferência do bem, visando o suprimento judicial desta outorga, mediante sentença com a mesma eficácia do ato praticado.

Esta ação segue o procedimento comum estabelecido no Código de Processo Civil, nos termos do art. 318, bem como é regulado pelos arts. 1.417 e 1.418 do CC.

18.7.7.2. Estrutura resumida da peça

1. Endereçamento: por ser uma petição inicial, faz-se a mesma recomendação anteriormente realizada, ou seja, atentar sempre para o enunciado proposto pelo examinador com respeito à competência (se Vara Única, se Vara Distrital, Regional ou Específica), ou se já há identificação exata da cidade/comarca "Vara Cível da Comarca da Capital de São Paulo". Ainda, observar se vara cível da Justiça Federal ou Estadual, bem como se de competência originária dos Tribunais. Assim, utilizar: "EXCELENTÍSSIMO SENHOR DOUTOR JUIZ DE DIREITO DA ... VARA CÍVEL DA COMARCA DE ...".

2. Identificação das partes: NOME DO AUTOR, "nacionalidade...", "estado civil...", "profissão..." (se pessoa jurídica indicar se de direito privado, público interno ou público externo), portador do "RG n. ...", inscrito no "CPF/CNPJ sob o n. ...", "endereço eletrônico...", "domiciliado à rua..." (se for pessoa jurídica "com sede à rua...").

NOME DO RÉU, "nacionalidade...", "estado civil...", "profissão..." (se pessoa jurídica indicar se de direito privado, público interno ou público externo), portador do "RG n. ...", inscrito no "CPF/CNPJ sob o n. ...", "endereço eletrônico...", "domiciliado à rua..." (se for pessoa jurídica "com sede à rua...").

3. Nome da ação e sua fundamentação legal: "vem, respeitosamente, por intermédio de seu advogado infra-assinado, perante Vossa Excelência, ajuizar a presente AÇÃO DE ADJUDICAÇÃO COMPULSÓRIA, com fulcro no arts. 1.417 e 1.418 do CC".

4. Fatos: transcrição integral do texto apresentado pelo examinador no enunciado da peça prática, ressaltando a impossibilidade de criar dados inexistentes, para não identificar a peça profissional e ter a prova zerada pelo examinador.

Importante demonstrar a negativa de transferência do bem, após regular quitação e demonstrando a existência de compromisso de compra e venda.

5. Fundamentação: faça a correta ligação entre os fatos e os dispositivos legais aplicáveis, como artigos de lei, súmulas, precedentes, desenvolvendo raciocínio lógico e coerência jurídica, ressaltando que a mera indicação do artigo ou da lei não é suficiente para a pontuação, sendo necessário demonstrar a correta coligação entre fato e direito.

6. Pedidos e requerimentos: "a) Seja O RÉU citado para, querendo, apresentar defesa no prazo legal em uma das modalidades permitidas na lei processual. b) Seja julgado procedente o pedido da presente ação, sendo notificado o réu para, no prazo de cinco dias outorgar ao autor desta ação a escritura pública definitiva, sob pena de ser o imóvel adjudicado compulsoriamente ao peticionário, através da conversão da promessa de compra em venda em contrato definitivo de compra e venda para registro como tal no devido cartório de registro de imóveis. c) Nos termos do art. 334, *caput* ou § 5º, do Código de Processo Civil, o autor deve se manifestar sobre o (des)interesse em autocomposição para a realização da audiência de conciliação ou de mediação do art. 334 do CPC. d) Seja o réu condenado em custas e honorários advocatícios em percentuais arbitrados nos termos do art. 85, § 2º, do Código de Processo Civil. e) Sejam deferidos todos os meios de prova admitidos em direito para comprovação dos fatos que se apresentarem controvertidos após apresentação da contestação pelo réu. O endereço do advogado do autor, onde deverá receber as intimações, é "Endereço...".

7. Valor da causa: Dá-se à causa o valor de R$ (colocar valor da causa).

8. Fechamento da peça: Nestes Termos, Pede Deferimento. "Local..." e "Data..." OAB n. ..., "Assinatura...".

18.7.7.3. Modelo de ação de adjudicação compulsória

EXCELENTÍSSIMO SENHOR DOUTOR JUIZ DE DIREITO DA... VARA CÍVEL DA COMARCA DE...

(pular 10 linhas)

NOME DO AUTOR, "nacionalidade...", "estado civil...", "profissão..." (se pessoa jurídica indicar se de direito privado, público interno ou público externo), portador do "RG n. ...", inscrito no "CPF/CNPJ sob o n. ...", "endereço eletrônico...", "domiciliado à rua..." (se for pessoa jurídica "com sede à rua..."), vem, respeitosamente, por intermédio de seu advogado infra-assinado, perante Vossa Excelência, ajuizar a presente AÇÃO DE ADJUDICAÇÃO COMPULSÓRIA, com fulcro no arts. 1.417 e 1.418 do CC, em face de NOME DO RÉU, "nacionalidade...", "estado civil...", "profissão..." (se pessoa jurídica indicar se de direito privado, público interno ou público externo), portador do "RG n. ...", inscrito no "CPF/

CNPJ sob o n. ...", "endereço eletrônico...", "domiciliado à rua..." (se for pessoa jurídica "com sede à rua..."), pelos fundamentos de fato e de direito a seguir expostos:

I - DOS FATOS

Resumo dos fatos fornecidos pelo enunciado da questão, em especial demonstrando a negativa de transferência do bem, após regular quitação e demonstrando a existência de compromisso de compra e venda.

II - DOS FUNDAMENTOS DE DIREITO

Lições jurídicas sobre o tema da peça processual.

Observar se há precedente.

Caso o precedente seja favorável, fazer a adesão. Caso desfavorável, fazer a distinção "distinguishing".

III - DOS PEDIDOS

Diante de todo o exposto, requer-se a Vossa Excelência:

a) Seja O RÉU citado para, querendo, apresentar defesa no prazo legal em uma das modalidades permitidas na lei processual.

b) Seja julgado procedente o pedido da presente ação, sendo notificado o réu para, no prazo de cinco dias outorgar ao autor desta ação a escritura pública definitiva, sob pena de ser o imóvel adjudicado compulsoriamente ao peticionário, através da conversão da promessa de compra em venda em contrato definitivo de compra e venda para registro como tal no devido cartório de registro de imóveis.

c) Nos termos do art. 334, *caput* ou § 5º, do Código de Processo Civil, o autor deve se manifestar sobre o (des)interesse em autocomposição para a realização da audiência de conciliação ou de mediação do art. 334 do CPC.

d) Seja o réu condenado em custas e honorários advocatícios em percentuais arbitrados nos termos do art. 85, § 2º, do Código de Processo Civil.

e) Sejam deferidos todos os meios de prova admitidos em direito para comprovação dos fatos que se apresentarem controvertidos após apresentação da contestação pelo réu.

O endereço do advogado do autor, onde deverá receber as intimações, é "Endereço...".

Dá-se à causa o valor de R$ (*colocar valor da causa*).

Nestes termos,

Pede deferimento.

"Local..." e "Data..."

OAB n. ..., "Assinatura..."

18.8. **Principais peças processuais do direito de família**

18.8.1. Ação negatória de paternidade e ação de investigação de paternidade

18.8.1.1. Apresentação

Com efeito, em se tratando de ação de paternidade, temos duas possibilidades criadas pelo sistema civil, quais sejam, a do filho em ter reconhecida a sua paternidade, exigindo, assim, em face do suposto pai, a competente investigação de paternidade, inclusive, possibilitando buscar a fixação de alimentos provisórios ou provisionais. No entanto, há a possibilidade de o próprio pai que tenha reconhecido a sua paternidade propor a ação negatória de paternidade, quando, por algum motivo, tiver incorrido ou levado a erro no seu reconhecimento.

Importante verificarmos, primeiro, a questão da legitimidade ordinária ativa para a propositura da ação negatória de paternidade, competindo exclusivamente ao pai que estiver legitimamente constando do registro, por ser ação de estado, que protege direito personalíssimo e indisponível do genitor, nos termos do art. 27 do ECA, não comportando sub-rogação dos avós, porquanto direito intransmissível. Desta forma, somente o pai registral tem legitimidade para ajuizar a ação negatória de paternidade, sendo que os avós registrais da criança não podem propor essa demanda.

Ademais, apesar de o direito de contestar a paternidade ser personalíssimo, no entanto, atente-se à possibilidade de os avós continuarem com a ação em caso de falecimento do autor (pai). Isto porque o próprio pai, quando vivo, manifestou sua vontade de ver o reconhecimento da sua não paternidade, ao ajuizar a ação, ou seja, ele exerceu legitimamente o seu direito personalíssimo.

O ingresso dos herdeiros no polo ativo, na condição de sucessores processuais, não representa o exercício do direito de contestar a paternidade, mas sim, tão somente, o simples prosseguimento da vontade manifestada pelo titular do direito.

Neste sentido, de igual maneira, verifique a determinação constante do art. 1.601 do Código Civil. *Cabe ao marido o direito de contestar a paternidade dos filhos nascidos de sua mulher sendo tal ação imprescritível.*

Temos ainda, no entanto, a possibilidade de o filho buscar do suposto pai o reconhecimento judicial de sua paternidade, sendo, de igual maneira, um direito personalíssimo da criança. Por ser ação de estado, possui natureza declaratória e imprescritível e, desse modo, o filho cujo registro de nascimento não conste o nome de um ou de ambos os genitores, dispõe da ação investigatória de paternidade (ou de maternidade), para que se possa obter, oficialmente, o reconhecimento de seu estado de filiação e a regularização de seu registro de nascimento.

Ainda, por ser ação de estado, verifique que se torna indispensável a participação do Ministério Público, podendo ser ajuizada a qualquer tempo, pois não se sujeita a prazo decadencial ou prescricional.

Neste sentido, determina o art. 1.606 do Código Civil: "A ação de prova de filiação compete ao filho, enquanto viver, passando aos herdeiros, se ele morrer menor ou incapaz. Parágrafo único. Se iniciada a ação pelo filho, os herdeiros poderão continuá-la, salvo se julgado extinto o processo".

Por fim, verificar que a Lei n. 12.004/2009, que alterou a Lei n. 8.560/92, apresentou importantes modificações para a investigação de paternidade dos filhos havidos fora do casamento, conforme observa-se:

> Art. 1º Esta Lei estabelece a presunção de paternidade no caso de recusa do suposto pai em submeter-se ao exame de código genético – DNA;
>
> Art. 2º A Lei n. 8.560, de 29 de dezembro de 1992, passa a vigorar acrescida do seguinte art. 2º-A;
>
> Art. 2º-A Na ação de investigação de paternidade, todos os meios legais, bem como os moralmente legítimos, serão hábeis para provar a verdade dos fatos;
>
> Parágrafo único. A recusa do réu em submeter-se ao exame de código genético DNA gerará a presunção de paternidade, a ser apreciada em conjunto com o contexto probatório.

18.8.1.2. Estrutura resumida da peça de negatória de paternidade

1. Endereçamento: por ser uma petição inicial, faz-se a mesma recomendação anteriormente realizada, ou seja, atentar sempre para o enunciado proposto pelo examinador com respeito à competência (se Vara Única, se Vara Distrital, Regional ou Específica, em especial se possui Vara de Família), ou se já há identificação exata da cidade/comarca "Vara Cível da Comarca da Capital de São Paulo". Ainda, observar se vara cível da Justiça Federal ou Estadual, bem como se de competência originária dos Tribunais. Assim, utilizar: "EXCELENTÍSSIMO SENHOR DOUTOR JUIZ DE DIREITO DA ... VARA CÍVEL DA COMARCA DE ...".

2. Identificação das partes: NOME DO AUTOR, "nacionalidade...", "estado civil...", "profissão...", portador do "RG n. ...", inscrito no "CPF/CNPJ sob o n. ...", "endereço eletrônico...", "domiciliado à rua...".

NOME DO RÉU, neste ato representado por sua genitora, NOME DA GENITORA, "nacionalidade...", "estado civil...", "profissão...", portador do "RG n. ...", inscrito no "CPF/CNPJ sob o n. ...", "endereço eletrônico...", "domiciliado à rua...".

3. Nome da ação e sua fundamentação legal: "vem, respeitosamente, por intermédio de seu advogado infra-assinado, perante Vossa Excelência, ajuizar a presente AÇÃO NEGATÓRIA DE PATERNIDADE, com fulcro no art. 1.601 do Código Civil...".

4. Fatos: transcrição integral do texto apresentado pelo examinador no enunciado da peça prática, ressaltando a impossibilidade de criar dados inexistentes, para não identificar a peça profissional e ter a prova zerada pelo examinador.

5. Fundamentação: faça a correta ligação entre os fatos e os dispositivos legais aplicáveis, como artigos de lei, súmulas, precedentes, desenvolvendo raciocínio lógico e coerência jurídica, ressaltando que a mera indicação do artigo ou da lei não é suficiente para a pontuação, sendo necessário demonstrar a correta coligação entre fato e direito.

6. Pedidos e requerimentos: "a) Seja o réu citado para, querendo, apresentar resposta no prazo legal em uma das modalidades permitidas na lei processual. b) Seja julgado procedente o pedido no sentido de ser declarada a inexistência do estado de filiação ora em julgamento, com a consequente expedição de mandado de averbação ao devido cartório de registro civil de pessoa natural. c) Seja o réu condenado em custas e honorários advocatícios em percentuais arbitrados nos termos do art. 85, § 2º, do Código de Processo Civil. d) Seja deferido o requerimento de apresentação de exame de DNA, bem como de todos os meios de prova admitidos em direito para comprovação dos fatos que se apresentarem controvertidos após apresentação da contestação pelo réu. O endereço do advogado do autor, onde deverá receber as intimações, é "Endereço...".

7. Valor da causa: Dá-se à causa o valor de R$ (colocar valor da causa).

8. Fechamento da peça: Nestes Termos, Pede Deferimento. "Local..." e "Data..." OAB n. ..., "Assinatura...".

18.8.1.3. Modelo de ação negatória de paternidade

EXCELENTÍSSIMO SENHOR DOUTOR JUIZ DE DIREITO DA... VARA CÍVEL DA COMARCA DE...

(pular 10 linhas)

NOME DO AUTOR, "nacionalidade...", "estado civil...", "profissão...", portador do "RG n. ...", inscrito no "CPF/CNPJ sob o n. ...", "endereço eletrônico...", "domiciliado à rua...", vem, respeitosamente, por intermédio de seu advogado infra-assinado, perante Vossa Excelência, ajuizar a presente AÇÃO NEGATÓRIA DE PATERNIDADE, com fulcro no art. 1.601 do Código Civil, em face de NOME DO RÉU, neste ato representado por sua genitora, NOME, "nacionalidade...", "estado civil...", "profissão...", portador do "RG n. ...", inscrito no "CPF/CNPJ sob o n. ...", "endereço eletrônico...", "domiciliado à rua...", pelos fundamentos de fato e de direito a seguir expostos:

I – DOS FATOS

Resumo dos fatos fornecidos pelo enunciado da questão.

II – DOS FUNDAMENTOS DE DIREITO

Lições jurídicas sobre o tema da peça processual.

Observar se há precedente.

Caso o precedente seja favorável, fazer a adesão. Caso desfavorável, fazer a distinção "distinguishing".

III – DOS PEDIDOS

Diante de todo o exposto, requer-se a Vossa Excelência:

a) Seja o réu citado para, querendo, apresentar resposta no prazo legal em uma das modalidades permitidas na lei processual.

b) Seja julgado procedente o pedido no sentido de ser declarada a inexistência do estado de filiação ora em julgamento, com a consequente expedição de mandado de averbação ao devido cartório de registro civil de pessoa natural.

c) Seja o réu condenado em custas e honorários advocatícios em percentuais arbitrados nos termos do art. 85, § 2º, do Código de Processo Civil.

d) Seja deferido o requerimento de apresentação de exame de DNA, bem como de todos os meios de prova admitidos em direito para comprovação dos fatos que se apresentarem controvertidos após apresentação da contestação pelo réu.

O endereço do advogado do autor, onde deverá receber as intimações, é "Endereço...".

Dá-se à causa o valor de R$ (*colocar valor da causa*).

Nestes termos,

Pede deferimento.

"Local..." e "Data..."

OAB n. ..., "Assinatura..."

18.8.1.4. Estrutura resumida da peça de investigação de paternidade

1. Endereçamento: por ser uma petição inicial, faz-se a mesma recomendação anteriormente realizada, ou seja, atentar sempre para o enunciado proposto pelo examinador com respeito à competência (se Vara Única, se Vara Distrital, Regional ou Específica, em especial se existe Vara de Família), ou se já há identificação exata da cidade/comarca "Vara Cível da Comarca da Capital de São Paulo". Ainda, observar se vara cível da Justiça Federal ou Estadual, bem como se de competência originária dos Tribunais. Assim, utilizar: "EXCELENTÍSSIMO SENHOR DOUTOR JUIZ DE DIREITO DA ... VARA CÍVEL DA COMARCA DE ...".

2. Identificação das partes: NOME DO AUTOR, neste ato representado por sua genitora, NOME, "nacionalidade...", "estado civil...", "profissão...", portador do "RG n. ...", inscrito no "CPF/CNPJ sob o n. ...", "endereço eletrônico...", "domiciliado à rua...".

NOME DO RÉU, "nacionalidade...", "estado civil...", "profissão...", portador do "RG n. ...", inscrito no "CPF/CNPJ sob o n. ...", "endereço eletrônico...", "domiciliado à rua...".

3. Nome da ação e sua fundamentação legal: "vem, respeitosamente, por intermédio de seu advogado infra-assinado, perante Vossa Excelência, ajuizar a presente AÇÃO DE INVESTIGAÇÃO DE PATERNIDADE (se for o caso 'CUMULADA COM PEDIDO DE ALIMENTOS'), com fulcro no art. 227, § 6º, da Constituição Federal e art. 1.606 do Código Civil".

4. Fatos: transcrição integral do texto apresentado pelo examinador no enunciado da peça prática, ressaltando a impossibilidade de criar dados inexistentes, para não identificar a peça profissional e ter a prova zerada pelo examinador. Importante demonstrar a negativa de transferência do bem, após regular quitação e demonstrando a existência de compromisso de compra e venda.

5. Fundamentação: faça a correta ligação entre os fatos e os dispositivos legais aplicáveis, como artigos de lei, súmulas, precedentes, desenvolvendo raciocínio lógico e coerência jurídica, ressaltando que a mera indicação do artigo ou da lei não é suficiente para a pontuação, sendo necessário demonstrar a correta coligação entre fato e direito.

6. Pedidos e requerimentos: "a) Seja o réu citado para, querendo, apresentar resposta no prazo legal em uma das modalidades permitidas na lei processual. b) Seja concedida *inicio litis* alimentos provisórios a título de tutela antecipada para a condenação imediata do réu ao pagamento de pensão alimentícia ao autor da presente ação no 'valor...'. c) NO MÉRITO, seja julgado procedente o pedido no sentido de ser declarada a existência do estado de paternidade do réu em relação ao autor da presente ação, com a consequente expedição de mandado de averbação ao devido cartório de registro civil de pessoa natural. d) NO MÉRITO, cumulativamente e como consequência da procedência do primeiro pedido de mérito, seja julgado procedente o pedido sucessivo da presente ação, condenando o réu ao pagamento de pensão alimentícia ao autor da presente ação no 'valor...'. e) Seja o réu condenado em custas e honorários advocatícios em percentuais arbitrados nos termos do art. 85, § 2º, do Código de Processo Civil. f) Seja deferido o requerimento de apresentação de exame de DNA, bem como de todos os meios de prova admitidos em direito para comprovação dos fatos que se apresentarem controvertidos após apresentação da contestação pelo réu. O endereço do advogado do autor, onde deverá receber as intimações, é 'Endereço...'."

7. Valor da causa: Dá-se à causa o valor de R$ (colocar valor da causa).

8. Fechamento da peça: Nestes Termos, Pede Deferimento. "Local..." e "Data..." OAB n. ..., "Assinatura...".

18.8.1.5. Modelo de ação de investigação de paternidade, cumulada com pedido de alimentos

EXCELENTÍSSIMO SENHOR DOUTOR JUIZ DE DIREITO DA... VARA CÍVEL DA COMARCA DE...

(pular 10 linhas)

NOME DO AUTOR, neste ato representado por sua genitora, NOME, "nacionalidade...", "estado civil...", "profissão...", portador do "RG n. ...", inscrito no "CPF/CNPJ sob o n. ...", "endereço eletrônico...", "domiciliado à rua...", vem, respeitosamente, por intermédio de seu advogado infra-assinado, perante Vossa Excelência, ajuizar a presente AÇÃO DE INVESTIGAÇÃO DE PATERNIDADE (se for o caso "CUMULADA COM PEDIDO DE ALIMENTOS"), com fulcro no art. 227, § 6º, da Constituição Federal e art. 1.606 do Código Civil", em face de NOME DO RÉU, "nacionalidade...", "estado civil...", "profissão...", portador do "RG n. ...", inscrito no "CPF/CNPJ sob o n. ...", "endereço eletrônico...", "domiciliado à rua...", pelos fundamentos de fato e de direito a seguir expostos:

I - DOS FATOS

Resumo dos fatos fornecidos pelo enunciado da questão.

II - DOS FUNDAMENTOS DE DIREITO

Lições jurídicas sobre o tema da peça processual.

Observar se há precedente.

Caso o precedente seja favorável, fazer a adesão. Caso desfavorável, fazer a distinção "distinguishing".

III - DOS ALIMENTOS PROVISÓRIOS

Vide lições jurídicas sobre alimentos que será destacada na análise de nossa próxima ação judicial, que é exatamente a ação de alimentos.

IV - DOS PEDIDOS

Diante de todo o exposto, requer-se a Vossa Excelência:

a) Seja o réu citado para, querendo, apresentar resposta no prazo legal em uma das modalidades permitidas na lei processual.

b) Seja concedida *inicio litis* alimentos provisórios a título de tutela antecipada para a condenação imediata do réu ao pagamento de pensão alimentícia ao autor da presente ação no "valor...".

c) NO MÉRITO, seja julgado procedente o pedido no sentido de ser declarada a existência do estado de paternidade do réu em relação ao autor da presente ação, com a consequente expedição de mandado de averbação ao devido cartório de registro civil de pessoa natural.

d) NO MÉRITO, cumulativamente e como consequência da procedência do primeiro pedido de mérito, seja julgado procedente o pedido sucessivo da presente ação, condenando o réu ao pagamento de pensão alimentícia ao autor da presente ação no "valor...".

e) Seja o réu condenado em custas e honorários advocatícios em percentuais arbitrados nos termos do art. 85, § 2º, do Código de Processo Civil.

f) Seja deferido o requerimento de apresentação de exame de DNA, bem como de todos os meios de prova admitidos em direito para comprovação dos fatos que se apresentarem controvertidos após apresentação da contestação pelo réu.

O endereço do advogado do autor, onde deverá receber as intimações, é "Endereço...".

Dá-se à causa o valor de R$ (*colocar valor da causa*).

Nestes termos,

Pede deferimento.

"Local..." e "Data..."

OAB n. ..., "Assinatura..."

18.8.2. Ação de alimentos

18.8.2.1. Apresentação

Além da possibilidade de ser discutida a eventual existência da paternidade, como anteriormente estudada, mister analisar, ainda, a necessidade de o filho requerer daquele que já ostenta a condição de pai, devidamente reconhecido e registrado, os alimentos necessários para sua subsistência.

Na verdade, a ação de alimentos tem cabimento sempre que o autor demonstrar ao juiz suas efetivas necessidades para prover sua subsistência, tais como moradia, alimentação, assistência médica, educação, remédios etc. É oportuno ressaltar que a Lei de Alimentos (Lei n. 5.478/68) não restringe a obrigação de exigir (ou de pagar) alimentos somente com relação a pai/filho, mas sim sendo possível a propositura da ação por qualquer pessoa, seja criança, idoso, homem, mulher, mas tão somente condicionando o pedido à comprovação da situação de necessitado, bem como da situação daquele que tem obrigação de prestá-la.

Desta forma, a Lei de Alimentos prevê procedimento específico para o processamento da ação para pleitear alimentos:

a) a petição inicial deverá comprovar, além dos requisitos básicos dos arts. 319 e 320 do CPC, a presença do binômio necessidade/possibilidade, ou seja, as necessidades do alimentando e as possibilidades financeiras do alimentante, requerendo ao juiz a fixação de alimentos provisórios;
b) deverá, ainda, comprovar a situação de parentesco entre as partes;
c) recebida a petição inicial, o juiz poderá fixar de imediato os alimentos provisórios e designar a audiência de conciliação, instrução e julgamento;
d) assim, será o alimentante (réu) citado para comparecer à audiência, bem como, em sendo fixado os alimentos provisórios, será também intimado para efetuar o imediato pagamento;

e) na audiência de conciliação, instrução e julgamento, o não comparecimento do autor implica o arquivamento do pedido e a ausência do réu importa em revelia, além de confissão quanto às matérias de fato (art. 7º da Lei n. 5.478/68);

f) autor e réu deverão comparecer na audiência acompanhados de suas testemunhas, no máximo de três, apresentando, ainda, as demais provas (art. 8º da Lei n. 5.478/68);

g) se frutífera a conciliação, o juiz reduzirá a termo e homologará por sentença; se infrutífera, o juiz proferirá a sua sentença, após a oitiva das partes, das testemunhas, dos advogados das partes e do representante do Ministério Público;

h) o Ministério Público de verá ser intimado para intervir em todas as fases do processo (art. 9º da Lei n. 5.478/68).

Como regra, o foro competente para a propositura da ação de alimentos é o do domicílio ou residência do alimentando (art. 53, II, do CPC), podendo optar pela regra geral do domicílio do réu, por conveniência do alimentando, conforme o art. 46 do CPC.

18.8.2.2. Estrutura resumida da peça

1. Endereçamento: por ser uma petição inicial, faz-se a mesma recomendação anteriormente realizada, ou seja, atentar sempre para o enunciado proposto pelo examinador com respeito à competência (se Vara Única, se Vara Distrital, Regional ou Específica, em especial se tratando de Vara de Família), ou se já há identificação exata da cidade/comarca "Vara Cível da Comarca da Capital de São Paulo". Ainda, observar se vara cível da Justiça Federal ou Estadual, bem como se de competência originária dos Tribunais. Assim, utilizar: "EXCELENTÍSSIMO SENHOR DOUTOR JUIZ DE DIREITO DA ... VARA CÍVEL DA COMARCA DE ...".

2. Identificação das partes: NOME DO AUTOR, "nacionalidade...", "estado civil...", "profissão..." (se pessoa jurídica indicar se de direito privado, público interno ou público externo), portador do "RG n. ...", inscrito no "CPF/CNPJ sob o n. ...", "endereço eletrônico...", "domiciliado à rua..." (se for pessoa jurídica "com sede à rua..."); ou, se menor, NOME DO AUTOR, neste ato representado por sua genitora, NOME, "nacionalidade...", "estado civil...", "profissão..." (se pessoa jurídica indicar se de direito privado, público interno ou público externo), portador do "RG n. ...", inscrito no "CPF/CNPJ sob o n. ...", "endereço eletrônico...", "domiciliado à rua...".

NOME DO RÉU, "nacionalidade...", "estado civil...", "profissão..." (se pessoa jurídica indicar se de direito privado, público interno ou público externo), portador do "RG n. ...", inscrito no "CPF/CNPJ sob o n. ...", "endereço eletrônico...", "domiciliado à rua...".

3. Nome da ação e sua fundamentação legal: "vem, respeitosamente, por intermédio de seu advogado infra-assinado, perante Vossa Excelência, ajuizar a presente AÇÃO DE ALIMENTOS COM PEDIDO DE ALIMENTOS PROVISÓRIOS, com fulcro nas determinações da Lei n. 5.478/68.

4. Fatos: transcrição integral do texto apresentado pelo examinador no enunciado da peça prática, ressaltando a impossibilidade de criar dados inexistentes, para não identificar a peça profissional e ter a prova zerada pelo examinador. Importante demonstrar as condições de necessidade do alimentando e de possibilidade do alimentante.

5. Fundamentação: faça a correta ligação entre os fatos e os dispositivos legais aplicáveis, como artigos de lei, súmulas, precedentes, desenvolvendo raciocínio lógico e coerência jurídica, ressaltando que a mera indicação do artigo ou da lei não é suficiente para a pontuação, sendo necessário demonstrar a correta coligação entre fato e direito.

6. Pedidos e requerimentos: "a) Seja o réu citado para, querendo, apresentar resposta no prazo legal em uma das modalidades permitidas na lei processual e comparecer à audiência de conciliação, instrução e julgamento, sob pena de revelia, conforme o art. 7º da Lei n. 5.478/68. b) Seja concedida *inicio litis* tutela antecipada para a condenação imediata do réu ao pagamento mensal de alimentos provisórios no 'valor...'. c) Seja, ao final, confirmada a tutela antecipada, sendo julgado procedente o pedido da presente ação, condenando o réu ao pagamento mensal de alimentos definitivos no 'valor...'. d) Seja o réu condenado em custas e honorários advocatícios em percentuais arbitrados nos termos do art. 85, § 2º, do Código de Processo Civil. e) Sejam deferidos todos os meios de prova admitidos em direito para comprovação dos fatos que se apresentarem controvertidos após apresentação da contestação pelo réu. O endereço do advogado do autor, onde deverá receber as intimações, é 'Endereço...'."

7. Valor da causa: Dá-se à causa o valor de R$ (colocar valor da causa).

8. Fechamento da peça: Nestes Termos, Pede Deferimento. "Local..." e "Data..." OAB n. ..., "Assinatura...".

18.8.3. Modelo de ação de alimentos com pedido de tutela antecipada (alimentos provisórios)

EXCELENTÍSSIMO SENHOR DOUTOR JUIZ DE DIREITO DA... VARA CÍVEL DA COMARCA DE...

(pular 10 linhas)

NOME DO AUTOR, neste ato representado por sua genitora, NOME, "nacionalidade...", "estado civil...", "profissão..." (se pessoa jurídica indicar se de direito privado, público interno ou público externo), portador do "RG n. ...", inscrito no "CPF/CNPJ sob o n. ...", "endereço eletrônico...", "domiciliado à rua...", vem, respeitosamente, por intermédio de seu advogado infra-assinado, perante Vossa Excelência, ajuizar a presente AÇÃO DE ALIMENTOS COM PEDIDO DE ALIMENTOS PROVISÓRIOS, com fulcro nas determinações da Lei n. 5.478/68, em face de NOME DO RÉU, "nacionalidade...", "estado civil...", "profissão..."

(se pessoa jurídica indicar se de direito privado, público interno ou público externo), portador do "RG n. ...", inscrito no "CPF/CNPJ sob o n. ...", "endereço eletrônico...", "domiciliado à rua...", pelos fundamentos de fato e de direito a seguir expostos:

I – DOS FATOS

Resumo dos fatos fornecidos pelo enunciado da questão, em especial ressaltando as condições de necessidade do alimentando e de possibilidade do alimentante.

II – DOS FUNDAMENTOS DE DIREITO

Vide pertinentes noções de Direito Civil destacadas.

Observar se há precedente.

Caso o precedente seja favorável, fazer a adesão. Caso desfavorável, fazer a distinção "distinguishing".

III – DOS ALIMENTOS PROVISÓRIOS

Destaque ser caso de antecipação de tutela, art. 300 do CPC e faça menção ao fumus boni iuris *(probabilidade do direito) e ao* periculum in mora *(perigo de dano ou risco ao resultado útil do processo).*

IV – DOS PEDIDOS

Diante de todo o exposto, requer-se a Vossa Excelência:

a) Seja o réu citado para, querendo, apresentar resposta no prazo legal em uma das modalidades permitidas na lei processual e comparecer à audiência de conciliação, instrução e julgamento, sob pena de revelia, conforme o art. 7º da Lei n. 5.478/68.

b) Seja concedida *inicio litis* tutela antecipada para a condenação imediata do réu ao pagamento mensal de alimentos provisórios no "valor...".

c) Seja, ao final, confirmada a tutela antecipada, sendo julgado procedente o pedido da presente ação, condenando o réu ao pagamento mensal de alimentos definitivos no "valor...".

d) Seja o réu condenado em custas e honorários advocatícios em percentuais arbitrados nos termos do art. 85, § 2º, do Código de Processo Civil.

e) Sejam deferidos todos os meios de prova admitidos em direito para comprovação dos fatos que se apresentarem controvertidos após apresentação da contestação pelo réu.

O endereço do advogado do autor, onde deverá receber as intimações, é "Endereço...".

Dá-se à causa o valor de R$ (*colocar valor da causa equivalente a doze prestações mensais*).

Nestes termos,

Pede deferimento.

"Local..." e "Data..."

OAB n. ..., "Assinatura..."

18.9. **Principais peças processuais relativas ao direito do consumidor**

18.9.1. Ação de indenização por fato do produto ou do serviço

18.0.1.1. Apresentação

Primeiro, deve-se identificar se a questão, de fato, trata de matéria relativa à relação de consumo, ou seja, incidentes as disposições legais do Código de Defesa do Consumidor.

Nesse sentido, verificar tais disposições, previstas pela Lei n. 8.078/90, que buscou definir em seus arts. 2º e 3º os elementos necessários à configuração de uma relação, ou seja, especificando o que é consumidor, fornecedor, produto e serviço.

Consumidor, segundo o art. 2º da Lei n. 8.078/90, é toda pessoa física ou jurídica que adquire ou utiliza produtos ou serviços como destinatário final. Por sua vez, fornecedor é toda pessoa física ou jurídica, pública ou privada, nacional ou estrangeira, bem como os entes despersonalizados, que desenvolvem atividades de produção, montagem, criação, construção, transformação, importação, exportação, distribuição ou comercialização de produtos ou prestação de serviços, conforme o art. 4º da Lei n. 8.078/90.

Ainda, conforme determina o art. 3º, §§ 1º e 2º, do Código de Defesa do Consumidor pode ser definido produto como "qualquer bem, móvel ou imóvel, material ou imaterial" e serviço como "qualquer atividade fornecida no mercado de consumo, mediante remuneração, inclusive as de natureza bancária, financeira, de crédito e securitária, salvo as decorrentes das relações de caráter trabalhista".

A responsabilidade civil pelo fato do produto e do serviço consiste em imputar ao fornecedor a responsabilidade pelos danos causados ao consumidor, em razão de defeito no fornecimento de produto ou de serviço, determinando-se a obrigação de indenizar pela violação do dever de segurança inerente ao mercado de consumo.

Desta forma, como regra, o fornecedor é o responsável pelo fato (defeito) apresentado no produto ou no serviço, por ser quem efetivamente apresenta os produtos ou os serviços defeituosos no mercado de consumo, devendo, portanto, assumir o risco dessa conduta e arcarem com o dever de indenizar, conforme o art. 12 do Código de Defesa do Consumidor, que estabelece:

> Art. 12. O fabricante, o produtor, o construtor, nacional ou estrangeiro, e o importador, respondem independentemente da existência de culpa, pela reparação dos danos causados aos consumidores por defeitos (...), bem como por informações insuficientes ou inadequados (...).

Ademais, a responsabilidade dos comerciantes está estabelecida no art. 13 do Código de Defesa do Consumidor, conforme o art. 13 do CDC:

> Art. 13. O comerciante é igualmente responsável, nos termos do artigo anterior, quando: I – o fabricante, o construtor, o produtor ou o importador não puderem ser identificados; II – o produto for fornecido sem identificação clara do seu fabricante, produtor, construtor ou importador; III – não conservar adequadamente os produtos perecíveis.

Finalmente, a responsabilidade pelo fato do serviço está elencada no art. 14 do Código de Defesa do Consumidor: "O fornecedor de serviços responde, independentemente da existência de culpa, pela reparação dos danos causados aos consumidores por defeitos relativos à prestação dos serviços, bem como por informações insuficientes ou inadequadas sobre sua fruição e riscos".

Ainda, observar se o enunciado não apresenta algumas das chamadas excludentes de responsabilidade dos fornecedores, previstas no art. 12, § 3º, do CDC. "O fabricante, o construtor, o produtor ou importador só não será responsabilizado quando provar: I – que não colocou o produto no mercado; II – que, embora haja colocado o produto no mercado, o defeito inexiste; III – a culpa exclusiva do consumidor ou de terceiro".

Desta feita, resta clara a importância de se identificar se o problema apresenta, de fato, uma relação de consumo dentro de um negócio jurídico, possibilitando, assim, a aplicação das regras inerentes ao Código de Defesa do Consumidor, como corpo legal para dirimir os conflitos, bem como, por se tratar de defeito apresentado nos produtos ou nos serviços prestados pelo fornecedor de produtos ou serviços, incidindo as regras ora trabalhadas.

Por fim, verifique que, por se tratar de relação de consumo, as regras de competência estão previstas no art. 101 do CDC, especificando que, na ação de responsabilidade civil do fornecedor de produtos e serviços, a ação pode ser proposta no domicílio do autor.

18.9.1.2. Estrutura resumida da peça

1. Endereçamento: por ser uma petição inicial, faz-se a mesma recomendação anteriormente realizada, ou seja, atentar sempre para o enunciado proposto pelo examinador com respeito à competência (se Vara Única, se Vara Distrital, Regional ou Específica), ou se já há identificação exata da cidade/comarca "Vara Cível da Comarca da Capital de São Paulo". Ainda, observar se vara cível da Justiça Federal ou Estadual, bem como se de competência originária dos Tribunais.

Assim, utilizar: "EXCELENTÍSSIMO SENHOR DOUTOR JUIZ DE DIREITO DA ... VARA CÍVEL DA COMARCA DE ...".

2. Identificação das partes: NOME DO AUTOR, "nacionalidade...", "estado civil...", "profissão..." (se pessoa jurídica indicar se de direito privado, público interno ou público externo), portador do "RG n. ...", inscrito no "CPF/CNPJ sob o n. ...", "endereço eletrônico...", "domiciliado à rua..." (se for pessoa jurídica "com sede à rua...").

NOME DO RÉU, "nacionalidade...", "estado civil...", "profissão..." (se pessoa jurídica indicar se de direito privado, público interno ou público externo), portador do "RG n. ...", inscrito no "CPF/CNPJ sob o n. ...", "endereço eletrônico...", "domiciliado à rua..." (se for pessoa jurídica "com sede à rua...").

3. Nome da ação e sua fundamentação legal: "vem, respeitosamente, por intermédio de seu advogado infra-assinado, perante Vossa Excelência, ajuizar a presente AÇÃO DE INDENIZAÇÃO POR FATO DO PRODUTO OU DO SERVIÇO (depende do caso), com fulcro nos arts. 12 e seguintes do Código de Defesa do Consumidor".

4. Fatos: transcrição integral do texto apresentado pelo examinador no enunciado da peça prática, ressaltando a impossibilidade de criar dados inexistentes, para não identificar a peça profissional e ter a prova zerada pelo examinador. Importante demonstrar a efetiva configuração da relação de consumo, com a incidência das normas do CDC.

5. Fundamentação: faça a correta ligação entre os fatos e os dispositivos legais aplicáveis, como artigos de lei, súmulas, precedentes, desenvolvendo raciocínio lógico e coerência jurídica, ressaltando que a mera indicação do artigo ou da lei não é suficiente para a pontuação, sendo necessário demonstrar a correta coligação entre fato e direito.

6. Pedidos e requerimentos: "a) Seja o réu citado para, querendo, apresentar resposta no prazo legal em uma das modalidades permitidas na lei processual. b) Seja concedida initio litis antecipação de tutela para... (*fazer o pedido da tutela provisória, se for o caso*). c) Nos termos do art. 334, *caput* ou § 5º, do Código de Processo Civil, o autor deve se manifestar sobre o (des)interesse em autocomposição para a realização da audiência de conciliação ou de mediação do art. 334 do CPC. d) NO MÉRITO, ao final, sejam confirmados os efeitos da tutela para... (*no nosso exemplo: para excluir o nome do autor da presente ação dos cadastros de inadimplentes*). e) NO MÉRITO, seja julgado procedente o pedido da presente ação no sentido de condenar o réu ao pagamento de 'valor...' a título de... (dependendo do caso, pode ser dano emergente, lucro cessante, dano moral e/ou dano estético. No nosso exemplo: a título de danos morais, cujo valor deve ser arbitrado por esse MM. Juízo). f) Seja o réu condenado em custas e honorários advocatícios em percentuais arbitrados nos termos do art. 85, § 2º, do Código de Processo Civil. g) Sejam deferidos todos os meios de prova admitidos em direito para comprovação dos fatos que se apresentarem controvertidos após apresentação da contestação pelo réu (sustentar a possibilidade de inversão do ônus da prova, nos termos do art. 6º, VIII, do CDC). O endereço do advogado do autor, onde deverá receber as intimações, é 'Endereço...'."

7. Valor da causa: Dá-se à causa o valor de R$ (colocar valor da causa).

8. Fechamento da peça: Nestes Termos, Pede Deferimento. "Local..." e "Data..." OAB n. ..., "Assinatura...".

18.9.1.3. Modelo de ação de indenização por fato do produto ou do serviço

EXCELENTÍSSIMO SENHOR DOUTOR JUIZ DE DIREITO DA... VARA CÍVEL DA COMARCA DE...

(pular 10 linhas)

NOME DO AUTOR, "nacionalidade...", "estado civil...", "profissão..." (se pessoa jurídica indicar se de direito privado, público interno ou público externo), portador do "RG n. ...", inscrito no "CPF/CNPJ sob o n. ...", "endereço eletrônico...", "domiciliado à rua..." (se for pessoa jurídica "com sede à rua..."), vem, respeitosamente, por intermédio de seu advogado infra-assinado, perante Vossa Excelência, ajuizar a presente AÇÃO DE INDENIZAÇÃO POR FATO DO PRODUTO OU DO SERVIÇO (*depende do caso*), com fulcro nos arts. 12 e seguintes do CDC, em face de NOME DO RÉU, "nacionalidade...", "estado civil...", "profissão..." (se pessoa jurídica indicar se de direito privado, público interno ou público externo), portador do "RG n. ...", inscrito no "CPF/CNPJ sob o n. ...", "endereço eletrônico...", "domiciliado à rua..." (se for pessoa jurídica "com sede à rua..."), pelos fundamentos de fato e de direito a seguir expostos:

I – DOS FATOS

Resumo dos fatos fornecidos pelo enunciado da questão. Importante demonstrar a efetiva configuração da relação de consumo, com a incidência das normas do CDC.

II – DOS FUNDAMENTOS DE DIREITO

Lições jurídicas sobre o tema da peça processual.

Observar se há precedente.

Caso o precedente seja favorável, fazer a adesão. Caso desfavorável, fazer a distinção "distinguishing".

III – DOS PEDIDOS

Diante de todo o exposto, requer-se a Vossa Excelência:

a) Seja o réu citado para, querendo, apresentar resposta no prazo legal em uma das modalidades permitidas na lei processual.

b) Seja concedida *initio litis* antecipação de tutela para... (*fazer o pedido, se for o caso, da tutela provisória*).

c) Nos termos do art. 334, *caput* ou § 5º, do Código de Processo Civil, o autor deve se manifestar sobre o (des)interesse em autocomposição para a realização da audiência de conciliação ou de mediação do art. 334 do CPC.

d) NO MÉRITO, ao final, sejam confirmados os efeitos da tutela para... (*no nosso exemplo: para excluir o nome do autor da presente ação dos cadastros de inadimplentes*).

e) NO MÉRITO, seja julgado procedente o pedido da presente ação no sentido de condenar o réu ao pagamento de "valor..." a título de... (*dependendo do caso, pode ser dano emergente, lucro cessante, dano moral e/ou dano estético. No nosso exemplo: a título de danos morais, cujo valor deve ser arbitrado por esse MM. Juízo*).

f) Seja o réu condenado em custas e honorários advocatícios em percentuais arbitrados nos termos do art. 85, § 2º, do Código de Processo Civil.

g) Sejam deferidos todos os meios de prova admitidos em direito para comprovação dos fatos que se apresentarem controvertidos após apresentação da contestação pelo réu (sustentar a possibilidade de inversão do ônus da prova, nos termos do art. 6º, VIII, do CDC).

O endereço do advogado do autor, onde deverá receber as intimações, é "Endereço...".

Dá-se à causa o valor de R$ (*colocar valor da causa*).

Nestes termos,

Pede deferimento.

"Local..." e "Data..."

OAB n. ..., "Assinatura..."

18.9.2. Ação de ordinária por vícios do produto ou do serviço

18.9.2.1. Apresentação

Vício é o defeito grave que torna uma coisa inadequada a certos fins ou funções a que se propõe. O verbo redibir significa anular judicialmente uma venda ou outro contrato comutativo em que a coisa negociada foi entregue com vícios ou defeitos ocultos, que impossibilitam o uso ao qual se destina que lhe diminuem o valor.

Desta forma, vícios redibitórios são defeitos ocultos que tornam a coisa imprópria para o uso a que é destinada, ou seja, de que o contrato não se teria realizado, se fossem deles conhecidos. Para que ocorra o vício aludido, necessário que exista uma coisa, recebida em decorrência de um contrato comutativo, sinalagmático, oneroso e não aleatório, que o vício seja oculto e preexistente no contrato, que tal defeito a torne imprópria ao uso a que se destina ou lhe diminua significativamente o valor.

Desta forma, estabelece o art. 18 do Código de Defesa do Consumidor:

> Art. 18. Os fornecedores de produtos de consumo duráveis ou não duráveis respondem solidariamente pelos vícios de qualidade ou quantidade que os tornem impróprios ou inadequados ao consumo a que se destinam ou lhes diminuam o valor, assim como por aqueles decorrentes da disparidade, com a indicações constantes do recipiente, da embalagem, rotulagem ou mensagem publicitária, respeitadas as variações decorrentes de sua natureza, podendo o consumidor exigir a substituição das partes viciadas.

Descobertos, portanto, os vícios ocultos existentes na coisa, ocorrerá a "redibição da coisa", ou seja, em não sendo sanado o vício no prazo máximo de 30 dias, poderá o consumidor exigir, à sua escolha, alternativamente:

I – a substituição do produto por outro da mesma espécie, em perfeitas condições de uso;

II – a restituição imediata da quantia paga, monetariamente atualizada, sem prejuízo de eventuais perdas e danos;

III – o abatimento proporcional do preço.

No tocante a vícios de qualidade, importante mencionar que referido vício é o defeito do produto, que determina a impropriedade ou inadequabilidade para consumo ou lhe reduza o valor econômico. Os vícios de qualidade do produto estão elencados no art. 18 do Código de Defesa do Consumidor, a saber:

1. aqueles capazes de torná-los impróprios ou inadequados ao consumo;
2. aqueles que lhes diminuam o valor;
3. aqueles que contêm falhas na informação (verdadeiros vícios de informação) em razão da disparidade com as indicações constantes do recipiente, da embalagem, rotulagem ou mensagem publicitária.

18.9.2.2. Estrutura resumida da peça

1. Endereçamento: por ser uma petição inicial, faz-se a mesma recomendação anteriormente realizada, ou seja, atentar sempre para o enunciado proposto pelo examinador com respeito à competência (se Vara Única, se Vara Distrital, Regional ou Específica), ou se já há identificação exata da cidade/comarca "Vara Cível da Comarca da Capital de São Paulo". Ainda, observar se vara cível da Justiça Federal ou Estadual, bem como se de competência originária dos Tribunais. Assim, utilizar: "EXCELENTÍSSIMO SENHOR DOUTOR JUIZ DE DIREITO DA ... VARA CÍVEL DA COMARCA DE ...".

2. Identificação das partes: NOME DO AUTOR, "nacionalidade...", "estado civil...", "profissão..." (se pessoa jurídica indicar se de direito privado, público interno ou público externo), portador do "RG n. ...", inscrito no "CPF/CNPJ sob o n. ...", "endereço eletrônico...", "domiciliado à rua..." (se for pessoa jurídica "com sede à rua...").

NOME DO RÉU, "nacionalidade...", "estado civil...", "profissão..." (se pessoa jurídica indicar se de direito privado, público interno ou público externo), portador do "RG n. ...", inscrito no "CPF/CNPJ sob o n. ...", "endereço eletrônico...", "domiciliado à rua..." (se for pessoa jurídica "com sede à rua...").

3. Nome da ação e sua fundamentação legal: "vem, respeitosamente, por intermédio de seu advogado infra-assinado, perante Vossa Excelência, ajuizar a presente AÇÃO DE INDENIZAÇÃO POR VÍCIOS DO PRODUTO OU DO SERVIÇO (*depende do caso*), com fulcro nos arts. 18 e seguintes do CDC".

4. Fatos: transcrição integral do texto apresentado pelo examinador no enunciado da peça prática, ressaltando a impossibilidade de criar dados inexistentes, para não identificar a peça profissional e ter a prova zerada pelo examinador. Importante demonstrar a efetiva configuração da relação de consumo, com a incidência das normas do CDC, em especial dos vícios ocultos existentes nos produtos ou serviços.

5. Fundamentação: faça a correta ligação entre os fatos e os dispositivos legais aplicáveis, como artigos de lei, súmulas, precedentes, desenvolvendo raciocínio lógico e coerência jurídica, ressaltando que a mera indicação do artigo ou da lei não é suficiente para a pontuação, sendo necessário demonstrar a correta coligação entre fato e direito.

6. Pedidos e requerimentos: "a) Seja o réu citado para, querendo, apresentar resposta no prazo legal em uma das modalidades permitidas na lei processual. b) Seja concedida *initio litis* antecipação de tutela para... (fazer o pedido da tutela provisória, se for o caso). c) Nos termos do art. 334, *caput* ou § 5º, do Código de Processo Civil, o autor deve se manifestar sobre o (des)interesse em autocomposição para a realização da audiência de conciliação ou de mediação do art. 334 do CPC. d) NO MÉRITO, ao final, sejam confirmados os efeitos da tutela para... (*fazer o pedido da tutela definitiva, nos termos do art. 18, § 1º, do CDC*). e) NO MÉRITO, seja julgado procedente o pedido da presente ação no sentido de condenar o réu ao pagamento de 'valor...' a título de... (*dependendo do caso, pode ser dano emergente, lucro cessante, dano moral e dano material. No nosso exemplo: a título de danos morais, cujo valor deve ser arbitrado por esse MM. Juízo*). f) Seja o réu condenado em custas e honorários advocatícios em percentuais arbitrados nos termos do art. 85, § 2º, do Código de Processo Civil. g) Sejam deferidos todos os meios de prova admitidos em direito para comprovação dos fatos que se apresentarem controvertidos após apresentação da contestação pelo réu (sustentar a possibilidade de inversão do ônus da prova, nos termos do art. 6º, VIII, do CDC)".

7. Valor da causa: Dá-se à causa o valor de R$ (colocar valor da causa).

8. Fechamento da peça: Nestes Termos, Pede Deferimento. "Local..." e "Data..." OAB n. ..., "Assinatura...".

18.9.2.3. Modelo de ação de indenização por vícios do produto ou do serviço

EXCELENTÍSSIMO SENHOR DOUTOR JUIZ DE DIREITO DA... VARA CÍVEL DA COMARCA DE...

(pular 10 linhas)

NOME DO AUTOR, "nacionalidade...", "estado civil...", "profissão..." (se pessoa jurídica indicar se de direito privado, público interno ou público externo), portador do "RG n. ...", inscrito no "CPF/CNPJ sob o n. ...", "endereço eletrônico...", "domiciliado à rua..." (se for pessoa jurídica "com sede à rua..."), vem, respeitosamente, por intermédio de seu advogado infra-assinado, perante Vossa Excelência, ajuizar a presente AÇÃO DE INDENIZAÇÃO POR VÍCIOS DO PRODUTO OU DO SERVIÇO (depende do caso), com fulcro nos arts. 18 e seguintes do CDC, em face de NOME DO RÉU, "nacionalidade...", "estado civil...", "profissão..." (se pessoa jurídica indicar se de direito privado, público interno ou público externo), portador do "RG n. ...", inscrito no "CPF/CNPJ sob o n. ...", "endereço eletrônico...", "domiciliado à rua..." (se for pessoa jurídica "com sede à rua..."), pelos fundamentos de fato e de direito a seguir expostos:

I - DOS FATOS

Resumo dos fatos fornecidos pelo enunciado da questão. Importante demonstrar a efetiva configuração da relação de consumo, com a incidência das normas do CDC, em especial dos vícios ocultos existentes nos produtos ou serviços.

II - DOS FUNDAMENTOS DE DIREITO

Lições jurídicas sobre o tema da peça processual.

Observar se há precedente.

Caso o precedente seja favorável, fazer a adesão. Caso desfavorável, fazer a distinção "distinguishing".

III - DOS PEDIDOS

Diante de todo o exposto, requer-se a Vossa Excelência:

a) Seja o réu citado para, querendo, apresentar resposta no prazo legal em uma das modalidades permitidas na lei processual.

b) Seja concedida *initio litis* antecipação de tutela para... (*no nosso exemplo: para excluir o nome do autor da presente ação dos cadastros de inadimplentes, sob pena de multa*).

c) Nos termos do art. 334, *caput* ou § 5º, do Código de Processo Civil, o autor deve se manifestar sobre o (des)interesse em autocomposição para a realização da audiência de conciliação ou de mediação do art. 334 do CPC.

d) NO MÉRITO, ao final, sejam confirmados os efeitos da tutela para... (*no nosso exemplo: para excluir o nome do autor da presente ação dos cadastros de inadimplentes*).

e) NO MÉRITO, seja julgado procedente o pedido da presente ação no sentido de condenar o réu ao pagamento de "valor..." a título de... (*dependendo do caso, pode ser dano emergente, lucro cessante, dano moral e dano material. No nosso exemplo: a título de danos morais, cujo valor deve ser arbitrado por esse MM. Juízo*).

f) Seja o réu condenado em custas e honorários advocatícios em percentuais arbitrados nos termos do art. 85, § 2º, do Código de Processo Civil.

g) Sejam deferidos todos os meios de prova admitidos em direito para comprovação dos fatos que se apresentarem controvertidos após apresentação da contestação pelo réu (sustentar a possibilidade de inversão do ônus da prova, nos termos do art. 6º, VIII, do CDC).

O endereço do advogado do autor, onde deverá receber as intimações, é "Endereço...".

Dá-se à causa o valor de R$ (*colocar valor da causa*).

Nestes termos,

Pede deferimento.

"Local..." e "Data..."

OAB n. ..., "Assinatura..."

19. GABARITANDO AS PEÇAS PRÁTICAS[1]

19.1. **Modelo de petição inicial**

19.1.1. Ação de obrigação de fazer

(V Exame Unificado) Em 19 de março de 2005, Agenor da Silva Gomes, brasileiro, natural do Rio de Janeiro, bibliotecário, viúvo, aposentado, residente na Rua São João Batista, n. 24, apartamento 125, na Barra da Tijuca, Rio de Janeiro, RJ, contrata o Plano de Saúde Bem-Estar para prestação de serviços de assistência médica com cobertura total em casos de acidentes, cirurgias, emergências, exames, consultas ambulatoriais, resgate em ambulâncias e até mesmo com uso de helicópteros, enfim, tudo o que se espera de um dos melhores planos de saúde existentes no país.

Em 4 de julho de 2010, foi internado na Clínica São Marcelino Champagnat, na Barra da Tijuca, Rio de Janeiro, vítima de grave acidente vascular cerebral (AVC). Seu estado de saúde piora a cada dia, e seu único filho Arnaldo da Silva Gomes, brasileiro, natural do Rio de Janeiro, divorciado, dentista, que reside em companhia do pai, está seriamente preocupado.

Ao visitar o pai, no dia 16 de julho do mesmo mês, é levado à direção da clínica e informado pelo médico responsável, Dr. Marcos Vinícius Pereira, que o quadro comatoso do senhor Agenor é de fato muito grave, mas não há motivo para que ele permaneça internado na UTI (Unidade de Tratamento Intensivo) da clínica, e sim em casa com a instalação de *home care* com os equipamentos necessários à manutenção de sua vida com conforto e dignidade. Avisa ainda que, em 48 horas, não restará outra saída senão dar alta ao senhor Agenor para que ele continue com o tratamento em casa, pois certamente é a melhor opção de tratamento.

Em estado de choque com a notícia, vendo a impossibilidade do pai de manifestar-se sobre seu próprio estado de saúde, Arnaldo entra em contato imediatamente com o plano de saúde, e este informa que nada pode fazer, pois não existe a possibilidade de instalar *home care* para garantir o tratamento do paciente.

GABARITO: Trata-se da hipótese em que o(a) examinando(a) deverá se valer de medidas de urgência, sendo cabíveis procedimentos cautelares requeridos em caráter antecedente, com pedido de concessão de medida liminar (arts. 305 a 310 do CPC), ou ação de conhecimento com pedido de concessão dos efeitos da tutela pretendida. Qualquer das modalidades eleitas

---

[1] Importante mencionar que as peças práticas exigidas pela FGV/OAB, ainda quando da vigência do CPC/73, foram devidamente atualizadas para o CPC/2015, no entanto, mantendo a essência do gabarito original e definitivo da banca examinadora, mas com as disposições da nova sistemática processual civil.

pelo(a) examinando(a) são aceitas desde que a via processual guarde correlação com a fundamentação utilizada, raciocínio e argumentação jurídicos que apresentem elementos técnicos hábeis a pleitear a tutela jurisdicional à luz do caso exposto no enunciado.

Assim, são considerados elementos como o endereçamento ao juízo competente de acordo com a natureza da ação e o rito processual escolhido pelo(a) examinando(a). No tocante à legitimidade processual, a indicação deverá guardar correlação lógica no discorrer da peça prático-profissional. Assim, caso o(a) examinando(a) indique o pai enfermo como autor da ação, necessariamente deverá fazer menção à juntada posterior do instrumento de procuração, conforme autoriza o art. 104, § 1º, do CPC e/ou art. 5º, § 1º, da Lei n. 8.906/90 (Estatuto da OAB). Na hipótese do apontamento do filho do doente como autor da ação, deverá indicá-lo na qualidade de substituto processual e os dispositivos legais correspondentes. O mesmo deverá ser observado se houver o aponte do pai enfermo representado pelo filho. Em relação ao demandado, são consideradas as indicações do plano de saúde, do hospital, ou de ambos, em litisconsórcio passivo. Igualmente a escolha deverá ser devidamente fundamentada a guardar coerência com a medida eleita e fundamentação jurídica apresentada.

A peça deverá conter os elementos obrigatórios fato, fundamentação e pedido (art. 319, III, do CPC), e a omissão de qualquer desses elementos importará em perda da pontuação, ainda que a via eleita seja dos juizados especiais cíveis, orientada por princípios próprios que lhe garantem a simplicidade e a informalidade, mas por se tratar de peça simulada ajuizada por advogado, deve guardar conhecimento técnico e de elementos formais mínimos. No tocante à necessidade de pleito por concessão de liminar, o(a) examinando(a) deverá demonstrar a existência do *fumus boni iuris* e o *periculum in mora*, requisitos indispensáveis para o seu deferimento. No caso da liminar requerida como forma de cautelar de caráter antecedente, a fundamentação se encontra nos arts. 300, § 1º, e 305 a 310, do CPC e, em sede de antecipação de tutela na ação cognitiva, o fundamento legal é o art. 139, IV, e art. 536, § 1º, do CPC, sendo admitido o apontamento do art. 300 do CPC.

Por fim, o(a) examinando(a) deve formular corretamente os pedidos na forma dos arts. 319 e 320 do CPC para que o(s) réu(s) seja(m) citado(s) e, no pedido principal, requerer a instalação imediata dos equipamentos de *home care* necessários e a transferência do idoso, sob pena de multa diária. Alternativa ou cumulativamente requerer a continuidade do tratamento ou a proibição de alta, sob pena de multa diária. Deve requerer a confirmação dos efeitos da tutela antecipada, indicar as provas que pretende produzir e que procedeu com o recolhimento das custas ou indicar o pedido de justiça gratuita. Requerer a condenação dos honorários de sucumbência, salvo se a via eleita for de competência dos juizados especiais cíveis, e o endereço no qual o causídico receberá as intimações, na forma do art. 106, I, do CPC.

Ao final, indicar o valor da causa e apontar indicativos de data e local para o representante processual apor sua assinatura, demonstrando conhecimento de que as petições devem, necessariamente, datadas e assinadas, embora na prova simulada não deva haver identificação.

19.1.1.1. Modelo da peça

EXCELENTÍSSIMO SENHOR DOUTOR JUIZ DE DIREITO DA... VARA CÍVEL DA COMARCA DO RIO DE JANEIRO/RJ

(pular 10 linhas)

AGENOR DA SILVA GOMES, brasileiro, viúvo, bibliotecário, aposentado, absolutamente incapaz, portador da cédula de identidade RG n. ..., inscrito no CPF/MF sob o n. ..., neste ato representado por ARNALDO DA SILVA GOMES, brasileiro, divorciado, dentista, portador da cédula de identidade RG n. ..., inscrito no CPF/MF sob n. ..., endereço eletrônico n. ..., ambos domiciliados, na Rua São João Batista, n. 24, apartamento 125, bairro Barra da Tijuca, CEP..., cidade do Rio de Janeiro/RJ, por seu advogado que esta subscreve (instrumento de mandato anexo), com endereço profissional na..., n. ..., bairro..., na cidade de..., Estado..., CEP..., onde recebe intimações, vem respeitosamente a presença de Vossa Excelência, propor a presente AÇÃO DE OBRIGAÇÃO DE FAZER, COM PEDIDO LIMINAR, com fundamento nos arts. 300, 497 e 537 do Código de Processo Civil, em desfavor de PLANO DE SAÚDE BEM-ESTAR, pessoa jurídica de direito privado, com sede na..., n. ..., bairro..., na cidade de..., Estado de..., CEP..., na pessoa de seu representante legal, pelos motivos de fatos e de direitos a seguir expostos:

I - DOS FATOS

O autor Agenor da Silva Gomes firmou, em 19 de março de 2005, contrato com o Plano de Saúde Bem-Estar para prestação de serviços de assistência médica, com cobertura total em casos de acidentes, cirurgias, emergências, exames, consultas ambulatoriais, resgate em ambulâncias e até mesmo com uso de helicópteros, enfim, tudo o que se espera de um dos melhores planos de saúde existentes no país.

Em 4 de julho de 2010, o autor foi internado na Clínica São Marcelino Champagnat, na Barra da Tijuca, Rio de Janeiro, vítima de grave acidente vascular cerebral (AVC), permanecendo em estado de coma. Em razão disso, bem como pela piora em seu estado de saúde, encontra-se absolutamente incapacitado para a prática de quaisquer atos da vida civil, seu único filho Arnaldo da Silva Gomes, atuando na condição de substituto processual, providenciará todos os procedimentos necessários para a defesa dos interesses de seu genitor.

Ao visitar o pai, no dia 16 de julho do mesmo mês, é levado à direção da clínica e informado pelo médico responsável, Dr. Marcos Vinícius Pereira, que o quadro comatoso do senhor Agenor é de fato muito grave, mas não há motivo para que ele permaneça internado na UTI (Unidade de Tratamento Intensivo) da clínica, e sim em casa com a instalação de *home care* com os equipamentos necessários à manutenção de sua vida com conforto e dignidade.

Diante de tal situação, Arnaldo entrou em contato com o plano de saúde, solicitando a instalação dos equipamentos de *home care* em sua residência, visando ao atendimento das recomendações médicas, no entanto, tendo sido negado o procedimento.

Assim, a presente ação é necessária para que o autor tenha seu direito efetivado por sentença.

II – DOS FUNDAMENTOS DE DIREITO

Preliminarmente, em razão do estado de incapacidade civil absoluta em que o autor Agenor se encontra, decorrente de enfermidade que lhe retira a possibilidade de manifestar sua vontade, faz-se necessário declarar a sua incapacidade e constituir como curador para este ato seu filho ARNALDO DA SILVA GOMES, nos termos do art. 18, do CPC, com fulcro no art. 3º, III, do Código Civil, a despeito da posterior juntada do instrumento de procuração, conforme autoriza o art. 104 do CPC e art. 5º, § 1º, da Lei n. 8.906/90 (Estatuto da OAB).

Importante mencionar a relação de consumo existente entre as partes, uma vez que há, de um lado, o fornecedor de serviço de saúde e, do outro, um consumidor como destinatário final, conforme contrato de adesão ao plano de saúde que instrui a presente inicial, e, portanto, evidenciada a responsabilidade objetiva da Ré, nos termos da Lei n. 8.078/90 e do art. 5º, XXXVII, da Constituição Federal.

Cumpre ressaltar que o Autor está em dia com o pagamento das mensalidades, conforme faz prova o recibo anexo aos autos, e, desta forma, não há motivos para a negativa da Ré em providenciar a instalação dos equipamentos. Ademais, tendo em vista que o Autor está na iminência de ser compelido a retornar para a sua residência, portanto, sem cuidados médicos algum, necessário se faz a determinação em caráter liminar, da instalação do equipamento de *home care*, conforme preceituam os arts. 536 e 537 do Código de Processo Civil, sendo certo que preenche os requisitos para a concessão da benesse antecipatória.

A despeito da inexistência do perigo de irreversibilidade do provimento, eis que ao final caso venha ser julgado improcedente o pedido, o serviço a ser prestado poderá ser regularmente cobrado. Por outro lado, com intuito de compelir a Ré ao cumprimento desta obrigação de tão importante necessidade, que este Nobre Julgador estipule multa diária, nos termos dos arts. 297 e 537 do Código de Processo Civil, caso não seja a obrigação cumprida no prazo determinado.

Destarte, ante a urgência do direito pleiteado e da recusa injustificada da Ré ao seu cumprimento, não resta opção outra senão se valer da tutela jurisdicional para ter seu direito efetivado.

III – DOS PEDIDOS

Diante de todo o exposto, requer-se a Vossa Excelência:

a) Seja o réu citado para, querendo, apresentar resposta no prazo legal em uma das modalidades permitidas na lei processual.

b) A intimação do ilustre Representante do Ministério Público para manifestação, sob pena de nulidade processual.

c) A declaração da incapacidade absoluta do autor AGENOR DA SILVA GOMES e para constituir Curador Especial para este ato, ARNALDO DA SILVA GOMES.

d) Seja concedida *inicio litis* tutela antecipada para condenar em obrigação de fazer, consistente na imediata instalação do *home care* nas dependências da residência do autor, sob pena de multa diária, a ser prudentemente fixada por este MM. Juízo, nos termos dos arts. 300, 536 e 537 do CPC.

e) (*Lembrar que no CPC há o pedido de realização da audiência de conciliação ou de mediação*) Nos termos do art. 334, *caput* ou § 5º, do Código de Processo Civil, o autor deve se manifestar sobre o (des)interesse em autocomposição para a realização da audiência de conciliação ou de mediação.

f) Seja o réu condenado em custas e honorários advocatícios em percentuais arbitrados nos termos do art. 85, § 2º, do Código de Processo Civil.

g) Seja deferida a inversão do ônus da prova, por se tratar de relação de consumo, bem como, subsidiariamente, pugnar por todos os meios de prova admitidos em direito para comprovação dos fatos que se apresentarem controvertidos após apresentação da contestação pelo réu.

O endereço do advogado do autor, onde deverá receber as intimações, é "Endereço...".

Dá-se à causa o valor de R$ (*colocar valor da causa*).

Nestes termos,

Pede deferimento.

"Local..." e "Data..."

OAB n. ..., "Assinatura..."

19.1.2. Ação declaratória de inexistência de débito c/c obrigação de fazer e indenização por danos morais

(VII Exame Unificado) Sergio, domiciliado em Volta Redonda/RJ, foi comunicado pela empresa de telefonia ALFA, com sede em São Paulo/SP, que sua fatura, vencida no mês de julho de 2011, constava em aberto e, caso não pagasse o valor correspondente, no total de R$ 749,00, no prazo de 15 dias após o recebimento da comunicação, seu nome seria lançado nos cadastros dos órgãos de proteção ao crédito.

Consultando a documentação pertinente ao serviço utilizado, encontrou o comprovante de pagamento da fatura supostamente em aberto, enviando-o via fax para a empresa ALFA a fim de dirimir o problema.

Sucede, entretanto, que, ao tentar concretizar a compra de um veículo mediante financiamento alguns dias depois, viu frustrado o negócio, ante a informação de que o crédito lhe fora negado, uma vez que seu nome estava inscrito nos cadastros de maus pagadores pela empresa ALFA, em virtude de débito vencido em julho de 2011, no valor de R$ 749,00.

Constrangido, Sérgio deixou a concessionária e dirigiu-se a um escritório de advocacia a fim de que fosse proposta a ação cabível. Elabore a peça processual adequada ao caso comentado.

GABARITO: A peça cabível consiste em uma Ação Declaratória de Inexistência de Débito c/c Obrigação de Fazer e Indenização por Danos Morais. Poderá ser proposta no foro do domicílio do consumidor ou do fornecedor (art. 101, I, do CDC e art. 46 do CPC). Sergio deve figurar no polo ativo e a pessoa jurídica ALFA deve figurar no polo passivo, sendo ambos qualificados, atendendo ao disposto no art. 319 do CPC.

Ao explicitar os fatos, deve o examinando destacar a existência de relação jurídico-material entre as partes, referente ao serviço de telefonia, caracterizando-se como relação de consumo, nos termos da Lei n. 8.078/90. Apontar que houve uma falha na segurança do serviço prestado pela empresa ALFA, evidenciando o fato do serviço (art. 14 do CDC), vez que lhe fora cobrada dívida já paga e indevidamente lançado seu nome nos cadastros de inadimplentes. Salientar que as consequências da falha foram danosas, atingindo sua honra, reputação e bom nome, causando-lhe constrangimento que caracteriza o dano moral, o qual deve ser indenizado, nos termos do art. 6º, VI, da Lei n. 8.078/90. Deverá formular pedido de antecipação de tutela para que seja *inaudita altera pars* retirado seu nome dos cadastros de maus pagadores.

Ao final, deverá formular os pedidos sucessivos de declaração de inexistência de débito, exclusão de seu nome dos cadastros de inadimplentes e indenização por danos morais, além de custas e honorários de advogado.

19.1.2.1. Modelo da peça

EXCELENTÍSSIMO SENHOR DOUTOR JUIZ DE DIREITO DA... VARA CÍVEL DA COMARCA DE VOLTA REDONDA/RJ (domicílio do autor – art. 101, I, do CDC); OU
EXCELENTÍSSIMO SENHOR DOUTOR JUIZ DE DIREITO DA... VARA CÍVEL DA COMARCA DE SÃO PAULO/SP (endereço do réu – art. 46 do CPC).

(pular 10 linhas)

SÉRGIO, "nacionalidade...", "estado civil...", "profissão...", inscrito no "CPF sob o n. ...", "endereço eletrônico...", "domiciliado à rua...", vem, respeitosamente, por intermédio de seu advogado infra-assinado, perante Vossa Excelência, ajuizar a presente AÇÃO DECLARATÓRIA DE INEXISTÊNCIA DE DÉBITO C/C OBRIGAÇÃO DE FAZER E INDENIZAÇÃO POR DANOS MORAIS, COM PEDIDO DE TUTELA ANTECIPADA, com fulcro nos arts. 497, 536 e 537 do CPC, em face de ALFA, "nacionalidade...", "estado civil...", "profissão..." pessoa jurídica de direito privado, inscrito no "CNPJ sob o n. ...", "endereço eletrônico...", "com sede à rua..." pelos fundamentos de fato e de direito a seguir expostos:

I – DOS FATOS

Consultando a documentação pertinente ao serviço utilizado e efetivamente prestado, o autor encontrou o comprovante de pagamento da fatura supostamente em aberto, enviando-o via fax para a empresa ALFA a fim de dirimir o problema, demonstrando se tratar de evidente cobrança indevida.

Ocorre, entretanto, que, ao tentar concretizar a compra de um veículo mediante financiamento, alguns dias depois, viu frustrado o negócio, ante a informação de que o crédito lhe fora negado, uma vez que seu nome estava inscrito nos cadastros de maus pagadores pela empresa ALFA, em virtude de débito vencido em julho de 2011, no valor de R$ 749,00.

Portanto, necessária a declaração de inexistência do débito, com o consequente dever do réu de indenizar pelos prejuízos causados ao autor.

II - DOS FUNDAMENTOS DE DIREITO

Importante mencionar a relação de consumo existente entre as partes, uma vez que há, de um lado, o fornecedor de serviços telefônicos e, do outro, um consumidor como destinatário final, conforme contrato de adesão que instrui a presente inicial, e, portanto, evidenciada a responsabilidade objetiva da Ré, nos termos dos arts. 2º e 3º da Lei n. 8.078/90 e do art. 5º, XXXII, da Constituição Federal.

Assim, a responsabilidade do fornecedor pelo fato do serviço proveio da determinação contida no art. 14, *caput*, da Lei n. 8.078/90, em razão da comprovação dos defeitos relativos à prestação dos serviços, pela cobrança indevida de dívida quitada e a inscrição do nome nos cadastros de inadimplentes.

Consoante disposto no arts. 1º, III, 5º, V e X, da CF/88 e art. 186 do Código Civil, todo aquele que for ofendido em sua honra ou imagem, terá direito à reparação por dano moral.

O dano moral, em sentido estrito, é a violação do direito à dignidade e enseja a reparação do ofendido justamente pelo fato de o constituinte considerar invioláveis a intimidade, a vida privada, a honra, a imagem, entre outros direitos personalíssimos. Enfim, em razão da preocupação constitucional em resguardar sempre a dignidade da pessoa humana.

Portanto, bem caracterizado o dano moral, pela violação aos direitos de personalidade, pena negativação indevida do nome do autor, nos termos dos arts. 11, 12 e 927 do Código Civil, bem como do art. 6º, VI, do Código de Defesa do Consumidor.

III - DA TUTELA PROVISÓRIA

Conforme salientado, evidente a necessidade de antecipação dos efeitos da tutela, para a imediata exclusão do nome do autor dos cadastros de inadimplentes, conforme determinação dos arts. 300, 536 e 537 do CPC e art. 84, §§ 3º e 4º, do CDC, com a fixação de multa diária.

III - DOS PEDIDOS

Diante de todo o exposto, requer-se a Vossa Excelência:

a) Seja concedida a tutela antecipada, sem a oitiva da parte contrária, para a exclusão do nome do autor dos cadastros de inadimplentes, sob pena de multa diária, a ser prudentemente fixada por este MM. Juízo, nos termos do art. 84, §§ 3º e 4º, do Código de Defesa do Consumidor (Lei n. 8.078/90) c/c os arts. 300, 536 e 537 do CPC.

b) Seja o réu citado para, querendo, apresentar resposta no prazo legal em uma das modalidades permitidas na lei processual.

c) Nos termos do art. 334, *caput* ou § 5º, do Código de Processo Civil, o autor deve se manifestar sobre o (des)interesse em autocomposição para a realização da audiência de conciliação ou de mediação.

d) Seja julgado procedente o pedido no sentido de declarar a inexistência do débito, com a confirmação da tutela antecipada, para a exclusão definitiva do nome do autor dos cadastros de inadimplentes, bem como a condenação ao pagamento de indenização pelos danos morais, em valor a ser prudentemente arbitrado pelo Juízo.

e) Seja o réu condenado em custas e honorários advocatícios em percentuais arbitrados nos termos do art. 85, § 2º, do Código de Processo Civil.

f) Sejam deferidos todos os meios de prova admitidos em direito para comprovação dos fatos que se apresentarem controvertidos após apresentação da contestação pelo réu.

O endereço do advogado do autor, onde deverá receber as intimações, é "Endereço...".

Dá-se à causa o valor de R$ (*colocar valor da causa*).

Nestes termos,

Pede deferimento.

"Local..." e "Data..."

OAB n. ..., "Assinatura..."

19.1.3. Ação de obrigação de fazer, com pedido de tutela antecipada

(XIII Exame Unificado) Em 15 de janeiro de 2013, Marcelo, engenheiro, domiciliado no Rio de Janeiro, efetuou a compra de um aparelho de ar condicionado fabricado pela "G. S. A.", empresa sediada em São Paulo. Ocorre que o referido produto, apesar de devidamente entregue, desde o momento de sua instalação, passou a apresentar problemas, desarmando e não refrigerando o ambiente. Em virtude dos problemas apresentados, Marcelo, no dia 25 de janeiro de 2013, entrou em contato com o fornecedor, que prestou devidamente o serviço de assistência técnica. Nessa oportunidade, foi trocado o termostato do aparelho.

Todavia, apesar disso, o problema persistiu, razão pela qual Marcelo, por diversas outras vezes, entrou em contato com a "G" S. A. a fim de tentar resolver a questão amigavelmente. Porém, tendo transcorrido o prazo de 30 (trinta) dias sem a resolução do defeito pelo fornecedor, Marcelo requereu a substituição do produto.

Ocorre que, para a surpresa de Marcelo, a empresa negou a substituição do mesmo, afirmando que enviaria um novo técnico à sua residência para analisar novamente o produto. Sem embargo, a assistência técnica somente poderia ser realizada após 15 dias, devido à grande quantidade de demandas no período do verão.

Registre-se, ainda, que, em pleno verão, a troca do aparelho de ar condicionado se faz uma medida urgente, posto que as temperaturas atingem níveis cada vez mais alarmantes. Ademais, Marcelo comprou o produto justamente em função da chegada do verão.

Inconformado, Marcelo o procura, para que, na qualidade de advogado, proponha a medida judicial adequada para a troca do aparelho, abordando todos os aspectos de direito material e processual pertinentes.

GABARITO: A peça cabível será uma ação de obrigação de fazer com pedido de tutela antecipada direcionada a um dos Juizados Especiais Cíveis da Comarca do Rio de Janeiro ou, ainda, ao Juízo de uma das Varas Cíveis também da Comarca do Rio de Janeiro (foro de domicílio do autor, nos termos do art. 101, I, do CDC). A ação poderá ser proposta ainda na Comarca de São Paulo (foro de domicílio do réu), seguindo a regra geral do CPC.

O examinando deve destacar que se trata de uma relação de consumo, nos termos do disposto nos arts. 2º e/ou 3º do CDC.

O examinando deve indicar, como fundamento, que o produto adquirido possui vícios de qualidade que o torne impróprio ou inadequado ao consumo a que se destina ou lhe diminua o valor, nos termos do que dispõe o art. 18, *caput*, do CDC. Além disso, deve indicar que o vício não foi sanado no prazo máximo de 30 dias, podendo o consumidor exigir a substituição do produto por outro da mesma espécie, em perfeitas condições de uso, nos termos do § 1º do art. 18 do CDC ou demonstrar que, em razão da extensão do vício, a substituição das partes viciadas compromete a qualidade ou características do produto ou se trata de produto essencial, nos termos do § 3º do art. 18 do CDC.

Por fim, o pedido de tutela antecipada deve ser feito com fundamento nos arts. 300 e/ou 497 e 537 do CPC, ou no art. 84, § 3º, da Lei n. 8.078/90.

19.1.3.1. Modelo da peça

EXCELENTÍSSIMO SENHOR DOUTOR JUIZ DE DIREITO DO... JUIZADO ESPECIAL CÍVEL DA COMARCA DO RIO DE JANEIRO (domicílio do autor - art. 101, I, do CDC); ou
EXCELENTÍSSIMO SENHOR DOUTOR JUIZ DE DIREITO DA... VARA CÍVEL DA COMARCA DO RIO DE JANEIRO (domicílio do autor - art. 101, I, do CDC); ou
EXCELENTÍSSIMO SENHOR DOUTOR JUIZ DE DIREITO DA... VARA CÍVEL DA COMARCA DE SÃO PAULO (endereço do réu - art. 46 do CPC).

(pular 10 linhas)

MARCELO, "nacionalidade...", "estado civil...", engenheiro, inscrito no "CPF/CNPJ sob o n. ...", "endereço eletrônico...", "domiciliado à rua...", Rio de Janeiro/RJ, vem, respeitosamente, por intermédio de seu advogado infra-assinado, perante Vossa Excelência, ajuizar a presente AÇÃO DE OBRIGAÇÃO DE FAZER, COM PEDIDO DE TUTELA ANTECIPADA, com fulcro nos arts. 300, 497, 536 e 537 do CPC, em face de G.S.A., inscrito no "CNPJ sob o n. ...", "endereço eletrônico...", "com sede à rua...", pelos fundamentos de fato e de direito a seguir expostos:

I – DOS FATOS

O autor Marcelo, em 15 de janeiro de 2013, efetuou a compra de um aparelho de ar condicionado, fabricado pela empresa ré.

Ocorre que o referido produto, apesar de devidamente entregue, desde o momento de sua instalação, passou a apresentar problemas, desarmando e não refrigerando o ambiente.

Em razão dos problemas apresentados, o autor, no dia 25 de janeiro de 2013, entrou em contato com o fornecedor, que prestou devidamente o serviço de assistência técnica, sendo efetuada a troca do termostato do aparelho.

Entretanto, o problema persistiu, razão pela qual o autor, por diversas outras vezes, entrou em contato com a empresa ré, a fim de tentar resolver a questão amigavelmente. Porém, tendo transcorrido o prazo de 30 dias sem a resolução do defeito pelo fornecedor, não houve outra alternativa ao autor, senão requerer a substituição do produto.

Ocorre que a empresa negou a substituição do aparelho, afirmando que enviaria um novo técnico à sua residência para analisar novamente o produto, mas que somente poderia ser realizada após 15 dias, devido à grande quantidade de demandas no período do verão.

Registre-se, ainda, que, no período da estação do ano em que se encontram, a troca do aparelho de ar condicionado se faz uma medida de extrema urgência, posto que as temperaturas atingem níveis cada vez mais alarmantes. Ademais, o autor efetuou a compra do produto justamente em função da chegada do verão, não havendo outra medida senão a propositura da presente ação.

II – DOS FUNDAMENTOS DE DIREITO

Inicialmente, importante ressaltar a incidência da legislação consumerista ao presente caso, por ser o autor considerado consumidor, nos termos do art. 2º do Código de Defesa do Consumidor. Da mesma forma, a sociedade empresária é fornecedora do produto, conforme o art. 3º do CDC (Lei n. 8.078/90).

O produto adquirido pelo autor apresentou, desde o momento de sua aquisição, problemas, impossibilitando a correta e devida utilização a que se destina.

A responsabilidade do fornecedor proveio da determinação contida no art. 18, *caput*, da Lei n. 8.078/90, caso o produto apresente vícios que o tornem impróprio ou inadequado para o consumo.

Da mesma forma, o autor buscou, antes mesmo da propositura da presente ação, meios menos onerosos para a resolução do conflito, entrando em contato por diversas vezes para informar o problema e solucionar os problemas apresentados no ar condicionado.

Transcorridos 30 dias, o autor requereu a substituição do aparelho, no entanto, a empresa se negou a tanto, mas informou que somente seria efetivada a assistência técnica após 15 dias.

Nos termos do art. 18, § 1º, I, do CDC, o consumidor pode exigir a substituição do produto por outro da mesma espécie, em perfeitas condições de uso, caso não seja o vício sanado no prazo máximo de 30 dias, podendo o consumidor fazer uso imediato das alternativas propostas pelo § 1º, sempre que, em razão da extensão do vício, a substituição das partes viciadas puder comprometer a qualidade ou características do produto, diminuir-lhe o valor ou se tratar de produto essencial, nos termos do § 3º do art. 18 do CDC.

III – DA TUTELA PROVISÓRIA

Conforme salientado, a troca de aparelho de ar condicionado é medida de extrema urgência, em especial pela compra do referido aparelho justamente em função da chegada do verão, onde as temperaturas atingem níveis cada vez mais alarmantes, bem como considerando os relevantes fundamentos apresentados, caracterizada própria troca do aparelho efetuado pelo réu.

Cabível, pois, a antecipação dos efeitos da tutela, para a troca imediata do aparelho de ar condicionado, conforme determinação dos arts. 300, 497, 536 e 537 do CPC e art. 84, § 3º, do CDC, com a fixação de multa diária.

IV – DOS PEDIDOS

Diante de todo o exposto, requer-se a Vossa Excelência:

a) Seja o réu citado para, querendo, apresentar resposta no prazo legal em uma das modalidades permitidas na lei processual.

b) Seja concedida *inicio litis* tutela antecipada para condenar em obrigação de fazer, consistente na imediata determinação de substituição do aparelho de ar condicionado, sob pena de multa diária, a ser prudentemente fixada por este MM. Juízo, nos termos do art. 84, § 4º, do Código de Defesa do Consumidor (Lei n. 8.078/90) c/c os arts. 300, 536 e 537 do CPC.

c) Nos termos do art. 334, *caput* ou § 5º, do Código de Processo Civil, o autor deve se manifestar sobre o (des)interesse em autocomposição para a realização da audiência de conciliação ou de mediação.

d) Seja julgado procedente o pedido no sentido de efetuar a troca e a substituição do aparelho de ar condicionado.

e) Seja o réu condenado em custas e honorários advocatícios em percentuais arbitrados nos termos do art. 85, § 2º, do Código de Processo Civil.

f) Seja deferida inversão do ônus da prova, em razão da incidência da legislação de consumo, ou, subsidiariamente, pugna por todos os meios de prova admitidos em direito para comprovação dos fatos que se apresentarem controvertidos após apresentação da contestação pelo réu.

O endereço do advogado do autor, onde deverá receber as intimações, é "Endereço...".

Dá-se à causa o valor de R$ (*colocar valor da causa*).

Nestes termos,

Pede deferimento.

"Local..." e "Data..."

OAB n. ..., "Assinatura..."

19.2. **Modelos de contestação**

19.2.1. Contestação à ação de indenização

(XVI Exame Unificado) João andava pela calçada da rua onde morava, no Rio de Janeiro, quando foi atingido na cabeça por um pote de vidro lançado da janela do apartamento 601 do edifício do Condomínio Bosque das Araras, cujo síndico é o Sr. Marcelo Rodrigues. João desmaiou com o impacto, sendo socorrido por transeuntes que contataram o Corpo de Bombeiros, que o transferiu, de imediato, via ambulância, para o Hospital Municipal X. Lá chegando, João foi internado e submetido a exames e, em seguida, a uma cirurgia para estagnar a hemorragia interna sofrida.

João, caminhoneiro autônomo que tem como principal fonte de renda a contratação de fretes, permaneceu internado por 30 dias, deixando de executar contratos já negociados. A internação de João, nesse período, causou uma perda de R$ 20 mil. Após sua alta, ele retomou sua função como caminhoneiro, realizando novos fretes. Contudo, 20 dias após seu retorno às atividades laborais, João, sentindo-se mal, voltou ao Hospital X. Foi constatada a necessidade de realização de nova cirurgia, em decorrência de uma infecção no crânio causada por uma gaze cirúrgica deixada no seu corpo por ocasião da primeira cirurgia. João ficou mais 30 dias internado, deixando de realizar outros contratos. A internação de João, por este novo período, causou uma perda de R$ 10 mil.

João ingressa com ação indenizatória perante a 2ª Vara Cível da Comarca da Capital contra o Condomínio Bosque das Araras, requerendo a compensação dos danos sofridos, alegando que a integralidade dos danos é consequência da queda do pote de vidro do condomínio, no valor total de R$ 30 mil, a título de lucros cessantes, e 50 salários mínimos a título de danos morais, pela violação de sua integridade física.

Citado, o Condomínio Bosque das Araras, por meio de seu síndico, procura você para que, na qualidade de advogado(a), busque a tutela adequada de seu direito.

Elabore a peça processual cabível no caso, indicando os seus requisitos e fundamentos, nos termos da legislação vigente.

GABARITO: A peça a ser formulada é uma contestação à ação indenizatória proposta por João.

O condomínio deverá defender a sua ilegitimidade passiva pelo fato de, em relação à queda do pote de vidro, ser identificado o condômino e, com relação ao erro médico, ser responsabilidade do Hospital Municipal X. O condomínio deverá arguir improcedência do pedido de indenização em relação à primeira cirurgia, tendo em vista que o pote de vidro foi lançado de apartamento individualizado – 601 –, isto é, de unidade autônoma reconhecida. De acordo com o art. 938 do Código Civil, "aquele que habitar prédio, ou parte dele, responde pelo dano proveniente das coisas que dele caírem ou forem lançadas em lugar indevido". Assim, o habitante (proprietário, locatário, comodatário, usufrutuário ou mero possuidor) da unidade autônoma é o responsável pela prática do ato danoso, e não o condomínio.

Outrossim, deverá o condomínio arguir que não há obrigação de indenizar de sua parte em relação aos danos decorrentes da segunda cirurgia sofrida por João, na medida em que o dano é resultado de erro médico cometido pela equipe cirúrgica do Hospital Municipal X, não da queda do pote de vidro. Ainda que materialmente relacionado ao evento, a queda do pote de vidro do edifício somente se pode atribuir a consequências danosas do primeiro evento, de acordo com o art. 403 do CC: "Ainda que a inexecução resulte de dolo do devedor, as perdas e danos só incluem os prejuízos efetivos e os lucros cessantes por efeito dela direto e imediato, sem prejuízo do disposto na lei processual".

Por fim, deverá defender a inexistência de danos morais a serem indenizados e, caso seja diferente o entendimento do juízo, que o valor a ser fixado a título de indenização seja inferior àquele pedido pelo autor.

19.2.1.1. Modelo da peça

EXCELENTÍSSIMO SENHOR DOUTOR JUIZ DE DIREITO DA 2ª VARA CÍVEL DA COMARCA DO RIO DE JANEIRO

(pular 5 linhas)

"Processo n. ..."

CONDOMÍNIO BOSQUE DAS ARARAS, localizado na Rua..., n. ... Bairro..., inscrito no "CPF/CNPJ sob o n. ...", "endereço eletrônico...", representado neste ato por seu síndico MARCELO RODRIGUES, vem, respeitosamente, por intermédio de seu advogado infra-assinado, nos autos da AÇÃO DE INDENIZAÇÃO, que lhe move JOÃO, qualificado na inicial, apresentar a sua CONTESTAÇÃO, com fulcro no art. 335 e seguintes do Código de Processo Civil, o que faz, articuladamente, nos seguintes e melhores termos de direito:

I – PRELIMINARES

Inicialmente, importante salientar a ilegitimidade passiva para a causa em questão, em razão do disposto no art. 938 do Código Civil, conferindo responsabilidade ao morador do apartamento individualizado n. 601, isto é, da unidade autônoma devidamente reconhecida.

Assim, diante da clara e evidente situação, de rigor o reconhecimento da carência de ação, conforme determinação legal do art. 337, XI, do Código de Processo Civil, pela ilegitimidade do condomínio para figurar no polo passivo da presente demanda, julgando extinto o processo, sem resolução do mérito, conforme o art. 485, VI, do Código de Processo Civil.

II – DOS FATOS

O Recorrente João transitava pela calçada da rua onde morava quando foi atingido na cabeça por um pote de vidro lançado da janela do apartamento n. 601 do edifício réu, vindo a desmaiar com o impacto, e necessitando de pronto atendimento de outros transeuntes que contataram o Corpo de Bombeiros, que o transferiu, de imediato, via ambulância, para o Hospital Municipal X.

Chegando ao local, o recorrente foi prontamente internado e submetido a exames e, em seguida, a uma cirurgia para estagnar a hemorragia interna sofrida, permanecendo internado por cerca de 30 dias.

Após sua alta, ele retomou sua função como caminhoneiro, no entanto, 20 dias após seu retorno às atividades laborais, o recorrente sentiu-se mal, retornando ao Hospital X e necessitando de novo procedimento cirúrgico, em decorrência de uma infecção no crânio causada por uma gaze cirúrgica deixada no seu corpo por ocasião da primeira cirurgia.

Diante dos fatos, o autor propôs a presente ação indenizatória em face do Condomínio, pretendendo o ressarcimento de R$ 30.000,00 pelos lucros cessantes, além do equivalente a 50 salários mínimos a título de danos morais.

III – NO MÉRITO

Imperioso mencionar, conforme preconiza o art. 1.348, II, do Código Civil, compete ao síndico representar, ativa e passivamente, o condomínio, em juízo, os atos necessários à defesa de interesses comuns.

Ademais, cabe ao habitante da unidade autônoma devidamente identificada, de n. 601, a responsabilidade pelo dano causado, proveniente de coisas lançadas de seu apartamento, nos termos do art. 938 do Código Civil. Portanto, o Condomínio não tem legitimidade para figurar no polo passivo da demanda, tampouco responsabilidade pelos danos causados ao autor.

Ressalta-se, outrossim, que inexiste a obrigação de indenizar com relação aos danos decorrentes da segunda cirurgia sofrida pelo autor, na medida em que o dano foi resultado exclusivamente do erro médico cometido pela equipe cirúrgica do Hospital Municipal X, não resultante da queda do pote de vidro.

Ademais, ainda que materialmente relacionado ao evento, a queda do pote de vidro do edifício somente se pode atribuir a consequências danosas do primeiro evento, de acordo com o art. 403 do Código Civil, em especial porque pretende a indenização do total de R$

30.000,00, uma vez que o prejuízo causado ao autor, em razão da primeira internação, fora de R$ 20.000,00 pelos lucros cessantes, no período de internação de 30 dias.

Nestes termos, caso não acolha a preliminar de carência de ação, e a responsabilidade da unidade autônoma n. 601, impugna o réu o valor apresentado pelos lucros cessantes, sendo indevidos os valores de R$ 10.000,00, bem como os danos morais equivalentes a 50 salários mínimos, tendo em vista que decorrentes do erro cometido quando da segunda cirurgia, portanto, de responsabilidade exclusiva do Hospital Municipal.

IV – DA DENUNCIAÇÃO DA LIDE

Conforme anteriormente explicitado, declina a inteligência do art. 938 do Código Civil pela responsabilidade do apartamento individual n. 601, em indenizar os danos causados a outrem, perante objetos lançados de sua unidade autônoma. Diante de tal determinação legal, pugna o réu pela denunciação da lide, nos termos do art. 125, II, do Código de Processo Civil.

Da mesma forma, com fulcro no art. 125, II, do Código de Processo Civil, requer a denunciação do Hospital Municipal X, uma vez que os danos causados pela segunda cirurgia foram decorrentes de atos de sua responsabilidade.

V – DOS PEDIDOS

ISTO POSTO, deve ser acolhida a preliminar, resultando na prolação de sentença terminativa, que extingue o processo sem resolução do mérito, pela carência de ação, nos termos do art. 485, VI, do Código de Processo Civil.

No mérito, pelas razões de direito aduzidas nesta contestação, deve o pedido da presente ação ser julgado improcedente em todos os seus termos, ou subsidiariamente, caso seja diferente o entendimento do juízo, que o valor a ser fixado a título de indenização seja inferior ao *quantum* pretendido na inicial.

Requer a citação do responsável pela unidade autônoma n. 601, bem como do Hospital Municipal X, na pessoa de seu representante legal, para apresentar resposta, nos termos do art. 126 do Código de Processo Civil.

Por fim, pugna pela condenação do autor nas custas processuais e honorários advocatícios a serem arbitrados nos percentuais definidos no art. 85, § 2º, do Código de Processo Civil.

Protesta-se por todos os meios de prova admitidos em direito.

Nestes termos,

Pede deferimento.

"Local..." e "Data..."

OAB n. ..., "Assinatura..."

19.3. **Modelos de agravo de instrumento**

19.3.1. Agravo de instrumento em ação de despejo

(XIV Exame Unificado) Pedro, brasileiro, solteiro, jogador de futebol profissional, residente no Rio de Janeiro/RJ, legítimo proprietário de um imóvel situado em Juiz de Fora/MG, celebrou, em 1º de outubro de 2012, contrato por escrito de locação com João, brasileiro, solteiro, professor, pelo prazo de 48 (quarenta e oito) meses, ficando acordado que o valor do aluguel seria de R$ 3.000,00 (três mil reais) e que, dentre outras obrigações, João não poderia lhe dar destinação diversa da residencial. Ofertou fiador idôneo. Após um ano de regular cumprimento da avença, o locatário passou a enfrentar dificuldades financeiras. Pedro, depois de quatro meses sem receber o que lhe era devido, ajuizou ação de despejo cumulada com cobrança de aluguéis perante a 2ª Vara Cível da Comarca de Juiz de Fora/MG, requerendo, ainda, antecipação de tutela para que o réu/locatário fosse despejado liminarmente, uma vez que desejava alugar o mesmo imóvel para Francisco.

O magistrado recebe a petição inicial, regularmente instruída e distribuída, e defere a medida liminar pleiteada, concedendo o prazo de 72 (setenta e duas) horas para João desocupar o imóvel, sob pena de multa diária de R$ 2.000,00 (dois mil reais).

Desesperado, João o procura para que, na qualidade de seu advogado, interponha o recurso adequado (excluídos os embargos declaratórios) para se manter no imóvel, abordando todos os aspectos de direito material e processual pertinentes.

GABARITO: Trata-se de decisão interlocutória proferida em ação de despejo fundada em falta de pagamento no qual o magistrado, contrariando o que prevê o art. 62, II, da Lei n. 8.245/91, determinou a desocupação do imóvel *inaudita altera pars*, sem conceder ao locatório o direito de, em 15 dias, purgar a mora. Ademais, a utilização da astreinte para o despejo é claramente desproporcional, na medida em que bastaria, para tanto, a determinação de remoção de pessoas e/ou coisas (arts. 497, 500 e 537 todos do CPC). Assim sendo, o examinando deve elaborar um recurso de agravo de instrumento (art. 1.015, I, do CPC), demonstrando o seu cabimento ("lesão grave e de difícil ou incerta reparação"), requerendo a antecipação de tutela recursal (art. 932, c/c o art. 1.019, I, do CPC), a fim de que a decisão recorrida tenha sua eficácia suspensa até o julgamento final do recurso. Cabe, ainda, ao examinando demonstrar a presença dos requisitos genéricos e específicos de admissibilidade e requerer, ao final, o provimento recursal (art. 1.019 e seguintes do CPC).

19.3.1.1. Modelo da peça

EXCELENTÍSSIMO SENHOR DOUTOR DESEMBARGADOR PRESIDENTE DO E. TRIBUNAL DE JUSTIÇA DO ESTADO DE MINAS GERAIS

(pular 5 linhas)

"Processo n. ..."

JOÃO, já qualificado nos autos da AÇÃO DE DESPEJO, em epígrafe, em que contende com PEDRO, já qualificado nos autos, vem, respeitosamente, interpor o presente AGRAVO DE INSTRUMENTO, nos termos do art. 1.015, I, e seguintes do CPC, o que faz tempestivamente, não sendo feito o preparo (art. 1.007 do CPC), em decorrência da ausência de condições econômicas para tanto, com a inclusa MINUTA do Agravo de Instrumento.

Nome e endereço completo dos Advogados (art. 1.016, IV, do CPC)

Os Advogados que atuam no caso são os seguintes:

Pelo Agravante:

(NOME DO ADVOGADO...), Endereço: (...)

Pelo Agravado:

(NOME DO ADVOGADO...), Endereço: (...)

Juntada das peças obrigatórias e facultativas (art. 1.017 do CPC).

Informa o Agravante que juntou a este Agravo de Instrumento cópia integral dos autos, declarada autêntica pelo advogado subscritor nos termos do art. 425, IV, do Código de Processo Civil, estando, portanto, juntadas as seguintes peças obrigatórias:

a) Cópia da decisão agravada fls. (...) dos autos reproduzidos;

b) Cópia da certidão da intimação da decisão agravada fls. (...) dos autos reproduzidos;

c) Cópia da procuração e substabelecimento outorgado aos advogados fls. (...) dos autos reproduzidos.

Nestes termos,

Pede deferimento.

"Local..." e "Data..."

OAB n. ..., "Assinatura..."

RAZÕES DO AGRAVO DE INSTRUMENTO

Agravante: JOÃO
Agravado: PEDRO
Processo n. ...
Egrégio Tribunal,
Colenda Câmara,
Ínclitos Julgadores:

I – GRATUIDADE DE JUSTIÇA

Inicialmente, cumpre mencionar que, por se tratar o autor de com situação financeira precária, necessária a concessão dos benefícios da Justiça Gratuita, conforme determinação da Lei n. 1.060/50 e arts. 98 e 99 do CPC, inclusive instruindo o pedido com a declaração de pobreza e os documentos necessários para o seu deferimento.

II – SÍNTESE DOS FATOS

O agravado Pedro, legítimo proprietário de um imóvel situado em Juiz de Fora/MG, celebrou, em 1º de outubro de 2012, contrato por escrito de locação com o agravante João, pelo prazo estimado de 48 (quarenta e oito) meses, ficando acordado que o valor do aluguel seria de R$ 3.000,00 (três mil reais) e que, dentre outras obrigações, o agravante não poderia lhe dar destinação diversa da residencial.

O agravante ofertou fiador idôneo para tanto e, após um ano de regular cumprimento da avença, o locatário passou a enfrentar sérias dificuldades financeiras.

Nesse sentido, o agravado, depois de quatro meses sem receber o que lhe era devido, ajuizou a presente ação de despejo cumulada com cobrança de aluguéis perante a 2ª Vara Cível da Comarca de Juiz de Fora/MG, requerendo, ainda, a antecipação de tutela para que o agravante/locatário fosse despejado liminarmente, uma vez que desejava alugar o mesmo imóvel para Francisco.

Houve por bem o magistrado deferir a medida liminar pleiteada, concedendo o prazo de 72 (setenta e duas) horas para o agravante João desocupar o imóvel, sob pena de multa diária de R$ 2.000,00 (dois mil reais).

III – MÉRITO

Inicialmente, ressalta-se que, com a devida vênia, não agiu com o costumeiro acerto o douto magistrado, em razão da inobservância da determinação contida no art. 62, II, da Lei n. 8.245/91, tendo em vista que ordenou a desocupação do imóvel, *inaudita altera pars*, sem a concessão ao locatário, ou ao fiador, o direito de, em 15 dias, purgar a mora.

Ademais, a utilização da *astreinte* para a efetivação do despejo é claramente desproporcional, na medida em que bastaria, para tanto, a determinação da ordem de remoção de pessoas e/ou coisas, conforme preconiza os arts. 139, 297 e 536, § 1º, todos do CPC.

IV – RAZÕES DO PEDIDO DE REFORMA DA DECISÃO (CPC, art. 1.016, III)

Portanto, sendo adequado o presente recurso e comprovado o seu cabimento, conforme o art. 1.015, I, do Código de Processo Civil, necessária a reforma da r. decisão recorrida, para obstar a imediata desocupação do imóvel, bem como afastando a imposição da multa diária fixada no juízo singular, possibilitando ao locatário o direito de purgar a mora, no prazo legal.

Requer-se, ainda, a antecipação de tutela recursal, nos termos dos arts. 932, 995, 1.012 e 1.019, § 4º, do CPC, a fim de que a decisão recorrida tenha sua eficácia suspensa até o julgamento final do recurso.

IV – CONCLUSÕES

Diante do exposto, requer o recebimento do presente Agravo de Instrumento, com a concessão dos benefícios da gratuidade de justiça, isentando o agravante do recolhimento do preparo, das custas e do porte de remessa e retorno, determinando-se a intimação do agravado (CPC, art. 1.019, II) para querer responder no prazo legal. Ao final, requer o Agravante o provimento do Agravo de Instrumento para, com a reforma da decisão agravada, dar regular prosseguimento ao processo, por ser de direito e de justiça.

Nestes termos,

Pede deferimento.

"Local..." e "Data..."

OAB n. ..., "Assinatura..."

19.3.2. Agravo de instrumento em ação de indenização por danos morais

(XXII Exame Unificado) A editora Cruzeiro lançou uma biografia da cantora Jaqueline, que fez grande sucesso nas décadas de 1980 e 1990, e, por conta do consumo exagerado de drogas, dentre outros excessos, acabou por se afastar da vida artística, vivendo reclusa em uma chácara no interior de Minas Gerais, há quase vinte anos.

Poucos dias após o início da venda dos livros, e alguns dias antes de um evento nacional organizado para sua divulgação, por meio de oficial de justiça, a editora foi citada para responder a uma ação de indenização por danos morais cumulada com obrigação de fazer, ajuizada por Jaqueline. No mesmo mandado, a editora foi intimada a cumprir decisão do Juízo da 1ª Vara Cível da Comarca da Capital do Estado de São Paulo, que deferiu a antecipação de tutela para condenar a ré a não mais vender exemplares da biografia, bem a recolher todos aqueles que já tivessem sido remetidos a pontos de venda e ainda não tivessem sido comprados, no prazo de setenta e duas horas, sob pena de multa diária de cinquenta mil reais.

A decisão acolheu os fundamentos da petição inicial, no sentido de que a obra revela fatos da imagem e da vida privada da cantora sem que tenha havido sua autorização prévia, o que gera lesão à sua personalidade e dano moral, nos termos dos arts. 20 e 21 do Código Civil, e que, sem a imediata interrupção da divulgação da biografia, essa lesão se ampliaria e se consumaria de forma definitiva, revelando o perigo de dano irreparável e o risco ao resultado útil do processo.

A editora procura você como advogado(a), informando que foi intimada da decisão há três dias (mas o mandado somente foi juntado aos autos no dia de hoje) e que pretende dela recorrer, pois entende que não se justifica a censura à sua atividade, por tratar-se de informações verdadeiras sobre a vida de uma celebridade, e afirma que o recolhimento dos livros lhe causará significativos prejuízos, especialmente com o cancelamento do evento de divulgação programado para ser realizado em trinta dias.

Na qualidade de advogado(a) da editora Cruzeiro, elabore o recurso cabível voltado a impugnar a decisão que deferiu a antecipação da tutela descrita no enunciado, afastados embargos de declaração.

GABARITO: A decisão impugnada é uma decisão interlocutória que concedeu tutela provisória, razão pela qual o recurso cabível para sua impugnação é o agravo de instrumento (art.

1.015, inciso I, do CPC), cuja interposição deve ocorrer dentro dos próximos quinze dias úteis (art. 1.003, § 5º, do CPC), já que se contam da data da juntada aos autos do mandado de intimação (art. 231, inciso II, do CPC).

No mérito, deve ser impugnada a probabilidade do direito, de acordo com a interpretação conforme à Constituição dada aos arts. 20 e 21 do CC pela jurisprudência superior, no sentido de ser inexigível autorização de pessoa biografada. A ponderação, nesta hipótese, deve privilegiar a liberdade de expressão, assegurada pelo art. 5º, IX, da Constituição da República, especialmente em se tratando de pessoa notória, cabível somente, em caso de abuso, a responsabilização posterior, mas não a censura prévia.

Deve ser deduzido pedido de concessão de efeito suspensivo ao agravo, de forma a evitar risco de dano grave, na forma do art. 995, parágrafo único e/ou art. 1.019, inciso I, ambos do CPC.

19.3.2.1. Modelo da peça

EXCELENTÍSSIMO SENHOR DOUTOR DESEMBARGADOR PRESIDENTE DO E. TRIBUNAL DE JUSTIÇA DO ESTADO DE SÃO PAULO

(pular 5 linhas)

"Processo n. ..."

EDITORA CRUZEIRO, já qualificado nos autos da AÇÃO DE INDENIZAÇÃO POR DANOS MORAIS, em epígrafe, em que contende com JAQUELINE, já qualificada nos referidos autos, vem, respeitosamente, inconformado com a decisão interlocutória exarada, interpor o presente AGRAVO DE INSTRUMENTO, com pedido de efeito suspensivo, nos termos do art. 1.015, I, e seguintes do CPC, o que faz tempestivamente, tendo sido feito o preparo recursal (art. 1.007 do CPC), com a inclusa MINUTA do Agravo de Instrumento, com as razões de fato e de direito.

Nome e endereço completo dos Advogados (art. 1.016, IV, do CPC).

Os Advogados que atuam no caso são os seguintes:

Pelo Agravante:

(NOME DO ADVOGADO...), Endereço: (...)

Pelo Agravado:

(NOME DO ADVOGADO...), Endereço: (...)

Juntada das peças obrigatórias e facultativas (art. 1.017 do CPC).

Informa o Agravante que juntou a este Agravo de Instrumento cópia integral dos autos, declarada autêntica pelo advogado subscritor nos termos do art. 425, IV, do Código de Processo Civil, estando, portanto, juntadas as seguintes peças obrigatórias:

a) Cópia da decisão agravada fls. (...) dos autos reproduzidos;

b) Cópia da certidão da intimação da decisão agravada fls. (...) dos autos reproduzidos;

c) Cópia da procuração e substabelecimento outorgado aos advogados fls. (...) dos autos reproduzidos.

Nestes termos,

Pede deferimento.

"Local..." e "Data..."

OAB n. ..., "Assinatura..."

RAZÕES DO AGRAVO DE INSTRUMENTO

Agravante: EDITORA CRUZEIRO
Agravado: JAQUELINE
Processo n. ...
Egrégio Tribunal,
Colenda Câmara,
Ínclitos Julgadores.

I – SÍNTESE DOS FATOS

Trata-se de ação de indenização por danos morais cumulada com obrigação de faze, ajuizada em face da agravante Editora Cruzeiro, em razão do lançamento de biografia da cantora Jaqueline, que fez grande sucesso nas décadas de 1980 e 1990, e, por conta do consumo exagerado de drogas, dentre outros excessos, acabou por se afastar da vida artística, vivendo reclusa em uma chácara no interior de Minas Gerais, há quase vinte anos.

Poucos dias após o início da venda dos livros, e alguns dias antes de um evento nacional organizado para sua divulgação, por meio de oficial de justiça, a editora foi citada para responder à ação ajuizada por Jaqueline. No mesmo mandado, a editora foi intimada a cumprir decisão do juiz, que deferiu a antecipação de tutela para condenar a ré a não mais vender exemplares da biografia, bem a recolher todos aqueles que já tivessem sido remetidos a pontos de venda e ainda não tivessem sido comprados, no prazo de setenta e duas horas, sob pena de multa diária de cinquenta mil reais.

Referida decisão acolheu os fundamentos da petição inicial, no sentido de que a obra revela fatos da imagem e da vida privada da cantora sem que tenha havido sua autorização prévia, o que gera lesão à sua personalidade e dano moral, nos termos dos arts. 20 e 21 do Código Civil, e que, sem a imediata interrupção da divulgação da biografia, essa lesão se ampliaria e se consumaria de forma definitiva, revelando o perigo de dano irreparável e o risco ao resultado útil do processo.

II – MÉRITO

No entanto, não agiu com o costumeiro acerto o d. magistrado, em razão de posicionar-se no sentido de que a publicação feita pela agravante não possuiu autorização prévia por parte da agravada e que por esse motivo teria ferido as normas contidas nos arts. 20 e 21 do Código Civil, todavia, referida decisão merece reforma, pois referidas normas devem ser interpretadas em consonância com a nossa Constituição Federal, que em seu art. 220, § 2º, veda todos os tipos de censura, de natureza política, ideológica e artística.

Do mesmo modo, a r. decisão agravada desrespeita a norma prevista no art. 5º, inciso IX, da Constituição Federal, a qual assegura a liberdade de expressão, estipulando que "é livre a expressão da atividade intelectual, artística, científica e de comunicação, independentemente de censura ou licença".

Finalmente, pode-se afirmar que a r. decisão agravada deixou de considerar as determinações constantes da CF, dando prevalência às normas infraconstitucionais, desconsiderando que a Constituição do Brasil proíbe qualquer censura, assegurando-se assim que o exercício do direito à liberdade de expressão não seja cerceado pelo Estado ou por particular, pois o direito de informação, constitucionalmente garantido, contém a liberdade de informar, de se informar e de ser informado.

De fato, sane-se que a liberdade de expressão nas atividades intelectuais e artísticas é princípio constitucional, não podendo ser desrespeitado ou desobedecido por qualquer outra norma, ainda que sob o argumento de se estar resguardando e protegendo outro direito também constitucionalmente assegurado, qual seja, o da inviolabilidade do direito à intimidade, à privacidade, à honra e à imagem. Para tanto, é indispensável que tais normas constitucionais, previstas pelos incisos IV, IX e X do art. 5º necessitam da coexistência, conjugando-se o direito às liberdades com a inviolabilidade da intimidade, da privacidade, da honra e da imagem da pessoa biografada e a liberdade daqueles que pretendem elaborar as biografias. Ainda, o Supremo Tribunal Federal afastou a necessidade de autorização prévia para a publicação de biografias, como evidencia o julgamento da ADI 4.815.

III – RAZÕES DO PEDIDO DE REFORMA DA DECISÃO (CPC, art. 1.016, III)

Portanto, sendo adequado o presente recurso e comprovado o seu cabimento, conforme o art. 1.015, I, do Código de Processo Civil, necessária a reforma da r. decisão recorrida, para possibilitar a continuidade da comercialização da obra, bem como afastando a imposição da multa diária fixada no juízo singular.

Requer-se, ainda, a atribuição do efeito suspensivo, nos termos do art. 1.019, I, do CPC, a fim de que a decisão recorrida tenha sua eficácia suspensa até o julgamento final do recurso, tendo em vista que a manutenção poderá acarretar em danos e prejuízos irreparáveis.

IV – CONCLUSÕES

Diante do exposto, requer a Vossa Excelência:

a) Receber o presente Agravo de Instrumento, nos termos do art. 1.015, I, do CPC;

b) Deferir atribuição de efeito suspensivo ao presente agravo para suspender o cumprimento da r. decisão proferida, para, assim, autorizar que a agravante continua na comercialização e divulgação da biografia da agravada;

c) Determinar a intimação da agravada, na pessoa de seu advogado, para que, caso queira, ofereça contraminuta, no prazo legal de 15 dias (CPC, art. 1.019, II)

d) Ao final, requer o Agravante o provimento do Agravo de Instrumento para, com a reforma da decisão agravada, dar regular prosseguimento ao processo e, assim, autorizar que a agravante continue seus atos de publicidade e comercialização da biografia da agravada, por ser de direito e de justiça.

Nestes termos,

Pede deferimento.

"Local..." e "Data..."

OAB n. ..., "Assinatura..."

19.3.3. Agravo de instrumento em ação de alimentos

(XX Exame Unificado) Em 2015, Rafaela, menor impúbere, representada por sua mãe Melina, ajuizou Ação de Alimentos em Comarca onde não foi implantado o processo judicial eletrônico, em face de Emerson, suposto pai. Apesar de o nome de Emerson não constar da Certidão de Nascimento de Rafaela, ele realizou, em 2014, voluntária e extrajudicialmente, a pedido de sua ex-esposa Melina, exame de DNA, no qual foi apontada a existência de paternidade de Emerson em relação a Rafaela.

Na petição inicial, a autora informou ao juízo que sua genitora se encontrava desempregada e que o réu, por seu turno, não exercia emprego formal, mas vivia de "bicos" e serviços prestados autônoma e informalmente, razão pela qual pediu a fixação de pensão alimentícia no valor de 30% (trinta por cento) de 01 (um) salário mínimo. A Ação de Alimentos foi instruída com os seguintes documentos: cópias do laudo do exame de DNA, da certidão de nascimento de Rafaela, da identidade, do CPF e do comprovante de residência de Melina, além de procuração e declaração de hipossuficiência para fins de gratuidade.

Recebida a inicial, o juízo da 1ª Vara de Família da Comarca da Capital do Estado Y indeferiu o pedido de tutela antecipada inaudita altera parte, rejeitando o pedido de fixação de alimentos provisórios com base em dois fundamentos:

(i) inexistência de verossimilhança da paternidade, uma vez que o nome de Emerson não constava da certidão de nascimento e que o exame de DNA juntado era uma prova extrajudicial, colhida sem o devido processo legal, sendo, portanto, inservível; e

(ii) inexistência de "possibilidade" por parte do réu, que não tinha como pagar pensão alimentícia pelo fato de não exercer emprego formal, como confessado pela própria autora.

A referida decisão, que negou o pedido de tutela antecipada para fixação de alimentos provisórios, foi publicada no Diário da Justiça Eletrônico em 1-12-2015, segunda-feira. Considere-se que não há feriados no período.

Na qualidade de advogado(a) de Rafaela, elabore a peça processual cabível para a defesa imediata dos interesses de sua cliente, indicando seus requisitos e fundamentos nos termos da legislação vigente.

GABARITO: Em Ação de Alimentos, é plenamente possível a fixação liminar de alimentos provisórios, medida que desfruta da natureza jurídica de tutela provisória de urgência antecipada.

Para a concessão de alimentos provisórios, embora a necessidade do menor seja presumida, deve ser apontada a presença necessária a comprovação de dois requisitos ("verossimilhança da alegação" e "risco de dano irreparável") a respeito do dever alimentar (presunção de paternidade por meio de realização de prova extrajudicial) o binômio necessidade-possibilidade (necessidade pelo alimentando e possibilidade de pagamento pelo alimentante).

No caso vertente, há verossimilhança do dever de prestar alimentos, uma vez que foi apresentado exame de DNA realizado extrajudicialmente, que apontou o réu como o pai da autora, menor. Há, ainda, possibilidade de pagamento de alimentos pelo réu (que, apesar de não ter emprego formal, realiza atividade informal remunerada) e risco de dano irreparável (necessidade de percepção de alimentos pela autora, que vive com a mãe, desempregada).

A decisão do juiz, que indefere o pedido de tutela provisória de urgência antecipada para fixação dos alimentos provisórios, tem natureza de decisão interlocutória, a qual deve ser recorrida por agravo de instrumento.

Deve a autora interpor recurso de agravo de instrumento, com pedido de tutela antecipada recursal ("efeito suspensivo ativo") por parte do relator, a fim de ser reformada a decisão que indeferiu o pagamento de alimentos provisórios, até que venha a ser proferida a decisão final, colegiada, pelo órgão julgador do agravo, confirmando a reforma do conteúdo da decisão agravada, para que seja mantido o deferimento de pensão alimentícia provisória.

19.3.3.1. Modelo da peça

EXCELENTÍSSIMO SENHOR DOUTOR DESEMBARGADOR PRESIDENTE DO E. TRIBUNAL DE JUSTIÇA DO ESTADO Y

(pular 5 linhas)

"Processo n. ..."

RAFAELA, menor impúbere, representada por sua mãe Melina, já qualificada nos autos da AÇÃO DE ALIMENTOS, em epígrafe, em que contende com EMERSON, já qualificado nos autos, cujo pedido de tutela provisória de alimentos foi indeferido, vem, respeitosamente, interpor o presente AGRAVO DE INSTRUMENTO com pedido de tutela antecipada recur sal ("efeito suspensivo ativo"), nos termos do art. 1.015, I, e seguintes do CPC, o que faz tempestivamente, não sendo feito o preparo (art. 1.007 do CPC) em decorrência da ausência de condições econômicas para tanto, com as inclusas razões do agravo de instrumento.

Nome e endereço completo dos Advogados (CPC, art. 1.016, IV, do CPC)

Os Advogados que atuam no caso são os seguintes:

Pelo Agravante:

(NOME DO ADVOGADO...), Endereço: (...)

Pelo Agravado:

(NOME DO ADVOGADO...), Endereço: (...)

Juntada das peças obrigatórias e facultativas (art. 1.017 do CPC).

Informa a Agravante que juntou a este Agravo de Instrumento cópia integral dos autos, declarada autêntica pelo advogado subscritor nos termos do art. 425, IV, do Código de Processo Civil, estando, portanto, juntadas as seguintes peças obrigatórias:

a) Cópia da decisão agravada fls. (...) dos autos reproduzidos;

b) Cópia da certidão da intimação da decisão agravada fls. (...) dos autos reproduzidos;

c) Cópia da procuração e substabelecimento outorgado aos advogados fls. (...) dos autos reproduzidos.

Nestes termos,

Pede deferimento.

"Local..." e "Data..."

OAB n. ..., "Assinatura..."

RAZÕES DO AGRAVO DE INSTRUMENTO

Agravante: RAFAELA, menor impúbere, representada por sua mãe Melina

Agravado: EMERSON

"Processo n. ..."

Egrégio Tribunal:

Ínclitos Julgadores:

I – SÍNTESE DOS FATOS

Em 2015, Rafaela, menor impúbere, representada por sua mãe Melina, ajuizou Ação de Alimentos em Comarca onde não foi implantado o processo judicial eletrônico, em face de Emerson, suposto pai.

Com efeito, apesar de o nome de Emerson não constar da Certidão de Nascimento de Rafaela, ora Agravante, o Agravado realizou, em 2014, voluntária e extrajudicialmente, a pedido de sua ex-esposa Melina, exame de DNA, no qual foi apontada a existência de paternidade de Emerson em relação a Rafaela, ora Agravante.

Destarte, na petição inicial, a Agravante informou ao juízo que sua genitora se encontrava desempregada e que o réu, por seu turno, não exercia emprego formal, mas vivia de "bicos" e serviços prestados autônoma e informalmente, razão pela qual pediu a fixação de pensão alimentícia no valor de 30% de um salário mínimo.

Ainda merece destaque cultos julgadores que a Ação de Alimentos foi instruída com os seguintes documentos: cópias do laudo do exame de DNA, da certidão de nascimento de Rafaela, da identidade, do CPF e do comprovante de residência de Melina, além de procuração e declaração de hipossuficiência para fins de gratuidade.

Seguidamente, recebida a inicial, o juízo da 1ª Vara de Família da Comarca da Capital do Estado Y indeferiu o pedido de tutela antecipada *inaudita altera* parte, rejeitando o pedido de fixação de alimentos provisórios com base em dois fundamentos: (i) inexistência de verossimilhança da paternidade, uma vez que o nome de Emerson, ora Agravado, não constava da certidão de nascimento e que o exame de DNA juntado era uma prova extrajudicial, colhida sem o devido processo legal, sendo, portanto, inservível; e (ii) inexistência de "possibilidade" por parte do Agravado, que não tinha como pagar pensão alimentícia pelo fato de não exercer emprego formal, como confessado pela própria Agravante.

A referida decisão, que negou o pedido de tutela antecipada para fixação de alimentos provisórios, foi publicada no Diário da Justiça Eletrônico em 1-12-2015, segunda-feira, sabendo que não há feriados no período, contra a referida decisão interlocutória, com o merecido respeito, interpõe-se o presente Agravo de Instrumento com pedido de tutela antecipada recursal ("efeito suspensivo ativo"), nos termos do art. 1.015, I e seguintes, do CPC.

II – DA ANTECIPAÇÃO DA TUTELA RECURSAL

Sabidamente, conforme o art. 1.019, I, do CPC, recebido o agravo de instrumento no tribunal e distribuído imediatamente, se não for o caso de aplicação do art. 932, incisos III e IV, o relator, no prazo de cinco dias poderá atribuir efeito suspensivo ao recurso ou deferir, em antecipação de tutela, total ou parcialmente, a pretensão recursal, comunicando ao juiz sua decisão.

Nesse sentido, em face da urgência comprovada de manutenção da Agravante, que é menor, faz necessário deferir a tutela antecipada em grau recursal para suspender a decisão do juízo *a quo*, fazendo-se, portanto, imprescindível a concessão dos alimentos em caráter provisória, visto que sem esta concessão a menor, ora Agravante, terá seu sustento dificultado, restando presente o perigo da demora e a verossimilhança da arguição, fora que, ao que se pode notar, há prova robusta da paternidade, pois o exame de DNA é segura e confiável fonte científica para tal constatação, razão pela qual autorizada a tutela pretendida.

Portanto, em sede de tutela antecipada recursal ("efeito suspensivo ativo"), requer-se a este ilustre relator, até que venha a ser proferida a decisão final colegiada, pelo órgão julgador do agravo, a antecipação da tutela recursal para conceder a pensão alimentícia provisória, decisão a ser confirmada quando da decisão final deste Agravo de Instrumento.

III - MÉRITO E DAS RAZÕES DO PEDIDO DE REFORMA DA DECISÃO (ART. 1.016, III, DO CPC)

Na Ação de Alimentos, é plenamente possível a fixação liminar de alimentos provisórios, medida que desfruta da natureza jurídica de tutela provisória de urgência antecipada.

Com efeito, para a concessão de alimentos provisórios, embora a necessidade do menor seja presumida, restam presentes, de forma comprovada, dois requisitos "verossimilhança da alegação" e "risco de dano irreparável" a respeito do dever alimentar, bem como do binômio necessidade-possibilidade (necessidade pelo alimentando e possibilidade de pagamento pelo alimentante).

No caso vertente, há verossimilhança do dever de prestar alimentos, uma vez que foi apresentado exame de DNA realizado extrajudicialmente, que apontou o Agravado como o pai da Agravante, menor. Há, ainda, possibilidade de pagamento de alimentos pelo Agravado (que, apesar de não ter emprego formal, realiza atividade informal remunerada) e risco de dano irreparável (necessidade de percepção de alimentos pela Agravante, que vive com a mãe, desempregada).

Destarte, a decisão do juiz, que indeferiu o pedido de tutela provisória de urgência antecipada, para fixação dos alimentos provisórios, tem natureza de decisão interlocutória, a qual deve ser recorrida por agravo de instrumento, assim como se fez no presente caso.

Assim, estando presentes os elementos necessários para a concessão da tutela provisória de urgência antecipatória, bem como os requisitos necessários para a concessão dos alimentos provisórios, merece ser reformada a decisão interlocutória que indeferiu o pagamento de alimentos provisórios, confirmando a tutela antecipada recursal concedida para reformando a decisão agravada, conceder pensão alimentícia provisória.

IV - CONCLUSÕES

Diante do exposto, requer a Vossa Excelência:

a) Receber o presente Agravo de Instrumento, nos termos do art. 1.015, I, do CPC;

b) Deferir atribuição de efeito suspensivo ativo ao presente agravo para possibilitar a antecipação da tutela recursal cumprimento da r. decisão proferida, no intuito de fixa, de imediato, os alimentos provisórios no importe de 30% sobre o salário mínimo;

c) Determinar a intimação do agravado, na pessoa de seu advogado, para que, caso queira, ofereça contraminuta, no prazo legal de 15 dias (CPC, art. 1.019, II);

d) A intimação do Ministério Público para, em sendo o caso, intervir na demanda;

e) Ao final, requer o Agravante o provimento do Agravo de Instrumento para, com a reforma da decisão agravada, dar regular prosseguimento ao processo e, assim, autorizar que a agravante continue seus atos de publicidade e comercialização da biografia da agravada, por ser de direito e de justiça.

Nestes termos,

Pede deferimento.

"Local..." e "Data..."

OAB n. ..., "Assinatura..."

19.4. **Modelos de apelação**

19.4.1. Apelação à ação de indenização

(OAB – 2010/2) Em janeiro de 2005, Antônio da Silva Júnior, 7 anos, voltava da escola para casa, caminhando por uma estrada de terra da região rural onde morava, quando foi atingindo pelo coice de um cavalo que estava em um terreno à margem da estrada. O golpe causa sérios danos à saúde do menino, cujo tratamento se revela longo e custoso. Em ação de reparação por danos patrimoniais e morais, movida em janeiro de 2009 contra o proprietário do cavalo, o juiz profere sentença julgando improcedente a demanda, ao argumento de que Walter Costa, proprietário do animal, "empregou o cuidado devido, pois mantinha o cavalo amarrado a uma árvore no terreno, evidenciando-se a ausência de culpa, especialmente em uma zona rural onde é comum a existência de cavalos". Além disso, o juiz argumenta que já teria ocorrido a prescrição trienal da ação de reparação, quer no que tange aos danos morais, quer no que tange aos danos patrimoniais, já que a lesão ocorreu em 2005 e a ação somente foi proposta em 2009. Como advogado contratado pela mãe da vítima, Isabel da Silva, elabore a peça processual cabível.

GABARITO: Além dos aspectos fundamentais do recurso de apelação (requisitos objetivos e subjetivos, bem como observância das formalidades do art. 1.010 do CPC), o examinando deve prever, corretamente, a representação do incapaz na petição de interposição e nas razões do recurso. Deve dirigir o recurso ao juízo competente, mencionar o nome das partes e descrever os fatos. Não deve atribuir valor à causa ou protestar pela produção de provas, eis que não se trata de uma petição inicial. Não deve requerer a citação, pelos mesmos motivos, mas a intimação para, querendo, apresentar as contrarrazões. Também não é cabível a menção à revelia do apelado, caso não responda ao recurso. Igualmente, devem ser explorados os pontos de direito substancial.

Assim, deve esclarecer que a responsabilidade por fato do animal é objetiva no CC de 2002, que eliminou a excludente relativa ao emprego do "cuidado devido" pelo proprietário ou detentor (art. 936), de modo que a ausência de culpa é irrelevante para a caracterização da responsabilidade do réu no caso concreto. Quanto à prescrição, o examinando deve esclarecer que não corre contra os absolutamente incapazes (art. 198, I, do CC). Tais circunstâncias devem ser explicadas na peça recursal, observados os fatos descritos no enunciado e indicados os dispositivos legais pertinentes. Não basta repetir as mesmas palavras do enunciado ou apenas indicar o dispositivo legal sem qualquer fundamento ou justificação para sua aplicação.

A ideia é que o examinando demonstre capacidade de argumentação, conhecimento do direito pátrio e concatenação de ideias. Deve formular adequadamente os pedidos, solicitando o conhecimento e provimento, mencionando danos materiais e morais, justificadamente, pedindo a inversão do ônus da sucumbência, fixação de honorários, intimação do Ministério Público.

19.4.1.1. Modelo da peça

EXCELENTÍSSIMO SENHOR DOUTOR JUIZ DE DIREITO DA... VARA... DA COMARCA DE...

(pular 10 linhas)

"Processo n. ..."

ISABEL DA SILVA, representando nesse ato seu filho Antônio da Silva Júnior, já qualificados nos autos da AÇÃO DE REPARAÇÃO POR DANOS PATRIMONIAIS E MORAIS, em curso perante esse MM. Juízo, em que contende com WALTER COSTA, já qualificado nos autos, cuja sentença julgou improcedente o pedido, vem, respeitosamente, interpor APELAÇÃO, nos termos do art. 1.009 e seguintes do CPC, para superior instância contra a referida sentença, o que faz tempestivamente, requerendo a Vossa Excelência que se digne a receber o presente recurso nos seus devidos efeitos e encaminhá-lo, depois do devido processamento na forma da lei, com as inclusas razões de apelação.

Segue anexado a este recurso a guia do comprovante do pagamento do preparo, conforme o art. 1.007 do CPC.

Nestes termos,

Pede deferimento.

"Local..." e "Data..."

OAB n. ..., "Assinatura..."

RAZÕES DE APELAÇÃO

Apelante: ISABEL DA SILVA
Apelado: WALTER COSTA
Processo n. ...

Egrégio Tribunal,
Colenda Câmara,
Ínclitos Julgadores:

I – SÍNTESE DOS FATOS

Conforme consta dos autos, em janeiro de 2005, Antônio da Silva Júnior, 7 anos, voltava da escola para casa, caminhando por uma estrada de terra da região rural onde morava, quando foi atingindo pelo coice de um cavalo que estava em um terreno à margem da estrada.

No entanto, a violência do golpe causou sérios danos à saúde do menino, cujo tratamento se revelou longo e custoso.

Desta forma, houve a propositura da ação de reparação por danos patrimoniais e morais, contra o recorrido Walter Costa, proprietário do cavalo, no entanto, o MM. juiz proferiu sentença julgando improcedente a demanda, ao argumento de que o recorrido empregou o cuidado devido, pois mantinha o cavalo amarrado a uma árvore no terreno, evidenciando-se a ausência de culpa, especialmente em uma zona rural onde é comum a existência de cavalos.

Além disso, o juiz reconheceu que já teria ocorrido a prescrição trienal da ação de reparação, quer no que tange aos danos morais, quer no que tange aos danos patrimoniais, já que a lesão ocorreu em 2005 e a ação somente foi proposta no ano de 2009.

Em que pese os argumentos utilizados pelo magistrado, a r. sentença não merece prosperar, merecendo reforma, para o julgamento de procedência o pedido da inicial.

III – FUNDAMENTOS JURÍDICOS E RAZÕES DO PEDIDO DE REFORMA OU DE DECRETAÇÃO DE NULIDADE DA DECISÃO (CPC, art. 1.010, III)

Inicialmente, importante ressaltar a inocorrência da prescrição trienal, em especial considerando que não corre contra os absolutamente incapazes, sendo causa que impeditiva da prescrição, conforme preconiza o art. 198, I, do Código Civil.

Por sua vez, a responsabilidade do proprietário do animal é objetiva, proveniente da determinação do art. 936 do Código Civil, ressaltando a eliminação do dispositivo da excludente relativa ao emprego do "cuidado devido" pelo proprietário ou detentor, de modo que a ausência de culpa é irrelevante para a caracterização da responsabilidade do réu no caso concreto.

Ademais, consoante disposto nos arts. 1º, inciso III, 5º, incisos V e X, da CF/88 e art. 186 do Código Civil, todo aquele que for ofendido em sua honra ou imagem, terá direito à reparação por dano moral. O dano moral, em sentido estrito, é a violação do direito à dignidade e enseja a reparação do ofendido justamente pelo fato de o constituinte considerar invioláveis a intimidade, a vida privada, a honra, a imagem, entre outros direitos personalíssimos. Enfim, em razão da preocupação constitucional em resguardar sempre a dignidade da pessoa humana.

Desta forma, evidente a necessidade de reforma do julgado, para o reconhecimento da responsabilidade do recorrido, com a condenação ao pagamento de indenização pelos danos materiais e morais sofridos em razão do incidente, suficientes para cobrir os gatos relativos ao tratamento a que foi submetido e aos prejuízos extrapatrimoniais experimentados.

IV - CONCLUSÕES

Diante do exposto, requer o recebimento da presente Apelação, devendo esse E. Tribunal dar PROVIMENTO ao recurso para REFORMAR a douta sentença, julgando PROCEDENTES os pedidos formulados na petição inicial, condenando o réu ao pagamento de indenização pelos danos materiais e morais, com a devida inversão do ônus da sucumbência, impondo ao recorrido o reembolso das custas com o processo e invertendo os honorários advocatícios, inclusive incidindo aqueles de natureza recursais, art. 85, § 11, do CPC, intimando o Ministério Público para intervir na causa, caso entenda necessário, por ser de direito e de justiça.

Nestes termos,

Pede deferimento.

"Local..." e "Data..."

OAB n. ..., "Assinatura..."

19.4.2. Apelação

(XXIII Exame Unificado) Ricardo, cantor amador, contrata Luiz, motorista de uma grande empresa, para transportá-lo, no dia 2 de março de 2017, do Município Canto Distante, pequena cidade no interior do Estado do Rio de Janeiro onde ambos são domiciliados, até a capital do Estado. No referido dia, será realizada, na cidade do Rio de Janeiro, a primeira pré-seleção de candidatos para participação de um concurso televisivo de talentos musicais, com cerca de vinte mil inscritos. Os mil melhores candidatos pré-selecionados na primeira fase ainda passarão por duas outras etapas eliminatórias, até que vinte sejam escolhidos para participar do programa de televisão. Luiz costuma fazer o transporte de amigos nas horas vagas, em seu veículo particular, para complementar sua renda; assim, prontamente aceita o pagamento antecipado feito por Ricardo.

No dia 2 de março de 2017, Luiz se recorda de que se esquecera de fazer a manutenção periódica de seu veículo, motivo pelo qual não considera seguro pegar a estrada. Assim, comunica a Ricardo que não poderá transportá-lo naquele dia, devolvendo-lhe o valor que lhe fora pago. Ricardo acaba não realizando a viagem até o Rio de Janeiro e, assim, não participa da pré-seleção do concurso.

Inconformado, Ricardo ingressa com ação indenizatória em face de Luiz menos de um mês após o ocorrido, pretendendo perdas e danos pelo inadimplemento do contrato de transporte e indenização pela perda de uma chance de participar do concurso. A ação foi regularmente distribuída para a Vara Cível da Comarca de Canto Distante do Estado do Rio de Janeiro. Citado, o réu alegou em contestação que Ricardo errou ao não tomar um ônibus na rodoviária da cidade, o que resolveria sua necessidade de transporte. Ao final da instrução processual, é proferida sentença de total procedência do pleito autoral, tendo o juízo fundamentado sua decisão nos seguintes argumentos:

i) o inadimplemento contratual culposo foi confessado por Luiz, devendo ele arcar com perdas e danos, nos termos do art. 475 do Código Civil, arbitrados no montante de cinco vezes o valor da contraprestação originalmente acordada pelas partes;

ii) o fato de Ricardo não ter contratado outro tipo de transporte para o Rio de Janeiro não interrompe o nexo causal entre o inadimplemento do contrato por Luiz e os danos sofridos;

iii) Ricardo sofreu evidente perda da chance de participar do concurso, motivo pelo qual deve ser indenizado em montante arbitrado pelo juízo em um quarto do prêmio final que seria pago ao vencedor do certame.

Na qualidade de advogado(a) de Luiz, indique o meio processual adequado à tutela integral do seu direito, elaborando a peça processual cabível no caso, excluindo-se a hipótese de embargos de declaração, indicando os seus requisitos e fundamentos nos termos da legislação vigente.

GABARITO: A decisão tem natureza jurídica de sentença, na forma do art. 203, § 1º, do art. 487, inciso I, e do art. 490, todos do CPC. Com efeito, extinguiu-se o processo, com resolução do mérito, para deferir integralmente os pedidos formulados na ação. Em virtude disso, o meio processual adequado à impugnação do provimento judicial, a fim de evitar que faca coisa julgada, é o Recurso de Apelação, segundo o art. 1.009 do CPC. Deve-se buscar a tutela integral do interesse do réu, pugnando-se ao final pela integral reforma da sentença.

O recurso deve impugnar especificamente os três fundamentos da sentença, nos seguintes termos:

i) A hipótese é de responsabilidade contratual, isto é, oriunda do inadimplemento do negócio firmado entre as partes, motivo pelo qual o art. 475 do Código Civil reconhece ao credor inadimplido o direito de pedir a resolução e cobrar perdas e danos. No entanto, essa indenização depende da demonstração de algum prejuízo efetivamente sofrido pelo credor, não decorrendo do simples fato da resolução. Não se justifica, assim, o arbitramento realizado pelo juízo sentenciante, desamparado por qualquer elemento probatório, até porque Ricardo aceitou espontaneamente o preço pago como forma de resolução do contrato.

ii) O fato de Ricardo não ter tomado nenhuma medida para, minorando as consequências do inadimplemento, realizar a viagem para o Rio de Janeiro configura fato concorrente da vítima, nos termos do art. 945 do Código Civil. Assim, caso se reconheça algum dano imputável a Luiz, o montante indenizatório deverá ser reduzido proporcionalmente ao fato concorrente de Ricardo.

iii) Nos moldes de seu desenvolvimento doutrinário e jurisprudencial, a figura da perda de uma chance exige, para a sua configuração, que exista a probabilidade séria e real de obtenção de um benefício, o que não restou demonstrado no presente caso, tendo em vista que não havia certeza mínima sequer quanto à participação de Ricardo do concurso televisivo.

Por fim, o fechamento da peça: local, data, assinatura e OAB.

19.4.2.1. Modelo da peça

EXCELENTÍSSIMO SENHOR DOUTOR JUIZ DE DIREITO DA... VARA CÍVEL DA COMARCA DE CANTO DISTANTE DO ESTADO DO RIO DE JANEIRO

(pular 5 linhas)

"Processo n. ..."

LUIZ, já qualificado nos autos da AÇÃO INDENIZATÓRIA, em curso perante esse MM. Juízo, em que contende com RICARDO, também devidamente qualificado nos autos, cuja sentença julgou procedente o pedido, vem, respeitosamente, interpor o presente recurso de APELAÇÃO, nos termos do art. 1.009 e seguintes do CPC, para superior instância contra a referida sentença, o que faz tempestivamente, requerendo a Vossa Excelência que se digne a receber o presente recurso nos seus devidos efeitos e encaminhá-lo, depois do devido processamento na forma da lei, com as inclusas razões de apelação, para o conhecimento e provimento do recurso ora interposto.

Segue anexado a este recurso a guia do comprovante do pagamento do preparo, conforme o art. 1.007 do CPC.

Nestes termos,

Pede deferimento.

"Local..." e "Data..."

OAB n. ..., "Assinatura..."

RAZÕES DE APELAÇÃO

Apelante: LUIZ
Apelado: RICARDO
Processo n. ...
Egrégio Tribunal,
Colenda Câmara,
Ínclitos Julgadores:

I – SÍNTESE DOS FATOS

Segundo consta do processo, o apelado Ricardo, cantor amador, contratou o apelante Luiz, motorista de uma grande empresa, para transportá-lo, no dia 2 de março de 2017, do Município Canto Distante, pequena cidade no interior do Estado do Rio de Janeiro onde ambos são domiciliados, até a capital do Estado.

No referido dia, seria realizada, na cidade do Rio de Janeiro, a primeira pré-seleção de candidatos para participação de um concurso televisivo de talentos musicais, com cerca de vinte mil inscritos, sendo que os mil melhores candidatos pré-selecionados na primeira fase ainda passarão por duas outras etapas eliminatórias, até que vinte sejam escolhidos para participar do programa de televisão. Luiz, prontamente aceita o pagamento antecipado feito por Ricardo, ressaltando que costumeiramente realiza o transporte de amigos nas horas vagas, em seu veículo particular, para complementar sua renda.

No entanto, no dia combinado, Luiz se recordou de que se esquecera de fazer a manutenção periódica de seu veículo, motivo pelo qual não considerou seguro pegar a estrada e realizar a viagem. Assim, comunicou devidamente a Ricardo que não poderia transportá-lo naquele dia, devolvendo-lhe o valor que lhe fora pago. Desta forma, Ricardo acabou não realizando a viagem até o Rio de Janeiro e, assim, não participando da pré-seleção do concurso.

Inconformado, Ricardo ingressou com a presente ação indenizatória em face de Luiz menos de um mês após o ocorrido, pretendendo perdas e danos pelo inadimplemento do contrato de transporte e indenização pela perda de uma chance de participar do concurso.

A ação foi regularmente distribuída e, citado, o réu alegou em contestação que Ricardo errou ao não tomar um ônibus na rodoviária da cidade, o que resolveria sua necessidade de transporte. Ao final da instrução processual, é proferida sentença de total procedência do pleito autoral, tendo o juízo fundamentado sua decisão nos seguintes argumentos:

i) de que o inadimplemento contratual culposo foi confessado por Luiz, devendo ele arcar com perdas e danos, nos termos do art. 475 do Código Civil, arbitrados no montante de cinco vezes o valor da contraprestação originalmente acordada pelas partes;

ii) de que o fato de Ricardo não ter contratado outro tipo de transporte para o Rio de Janeiro não interrompe o nexo causal entre o inadimplemento do contrato por Luiz e os danos sofridos;

iii) e, finalmente, de que Ricardo sofreu evidente perda da chance de participar do concurso, motivo pelo qual deve ser indenizado em montante arbitrado pelo juízo em um quarto do prêmio final que seria pago ao vencedor do certame.

Desta forma, evidente a necessidade de reforma do julgado, para afastar a inexistente responsabilidade do recorrido, com a inversão do julgado e a improcedência total dos pedidos formulados pelo autor, ora apelado.

III – FUNDAMENTOS JURÍDICOS E RAZÕES DO PEDIDO DE REFORMA (CPC, art. 1.010, III)

Com efeito, a hipótese dos autos trata da responsabilidade contratual, isto é, oriunda do inadimplemento do negócio firmado entre as partes, motivo pelo qual o Art. 475 do Código Civil reconhece ao credor inadimplido o direito de pedir a resolução e cobrar perdas e danos.

No entanto, essa indenização depende da demonstração de algum prejuízo efetivamente sofrido pelo credor, não decorrendo do simples fato da resolução. Não se justifica, assim, o arbitramento realizado pelo juízo sentenciante, desamparado por qualquer elemento probatório, até porque Ricardo aceitou espontaneamente o preço pago como forma de resolução do contrato.

Ademais, o fato de Ricardo não ter tomado nenhuma medida para, minorando as consequências do inadimplemento, realizar a viagem para o Rio de Janeiro configura fato concorrente da vítima, nos termos do art. 945 do Código Civil. Assim, caso se reconheça algum dano imputável a Luiz, o montante indenizatório deverá ser reduzido proporcionalmente ao fato concorrente de Ricardo.

Finalmente, nos moldes de seu desenvolvimento doutrinário e jurisprudencial, a figura da perda de uma chance exige, para a sua configuração, que exista a probabilidade séria e real de obtenção de um benefício, o que não restou demonstrado no presente caso, tendo em vista que não havia certeza mínima sequer quanto à participação de Ricardo do concurso televisivo.

IV - CONCLUSÕES

Diante do exposto, requer o recebimento da presente Apelação, devendo esse E. Tribunal conhecer o recurso e lhe dar PROVIMENTO para REFORMAR a douta sentença, julgando IMPROCEDENTES os pedidos formulados na petição inicial, ou, alternativamente, caso se reconheça algum dano imputável, reduzindo o montante indenizatório proporcionalmente ao fato concorrente, com a devida inversão do ônus da sucumbência e a sua majoração na esfera recursal, nos termos do art. 85, § 11, do CPC, impondo ao recorrido o reembolso das custas com o processo, por ser de direito e de justiça.

Nestes termos,

Pede deferimento.

"Local..." e "Data..."

OAB n. ..., "Assinatura..."

19.4.3. Apelação em ação de indenização por danos morais e estéticos

(XXI Exame Unificado) Em junho de 2009, Soraia, adolescente de 13 anos, perde a visão do olho direito após explosão de aparelho de televisão, que atingiu superaquecimento após permanecer 24 horas ligado ininterruptamente. A TV, da marca Eletrônicos S/A, fora comprada dois meses antes pela mãe da vítima. Exatos sete anos depois do ocorrido, em junho de 2016, a vítima propõe ação de indenização por danos morais e estéticos em face da fabricante do produto.

Na petição inicial, a autora alegou que sofreu dano moral e estético em razão do acidente de consumo, atraindo a responsabilidade pelo fato do produto, sendo dispensada a prova da culpa, razão pela qual requer a condenação da ré ao pagamento da quantia de R$ 50.000,00 (cinquenta mil reais) a título de danos morais e R$ 50.000,00 (cinquenta mil reais) pelos danos estéticos sofridos.

No mais, realizou a juntada de todas as provas documentais que pretende produzir, inclusive laudo pericial elaborado na época, apontando o defeito do produto, destacando, desde já, a desnecessidade de dilação probatória.

Recebida a inicial, o magistrado da 1ª Vara Cível da Comarca Y, determinou a citação da ré e após oferecida a contestação, na qual não se requereu produção de provas, decidiu proferir julgamento antecipado, decretando a improcedência dos pedidos da autora, com base em dois fundamentos:

(i) inexistência de relação de consumo, com consequente inaplicabilidade do Código de Defesa do Consumidor, pois a vítima/autora da ação já alegou, em sua inicial, que não participou da relação contratual com a ré, visto que foi sua mãe quem adquiriu o produto na época; e

(ii) prescrição da pretensão autoral em razão do transcurso do prazo de três anos, previsto no art. 206, § 3º, inciso V, do Código Civil.

Na qualidade de advogado(a) de Soraia, elabore a peça processual cabível para a defesa imediata dos interesses de sua cliente, no último dia do prazo recursal, indicando seus requisitos e fundamentos nos termos da legislação vigente. Não deve ser considerada a hipótese de embargos de declaração.

GABARITO: A decisão em questão tem natureza jurídica de sentença, na forma do art. 203, § 1º, do art. 487, incisos I e II, e do art. 490, todos do CPC. Com efeito, extinguiu-se o processo, com resolução do mérito, rejeitando o pedido de indenização pelo fato do produto, ao entender que a vítima não se qualificava como consumidora, na forma da lei, decidindo, também, de ofício, pelo reconhecimento da prescrição da pretensão autoral. Em virtude disso, o meio processual adequado à impugnação do pronunciamento jurisdicional, a fim de evitar que faça coisa julgada, é o recurso de apelação, de acordo com o art. 1.009 do CPC. Deve-se, para buscar a tutela integral ao interesse da autora, impugnar cada um dos capítulos da sentença, isto é, tanto a inexistência da relação de consumo quanto o reconhecimento de ofício da prescrição. Ademais, como a autora já produziu toda a prova pré-constituída que julga adequada, deve devolver toda a matéria, pugnando pelo provimento total do recurso de apelação, para que o Tribunal examine as demais questões, sem determinar o retorno do processo ao juízo de primeiro grau, na forma do art. 1.013, § 4º, do CPC.

Quanto ao primeiro ponto, deve-se sustentar a existência de relação de consumo entre a autora da ação, vítima de acidente de consumo, e a ré, fabricante do produto defeituoso que lhe causou dano moral e estético. Nesse caso, a despeito de não ter participado, como parte, da relação contratual de compra e venda do produto, a autora é qualificada como consumidora, pois, nas hipóteses de responsabilidade pelo fato do produto, "equiparam-se aos consumidores todas as vítimas do evento" (art. 17 do CDC).

Presente a relação de consumo, deve-se postular pelo julgamento do mérito, sem necessidade de retorno dos autos à instância inferior, alegando que a fabricante responde, independentemente de culpa, pelos danos causados por defeitos de fabricação de produtos que ponham em risco a segurança dos consumidores, como ocorreu no caso vertente (art. 12, *caput* e § 1º, do CDC).

Quanto ao segundo capítulo da sentença, deve-se pretender o afastamento da prescrição. Isso porque não corre prescrição contra absolutamente incapaz (art. 198, inciso I, do CC), razão pela qual o termo inicial de contagem do prazo prescricional de cinco anos (art. 27 do CDC) efetivou-se apenas em 2012, quando a autora completou 16 anos, tornando-se relativamente capaz. Dessa forma, a prescrição de sua pretensão ocorreria apenas em 2017.

Nessa linha, deve-se requerer a reforma da sentença para que o pedido seja julgado, desde logo, procedente, mediante o reconhecimento da relação de consumo e o afastamento da prescrição, dando provimento integral ao recurso de apelação, com o julgamento do mérito da demanda, na medida em que o feito se encontra maduro para julgamento.

19.4.3.1. Modelo da peça

EXCELENTÍSSIMO SENHOR DOUTOR JUIZ DE DIREITO DA 1ª VARA CÍVEL DA COMARCA Y, ESTADO DE...

(pular 5 linhas)

"Processo n. ..."

SORAIA, já qualificada nos autos da AÇÃO DE INDENIZAÇÃO POR DANOS MORAIS E ESTÉTICOS, em curso perante esse MM. Juízo, em que contende com ELETRÔNICOS S/A, também devidamente qualificado nos autos, cuja sentença julgou improcedentes os pedidos formulados, vem, respeitosamente, interpor o presente recurso de APELAÇÃO, nos termos do art. 1.009 e seguintes do CPC, para superior instância contra a referida sentença, o que faz tempestivamente, requerendo a Vossa Excelência que se digne a receber o presente recurso nos seus devidos efeitos e encaminhá-lo, depois do devido processamento na forma da lei, com as inclusas razões de apelação, para o conhecimento e provimento do recurso ora interposto.

Segue anexado a este recurso a guia do comprovante do pagamento do preparo, conforme o art. 1.007 do CPC.

Nestes termos,

Pede deferimento.

"Local..." e "Data..."

OAB n. ..., "Assinatura..."

RAZÕES DE APELAÇÃO

Apelante: SORAIA
Apelado: ELETRÔNICOS S/A.

Processo n. ...
Egrégio Tribunal,
Colenda Câmara,
Ínclitos Julgadores:

I – SÍNTESE DOS FATOS

Segundo consta, no mês de junho de 2009, a apelante Soraia, adolescente de 13 anos, perde a visão do olho direito após explosão de aparelho de televisão, que atingiu superaquecimento após permanecer 24 horas ligado ininterruptamente. A TV, da marca Eletrônicos S/A, fora comprada dois meses antes pela mãe da vítima. Exatos sete anos depois do ocorrido, em junho de 2016, a vítima propõe ação de indenização por danos morais e estéticos em face da fabricante do produto.

Na petição inicial, a apelante pleiteou a indenização pelos danos morais e estéticos sofridos em razão do acidente de consumo, atraindo a responsabilidade pelo fato do produto, sendo dispensada a prova da culpa, razão pela qual requer a condenação da ré ao pagamento da quantia de R$ 50.000,00 (cinquenta mil reais) a título de danos morais e R$ 50.000,00 (cinquenta mil reais) pelos danos estéticos sofridos.

No mais, realizou a juntada de todas as provas documentais que pretende produzir, inclusive laudo pericial elaborado na época, apontando o defeito do produto, destacando, desde já, a desnecessidade de dilação probatória.

Recebida a inicial, o douto magistrado determinou a citação da ré e após oferecida a contestação, na qual não se requereu produção de provas, decidiu proferir julgamento antecipado, decretando a improcedência dos pedidos da autora, com base em dois fundamentos:

(i) inexistência de relação de consumo, com consequente inaplicabilidade do Código de Defesa do Consumidor, pois a vítima/autora da ação já alegou, em sua inicial, que não participou da relação contratual com a ré, visto que foi sua mãe quem adquiriu o produto na época; e

(ii) prescrição da pretensão autoral em razão do transcurso do prazo de três anos, previsto no art. 206, § 3º, inciso V, do Código Civil.

Desta forma, como na sequencia será demonstrado, evidente a necessidade de reforma do julgado, para afastar a inexistente responsabilidade do recorrido, com a inversão do julgado e a improcedência total dos pedidos formulados pelo autor, ora apelado.

III – FUNDAMENTOS JURÍDICOS E RAZÕES DO PEDIDO DE REFORMA (CPC, art. 1.010, III)

De início, importante verificar a inocorrência da prescrição, tendo em vista a determinação constante do art. 198 do Código Civil, estabelecendo que não corre a prescrição contra os absolutamente incapazes. Desta feita, quando da data do evento danoso, qual seja, junho de 2009, Soraia tinha 13 anos, razão pela qual a contagem do prazo prescricional somente teve início quando Soraia completou 16 anos, ou seja, no ano de 2012.

Da mesma forma, a prescrição da pretensão de reparação de danos pelo fato do produto, categoria legal aplicável à espécie, foi de 5 anos, conforme o art. 27 do CDC, findando-se apenas em 2017. Portanto, evidente que deve ser afastada a prescrição.

Ainda, importante verificar a devida incidência das regras da legislação de consumo, em especial porque, não obstante a TV ter sido adquirida pela mãe da Autora, determina o art. 2º do CDC que será qualificada como consumidor toda pessoa física que adquire ou que utiliza o produto. Como consta dos autos, a TV estava sendo, de fato, utilizada pela apelante no momento da ocorrência dos fatos, tanto assim que foi ela a vítima da explosão do equipamento. Mais precisamente, determina o art. 17 do CDC, inserido na seção específica do Código que versa sobre responsabilidade pelo fato do produto, que haverá a equiparação a consumidor todas as pessoas que forem vítimas do evento.

Assim, devidamente caracterizada a relação de consumo, nos termos dos arts. 2º e 3º do CDC, plenamente aplicável, pois, as regras inerentes à legislação de consumo ao caso concreto.

Afastada, portanto, a prescrição e demonstrada a incidência do CDC no caso, tratando-se de responsabilidade objetiva pelo fato do produto, conforme o art. 12 do CDC, importante consignar que a prova documental carreada aos autos demonstra cabalmente a existência do dano estético causado pela perda da visão e o efetivo nexo causal, demonstrado pelo laudo pericial atestando o defeito do produto, razão pela qual devem ser julgados procedentes os pedidos de indenização por danos morais e estéticos.

Desta forma, superada a matéria preliminar da prescrição, pleiteia a este Egrégio Tribunal de Justiça o julgamento imediato do mérito, sem determinar o retorno dos autos ao juízo de origem, nos termos do art. 1.013, § 4º, do CPC.

IV - CONCLUSÕES

Diante do exposto, requer o recebimento da presente Apelação, devendo esse E. Tribunal conhecer o recurso e lhe dar PROVIMENTO para REFORMAR a douta sentença, afastando a prescrição, reconhecendo a aplicação e incidência das regras do CDC ao caso concreto; e para julgar PROCEDENTES os pedidos formulados na petição inicial, condenando o réu ao pagamento de danos morais no importe de R$ 50.000,00 e de danos estéticos no montante de R$ 50.000,00, com a devida inversão do ônus da sucumbência e a sua majoração na esfera recursal, nos termos do art. 85, § 11, do CPC, impondo, ainda, ao recorrido o reembolso das custas com o processo, por ser de direito e de justiça.

Nestes termos,

Pede deferimento.

"Local..." e "Data..."

OAB n. ..., "Assinatura..."

19.5. Modelos de recurso especial

19.5.1. Recurso especial

(XV Exame Unificado) João utiliza todos os dias, para retornar do trabalho para sua casa, no Rio de Janeiro, o ônibus da linha "A", operado por Ômega Transportes Rodoviários Ltda. Certo dia, o ônibus em que João era passageiro colidiu frontalmente com uma árvore. A perícia concluiu que o acidente foi provocado pelo motorista da sociedade empresária, que dirigia embriagado. Diante disso, João propôs ação de indenização por danos materiais e morais em face de Ômega Transportes Rodoviários Ltda. O Juiz julgou procedentes os pedidos para condenar a ré a pagar a João a quantia de R$ 5.000,00 (cinco mil reais), a título de danos materiais, e mais R$ 2.500,00 (dois mil e quinhentos reais) para compensar os danos morais sofridos. Na fase de cumprimento de sentença, constatada a insolvência da pessoa jurídica para o pagamento de suas obrigações, o Juiz deferiu o pedido de desconsideração da personalidade jurídica, procedendo à penhora, que recaiu sobre o patrimônio dos sócios Y e Z. Diante disso, os sócios de Ômega Transportes Rodoviários Ltda. interpuseram agravo de instrumento, ao qual o Tribunal de Justiça, por unanimidade, deu provimento para reformar a decisão interlocutória e indeferir o requerimento, com fundamento nos artigos 2º e 28 do CDC (Lei n. 8.078/90), por não haver prova da existência de desvio de finalidade ou de confusão patrimonial. O acórdão foi disponibilizado no DJe em 5-5-2014 (segunda-feira), considerando-se publicado no dia 6-5-2014. Inconformado com o teor do acórdão no agravo de instrumento proferido pelo TJRJ, João pede a você, na qualidade de advogado, a adoção das providências cabíveis.

Sendo assim, redija o recurso cabível (excluída a hipótese de embargos de declaração), no último dia do prazo, tendo por premissa que todas as datas acima indicadas são dias úteis, assim como o último dia para interposição do recurso.

GABARITO: A peça processual cabível é o recurso especial para o STJ, nos termos do art. 105, III, *a*, da CF/88, bem como do art. 1.029 e seguintes do CPC. Deverá ser interposto por João perante o Presidente ou o 3º Vice-Presidente do TJRJ, para o juízo prévio de admissibilidade, indicando os sócios Y e Z, da pessoa jurídica, como recorridos.

Os fundamentos do recurso são a violação dos arts. 2º e 28 do CDC, eis que, tratando-se de relação de consumo (art. 2º do CDC), a desconsideração da personalidade jurídica é regida pela teoria menor (art. 28 do CDC), que dispensa a prova da existência de desvio de finalidade ou de confusão patrimonial, bastando a constatação da insolvência da pessoa jurídica para o pagamento de suas obrigações. Deve ser enfatizado que tais artigos da legislação federal foram devidamente prequestionados pelo TJRJ.

O pedido formulado deverá ser no sentido de que o STJ conheça do recurso e a ele dê provimento para sanar violação aos dispositivos de Lei Federal e, consequentemente, reformar o acórdão do TJRJ, a fim de manter, na íntegra, a decisão proferida pelo juízo de primeiro grau, autorizando, assim, a desconsideração da personalidade jurídica.

19.5.1.1. Modelo da peça

EXCELENTÍSSIMO SENHOR DOUTOR DESEMBARGADOR PRESIDENTE DO E. TRIBUNAL DE JUSTIÇA DO ESTADO DO RIO DE JANEIRO

(pular 5 linhas)

"Processo n. ..."

JOÃO, já qualificado nos autos da Ação Indenizatória, em epígrafe, em que contende com ÔMEGA TRANSPORTES RODOVIÁRIOS LTDA E OUTROS, já qualificado nos autos, vem, respeitosamente, interpor o presente RECURSO ESPECIAL, com pedido de efeito suspensivo (CPC, art. 1.029, § 5º), nos termos dos arts. 105, III, *a*, da CF/88 e 1.029 e seguintes do CPC, o que faz tempestivamente, seguindo no anexo o comprovante do preparado recursal (art. 1.007 do CPC), com as inclusas razões do Recurso Especial.

Nestes termos,

Pede deferimento.

"Local..." e "Data..."

OAB n. ..., "Assinatura..."

RAZÕES DO RECURSO ESPECIAL

Recorrente: JOÃO
Recorrido: ÔMEGA TRANSPORTES RODOVIÁRIOS LTDA E OUTROS
Processo n. ...
Egrégio Superior Tribunal de Justiça:
Ínclitos Ministros:

I – DO CABIMENTO DO PRESENTE RECURSO

Demonstra-se, com base no art. 105, III, *a*, da CF/88, o cabimento do presente recurso, conforme determinação do art. 1.029, II, do CPC, interposto contra decisão que, em única ou última instância, pelos Tribunais Regionais Federais ou pelos Tribunais dos Estados, do Distrito Federal e Territórios, contrariar tratado ou entendimento de lei federal, ou que negar-lhes vigência.

Ademais, em relação ao cabimento, importante destacar que não se aplica ao caso a Súmula n. 7 do STJ, pois a pretensão de simples reexame de prova não enseja recurso especial, não sendo o caso dos autos.

Por fim, restam prequestionados os dispositivos de lei violados ou negados em sua vigência, cumprindo o disposto na Súmula 211 do STJ.

II – SÍNTESE DO PROCESSADO

O Recorrente teve julgado procedente em seu favor, para condenar a ré ao pagamento da quantia de R$ 5.000,00 (cinco mil reais), a título de danos materiais, e mais R$ 2.500,00 (dois mil e quinhentos reais) para compensar os danos morais sofridos.

Na fase de cumprimento de sentença, constatada a insolvência da pessoa jurídica para o pagamento de suas obrigações, o MM. Juiz deferiu o pedido de desconsideração da personalidade jurídica para a inclusão dos sócios no polo passivo da demanda, procedendo, assim, à efetivação da penhora para o adimplemento da obrigação, que recaiu sobre o patrimônio dos sócios Y e Z.

Insatisfeitos com a decisão interlocutória, os sócios de Ômega Transportes Rodoviários Ltda. interpuseram agravo de instrumento, ao qual o Tribunal de Justiça, por unanimidade, deu provimento para reformar a decisão interlocutória e indeferir o requerimento, com fundamento nos arts. 2º e 28 do Código de Defesa do Consumidor (Lei n. 8.078/90), sob o argumento de inexistência de provas de desvio de finalidade ou de confusão patrimonial.

Todavia, o referido Acórdão não merece ser mantido, pois foi conferida interpretação equivocada aos dispositivos constantes de lei federal (Código de Defesa do Consumidor).

III – DOS FUNDAMENTOS JURÍDICOS E DAS RAZÕES DO PEDIDO DE REFORMA OU DE INVALIDAÇÃO DA DECISÃO RECORRIDA (CPC, art. 1.029, III).

Busca-se com o presente recurso a análise de matéria prequestionada em vias anteriores, tendo sido esgotados todos os meios processuais e recursais para combater o Acórdão recorrido, ressaltando a inexistência de discussão de matéria de fato, que demandaria dilação probatória, mas tão somente questões que versam exclusivamente de direito.

Outrossim, cabível o presente Recurso Especial, em razão do entendimento apresentado pelo próprio Superior Tribunal de Justiça, conforme determina a Súmula n. 84, no sentido de ser cabível o recurso especial para combater acordão que julga agravo de instrumento, sendo esta a última instância.

O Acórdão recorrido contraria o entendimento de dispositivo de Lei Federal (art. 28 da Lei n. 8.078/90 – CDC), possibilitando a propositura do recurso, nos termos do art. 105, III, *a*, da Constituição Federal.

O caso em tela versa sobre relação de consumo, sendo o recorrente destinatário final dos serviços prestados e oferecidos no mercado de consumo pelo réu, conforme determinação dos arts. 2º e 3º do CDC.

A respeito da desconsideração da personalidade jurídica, o Código de Defesa do Consumidor, em seu art. 28, possibilita a sua aplicação desde que preenchidos os requisitos do estado de insolvência da sociedade empresária ou na hipótese em que a personalidade jurídica seja obstáculo ao ressarcimento dos danos causados.

Infere-se, assim, que o CDC adotou a Teoria Menor da Desconsideração da Personalidade Jurídica, ou seja, dispensando a comprovação de eventual desvio de finalidade ou de confusão patrimonial, bastando a constatação da insolvência da pessoa jurídica para o pagamento de suas obrigações.

Portanto, nota-se que por se tratar de relação de consumo, incidentes os dispositivos do CDC para a desconsideração da personalidade jurídica e não aqueles previstos pela legislação civilista, mais especificamente no art. 50 do Código Civil.

Assim, de rigor a reforma do Acórdão impugnado, conferindo a regular interpretação aos dispositivos de Lei Federal ora combatidos.

IV - CONCLUSÕES

Diante do exposto, requer o recebimento e conhecimento do Recurso Especial, determinando-se a intimação do Recorrido (CPC, art. 1.030) para querer responder no prazo legal. Requer-se, ainda, em face da situação de urgência (narrar a situação), seja concedido o efeito suspensivo ao presente recurso, com base no disposto no art. 1.029, § 5º, do CPC. Ao final, requer o Recorrente o provimento do Recurso Especial, em decorrência da contrariedade ou negativa de vigência a tratado ou lei federal para, com a reforma da r. decisão recorrida, para desconsiderar a personalidade jurídica da sociedade empresária, nos termos do art. 28 do Código de Defesa do Consumidor.

Nestes termos,

Pede deferimento.

"Local..." e "Data..."

OAB n. ..., "Assinatura..."

19.6. **Demais modelos**

19.6.1. Ação declaratória de usucapião especial urbano

(VIII Exame Unificado) Norberto da Silva, pessoa desprovida de qualquer bem material, adquiriu de terceiro, há nove anos e meio, posse de terreno medindo 240 m² em área urbana, onde construiu moradia simples para sua família. O terreno está situado na Rua Cardoso Soares n. 42, no bairro de Lírios, na cidade de Condonópolis, no estado de Tocantins. São seus vizinhos do lado direito Carlos, do esquerdo Ezequiel e, dos fundos, Edgar. A posse é exercida ininterruptamente, de forma mansa e pacífica, sem qualquer oposição.

No último ano o bairro passou por um acelerado processo de valorização devido à construção de suntuosos projetos imobiliários. Em razão disso, Norberto tem sido constantemente sondado a se retirar do local, recebendo ofertas de valor insignificante, já que as construtoras alegam que o terreno sequer pertence a ele, pois está registrado em nome de Cândido Gonçalves.

Norberto não tem qualquer interesse em aceitar tais ofertas; ao contrário, com setenta e dois anos de idade, viúvo e acostumado com a vida na localidade, demonstra desejo de lá permanecer com seus filhos. Por não ter qualquer documentação oficial que lhe resguarde o direito de propriedade do imóvel, Norberto procura um advogado a fim de que seja intentada medida judicial.

Elabore a peça processual cabível in caso, indicando os seus requisitos e fundamentos nos termos da legislação vigente.

GABARITO: A medida judicial é AÇÃO DE USUCAPIÃO ESPECIAL URBANO, regido pela Lei n. 10.257/2001 c/c o art. 1.240 do CC, pelo rito sumário (art. 14 da Lei n. 10.257/2001).

O examinando deverá dirigir a petição inicial ao juízo cível competente para conhecer e julgar a medida, que é o da comarca de Condonópolis, à luz da competência territorial absoluta em razão do disposto no art. 47 do CPC. No bojo da petição inicial, deverá indicar corretamente os polos passivo (Cândido Gonçalves) e ativo (Norberto da Silva), qualificando as partes, e o nome correto da ação, observando que o procedimento a ser adotado é o sumário (art. 14 da Lei n. 10.257/2001 c/c o art. 275, II, *h*, do CPC/73), e por isso deve indicar, desde logo, o rol de testemunhas.

O endereço profissional para onde deverão ser encaminhadas as intimações também deve ser apresentado em atenção ao que dispõe os arts. 105 e 106 do CPC.

Por se tratar o autor de pessoa idosa e desprovida de recursos materiais, deve ser apresentada fundamentação para a concessão da prioridade na tramitação do feito (art. 71 da Lei n. 10.74/2001 – Estatuto do Idoso – OU art. 1.048, § 3º, do CPC) e que justifique a concessão dos benefícios da Justiça Gratuita (Lei n. 1.060/50), inclusive no âmbito do cartório do registro de imóveis (§ 2º do art. 12 da Lei n. 10.257/2001).

Além da narrativa dos fatos com clareza, devem ser apresentados os fundamentos jurídicos compreendendo, em razão da natureza da causa, a exposição do exercício prolongado da posse, sem oposição, de maneira ininterrupta e para fins de moradia, além do aponte da inexistência de outro bem de propriedade do autor, bem como a demonstração de que o imóvel é inferior 250 m² nos termos da planta do imóvel anexada (arts. 246, § 3º, e 259 do CPC), tudo nos moldes do art. 183 da CF/88 OU arts. 1.240 e seguintes do CC OU art. 9º da Lei n. 10.257/2001.

No pedido, deverá ser requerida a concessão dos benefícios da gratuidade de justiça e da prioridade na tramitação; a citação do réu, dos confinantes pessoalmente (Súmula 391 do STF) e dos interessados, por edital; intimação das Fazendas Públicas e do Ministério Público e a produção de provas. Ao final, a procedência do pedido para declarar a propriedade do imóvel e a condenação em honorários e custas processuais. Por fim, deverá indicar o valor da causa e apontar o rol de testemunhas (art. 14 da Lei n. 10.257/2001).

19.6.1.1. Modelo da peça

EXCELENTÍSSIMO SENHOR DOUTOR JUIZ DE DIREITO DA... VARA CIVIL DA COMARCA DE CONDONÓPOLIS/TO

(pular 10 linhas)

NORBERTO DA SILVA, "nacionalidade...", "estado civil...", "profissão...", inscrito no "CPF sob o n. ...", "endereço eletrônico...", "domiciliado à rua...", vem, respeitosamente, por intermédio de seu advogado infra-assinado, perante Vossa Excelência, ajuizar a presente AÇÃO DECLARATÓRIA DE USUCAPIÃO ESPECIAL URBANO, com fulcro na Lei n. 10.257/2001, em face de CÂNDIDO GONÇALVES, "nacionalidade...", "estado civil...", "profissão...", inscrito no "CPF sob o n. ...", "endereço eletrônico...", "domiciliado à rua..." pelos fundamentos de fato e de direito a seguir expostos:

I - PRIORIDADE DE TRAMITAÇÃO

Inicialmente, cumpre mencionar que, por se tratar o autor de pessoa idosa e desprovida de recursos materiais, deve ser deferida a concessão da prioridade na tramitação do feito, com fundamento no art. 71 da Lei n. 10.74/2001 (Estatuto do Idoso) e art. 1.048 do CPC, bem como justificando a concessão dos benefícios da Justiça Gratuita (Lei n. 1.060/50 e arts. 98 e 99 do CPC), inclusive no âmbito do cartório do registro de imóveis (§ 2º do art. 12 da Lei n. 10.257/2001).

II - DOS FATOS

O autor Norberto da Silva, pessoa desprovida de qualquer bem material, adquiriu de terceiro, há aproximadamente nove anos e meio, a posse de terreno medindo 240 m² em área urbana, onde construiu moradia simples para sua família.

O referido terreno está situado na Rua Cardoso Soares n. 42, no bairro de Lírios, na cidade de Condonópolis, no estado de Tocantins, confrontando com seus vizinhos do lado direito Carlos, do esquerdo Ezequiel e, dos fundos, Edgar.

Imperioso ressaltar que a posse exercida pelo autor é ininterrupta, bem como de forma mansa e pacífica, sem qualquer oposição.

Ocorre que, no último ano, o bairro passou por um acelerado processo de valorização devido à construção de suntuosos projetos imobiliários. Em razão disso, o autor tem sido constantemente sondado a se retirar do local, recebendo inúmeras ofertas de valores insignificantes, já que as construtoras alegam que o terreno sequer pertence a ele, pois está registrado em nome do terceiro Cândido Gonçalves.

No entanto, o autor Norberto não tem qualquer interesse em aceitar referidas ofertas, ao contrário, com 72 anos de idade, viúvo e acostumado com a vida na localidade, pretende permanecer no imóvel, juntamente com seus filhos.

Portanto, a necessidade de propositura da presente ação, para o reconhecimento do direito do autor à propriedade do imóvel.

III - DOS FUNDAMENTOS DE DIREITO

Por primeiro, verifica-se o exercício prolongado da posse, sem oposição de terceiros, de maneira ininterrupta e comprovadamente para fins de moradia, por período superior aos cinco anos previstos pela lei, além da inexistência de quaisquer outros bens de propriedade do autor, conforme determinação do art. 183 da Constituição Federal.

Importante mencionar, ainda, que o referido imóvel é inferior a 250 m², conforme comprova a planta do imóvel anexada aos autos, fazendo jus o autor ao reconhecimento da aquisição da propriedade do referido bem imóvel pela usucapião, nos termos dos arts. 1.240 e seguintes do Código Civil e art. 9º da Lei n. 10.257/2001.

IV - DOS PEDIDOS

Diante de todo o exposto, requer-se a Vossa Excelência:

a) Sejam concedidas a prioridade de tramitação e os benefícios da gratuidade de justiça.

b) Sejam citados o réu e, pessoalmente, todos os vizinhos confrontantes do imóvel para, querendo, apresentarem defesa no prazo legal em uma das modalidades permitidas na lei processual, nos termos da Súmula 391 do STF e dos demais interessados, por edital.

c) Sejam intimados a Fazenda Pública e o Ministério Público para se manifestarem sobre o pedido e de eventual interesse na causa.

d) Seja julgado procedente o pedido no sentido de ser declarado o domínio e a propriedade definitiva em nome do autor do imóvel objeto da presente ação.

c) Seja o réu condenado em custas e honorários advocatícios em percentuais arbitrados nos termos do art. 85, § 2º, do Código de Processo Civil.

d) Sejam deferidos todos os meios de prova admitidos em direito para comprovação dos fatos que se apresentarem controvertidos após apresentação da contestação pelo réu.

O endereço do advogado do autor, onde deverá receber as intimações, é "Endereço...".

Rol de testemunhas:

1. "..."
2. "..."
3. "..."

Dá-se à causa o valor de R$ (*colocar valor da causa*).

Nestes termos,

Pede deferimento.

"Local..." e "Data..."

19.6.2. Embargos de terceiro

(X Exame Unificado) José Afonso, engenheiro, solteiro, adquiriu de Lúcia Maria, enfermeira, solteira, residente na Avenida dos Bandeirantes, 555, São Paulo/SP, pelo valor de R$ 100.000,00 (cem mil reais), uma casa para sua moradia, situada na cidade de Mucurici/ES, Rua Central, n. 123, bairro Funcionários. O instrumento particular de compromisso de compra e venda, sem cláusula de arrependimento, foi assinado pelas partes em 02/05/2011. O valor ajustado foi quitado por meio de depósito bancário em uma única parcela.

Dez meses após a aquisição do imóvel onde passou a residir, ao fazer o levantamento de certidões necessárias à lavratura de escritura pública de compra e venda e respectivo registro, José Afonso toma ciência da existência de penhora sobre o imóvel, determinada pelo Juízo da 4ª Vara Cível de Itaperuna / RJ, nos autos da execução de título extrajudicial n. 6.002/2011, ajuizada por Carlos Batista, contador, solteiro, residente à Rua Rio Branco, 600, Itaperuna/RJ, em face de Lúcia Maria, visando receber valor representado por cheque emitido e vencido quatro meses após a venda do imóvel. A determinação de penhora do imóvel ocorreu em razão de expresso requerimento formulado na inicial da execução por Carlos Batista, tendo o credor desprezado a existência de outros imóveis livres e desimpedidos de titularidade de Lúcia Maria, cidadã de posses na cidade onde reside.

Elabore a peça processual prevista pela legislação processual, apta a afastar a constrição judicial invasiva sobre o imóvel adquirido por José Afonso.

GABARITO: Trata-se da hipótese em que o examinando deverá se valer de ação de Embargos de Terceiro. O foro competente é o da 4ª Vara Cível de Itaperuna/RJ, devendo o feito ser distribuído por dependência aos autos da Execução n. 6.002/2011, na forma do art. 676 do CPC.

José Afonso figurará como autor dos embargos de terceiro, tendo Carlos Batista como requerido, devendo as partes estar devidamente qualificadas. A legitimidade de Carlos Batista decorre da aplicação do princípio da causalidade, eis que a penhora do imóvel foi formulada após requerimento do credor que desprezou a existência de outros bens livres e desimpedidos em nome de Lúcia Maria.

O examinando deverá indicar como fundamento legal o art. 674 do Código de Processo Civil E/OU art. 1.210 do CC, bem como a Súmula 84 do STJ.

O examinando deve formular estruturadamente a petição escrita, observando os requisitos do art. 319 do CPC, fazendo descrição dos fatos e dos fundamentos jurídicos com riqueza na argumentação, coerência e raciocínio jurídico, caracterizando:

- aquisição do imóvel mediante compromisso de compra e venda;
- anterioridade da aquisição do imóvel em relação a dívida;
- a existência da posse do imóvel;
- a turbação decorrente da penhora efetivada.
- existência de outros imóveis livres e desimpedidos.

O examinando deverá requerer, no mérito, o pedido de desconstituição da penhora OU manutenção da posse do imóvel.

O examinando deve requerer:

- citação/intimação do embargado para responder aos embargos de terceiro (art. 677, § 3º, do CPC);
- condenação de honorários sucumbenciais e custas;
- protesto pela produção de provas.

Por fim, deve indicar o valor da causa e inserir indicativos de data e local e assinatura do causídico.

19.6.2.1. Modelo da peça

EXCELENTÍSSIMO SENHOR DOUTOR JUIZ DE DIREITO DA 4ª VARA CÍVEL DA COMARCA DE ITAPERUNA/RJ.

(pular 5 linhas)

Distribuição por dependência ao Processo n. 6.002/2011.

JOSÉ AFONSO, nacionalidade, solteiro, engenheiro, portador da carteira de identidade n. ..., inscrito no CPF sob o n. ..., endereço eletrônico..., residente e domiciliado na Rua Central n. 123, Bairro Funcionários, Murici, Espírito Santo, por seu advogado, com endereço profissional na..., para fins do art. 39, I, do Código de Processo Civil, vem, opor EMBARGOS DE TERCEIRO, pelo rito especial, nos termos do art. 676 do CPC, em face de CARLOS BATISTA, nacionalidade, contador, solteiro, portador da carteira de identidade n. ..., inscrito no CPF sob o n. ..., endereço eletrônico..., residente e domiciliado na Rua Rio Branco n. 600, Itaperuna, Rio de Janeiro, pelos fundamentos de fato e de direito a seguir expostos:

I - DOS FATOS

O embargante em 2-5-2011 adquiriu de Lúcia Maria, por meio de compromisso de compra e venda, o imóvel situado na Rua Central, n. 123, no Bairro Funcionários, cidade de Murici, Espírito Santo, pelo valor de R$ 100.000,00, quitado de uma única vez, por meio de depósito bancário, como faz prova os documentos anexos à exordial.

No entanto, dez meses após a aquisição do imóvel, ao fazer o levantamento das certidões necessárias para a lavratura da escritura definitiva, descobriu que o imóvel adquirido havia sido penhorado, por decisão do juízo da 4ª Vara Cível da Comarca de Itaperuna, em razão da execução de título extrajudicial em que figuram como partes o embargado e Lúcia Maria.

Importante salientar que o cheque ensejador da execução de título extrajudicial foi emitido quatro meses após a efetivação entre do compromisso de compra e venda, devendo ser observado que a determinação da penhora sobre seu imóvel ocorreu por indicação expressa do embargado, inclusive tendo este ignorado a existência de outros imóveis livres e desimpedidos de titularidade de Lúcia Maria, cidadã reconhecidamente de posses na cidade em que reside.

Alternativa não restou ao embargante a não ser a oposição dos presentes embargos, para a s*atisfação de seu direito.*

II - DOS FUNDAMENTOS DE DIREITO

Considera-se terceiro aquele que, não sendo parte no processo, venha a sofrer turbação ou esbulho na posse de seus bens, por ato de apreensão judicial, como nos casos de penhora, em consonância com o art. 674 do Código de Processo Civil e art. 1.210 do CC.

No presente caso, o embargante é o legítimo possuidor do imóvel sobre o qual recaiu a penhora e, por tal razão, tem legitimidade para opor embargos de terceiro fundado em alegação de posse advinda de compromisso de compra e venda de imóvel, conforme o art. 677 do CPC, ainda que desprovido de registro, em conformidade com a determinação contida na Súmula n. 84 do Superior Tribunal de Justiça.

Ressaltando que a aquisição do imóvel foi anterior à dívida existente, bem como comprovada a existência de outros imóveis livres e desimpedidos de Ana Lúcia, passíveis de penhora.

Desta forma, razão não assiste ao embargado, tampouco à manutenção da decisão proferida pelo juízo singular.

III - DOS PEDIDOS

Diante de todo o exposto, requer-se a Vossa Excelência:

a) Seja concedida a distribuição do feito por dependência ao processo de n. 6.002/2011, na forma do art. 676 do Código de Processo Civil.

b) A expedição de mandado de manutenção de posse em favor do embargante.

c) Seja o embargado citado para, querendo, apresentar resposta no prazo legal em uma das modalidades permitidas na lei processual.

d) Sejam acolhidos os presentes embargos, desconstituindo-se a penhora recaída sobre o imóvel situado na Rua Central, n. 123, Bairro Funcionários, cidade de Murici, Espírito Santo, com a manutenção definitiva do requerente na posse do bem.

e) Seja o réu condenado em custas e honorários advocatícios em percentuais arbitrados nos termos do art. 85, § 2º, do Código de Processo Civil.

f) Sejam deferidos todos os meios de prova admitidos em direito para comprovação dos fatos que se apresentarem controvertidos, em especial provas documentais e testemunhais, após apresentação da contestação pelo réu.

O endereço do advogado do autor, onde deverá receber as intimações, é "Endereço...".

Dá-se à causa o valor de R$ (*colocar valor da causa*).

Nestes termos,

Pede deferimento.

"Local..." e "Data..."

OAB n. ..., "Assinatura..."

19.6.3. Alimentos gravídicos

(IX Exame Unificado) Moema, brasileira, solteira, natural e residente em Fortaleza, no Ceará, maior e capaz, conheceu Tomás, brasileiro, solteiro, natural do Rio de Janeiro, também maior e capaz.

Tomás era um próspero empresário que visitava o Ceará semanalmente para tratar de negócios, durante o ano de 2010.

Desde então passaram a namorar e Moema passou a frequentar todos os lugares com Tomás que sempre a apresentou como sua namorada. Após algum tempo, Moema engravidou de Tomás. Este, ao receber a notícia, se recusou a reconhecer o filho, dizendo que o relacionamento estava acabado, que não queria ser pai naquele momento, razão pela qual não reconheceria a paternidade da criança e tampouco iria contribuir economicamente para o bom curso da gestação e subsistência da criança, que deveria ser criada por Moema sozinha.

Moema ficou desesperada com a reação de Tomás, pois quando da descoberta da gravidez estava desempregada e sem condições de custear seu plano de saúde e todas as despesas da gestação que, conforme atestado por seu médico, era de risco.

Como sua condição financeira também não permitia custear as despesas necessárias para a sobrevivência da futura criança, Moema decidiu procurar orientação jurídica. É certo que as fotografias, declarações de amigos e alguns documentos fornecidos por Moema conferiam indícios suficientes da paternidade de Tomás.

Diante desses fatos, e cabendo a você pleitear em juízo a tutela dos interesses de Moema, elabore a peça judicial adequada, a fim de garantir que Moema tenha condições financeiras de levar a termo sua gravidez e de assegurar que a futura criança, ao nascer, tenha condições de sobrevida.

GABARITO: A peça cabível será uma petição inicial direcionada para o Juízo de Família de Fortaleza. Trata-se de uma ação de alimentos gravídicos, fundada na Lei n. 11.804/2008.

A legitimidade para o ajuizamento de tal ação é da mãe (Moema) em nome próprio, já que o nascituro não tem personalidade jurídica, nos termos do art. 1º da Lei n. 11.804/2008.

Na petição inicial, com fulcro no art. 2º da referida lei, deve o examinando evidenciar a necessidade de obtenção de valores suficientes para cobrir as despesas adicionais do período de gravidez e que sejam dela decorrentes, da concepção ao parto, inclusive as referentes à alimentação especial, à assistência médica e psicológica, aos exames complementares, internações, parto, medicamentos e demais prescrições preventivas e terapêuticas indispensáveis, a juízo do médico, além de outras que o juiz considere pertinentes.

Deve o examinando frisar que a fixação dos alimentos deve ser feita observando-se o binômio: necessidade da requerente e possibilidade do querido em obediência ao art. 6º, *caput*, da Lei n. 11.804/2008 que recomenda ao Juiz sopesar as necessidades da parte autora e as possibilidades da parte ré.

Tal ação deve conter o pedido de antecipação de tutela para custear as despesas de gestação, pois, conforme dispõe o art. 11 da lei em comento, aplica-se supletivamente aos processos regulados por essa lei as disposições do CPC, razão pela qual pode ser amparado o pedido de antecipação de tutela, nas disposições do art. 300 do CPC.

Com efeito, o pedido alimentar pressupõe, por sua natureza, urgência na sua obtenção para que não haja prejuízo à subsistência do requerente.

Deve-se indicar, ainda, a necessidade de conversão dos alimentos gravídicos em pensão alimentícia em favor do menor, após o seu nascimento, nos termos do art. 6º, parágrafo único, da Lei n. 11.804/2008.

Pedidos a serem formulados (art. 319 do CPC):

1. citação do réu para apresentação de resposta em cinco dias;
2. fixação de alimentos gravídicos com a procedência do pedido formulado pela autora (art. 6º, *caput*, da Lei n. 11.804/2008);
3. antecipação de tutela com a observância do binômio: necessidade da requerente e possibilidade do requerido;

4. protesto genérico pela produção de provas;
5. conversão dos alimentos gravídicos em pensão alimentícia para o menor após o seu nascimento;
6. intervenção do Ministério Público;
7. gratuidade de justiça, nos termos da Lei n. 1.060/50;
8. condenação do réu em custas e honorários advocatícios;
9. indicação do valor da causa;
10. indicação de data e assinatura sem identificação do examinando.

19.6.3.1. Modelo da peça

EXCELENTÍSSIMO SENHOR DOUTOR JUIZ DE DIREITO DA... VARA DE FAMÍLIA DO FORO DA COMARCA DE FORTALEZA/CE.

(pular 10 linhas)

MOEMA, "nacionalidade...", "estado civil...", "profissão...", inscrita no "CPF sob o n. ...", "endereço eletrônico...", "domiciliada a rua...", vem, respeitosamente, por intermédio de seu advogado infra-assinado, perante Vossa Excelência, ajuizar a presente AÇÃO DE ALIMENTOS GRAVÍDICOS, com fundamento na Lei n. 11.804/2008, em face de TOMÁS, "nacionalidade...", "estado civil...", "profissão...", inscrito no "CPF sob o n. ...", "endereço eletrônico...", "domiciliado à rua...", pelos fundamentos de fato e de direito a seguir expostos:

I – DOS FATOS

A autora Moema, durante o ano de 2010, conheceu o réu Tomás, natural do Rio de Janeiro, empresário que visitava o Ceará semanalmente para tratar de negócios.

Desde então passaram a namorar e Moema passou a frequentar todos os lugares com Tomás, que sempre a apresentava como sua namorada. No entanto, após algum tempo, Moema engravidou de Tomás. Este, ao receber a notícia, recusou-se a reconhecer o filho, dizendo que o relacionamento estava acabado, que não queria ser pai naquele momento, razão pela qual não reconheceria a paternidade da criança e tampouco iria contribuir economicamente para o bom curso da gestação e subsistência da criança, que deveria ser criada por Moema sozinha.

Moema ficou desesperada com a reação de Tomás, pois se encontra desempregada e sem condições de custear seu plano de saúde e todas as despesas da gestação que, conforme atestado por seu médico, era de risco.

Evidente o estado de necessidade em que a autora se encontra, sendo de extrema urgência a condenação do réu no pagamento de alimentos gravídicos à autora, para a obtenção de valores suficientes para cobrir as despesas adicionais do período de gravidez, nem como daquelas que sejam dela decorrentes, da concepção ao parto, inclusive as referentes à alimentação especial, à assistência médica e psicológica, aos exames complementares, internações, parto, medicamentos e demais prescrições preventivas e terapêuticas indispensáveis, a juízo do médico, além de outras que o juiz considere pertinentes.

A prova documenta acostada aos autos, quais sejam as fotografias, e as declarações de amigos, bem como de alguns outros documentos fornecidos por Moema, conferem indícios suficientes da prova da paternidade do réu Tomás.

II – DOS FUNDAMENTOS DE DIREITO

Ressalta-se, de início, que a fixação dos alimentos deve ser feita observando-se o binômio necessidade/possibilidade, ou seja, necessidade da requerente e a possibilidade do querido, conforme expressa consignação do art. 6º, *caput*, da Lei n. 11.804/2008, que recomenda ao Juiz sopesar as necessidades da parte autora e as possibilidades da parte ré.

No entanto, a legitimidade da mãe em requerer a fixação de alimentos gravídicos e ajuizar a ação em nome próprio provieram da determinação contida no art. 1º, da Lei n. 11.804/2008.

Da mesma forma, salienta a necessidade de conversão dos alimentos gravídicos em posterior pensão alimentícia em favor do menor, após o seu nascimento, nos termos do art. 6º, parágrafo único, da Lei n. 11.804/2008.

Deve-se, ainda, deferir a antecipação da tutela para custear as despesas emergenciais decorrentes da gestação, pois conforme dispõe o art. 11 da referida lei em comento, aplica-se supletivamente aos processos regulados por essa lei as disposições do Código de Processo Civil, razão pela qual pode ser amparado o pedido de antecipação de tutela, nas disposições do art. 300 do CPC.

Com efeito, o pedido alimentar pressupõe, por sua natureza, urgência na sua obtenção para que não haja prejuízo à subsistência do requerente.

III – DOS PEDIDOS

Diante de todo o exposto, requer-se a Vossa Excelência:

a) Sejam concedidos os benefícios da gratuidade de justiça, em razão da comprovação do estado de necessidade da autora.

b) Seja o réu citado para, querendo, apresentar resposta, no prazo legal de cinco dias, em uma das modalidades permitidas na lei processual.

c) Seja concedida *inicio litis* a tutela antecipada para a condenação imediata do réu ao pagamento mensal de alimentos gravídicos, no "valor de R$...".

d) Seja, ao final, confirmada a tutela antecipada, sendo julgado procedente o pedido da presente ação, com a conversão dos alimentos gravídicos em pensão alimentícia para o menor, após o nascimento.

e) Nos termos do art. 334, *caput* ou § 5º, do Código de Processo Civil, o autor deve se manifestar sobre o (des)interesse em autocomposição para a realização da audiência de conciliação ou de mediação.

f) Seja o réu condenado em custas e honorários advocatícios em percentuais arbitrados nos termos do art. 85, § 2º, do Código de Processo Civil.

g) Sejam deferidos todos os meios de prova admitidos em direito para comprovação dos fatos que se apresentarem controvertidos após apresentação da contestação pelo réu.

g) Seja intimado o Ministério Público para intervir na causa como fiscal da ordem pública.

O endereço do advogado do autor, onde deverá receber as intimações, é "Endereço...".

Dá-se à causa o valor de R$ (*colocar valor da causa*).

Nestes termos,

Pede deferimento.

"Local..." e "Data..."

OAB n. ..., "Assinatura..."

19.6.4. Ação de alimentos, com pedido de alimentos provisórios

(IV Exame Unificado) Antônio Pedro, morador da cidade Daluz (Comarca de Guaiaqui), foi casado com Lourdes por mais de quatro décadas, tendo tido apenas um filho, Arlindo, morador de Italquise (Comarca de Medeiros), dono de rede de hotelaria. Com o falecimento da esposa, Antônio Pedro deixou de trabalhar em razão de grande tristeza que o acometeu. Já com 72 anos, Antônio começou a passar por dificuldades financeiras, sobrevivendo da ajuda de vizinhos e alguns parentes, como Marieta, sua sobrinha-neta. A jovem, que acabara de ingressar no curso de graduação em Direito, relatando aos colegas de curso o desapontamento com o abandono que seu tio sofrera, foi informada de que a Constituição Federal assegura que os filhos maiores têm o dever de amparar os pais na velhice, carência ou enfermidade. De posse de tal informação, sugere a seu tio-avô que busque o Poder Judiciário a fim de que lhe seja garantido o direito de receber suporte financeiro mínimo de seu filho. Antônio Pedro procura, então, você como advogado(a) para propor a ação cabível.

GABARITO: A peça cabível é PETIÇÃO INICIAL DE ALIMENTOS com pedido de fixação *initio litis* de ALIMENTOS PROVISÓRIOS. A fonte legal a ser utilizada é a Lei n. 5.478/68. A competência será o domicílio do alimentando, no caso, Comarca de Guaiaqui (art. 53, II, do CPC). Informar que se procede por rito especial (art. 1º da Lei de Alimentos) e requerer prioridade na tramitação, por se tratar de idoso (art. 71 da Lei n. 10.741/2003 c/c o art. 1.048, I, do CPC). Deverá atender aos requisitos da petição inicial (319 do CPC) e aos requisitos específicos disciplinados pela Lei Especial, provando a relação de parentesco, as necessidades do alimentando, e obedecendo ao art. 2º da Lei n. 5.478/68, bem como a Lei n. 11.419/2006. Deverá demonstrar a necessidade e a possibilidade ao pedido de alimentos. O examinando deverá ainda indicar o recolhimento de custas ou fundamentar pedido de concessão de gratuidade de justiça (§ 2º do art. 1º da Lei de Alimentos c/c a Lei n. 1.060/50). No pedido, deverá requerer que o juiz, ao despachar a petição inicial, fixe desde logo os alimentos provisórios, na forma do art. 4º da Lei de Alimentos, a citação do réu, condenação em alimentos definitivos e a intimação do Ministério Público como *custos legis* sob pena de nulidade do feito, visto ser obrigatória a sua intimação nos termos do art. 75 e seguintes do Estatuto do Idoso (Lei n. 10.741/2003) c/c os arts. 279 do CPC. Por fim, requerer a condenação nas custas e honorários de sucumbência e a produção de provas (art. 319, VI, do CPC) e indicar o valor da causa (art. 319, V, do CPC).

19.6.4.1. Modelo da peça

EXCELENTÍSSIMO SENHOR DOUTOR JUIZ DE DIREITO DA... VARA CÍVEL DA COMARCA DE GUAIAQUI

(pular 10 linhas)

ANTONIO PEDRO, "nacionalidade...", "estado civil...", "profissão...", inscrito no "CPF sob o n. ...", "endereço eletrônico...", "domiciliado à rua...", vem, respeitosamente, por intermédio de seu advogado infra-assinado, perante Vossa Excelência, ajuizar a presente AÇÃO DE ALIMENTOS, com pedido de fixação *initio litis* de ALIMENTOS PROVISÓRIOS, processada sob o rito especial do art. 1º da Lei de Alimentos, em face de ARLINDO, "nacionalidade...", "estado civil...", "profissão...", inscrito no "CPF sob o n. ...", "endereço eletrônico...", "domiciliado à rua...", pelos fundamentos de fato e de direito a seguir expostos:

I – PRIORIDADE DE TRAMITAÇÃO

Inicialmente, cumpre mencionar que, por se tratar o autor de pessoa idosa e desprovida de recursos materiais, deve ser deferida a concessão da prioridade na tramitação do feito, com fundamento no art. 71 da Lei n. 10.74/2001 (Estatuto do Idoso) e no art. 1.048 do CPC, bem como justificando a concessão dos benefícios da Justiça Gratuita (Lei n. 1.060/50 e arts. 98 e 99 do CPC), inclusive no âmbito do cartório do registro de imóveis (§ 2º do art. 12 da Lei n. 10.257/2001).

II – DOS FATOS

O autor, Antônio Pedro, morador da cidade Daluz, foi casado com Lourdes por mais de quatro décadas, tendo tido apenas um filho, o réu Arlindo, morador da cidade de Italquise, dono de uma conhecida rede de hotelaria.

No entanto, a esposa do autor Antônio Pedro veio a falecer, o que o deixou em profundo estado de tristeza e depressão, inclusive não conseguindo mais efetuar o seu trabalho. Em razão de sua idade, 72 anos, o autor Antônio começou a passar por dificuldades financeiras, necessitando de ajuda de vizinhos e de alguns parentes para conseguir sobreviver, como Marieta, sua sobrinha-neta.

Portanto, diante da evidente situação de abandono que o autor sofrera por parte de seu filho, necessária a intervenção do Judiciário para determinar o dever ao autor de amparar os pais durante a velhice, bem como nos casos de carência afetiva ou de enfermidades.

III - DOS FUNDAMENTOS DE DIREITO

Inicialmente, importante mencionar que a obrigação de prestar alimentos advém da própria relação de parentesco, decorrente dos princípios constitucionais da solidariedade e da dignidade da pessoa humana. O primeiro, disciplinado no art. 3º, inciso I, da CF/88, impõe dever de assistência amorosa, espiritual e moral àqueles unidos por vínculos afetivos.

A dignidade da pessoa humana é um dos fundamentos da República Federativa do Brasil, prevista no art. 1º, III, da CF/88, e consagra um valor que visa proteger a pessoa, conferindo-lhe respeito e direitos inerentes a sua qualidade de ser humano.

Diante de tais corolários constitucionais, comprovados os requisitos específicos disciplinados pela Lei Especial, quais sejam a relação de parentesco existente entre autor e réu, bem como as necessidades do alimentando, pessoa idosa passando por consideráveis dificuldades financeiras dependendo do auxílio de pessoas estranhas ao seu relacionamento familiar e a possibilidade por parte do réu, reconhecidamente proprietário de grande rede de hotelaria, obedecendo, assim, ao art. 2º da Lei n. 5.478/68, bem como aos dispositivos da Lei n. 11.419/2006.

Deve-se, ainda, deferir a antecipação da tutela para a fixação de alimentos provisórios, necessários para custear as despesas emergenciais, suficientes para a manutenção das despesas com o próprio sustento do autor, de acordo com a razoabilidade do magistrado, razão pela qual pode ser amparado o pedido de antecipação de tutela, nas disposições do art. 300 do CPC.

Com efeito, o pedido alimentar pressupõe, por sua natureza, urgência na sua obtenção para que não haja prejuízo à subsistência do requerente.

IV - DOS PEDIDOS

Diante de todo o exposto, requer-se a Vossa Excelência:

a) Sejam concedidos os benefícios da gratuidade de justiça, em razão da comprovação do estado de necessidade do autor.

b) Seja o réu citado para, querendo, apresentar resposta, no prazo legal, em uma das modalidades permitidas na lei processual.

c) Seja concedida *inicio litis* a tutela antecipada para a condenação imediata do réu ao pagamento mensal de alimentos provisórios, no "valor de R$...".

d) Nos termos do art. 334, *caput* ou § 5º, do Código de Processo Civil, o autor deve se manifestar sobre o (des)interesse em autocomposição para a realização da audiência de conciliação ou de mediação.

e) Seja, ao final, confirmada a tutela antecipada, sendo julgado procedente o pedido da presente ação, com a conversão dos alimentos provisórios em pensão alimentícia definitiva.

f) Seja o réu condenado em custas e honorários advocatícios em percentuais arbitrados nos termos do art. 85, § 2º, do Código de Processo Civil.

g) Seja realizada a intimação do Ministério Público, para a atuação e manifestação nos autos na qualidade de *custos legis*, sob pena de nulidade do feito, nos termos dos arts. 75 e seguintes do Estatuto do Idoso (Lei n. 10.741/2003) c/c o art. 279 do CPC.

h) Sejam deferidos todos os meios de prova admitidos em direito para comprovação dos fatos que se apresentarem controvertidos após apresentação da contestação pelo réu.

O endereço do advogado do autor, onde deverá receber as intimações, é "Endereço...".

Dá-se à causa o valor de R$ (*colocar valor da causa*).

Nestes termos,

Pede deferimento.

"Local..." e "Data..."

OAB n. ..., "Assinatura..."

19.6.5. Ação de consignação em pagamento

(XVII Exame Unificado) Mario e Henrique celebraram contrato de compra e venda, tendo por objeto uma máquina de cortar grama, ficando ajustado o preço de R$ 1.000,00 e definido o foro da comarca da capital do Rio de Janeiro para dirimir quaisquer conflitos. Ficou acordado, ainda, que o cheque n. 007, da Agência n. 507, do Banco X, emitido por Mário para o pagamento da dívida, seria pós-datado para ser depositado em 30 dias. Ocorre, porém, que, nesse ínterim, Mário ficou desempregado. Decorrido o prazo convencionado, Henrique efetuou a apresentação do cheque, que foi devolvido por insuficiência de fundos. Mesmo após reapresentá-lo, o cheque não foi compensado pelo mesmo motivo, acarretando a inclusão do nome de Mário nos cadastros de inadimplentes.

Passados dez meses, Mário conseguiu um novo emprego e, diante da inércia de Henrique, que permanece de posse do cheque, em cobrar a dívida, procurou-o a fim de quitar o débito. Entretanto, Henrique havia se mudado e Mário não conseguiu informações sobre seu paradeiro, o que inviabilizou o contato pela via postal. Mário, querendo saldar a dívida e restabelecer seu crédito perante as instituições financeiras procura um advogado para que sejam adotadas as providências cabíveis. Com base no caso apresentado, elabore a peça processual adequada.

GABARITO: A peça cabível consiste em uma Ação de Consignação em Pagamento, nos termos dos arts. 539 a 549 do CPC e dos arts. 334 a 345 do Código Civil. A demanda deverá ser proposta perante uma das Varas Cíveis da Comarca do Rio de Janeiro. Deverá Mário figurar no polo ativo e Henrique no polo passivo, atendendo-se aos requisitos previstos no art. 319 do CPC.

Na abordagem dos fatos e fundamentos, deve o examinando salientar a existência de relação jurídico-contratual entre as partes, destacar a existência de dívida pendente e a pretensão de liberar-se da obrigação pelo pagamento, o que não ocorreu em virtude do fato de que o credor reside em local desconhecido, o que autoriza a consignação.

Deverá, ainda, requerer o depósito da quantia devida, pedindo-se a antecipação dos efeitos de tutela jurisdicional, com determinação da retirada do nome de Mário dos cadastros de inadimplentes, a citação por edital do réu para levantar a quantia depositada ou oferecer resposta, deduzir pretensão declaratória de extinção da obrigação pelo pagamento, a condenação em custas e os honorários advocatícios e a produção de prova por todos os meios admitidos.

Ao final, deve o examinando indicar o endereço do advogado, o valor da causa, o local, a data e a assinatura do advogado, além de comprovar o pagamento das custas.

19.6.5.1. Modelo da peça

EXCELENTÍSSIMO SENHOR DOUTOR JUIZ DE DIREITO DA... VARA CÍVEL DA COMARCA DO RIO DE JANEIRO/RJ

(pular 10 linhas)

MÁRIO, "nacionalidade...", "estado civil...", "profissão...", inscrito no "CPF sob o n. ...", "endereço eletrônico...", "domiciliado à rua...", vem, respeitosamente, por intermédio de seu advogado infra-assinado, perante Vossa Excelência, ajuizar a presente AÇÃO DE CONSIGNAÇÃO EM PAGAMENTO, com fundamento nos arts. 539 a 549 do CPC e 334 a 345 do Código Civil, em face de HENRIQUE, "nacionalidade...", "estado civil...", "profissão...", inscrito no "CPF sob o n. ...", "endereço eletrônico...", "domiciliado à rua...", pelos fundamentos de fato e de direito a seguir expostos:

I – DOS FATOS

Com efeito, o autor Mário celebrou com o réu Henrique contrato de compra e venda de uma máquina de cortar grama, modelo..., ano..., marca..., no valor de R$ 1.000, acordando o pagamento da dívida a ser efetuado na forma do cheque de n. 007, da agência 507, do banco X, emitido pelo autor, pós-datado para ser depositado em no prazo de 30 dias.

Ocorre, porém, que, antes do depósito do cheque, o autor Mário ficou desempregado, de modo que, decorrido o prazo convencionado, o réu efetuou a apresentação do cheque perante a instituição financeira, que foi devolvido por insuficiência de fundos. Mesmo após a reapresentação, o cheque não foi compensado pelo mesmo motivo, acarretando a inclusão do nome do autor Mário nos cadastros de inadimplentes.

Passados dez meses, Mário conseguiu um novo emprego e, diante da inércia de Henrique em cobrar a dívida, vez que permanece de posse do cheque, houve por bem o autor procurá-lo a fim de quitar o débito.

Entretanto, o réu Henrique se mudou, não conseguindo o autor informações sobre seu paradeiro, o que inviabilizou o contato pela via postal, não restando outra alternativa a Mário, senão a propositura da presente ação para saldar a dívida e restabelecer seu crédito perante as instituições financeiras.

II – DOS FUNDAMENTOS DE DIREITO

Comprovada a efetiva existência da relação jurídica entre as partes, conforme a documentação acostada junto a essa inicial, o autor, querendo solver o seu débito, pretende a consignação em pagamento dos valores especificados, conforme os arts. 334 e 335, III, do Código Civil, aduzido a necessidade de considerar a efetividade da quitação do débito, extinguindo, assim, a obrigação, com o depósito judicial ou em banco de indicação do juízo.

Sem embargo da possibilidade de propositura da presente demanda, sempre que o credor residir ou estiver em lugar incerto, impossibilitando a sua localização, conforme preconizam os arts. 539 e seguintes do CPC.

III – DA TUTELA PROVISÓRIA

Conforme salientado, evidente a necessidade de antecipação dos efeitos da tutela, para a imediata exclusão do nome do autor dos cadastros de inadimplentes, conforme determinação do arts. 300 e 537 do CPC, inclusive com a fixação de multa diária.

IV – DOS PEDIDOS

Diante de todo o exposto, requer-se a Vossa Excelência:

a) Seja o réu citado para, querendo, levantar a quantia depositada ou, se for o caso, apresentar resposta no prazo legal em uma das modalidades permitidas na lei processual.

b) Seja concedida a tutela antecipada, sem a oitiva da parte contrária, para a exclusão do nome do autor dos cadastros de inadimplentes, sob pena de multa diária, a ser prudentemente fixada por este MM. Juízo, nos termos dos arts. 300 e 537 do CPC.

c) Seja deferido o pagamento em consignação judicial, ou no estabelecimento bancário X, agência 507, n. 007 do cheque, correspondendo à quantia certa de R$ 1.000 (mil reais).

c) Nos termos do art. 334, *caput* ou § 5º, do Código de Processo Civil, o autor deve se manifestar sobre o (des)interesse em autocomposição para a realização da audiência de conciliação ou de mediação.

d) Seja, ao final, julgado procedente o pedido, no sentido de confirmar a pretensão com a declaração de extinção definitiva da obrigação, pelo pagamento, com a confirmação dos efeitos da tutela antecipada.

e) Seja o réu condenado em custas e honorários advocatícios em percentuais arbitrados nos termos do art. 85, § 2º, do Código de Processo Civil.

f) Sejam deferidos todos os meios de prova admitidos em direito para comprovação dos fatos que se apresentarem controvertidos após apresentação da contestação pelo réu.

O endereço do advogado do autor, onde deverá receber as intimações, é "Endereço...".

Dá-se à causa o valor de R$ (*colocar valor da causa*).

Nestes termos,

Pede deferimento.

"Local..." e "Data..."

OAB n. ..., "Assinatura..."

19.6.6. Ação de interdição, com pedido de antecipação de tutela

(XII Exame Unificado) Maria de Fátima, viúva, com idade de 92 (noventa e dois anos), reside no bairro "X", da cidade "Z", com sua filha Clarice, a qual lhe presta toda a assistência material necessária. Maria de Fátima, em virtude da idade avançada, possui diversas limitações mentais, necessitando do auxílio de sua filha para lhe dar banho, alimentá-la e ministrar-lhe os vários remédios que controlam sua depressão, mal de Alzheimer e outras patologias psíquicas, conforme relatórios médicos emitidos por Hospital Público Municipal. Ao ponto de não ter mais condições de exercer pessoalmente os atos da vida civil, a pensão que recebe do INSS é fundamental para cobrir as despesas com medicamentos, ficando as demais despesas suportadas por sua filha Clarice.

Recentemente, chegou à sua residência, correspondência do INSS comunicando que Maria de Fátima deveria comparecer ao posto da autarquia mais próximo para recadastramento e retirada de novo cartão de benefício previdenciário, sob pena de ser suspenso o pagamento. Diante disso, Clarice, desejando regularizar a administração dos bens de sua mãe e atender a exigência do INSS, a fim de evitar a supressão da pensão, o procura em seu escritório solicitando providências.

GABARITO: Deverá Clarice ajuizar ação de interdição com pedido de antecipação de tutela, em face de Maria de Fátima, perante o juízo comum estadual, nos termos dos arts. 1.767 a 1.783 do Código Civil e arts. 747 a 758 do Código de Processo Civil. Para tanto, deverá descrever as graves limitações psíquicas de sua genitora em razão da idade avançada que a impedem de gerir-se e administrar seus bens. Requererá a antecipação de tutela com o deferimento de curatela provisória, a citação da interditanda para comparecer à audiência especial, a produção de provas, sobretudo a pericial, a intimação do Ministério Público e, ao final, pedirá a procedência do pedido para decretar a interdição de Maria de Fátima.

19.6.6.1. Modelo da peça

EXCELENTÍSSIMO SENHOR DOUTOR JUIZ DE DIREITO DA... "VARA..." DA "COMARCA DE..."

(pular 10 linhas)

CLARICE, "nacionalidade...", "estado civil...", "profissão...", inscrita no "CPF sob o n. ...", "endereço eletrônico...", "domiciliada a rua...", vem, respeitosamente, por intermédio de seu advogado infra-assinado, perante Vossa Excelência, ajuizar a presente AÇÃO DE INTERDIÇÃO, com fulcro nos arts. 747 a 758 do Código de Processo Civil e arts. 1.767 a 1.783 do Código Civil, em face de MARIA DE FÁTIMA, "nacionalidade...", "estado civil...", "profissão...", inscrita no "CPF sob o n. ...", "endereço eletrônico...", "domiciliada à rua...", pelos fundamentos de fato e de direito a seguir expostos:

I – DOS FATOS

A requerente Clarice é filha da ré Maria de Fátima, que conta com idade avançada e possui diversas limitações mentais, inclusive necessitando de auxílio de sua filha para lhe dar banho, alimentá-la e ministrar-lhe os vários remédios que controlam sua depressão, mal de Alzheimer e outras patologias psíquicas, conforme relatórios médicos emitidos por Hospital Público Municipal.

Ressalta-se que a ré não mais possui condições físicas e mentais para o pleno exercício pessoal dos atos da vida civil, fazendo jus ao recebimento da pensão do INSS, para cobrir as despesas com medicamentos, ficando as demais despesas suportadas por sua filha Clarice.

No entanto, recentemente, chegou à sua residência correspondência do INSS comunicando que a ré Maria de Fátima deveria comparecer ao posto da autarquia mais próximo para o recadastramento e retirada de novo cartão de benefício previdenciário, sob pena de ser suspenso o pagamento.

Diante disso, necessária a interdição de Maria de Fátima, para que a sua filha Clarice possa representar legalmente sua genitora e regularizar a administração dos bens de sua mãe e atender à exigência do INSS, a fim de evitar a supressão da pensão.

II – DOS FUNDAMENTOS DE DIREITO

A legitimidade da autora para a causa proveio da determinação constante do art. 747, II, do CPC, em especial estando comprovada a impossibilidade da ré em administrar os seus bens, bem como à prática dos demais atos da vida civil, conforme demonstram os documentos acostados junto à inicial, ressaltando a existência de laudo médico, em obediência e nos termos dos arts. 749 e 750 do CPC.

III – DA TUTELA PROVISÓRIA

Conforme salientado, evidente a necessidade de antecipação dos efeitos da tutela, para a imediata concessão da curatela provisória, para possibilitar a administração dos bens e direitos da ré, conforme determinação do arts. 300 e 537 do CPC, inclusive com a fixação de multa diária.

IV – DOS PEDIDOS

Diante de todo o exposto, requer-se a Vossa Excelência:

a) Seja a ré interditanda citada para que compareça em audiência, em dia a ser designado, perante Vossa Excelência, conforme o art. 751 do CPC.

b) Seja concedida a liminar de antecipação dos efeitos da tutela, com a nomeação da autora como curadora provisória da interditanda, a fim de que aquela possa representá-la nos atos da vida civil, sobretudo na adequada gestão dos recursos fundamentais à sua manutenção.

c) Seja deferida a intervenção do digno membro do Ministério Público, que atuará na condição de fiscal da ordem jurídica, nos termos do § 1º do art. 752 do CPC.

d) Seja julgado procedente o pedido, confirmando-se a antecipação da tutela, para nomear em definitivo a autora como curadora do interditando, que deverá representá-la ou assisti-la em todos os atos de sua vida civil, de acordo com os limites da curatela prudentemente fixados na sentença.

e) Sejam deferidos todos os meios de prova admitidos em direito para comprovação dos fatos que se apresentarem controvertidos, em especial da prova pericial, após a apresentação da resposta ou manifestação pelo réu.

O endereço do advogado do autor, onde deverá receber as intimações, é "Endereço...".

Dá-se à causa o valor de R$ (*colocar valor da causa*).

Nestes termos,

Pede deferimento.

"Local..." e "Data..."

OAB n. ..., "Assinatura..."

20. QUESTÕES DISCURSIVAS

I. Pessoa natural e direitos da personalidade

1. (V Exame Unificado) Cristina dos Santos desapareceu após uma enchente provocada por uma forte tempestade que assolou a cidade onde morava. Considerando estar provada a sua presença no local do acidente e não ser possível encontrar o corpo de Cristina para exame, responda aos itens a seguir, empregando os argumentos jurídicos apropriados e a fundamentação legal pertinente ao caso.

A) Trata-se de hipótese de morte presumida?

B) Qual é o procedimento para realização do assento de óbito de Cristina?

GABARITO:

A) Sim. Pode ser declarada a morte presumida, sem decretação de ausência, se for extremamente provável a morte de quem estava em perigo de vida. Nesse caso, a declaração de morte presumida poderá ser requerida após esgotadas as buscas e averiguações (art. 7º, I, e parágrafo único, do CC)

B) O art. 88 da Lei de Registros Públicos consagra um procedimento de justificação, para a finalidade de proceder ao assento de óbito nos casos de desastre ou calamidade, no qual não tenha sido possível realizar exame médico no cadáver.

2. (IX Exame) Maria de Sousa, casada com Pedro de Sousa, desapareceu de seu domicílio, localizado na cidade de Florianópolis, sem dar notícias e não deixando representante ou procurador para administrar seus bens. Passados dez anos do trânsito em julgado da sentença de abertura da sucessão provisória dos bens deixados por Maria, seu marido requereu a sucessão definitiva. Considerando o caso relatado, utilizando os argumentos jurídicos apropriados e a fundamentação legal pertinente ao caso, responda aos itens a seguir.

A) Em qual momento haverá a presunção de morte de Maria?

B) A presunção de morte de Maria tem o condão de dissolver o casamento entre ela e Pedro?

GABARITO:

A) Após a abertura da sucessão definitiva. O art. 6º do CC admite a morte presumida, quanto aos ausentes, nos casos em que a lei autoriza a abertura da sucessão definitiva (art. 6º c/c o art. 37 do Código Civil)

B) Sim. O inciso I e o § 1º do art. 1.571 do CC estabelecem que a sociedade conjugal termina com a morte de um dos cônjuges, aplicando-se a presunção estabelecida pelo Código Civil quanto ao ausente.

3. **(XIII Exame)** Retornando de um campeonato em Las Vegas, Tobias, lutador de artes marciais, surpreende-se ao ver sua foto estampada em álbum de figurinhas intitulado "Os Maiores Lutadores de Todos os Tempos", à venda nas bancas de todo o Brasil. Assessorado por um advogado de sua confiança, Tobias propõe em face da editora responsável pela publicação ação judicial de indenização por danos morais decorrentes do uso não autorizado de sua imagem. A editora contesta a ação argumentando que a obra não expõe Tobias ao desprezo público nem acarreta qualquer prejuízo à sua honra, tratando-se, muito ao contrário, de uma homenagem ao lutador, por apontá-lo como um dos maiores lutadores de todos os tempos. De fato, sob a foto de Tobias, aparecem expressões como "grande guerreiro" e "excepcional gladiador", além de outros elogios à sua atuação nos ringues e arenas.

Diante do exposto, responda de forma fundamentada:

A) É cabível a indenização pleiteada por Tobias no caso narrado acima?

B) Caso Tobias tivesse falecido antes da publicação do álbum, seus descendentes poderiam propor a referida ação indenizatória?

GABARITO:

A) Sim. É indiscutível, no direito brasileiro, o cabimento de indenização por uso não autorizado da imagem em publicação destinada a fins comerciais, conforme se extrai da própria dicção do art. 20 do Código Civil ou de acordo com a Súmula 403 do STJ.

B) Sim, como Tobias faleceu antes da publicação do álbum, seus descendentes são partes legítimas para requerer essa proteção, nos termos do disposto no parágrafo único do art. 20 do Código Civil.

4. **(XVI Exame)** A famosa entrevistadora Emília Juris anunciou, em seu programa, estar grávida de uma menina. Contudo, na semana seguinte, seu marido afirmou que não podia ter filhos, comprovando, por laudo médico de infertilidade, sua afirmativa. Em rede nacional, acusou-a de adultério. Diante da notícia avassaladora, Etanael Castro publicou texto no seu blog ofendendo Emília com palavrões e expressões chulas, principalmente no âmbito sexual, atingindo-a intensamente em sua honra, e, em relação à futura filha da entrevistadora, usou os mesmos termos, até de forma mais grosseira. Emília procura um advogado para assisti-la na defesa de seus direitos, questionando-o, inclusive, quanto aos direitos de sua filha que já foi ofendida mesmo antes de nascer.

Diante da situação narrada, responda aos itens a seguir, fundamentando-as com os dispositivos pertinentes.

A) Mesmo antes da criança nascer, Emília pode reclamar direitos do nascituro?

B) Emília possui legitimidade para ajuizar ação em seu nome e do nascituro?

GABARITO:

A) O art. 2º do Código Civil enuncia que a personalidade civil tem início do nascimento com vida, mas põe a salvo, desde a concepção, os direitos do nascituro. Assim sendo, a filha de Emília, ainda que na condição de nascituro, pode ter violado seu direito à personalidade e, portanto, tutelado pelo ordenamento.

B) Sim. Como o objeto litigioso diz respeito tanto a Emília quanto à sua filha, Emília reunirá as situações jurídicas de legitimado ordinário e extraordinário. No caso da filha, trata-se de representação processual por parte de Emília para defender os direitos da filha, já que estará em juízo em nome alheio, defendendo interesse alheio, na forma do que dispõe os arts. 18 e 71 do Novo Código de Processo Civil.

5. **(XIX Exame)** Júlia e André, casados há quinze anos, são pais de Marcos, maior de idade e capaz. Em janeiro de 2015, quando um forte temporal assolava a cidade em que moravam, André saiu de casa para receber aluguel do imóvel que herdara de sua mãe, não voltando para casa ao fim do dia. Após 6 meses do desaparecimento de André, que não deixou procurador ou informação sobre o seu paradeiro, Júlia procura aconselhamento jurídico sobre os itens a seguir.

A) De acordo com o caso, independentemente de qualquer outra providência, será possível obter a declaração de morte presumida de André?

B) Dos personagens descritos no caso, quem detém a legitimidade ativa para requerer a sucessão definitiva dos bens de André? Qual é o prazo para esse requerimento?

GABARITO:

A) Trata-se de hipótese de ausência, configurada pela saída de André do seu domicílio sem dele haver notícias. Não é possível obter declaração de morte presumida, pois, de acordo com o art. 7º do CC, somente haverá essa possibilidade por risco de vida, o que não se caracteriza. A declaração de morte, fora as hipóteses do art. 7º do CC, somente se dá quando a lei autoriza a abertura da sucessão definitiva dos bens do ausente, que ocorre, nos termos do art. 37 do CC, dez anos depois do trânsito em julgado da decisão que concede a abertura da sucessão provisória. Não é possível, portanto, declarar a morte presumida sem decretação prévia de ausência.

B) A sucessão definitiva dos bens do ausente poderá ser requerida, nos termos do art. 745, § 3º, do Novo Código de Processo Civil e do art. 37 do Código Civil, dez anos depois de passada em julgado a sentença de abertura da sucessão provisória. Os legitimados para requererem a abertura da sucessão definitiva são os mesmos que podem requerer a sucessão provisória, ou seja, Júlia ou o filho deles, Marcos, de acordo com o art. 745, § 1º, do Novo Código de Processo Civil.

II. Fatos, atos e negócios jurídicos: formação, validade, eficácia e elementos. Prescrição e decadência

6. **(IX Exame)** Caio foi submetido a uma cirurgia de alto risco em decorrência de graves problemas de saúde. Durante a realização da cirurgia, o médico informa à esposa de Caio a respeito da necessidade de realização de outros procedimentos imprescindíveis à manutenção da vida de seu marido, não cobertos pela apólice. Diante da necessidade de adaptação à nova cobertura, a esposa de Caio assina, durante a cirurgia de seu marido, aditivo contratual com o plano de saúde (que sabia da grave situação de Caio), cujas prestações eram excessivamente onerosas.

Em face dessa situação, responda, de forma fundamentada, aos itens a seguir.

A) O negócio jurídico firmado entre a esposa de Caio e o plano de saúde é inquinado por um vício de consentimento. Qual seria esse vício?

B) O vício presente no negócio jurídico acima descrito faz com que o ato firmado se torne nulo ou anulável? Justifique.

GABARITO:

A) A hipótese trata de estado de perigo, conforme descrito no art. 156 do CC.

B) O estado de perigo gera anulabilidade do negócio jurídico, conforme preconiza o art. 171, II, ou o art. 178, II, do CC.

7. **(XVIII Exame)** João, 38 anos, solteiro e sem filhos, possui um patrimônio de cinco milhões de reais. Preocupado com o desenvolvimento da cultura no Brasil, resolve, por meio de escritura pública, destinar 50% de todos os seus bens à promoção das Artes Plásticas no país, constituindo a Fundação "*Pintando o Sete*" que, 120 dias depois, é devidamente registrada, sendo a ela transferidos os bens. Ocorre, todavia, que João era devedor em mora de três milhões e quinhentos mil reais a diversos credores, dentre eles o Banco Lucro S/A, a quem devia um milhão e quinhentos mil reais em virtude de empréstimo contraído com garantia hipotecária de um imóvel avaliado em dois milhões de reais. Outros credores de João, preocupados com a constituição da referida Fundação, o procuram para aconselhamento jurídico.

Considerando os fatos narrados como verdadeiros, responda aos itens a seguir.

A) O ato de destinação de 50% dos bens de João para a criação da Fundação pode ser invalidado? O Banco Lucro S/A poderia tomar alguma medida nesse sentido?

B) Na eventual possibilidade de propositura de uma ação buscando a invalidação da doação dos bens destinados à criação da Fundação, quem deveria figurar no polo passivo?

GABARITO:

A) A doação de 50% do patrimônio de João para a constituição da fundação pode ser anulada por fraude contra credores, defeito do negócio jurídico previsto nos arts. 158 e 159 do Código Civil, buscando a disponibilização aos credores do patrimônio transferido à Fundação, segundo o art. 165 do Código Civil. Protege-se o interesse de seus credores, desde que quirografários ou aqueles cuja garantia se revele insuficiente (art. 158, c/c o § 1º do CC/2002). Contudo, o Banco Lucro S/A é um credor hipotecário com garantia real suficiente à satisfação de seu crédito, não estando legitimado, portanto, a mover ação anulatória do negócio jurídico conhecida por "ação pauliana".

B) A transferência do patrimônio à Fundação configura uma alienação patrimonial gratuita que reduz o devedor à insolvência, hipótese de configuração da Fraude Contra Credores (art. 158), de modo que, João e a Fundação "Pintando o Sete", beneficiária, que já foi criada e a quem os bens já foram transmitidos, devem figurar no polo passivo da "ação pauliana", por se tratar de litisconsórcio passivo necessário (art. 114 do CPC ou art. 161 do CC).

III. Teoria geral das obrigações

8. **(III Exame)** Márcio Moraes Veloso, famoso perfumista, foi contratado para desenvolver uma nova fragrância de um perfume pela empresa Cheiro Bom. O perfumista criou a fórmula inspirado em sua namorada, Joana, e deu o seu nome ao perfume. Foi pactuado entre Márcio e a empresa Cheiro Bom que o perfumista jamais revelaria a fórmula da nova fragrância a terceiros. Contudo, objetivando fazer uma surpresa no dia do aniversário de Joana, Márcio presenteia a namorada com uma amostra do perfume e, por descuido, inclui na caixa anotações sobre a fórmula. Joana, acreditando que as anotações faziam parte da surpresa, mostra para todos os colegas da empresa Perfumelândia, onde trabalha. Dias depois, Márcio é surpreendido com a notícia de que a fórmula da nova fragrância havia sido descoberta pela concorrente.

Considerando o caso relatado, responda aos itens a seguir, empregando os argumentos jurídicos apropriados e a fundamentação legal pertinente ao caso.

A) Ao revelar a fórmula do perfume, pode-se afirmar que Márcio está em mora?

B) Neste caso, pode o credor demandar judicialmente o cumprimento da obrigação cumulada com pedido de perdas e danos?

GABARITO:

A) Não se poderá dizer ter havido mora, mas inadimplemento por tratar-se de obrigação de não fazer (art. 390 do CC). O inadimplemento da obrigação de não fazer evidencia-se quando o devedor pratica o ato proibido, sendo desnecessária a sua constituição em mora.

B) Trata-se de obrigação de não fazer instantânea. Como não há possibilidade de restituir o *status quo ante*, não poderá o devedor ser demandado judicialmente a cumprir a obrigação de não fazer, cabendo tão somente a tutela ressarcitória (arts. 251 do CC e 499 do CPC).

9. **(III Exame)** Celebrado o contrato de compra e venda, Patrícia adquire um bem pagando 30% (trinta por cento) à vista e mais cinco notas promissórias de igual valor com vencimento no quinto dia útil dos meses subsequentes, dando como garantia seu único automóvel. Prestes a ocorrer o vencimento de segunda parcela, o vendedor Joaquim toma conhecimento de que Patrícia passa por problemas financeiros e está dilapidando seu patrimônio, tendo alienado o veículo dado como garantia. O credor procura Patrícia e exige que honre de uma única vez os valores devidos, mas a devedora não concorda com o pagamento antecipado.

Com base no relatado acima, responda aos itens a seguir, empregando os argumentos jurídicos apropriados e a fundamentação legal pertinente ao caso.

A) Há alguma medida judicial para que Patrícia pague a dívida antecipadamente?

B) Qual deverá ser o procedimento a compelir o pagamento forçado?

GABARITO:

A) Joaquim poderá pleitear judicialmente o vencimento antecipado dos títulos, na forma do art. 333, III, do CC. Para tanto, deverá propor ação judicial a fim de que a ré reforce a garantia do débito, caso em que, não o fazendo, incorrerá em vencimento antecipado da dívida.

B) Caso intimada, a ré deixa de reforçar a garantia, a consequência jurídica será o vencimento antecipado dos títulos, que se tornarão líquidos, certos e exigíveis, requisitos essenciais a promover a execução forçada nos termos do art. 783 do CPC.

10. **(VI Exame)** Fábio, em junho de 2006, dirigindo embriagado e sem habilitação, causou, com culpa exclusiva sua, um acidente de trânsito no qual danificou o carro de Marly e lesionou gravemente o passageiro Heron, sobrinho de Marly, com 12 anos de idade. Logo em seguida, no mesmo mês, pretendendo resguardar seu patrimônio de uma possível ação judicial a ser intentada por Marly e/ou Heron para compensação dos danos sofridos, Fábio transmitiu todos os seus bens, gratuitamente, a Antônio, um amigo de longa data que, mesmo sabendo da intenção maliciosa de Fábio, concordou em auxiliá-lo.

Em face dessa situação hipotética, responda, de forma fundamentada:

A) O negócio jurídico está eivado por qual vício? Fundamente.

B) Qual a ação de que podem se valer Marly e Heron para pleitear a anulação do negócio jurídico realizado por Fábio? Fundamente.

C) Em junho de 2011 já teria escoado o prazo, tanto para Marly quanto para Heron, para ingressarem em juízo?

GABARITO:

A) A hipótese trata do defeito do negócio jurídico denominado de fraude contra credores, previsto no art. 158 e seguintes do Código Civil.

B) A anulação deste ato, por meio da ação revocatória ou pauliana, está subordinada a um prazo decadencial de quatro anos tal como dispõe o art. 178, II, do Código Civil. Ocorre que contra o absolutamente incapaz, Heron, não corre o prazo decadencial por força do disposto no art. 208 c/c o art. 198, I, do Código Civil.

C) Para Marly, precluiu o prazo em junho de 2010. Entretanto, para Heron, absolutamente incapaz, os quatro anos iniciariam a sua contagem quando completasse 16 anos, ocasião em que passaria a ser relativamente incapaz. Apenas em 2010 é que iniciaria o prazo quadrienal para Heron.

11. **(IX Exame)** Renato, maior e capaz, efetuou verbalmente, no dia 7-3-2012, na cidade de João Pessoa, a compra de uma motocicleta usada por R$ 9.000,00, de Juarez, maior e capaz. Como Renato não tinha o dinheiro disponível para cumprir com sua obrigação e, visando solucionar este problema, ofereceu a Juarez um jet-ski, de valor equivalente como pagamento. Com base em tal situação, utilizando os argumentos jurídicos apropriados e a fundamentação legal pertinente ao caso, responda aos itens a seguir.

A) É cabível efetivar o pagamento pelo meio sugerido por Renato? Justifique.

B) Se Juarez recusasse a proposta de Renato, o pagamento se efetivaria mesmo assim? Justifique

GABARITO:

A) A hipótese trata de dação em pagamento, pois existia uma dívida e Renato ofereceu prestação diversa da anteriormente combinada, nos termos do art. 356 do Código Civil.

B) Não é possível efetivar o instituto da dação em pagamento sem o consentimento de Juarez, pois tal consentimento é um dois três elementos constitutivos da dação em pagamento, nos termos do art. 356 ou do art. 313 do Código Civil.

IV. Teoria do contrato e contratos em espécie

12. **(II Exame)** Marlon, famoso jogador de futebol, é contratado para ser o garoto propaganda da Guaraluz, fabricante de guaraná natural. O contrato de prestação de serviços tem prazo de três anos, fixando-se uma remuneração anual de R$ 50.000,00. Contém, além disso, cláusula de exclusividade, que impede Marlon de atuar como garoto-propaganda de qualquer concorrente da Guaraluz, e cláusula que estipula o valor de R$ 10.000,00 para o descumprimento contratual, não prevendo direito a indenização suplementar. Durante o primeiro ano de vigência do contrato, Marlon recebe proposta para se tornar garoto-propaganda da Guaratudo, sociedade do mesmo ramo da Guaraluz, que oferece expressamente o dobro do valor anual pago pela 'concorrente'. Marlon aceita a proposta da Guaratudo, descumprindo a cláusula de exclusividade contida no seu contrato anterior. Pelo descumprimento, Marlon paga à Guaraluz o montante de R$ 10.000,00, estipulado. Como advogado consultado pela Guaraluz, responda:

A) Se o prejuízo da Guaraluz for superior a R$ 10.000,00, será possível obter, de Marlon, judicialmente, a reparação integral do dano sofrido?

B) Além do valor pago por Marlon, a Guaraluz tem direito a receber alguma indenização por parte da Guaratudo?

GABARITO:

A) Não é possível a majoração da cláusula penal, ainda que o credor prove prejuízo superior ao valor estipulado, pois não houve convenção acerca de indenização suplementar, na forma do art. 416, parágrafo único, do Código Civil.

B) A Guaratudo deve indenização à Guaraluz no valor que seria devido por dois anos de contato, tendo em vista a prática de aliciamento descrita no Código Civil (art. 608), observados os princípios da boa-fé objetiva, da função social do contrato e ainda da responsabilidade contratual de terceiro.

13. **(V Exame)** Maria, funcionária de uma empresa transnacional, foi transferida para trabalhar em outro país e, por isso, celebrou contrato de compra e venda de seu apartamento com João, prevendo que Maria poderia resolver o contrato no prazo de um ano, desde que pagasse o preço recebido pelo imóvel e reembolsasse as despesas que João tivesse com ele. O referido contrato de compra e venda foi devidamente levado ao registro de imóveis com atribuição para tal. Nesse período, João vendeu o apartamento para Mário, que tinha conhecimento de que ainda estava no prazo de Maria retomar o imóvel e lá foi residir com sua esposa. Contudo, Maria retornou ao Brasil antes do período de um ano estipulado e, ao ter ciência de que o novo proprietário do apartamento era Mário, notificou-o de que desejaria retomar o imóvel, com o pagamento do valor do imóvel mais as despesas realizadas. Mário, porém, recusou o recebimento das quantias, afirmando que o contrato sujeito à cláusula resolutiva foi pactuado com João, não vinculando a terceiros.

Responda aos itens a seguir, empregando os argumentos jurídicos apropriados e a fundamentação legal pertinente ao caso.

A) Assiste razão a Mário?

B) Qual deverá ser o procedimento adotado por Maria a partir da recusa de Mário em receber a quantia?

GABARITO:

A) Maria celebrou contrato de compra e venda de bem imóvel com João, com previsão de cláusula de retrovenda, nos termos do art. 505 do Código Civil, sendo que foi pactuado pelas partes um prazo decadencial menor do que o previsto pela legislação. O referido contrato foi devidamente levado a registro, nos termos dos arts. 167, I, 29 da Lei n. 6.015/73, trazendo a presunção de conhecimento a terceiros que se trata de propriedade que fica sujeita a cláusula resolutiva. Assim, não assiste razão a Mário, que também fica submetido à cláusula de retrovenda (art. 507 do Código Civil) e não pode alegar ignorância de que sua propriedade é resolúvel, nos termos dos arts. 1.359 e 1.360 do Código Civil.

B) Diante da recusa sem justa causa de Mário em receber o valor do imóvel e o reembolso das despesas, já que a cláusula de retrovenda se opera também em face de terceiros, abre-se a Maria o caminho da consignação em pagamento (art. 335, I, do Código Civil). Dessa forma, Maria deverá ajuizar uma ação de consignação em pagamento, nos termos do art. 539 do CPC, depositando a quantia devida, para poder exercer seu direito de resgate.

14. **(VII Exame)** Rodrigo, casado pelo regime da comunhão parcial com Liandra, garante à Indústria Bandeirantes S/A satisfazer obrigação assumida por seu amigo João. De posse do contrato de confissão de dívida, também assinado por duas testemunhas, a Bandeirantes S/A cedeu o contrato ao estudante Marcos, com anuência de João e Rodrigo. Decorrido o prazo contratual para pagamento da quantia de R$5.000,00, configurada a inadimplência, Marcos ajuizou demanda executiva em face de Rodrigo e João, junto à Vara do Juizado Especial Cível de Colatina/ES, local de cumprimento da obrigação.

De acordo com os elementos do enunciado:

A) Aponte qual a relação contratual acessória existente entre Rodrigo e João? A relação acessória pode ser objeto de questionamento? Fundamente.

B) Fazendo uma análise processual dos elementos do enunciado, a demanda ajuizada reúne condições de procedibilidade?

GABARITO:

A) Entre Rodrigo e João, há contrato de fiança, conforme o art. 818 do CC ("Pelo contrato de fiança, uma pessoa garante satisfazer ao credor uma obrigação assumida pelo devedor, caso este não a cumpra"). Rodrigo é casado com Liandra pelo regime da comunhão parcial, exigindo-se para a validade da fiança a outorga uxória do cônjuge ("Art. 1.647, CC. Ressalvado o disposto no art. 1.648, nenhum dos cônjuges pode, sem autorização do outro, exceto no regime da separação absoluta: [...] III – prestar fiança ou aval"). Não havendo anuência de Liandra à fiança, esta poderá questionar a obrigação acessória assumida por Rodrigo, na forma do art. 1.642 do CC ("Qualquer que seja o regime de bens, tanto o marido quanto a mulher podem livremente: [...] IV – demandar a rescisão dos contratos de fiança e doação, ou a invalidação do aval, realizados pelo outro cônjuge com infração do disposto nos incisos III e IV do art. 1.647").

B) Embora doutrinariamente possível, a cessão contratual firmada por Indústria Bandeirantes S/A em favor de Marcos, inclusive contando com a anuência do devedor João e seu fiador Rodrigo; a demanda ajuizada por Marcos perante Vara de Juizado Especial Cível, portanto, regida pela Lei n. 9.099/95, não reúne condições de procedibilidade. Como se vê do art. 8º, § 1º, I, da

Lei n. 9.099/95 ("§ 1º Somente serão admitidas a propor ação perante o Juizado Especial: I – as pessoas físicas capazes, excluídos os cessionários de direito de pessoas jurídicas"), é vedado aos cessionários de pessoas jurídicas não admitidas a figurar como parte autora nos juizados especiais. Na situação-problema proposta, figurou como cedente pessoa jurídica 'Sociedade Anônima' que não é admitida a figurar como autora nos Juizados Especiais Cíveis.

15. **(VII Exame)** Carlos, arquiteto famoso e extremamente talentoso, assina um contrato de prestação de serviços com Marcelo, comprometendo-se a elaborar e executar um projeto de obra de arquitetura no prazo de 06 (seis) meses. Destaque-se, ainda, que Marcelo procurou os serviços de Carlos em virtude do respeito e da reputação que este possui em seu ramo de atividade. Entretanto, passado o prazo estipulado e, após tentativas frustradas de contato, Carlos não realiza o serviço contratado, não restando alternativa para Marcelo a não ser a propositura de uma ação judicial.

Diante do caso concreto, responda fundamentadamente:

A) Tendo em vista tratar-se de obrigação de fazer infungível (personalíssima), de que maneira a questão poderá ser solucionada pelo Poder Judiciário?

B) Considere que em uma das cláusulas contratuais estipuladas, Carlos e Marcelo, em vez de adotarem o prazo legal previsto no Código Civil, estipulam um prazo contratual de prescrição de 10 anos para postular eventuais danos causados. Isso é possível?

GABARITO:

A) Existem duas opções: a tutela específica da obrigação (que deverá ser cumprida pelo devedor, visto se tratar de obrigação infungível), sendo possível a fixação de astreintes ou a resolução em perdas e danos, se assim o autor requerer ou se for impossível a obtenção da tutela específica, nos termos do art. 497 do CPC ou arts. 247 ou 248 do CC.

B) A justificativa da prescrição é a segurança jurídica. O que se quer é evitar que um conflito de interesses permaneça em aberto por prazo indeterminado. Então, todo conflito de interesses caracterizado pela violação de um direito prescreve. E quem determina o prazo de prescrição será sempre a lei, consoante art. 192 do Código Civil.

16. **(VIII Exame)** Francisco confiou a Joaquim a guarda de determinada escultura italiana; para tanto, celebraram contrato de depósito, a título gratuito. Francisco, ao ser comunicado sobre o falecimento de Joaquim, reclama a devolução do bem; no entanto, os herdeiros argumentam que desconheciam a existência do contrato e informam que alienaram o bem a André. Com base em tal situação, responda aos itens a seguir, utilizando os argumentos jurídicos apropriados e a fundamentação legal pertinente ao caso.

A) Qual ação judicial deverá ser ajuizada contra André?

B) Qual (ou quais) medida (s) pode (m) ser exigida (s) dos herdeiros por Francisco?

GABARITO:

A) Por se tratar de depósito voluntário, previsto nos arts. 627 e seguintes do Código Civil, é possível vislumbrar o ajuizamento de ação reivindicatória, de acordo com o art. 637 do CC (ou art. 1.228 do CC) ou ação de obrigação de entregar a coisa certa, de acordo com art. 498 do CPC.

B) No caso, em razão da boa-fé dos herdeiros, porquanto ignoravam o depósito, deverão assistir Francisco na referida ação reivindicatória e restituir a André o preço recebido, nos termos do art. 637 do CC.

17. **(IX Exame)** Joana de Castro celebrou um contrato de mútuo garantido por alienação fiduciária com o Banco "X", para aquisição de um automóvel marca Speed, ano 2010. Ficou acordado que Joana deveria pagar 48 parcelas de R$ 2.000,00 até o dia 05 de cada mês. Em virtude do inadimplemento no pagamento das seis últimas parcelas, a instituição financeira notificou a devedora via Cartório de Títulos e Documentos. Considerando o caso relatado, utilizando os argumentos jurídicos apropriados e a fundamentação legal pertinente ao caso, responda aos itens a seguir.

A) Nas obrigações com termo de vencimento certo, a constituição do devedor em mora opera-se, em regra, independentemente de interpelação?

B) Deve o credor, nos termos do Decreto Lei n. 911/69, interpelar o devedor para comprovar a mora?

GABARITO:

A) Em regra, o não cumprimento de obrigação com termo de vencimento certo constitui de pleno direito em mora o devedor (mora *ex re*).

B) A mora, no caso de contrato de alienação fiduciária em garantia inadimplido, se constitui de acordo com a disposição expressa no art. 2º, § 2º, do Decreto Lei n. 911/69, devendo, portanto, o credor interpelar o devedor para comprová-la. Ainda segundo a Súmula 72 do STJ, "a comprovação da mora é imprescindível à busca e apreensão do bem alienado fiduciariamente".

18. **(XI Exame)** Humberto celebrou contrato de corretagem com Renata, inserindo cláusula de exclusividade pelo prazo de 6 (seis) meses, a fim de que esta mediasse a venda de seu imóvel. Passados três meses, Renata, embora diligente, não conseguiu o resultado pretendido. Por sua vez, Humberto, caminhando pela praia, encontrou um velho amigo, Álvaro, que se interessou pelo imóvel, vindo a efetivar a compra do bem. Renata, ao saber do negócio jurídico celebrado, ajuizou ação indenizatória em face de Humberto, cobrando-lhe o percentual ajustado sobre o valor da venda do imóvel a título de corretagem.

Nessa situação, indaga-se:

A) Tem Humberto o dever jurídico de indenizar Renata por inadimplemento de obrigação contratual? Fundamente.

B) Na hipótese de Renata ter aproximado as partes e o negócio não ter se realizado por arrependimento de Humberto, seria devida a corretagem?

GABARITO:

A) A resposta é afirmativa. Humberto deve pagar a Renata o percentual ajustado a título de corretagem. Tendo sido ajustada a cláusula de exclusividade, ainda que concluído o negócio diretamente entre as partes sem a intermediação da corretora, Renata terá direito à remuneração integral pela sua corretagem, salvo se comprovada sua inércia ou ociosidade, nos termos do art. 726 do Código Civil.

B) A resposta também é afirmativa, pois mesmo que o negócio não fosse concluído por arrependimento de qualquer das partes, a remuneração seria devida, conforme dispõe o art. 725 do Código Civil.

19. (XIII Exame) João celebrou contrato de locação residencial, por escrito, com Miguel, relativamente ao imóvel situado na Av. Ataulfo de Paiva, 10.000 – Leblon/RJ, ficando ajustado o valor para pagamento do aluguel mensal em R$5.000,00. Por serem velhos amigos, João dispensou Miguel de apresentar um fiador ou qualquer outra garantia da locação. Sucede que, decorridos 10 meses de vigência do contrato, Miguel passou a não mais honrar sua obrigação quanto ao pagamento dos aluguéis e acessórios.

Com base em tal situação, responda aos itens a seguir, utilizando os argumentos jurídicos apropriados e a fundamentação legal pertinente ao caso.

A) Caso João venha a ajuizar a ação de despejo por falta de pagamento, qual deverá ser o valor atribuído à causa?

B) O que poderá João pleitear em tal situação a fim de que Miguel desocupe imediatamente o imóvel?

C) Indique os procedimentos que Miguel deverá adotar para evitar a rescisão do contrato.

GABARITO:

A) A resposta encontra-se inserida no art. 58, III, da Lei de Locações (Lei n. 8.245/91), devendo corresponder a 12 vezes o valor do aluguel.

B) A situação em tela admite o despejo liminar, sem a oitiva da parte contrária, com desocupação do imóvel, no prazo de 15 dias, desde que preste caução no valor correspondente a três meses de aluguel, conforme preceitua o art. 59, § 1º, IX, da Lei n. 8.245/91.

C) Miguel poderá elidir a liminar de desocupação se, dentro dos 15 dias concedidos para a desocupação do imóvel e independentemente de cálculo, efetuar o depósito judicial que contemple a totalidade dos valores devidos, consoante prevê o art. 59, § 3º, ou do art. 62, ambos da Lei n. 8.245/91.

20. (XIII Exame) Julieta possui dois filhos, Pedro e Miguel. Ao longo da vida, amealhou patrimônio no valor de R$ 1.000.000,00 (um milhão de reais). Diante da idade avançada, Julieta resolveu doar ao seu filho Pedro – o qual sempre foi mais atencioso com a mãe – a quantia de R$ 600.000,00. Miguel, indignado, procura você na qualidade de advogado, solicitando providências.

Diante do caso narrado, responda às seguintes indagações, fundamentadamente:

A) É válido o contrato de doação?

B) Qual medida judicial poderá Miguel propor e com que finalidade?

GABARITO:

A) A doação é válida na parte que não ultrapasse o valor disponível. Trata-se de doação inoficiosa de acordo com o art. 549 e art. 1.789 ou 1.846 ou 2.007, § 3º, Código Civil.

B) Miguel poderá propor ação ordinária para a redução da doação inoficiosa, objetivando a nulidade parcial do contrato de doação no que tange ao valor de R$ 100.000,00.

21. **(XIV Exame)** Ester, artesã, maior e capaz, entregou a Diogo, empresário, maior e capaz, oitenta esculturas de argila para que fossem vendidas em sua loja. Ficou ajustado no contrato, ainda, que, decorridos dois meses, Diogo pagaria a Ester o valor de vinte reais por escultura vendida, cabendo-lhe restituir à artesã as esculturas que porventura não tivessem sido vendidas no referido prazo. Decorrido um mês, Diogo constatou que estava encontrando grandes dificuldades para vender as esculturas, o que o levou a promover uma liquidação em sua loja, alienando cada escultura por dez reais. A liquidação foi bem-sucedida, ocasionando a venda de setenta e cinco esculturas. Transcorrido o prazo previsto no contrato, Ester procura Diogo, solicitando que ele pague o preço ajustado relativo às esculturas vendidas, bem como que restitua aquelas remanescentes. Diante disso, Diogo decide consultar um advogado.

Na condição de advogado(a) consultado(a) por Diogo, responda aos itens a seguir, utilizando os argumentos jurídicos apropriados e a fundamentação legal pertinente ao caso.

A) Deverá Diogo pagar a Ester o preço inicialmente ajustado por cada escultura vendida?

B) Independentemente da resposta ao item anterior, Diogo pode deduzir do preço inicialmente ajustado o valor por ele pago referente aos custos regulares de conservação das esculturas durante o período em que as colocou à venda?

GABARITO:

A) Sim, de acordo com o art. 534 do CC. Por se tratar de contrato estimatório ou de consignação, cabe a Diogo (consignatário ou "accipiens") pagar a Ester (consignante ou "tradens") R$ 20,00 por escultura alienada, independentemente do valor de venda das esculturas a terceiros. Destaque-se que esta questão tem como escopo verificar se o examinando identifica a espécie de contrato em análise como contrato estimatório ou de consignação e se fundamenta a sua resposta de acordo com as normas e princípios que regem especificamente essa modalidade contratual.

B) Não, de acordo com os arts. 400 ou 535 do CC, no contrato estimatório, por ser dever do consignatário restituir a coisa não vendida, cabe a ele arcar com as despesas necessárias à sua conservação, sem deduzi-las do preço a ser pago à consignante.

22. **(XV Exame)** João e José celebraram contrato de locação, por dois anos, de um veículo de propriedade de José, que seria utilizado por João para fazer passeios turísticos com seus clientes. No contrato de locação, foi estipulada cláusula penal de 10% do valor total do contrato para o caso de resolução por quaisquer das partes, em especial, a decorrente do não pagamento de dois alugueis. Diante de tal previsão, caso João tivesse incorrido em mora, dando causa à resolução, responda aos itens a seguir.

A) Para a execução da cláusula penal, José tem que comprovar a existência de prejuízo equivalente ao seu montante?

B) Caso José consiga comprovar que o prejuízo excede ao valor da cláusula penal, poderia cobrar a cláusula penal e a indenização suplementar?

GABARITO:

A) No primeiro tópico, deve o examinando destacar que a incidência da cláusula penal independe da prova de prejuízo, conforme dispõe o art. 416, *caput*, do Código Civil.

B) No segundo tópico, deve o examinando destacar que, para José cobrar indenização suplementar, tem de haver previsão expressa dessa possibilidade no contrato diante do preceituado no parágrafo único, do art. 416 do CC, hipótese em que, existindo tal cláusula, a cláusula penal serve de princípio indenizatório (indenização mínima).

23. **(XVII Exame)** Eduardo, jovem engenheiro, pouco depois de graduar-se e conseguir o seu primeiro emprego, deixou a casa do pai, alugando de José um pequeno apartamento próximo ao seu trabalho. O contrato de locação foi celebrado por instrumento escrito, estabelecendo prazo determinado de trinta meses. Rodrigo, viúvo, pai de Eduardo, interveio no contrato na qualidade de fiador do locatário, renunciando ao benefício de ordem e declarando-se solidariamente responsável pelas obrigações assumidas pelo afiançado. Pouco tempo depois, Ana, namorada de Eduardo, passa a residir com ele no imóvel alugado, tendo ambos o objetivo de constituir família. A união, porém, durou apenas dois anos, o que levou Eduardo a deixar o lar familiar quando ainda faltavam oito meses para o término do prazo contratualmente ajustado.

Diante do fato apresentado, utilizando os argumentos jurídicos apropriados e a fundamentação legal pertinente ao caso, responda aos itens a seguir.

A) Com a saída de Eduardo de casa, Ana pode continuar residindo no imóvel locado? Que providências ela deve tomar se tiver interesse em permanecer no imóvel locado?

B) A partir do momento em que Eduardo deixou o lar, seu pai, Rodrigo, não tendo mais interesse em continuar garantindo a locação, pode, de alguma forma, desvincular-se da fiança?

C) O que José pode fazer para evitar que o contrato fique sem garantia?

GABARITO:

A) Sim, na qualidade de sucessora do locatário, tendo em vista a dissolução da união estável em que vivia com Eduardo, conforme permite o art. 12 da Lei n. 8.245/91. A locação, nesse caso, "prosseguirá automaticamente" caso Ana permaneça no imóvel, segundo o mesmo dispositivo legal. Incumbe-lhe, porém, comunicar a sub-rogação por escrito tanto ao locador quanto ao fiador, como determina o art. 12, § 1º, da mesma lei.

B) Rodrigo pode exonerar-se, desde que o faça no prazo de 30 dias, contados do recebimento da notificação oferecida por Ana. Ainda assim, contudo, continuará responsável pelos efeitos da fiança durante 120 dias após a notificação ao locador, de acordo com o art. 12, § 2º, da Lei do Inquilinato.

C) Neste caso, José pode exigir que Ana ofereça nova modalidade de garantia ou indique novo fiador, no prazo de 30 dias, sob pena de desfazimento da locação, conforme dispõe o art. 40, IV e o parágrafo único, da Lei n. 8.245/91.

24. **(XVIII Exame)** Guilherme efetuou a compra do televisor de seu amigo Marcelo, que estava em dificuldades financeiras. Todavia, após 02 (dois) meses de uso por Guilherme, o referido bem passou a apresentar problemas. Registre-se, ainda, que, no momento da venda, Marcelo já tinha ciência da existência do problema, tendo-se omitido quanto ao fato, eis que sabia que o mesmo só seria conhecido por Guilherme em momento posterior. Em face da situação apresentada, responda, de forma fundamentada, aos itens a seguir.

A) Quais as medidas cabíveis na presente hipótese e quais as pretensões que poderão ser deduzidas em juízo por Guilherme?

B) Suponha que Guilherme tenha ingressado com a medida judicial cabível logo após o aparelho apresentar defeito e que Marcelo, ao apresentar contestação, alegue a decadência do direito invocado por Guilherme, uma vez que foi ultrapassado o prazo de 30 (trinta) dias previsto no Código Civil. No caso ora analisado, o argumento de Marcelo procede?

GABARITO:

A) A questão trata do tema vício redibitório, conforme preconiza o art. 441 do Código Civil. Na hipótese, considerando se tratar de vício redibitório, o adquirente poderá rejeitar a coisa, redibindo o contrato (ação de rescisão), ou, ainda, poderá reclamar o abatimento do preço (ação *quanti minoris*), consoante disposto no art. 442 do Código Civil. Ademais considerando que o alienante conhecia o vício ou defeito da coisa, como o próprio enunciado da questão denota, caso se opte pela restituição do valor, poderá ser pleiteado o pagamento de perdas e danos (art. 443 do Código Civil). Igualmente será considerada a hipótese de o examinando apontar a existência de dolo por omissão, atacável por ação de anulação de negócio jurídico com cabimento de perdas e danos.

B) O argumento de Marcelo não procede. Como se trata de vício oculto que somente poderia ser conhecido mais tarde, Guilherme tem o prazo de 180 dias, contados a partir do descobrimento do vício, para o ajuizamento da ação cabível. É exatamente isso que preconiza o art. 445, § 1º, do Código Civil: "Quando o vício, por sua natureza, só puder ser conhecido mais tarde, o prazo contar-se-á do momento em que dele tiver ciência, até o prazo máximo de 180 dias, em se tratando de bens móveis; e de um ano, para os imóveis".

25. **(XIX Exame)** No dia 14-7-2015, João, estando em São Caetano do Sul (SP) interessado em vender seu carro usado, enviou mensagem via celular para Maria, na qual indicava o preço mínimo do bem (quinze mil reais, com pagamento à vista), as condições físicas do automóvel e a informação sobre a inexistência de ônus sobre o objeto do negócio jurídico. Maria, em Birigui (SP), tendo recebido e lido de pronto a mensagem de João e, sem que houvesse prazo específico para a aceitação da proposta, deixa de respondê-la imediatamente. No dia 16-7-2015, Maria responde a João, via mensagem por celular, informando ter interesse em comprar o veículo, desde que o preço fosse parcelado em sete vezes. Contudo, João informa a Maria que o veículo fora vendido na véspera.

Tendo em vista o enunciado, responda aos itens a seguir.

A) A oferta de João foi feita entre pessoas presentes ou ausentes?

B) A resposta de Maria, a partir do momento em que envia mensagem via celular a João alterando as condições do que fora originalmente ofertado, poderia qualificá-la como mera proposta?

GABARITO:

A) Trata-se de proposta feita entre pessoas juridicamente "presentes", visto que a tecnologia permitiu o conhecimento da oferta e a possibilidade de resposta imediata, ainda que estivessem fisicamente em locais diversos.

B) A partir do momento em que Maria alterou o escopo da oferta original, saiu do papel de proposta/proposta para se tornar proponente de uma contraproposta, na forma do art. 431 do Código Civil.

26. **(XIX Exame)** Antônia, estudante de Jornalismo, foi contratada por Cristina, jornalista reconhecida nacionalmente, para transcrever os áudios de entrevistas gravadas em razão de estudo inédito sobre a corrupção na América Latina, sendo o sigilo sobre as informações parte de obrigação prevista expressamente no contrato. O trabalho contratado duraria cinco anos, mas, no curso do segundo ano, Cristina descobriu, em conversa com alguns colegas, que Antônia franqueara a uma amiga o acesso ao material de áudio. Inconformada, Cristina ajuizou ação de resolução contratual, cumulada com indenizatória, em face de Antônia, que, em contestação, alegou: i) que o contrato por ela assinado não vedava a subcontratação, e ii) que não teve alternativa senão delegar o trabalho a uma amiga, em razão de ter sido vítima de acidente automobilístico que a impossibilitou de usar o computador por quase três meses, sendo o caso, portanto, de força maior.

Com base na situação apresentada, utilizando os argumentos jurídicos apropriados e a fundamentação legal pertinente ao caso, responda aos itens a seguir.

A) As alegações de Antônia em contestação configuram justo motivo para o inadimplemento contratual, a evitar sua condenação ao pagamento de indenização?

B) Nessa hipótese, pode o juiz, independentemente de dilação probatória, após a contestação apresentada por Antônia, conhecer diretamente do pedido e proferir sentença?

GABARITO:

A) Antônia deverá ser condenada, pois descumpriu expressa disposição legal (art. 605 do CC). Antônia não pode alegar força maior nesse caso para eximir-se da responsabilidade, vez que a força maior deu causa ao acidente e, por isso, à incapacidade temporária para a prestação de serviços contratada, mas não ao dano da quebra de sigilo causado pela subcontratação, ato voluntário de Antônia.

B) Sim, o juiz pode conhecer diretamente do pedido e julgar a lide antecipadamente, na forma do art. 355, I, do CPC, uma vez que se trata de questão não há necessidade de produção de outras provas, já que a ré confessou a subcontratação.

V. Posse e direitos reais

27. **(III Exame)** Tarsila adquiriu determinado lote íngreme. A entrada se dá pela parte alta do imóvel, por onde chegam a luz e a água. Iniciadas as obras de construção da casa, verifica-se que, para realizar adequadamente o escoamento do esgoto, as tubulações deverão, necessariamente, transpassar subterraneamente o imóvel vizinho limítrofe, de propriedade de Charles. Não há outro caminho a ser utilizado, pois se trata de região rochosa, impedindo construções subterrâneas ou qualquer outra medida que não seja excessivamente onerosa. De posse de parecer técnico, Tarsila procura por Charles a fim de obter autorização para a obra. Sem justo motivo, Charles não consente, mesmo ciente de que tal negativa inviabilizará a construção do sistema de saneamento do imóvel vizinho. Buscando um acordo amigável, Tarsila propõe o pagamento de valor de indenização pela área utilizada, permanecendo a recusa de Charles.

Considere que você é o(a) advogado(a) de Tarsila. Responda aos itens a seguir, empregando os argumentos jurídicos apropriados e a fundamentação legal pertinente ao caso.

A) Há alguma medida judicial que possa ser tomada em vista de obter autorização para construir a passagem de tubulação de esgoto?

B) Considere que houve paralisação da obra em razão do desacordo entre Tarsila e Charles. Há alguma medida emergencial que possa ser buscada objetivando viabilizar a construção do sistema de saneamento?

GABARITO:

A) A legislação civil prevê que o proprietário deverá tolerar a passagem por meio de seu imóvel, entre outros, de tubulações e condutos subterrâneos de serviço de utilidade pública, na forma do art. 1.286 do CC. Cabe a propositura de ação de obrigação de fazer com base no art. 497 do CPC, fundada no art. 1.286 do CC.

B) Sim, sendo possível por meio da concessão de tutela antecipada na forma do art. 294 e parágrafo único do CPC, bem como o *caput* do art. 300 do CPC.

28. **(IV Exame)** Valter, solteiro, maior e capaz, proprietário de um apartamento, lavrou, em 2004, escritura pública por meio da qual constituiu usufruto vitalício sobre o referido imóvel em favor de sua irmã, Juliana, solteira, maior e capaz. Em seguida, promoveu a respectiva averbação junto à matrícula do Registro de Imóveis. Em 2005, Juliana celebrou com Samuel contrato escrito de aluguel do apartamento pelo prazo de um ano. Concluído o prazo, Samuel restituiu o imóvel a Juliana, que passou a ocupá-lo desde então. Em janeiro de 2011, Valter veio a falecer sem deixar testamento, sendo único herdeiro seu filho Rafael, solteiro, maior e capaz. Diante disso, Rafael procura Juliana, a fim de que ela desocupe o imóvel.

Diante da situação descrita, responda aos itens a seguir, empregando os argumentos jurídicos apropriados e a fundamentação legal pertinente ao caso.

A) Poderia Juliana ter alugado o apartamento a Samuel?

B) Está Juliana obrigada a desocupar o imóvel em razão do falecimento de Valter?

GABARITO:

A) Sim, de acordo com o art. 1.393 do CC. Isso porque Juliana é usufrutuária do aludido imóvel e, portanto, pode transferir o seu uso temporariamente a terceiros por meio de contrato de aluguel.

B) Não, de acordo com o art. 1.410, I ou II, do CC. O usufruto permanecerá em favor de Juliana, passando Rafael a ser o nu proprietário. De acordo com o art. 1.410, I, do CC, o falecimento do usufrutuário que é causa de extinção do usufruto, e não o falecimento do nu proprietário.

29. **(VIII Exame)** Carlos reside no apartamento 604, sendo proprietário de sete vagas de garagem que foram sendo adquiridas ao longo dos anos de residência no Edifício Acapulco. Após assembleia condominial ordinária com quorum e requisitos de convocação exigidos pela legislação, Carlos foi notificado por correspondência assinada pelo síndico eleito Alberto Santos, noticiando a proibição de locação das vagas de garagem de sua propriedade exclusiva a pessoas estranhas ao condomínio nos termos da convenção condominial. Diante da correspondência assinada pelo síndico, Carlos ajuizou demanda em face de Alberto Santos, visando promover a locação das vagas de garagem, alegando ser possível a locação das vagas de garagem de sua propriedade exclusiva, assim como a locação de apartamentos.

Sobre a hipótese apresentada, responda aos itens a seguir.

A) A pretensão de direito material perseguida por Carlos encontra amparo legal? Explique.

B) De acordo com os elementos processuais fornecidos pelo enunciado, Carlos satisfaz todas as condições da ação? Fundamente.

GABARITO:

A) A pretensão não encontra amparo legal, tendo em vista a atual redação do art. 1.331, § 1º, do CC (alterada pela Lei n. 12.607/2012) que veda a locação de vagas de garagem a terceiros estranhos ao condomínio, somente sendo permitida quando expressamente autorizado na convenção condominial: "§ 1º As partes suscetíveis de utilização independente, tais como apartamentos, escritórios, salas, lojas e sobrelojas, com as respectivas frações ideais no solo e nas outras partes comuns, sujeitam-se a propriedade exclusiva, podendo ser alienadas e gravadas livremente por seus proprietários, exceto os abrigos para veículos, que não poderão ser alienados ou alugados a pessoas estranhas ao condomínio, salvo autorização expressa na convenção de condomínio".

B) Embora o síndico Alberto Santos possua poderes de representação do condomínio, como dispõe o art. 1.348 do CC, em seus incisos II e IV, não é parte legítima para figurar como réu na demanda judicial, estando tão somente praticando ato de representação do condomínio, no sentido de fazer valer a vontade da assembleia. Desta feita, deveria apontar, como parte legítima a figurar no polo passivo, o Edifício Acapulco. Sendo assim, resta configurada a ilegitimidade passiva, de acordo com o art. 75, XI, do CPC.

30. **(XII Exame)** José, proprietário de imóvel situado na Av. Itália, 120, na cidade de Salvador/BA, concluiu a edificação de 100 baias destinadas à criação de porcos, sem a observância de lei municipal que proíbe a atividade em bairro residencial. Não bastasse o descumprimento da lei municipal, a malcheirosa atividade vem atraindo ratos e moscas para a residência de João, vizinho contíguo. Diante da situação, João pretende ajuizar demanda em face de José.

Com base em tal situação, responda aos itens a seguir, utilizando os argumentos jurídicos apropriados e a fundamentação legal pertinente ao caso.

A) A partir dos elementos de direito material constantes no enunciado, a pretensão de João será cabível?

B) Caso o não atendimento da lei municipal fosse detectado pelo Município de Salvador durante a edificação das baias, qual solução jurídica processual típica poderia ser requerida?

GABARITO:

A) A pretensão de João é viável. João pode pleitear a cessação da interferência prejudicial à saúde dos que habitam seu imóvel com base no § 1º do art. 1.228 ou no art. 1.277 ou art. 1.280, Código Civil, ou no art. 497 do CPC, vez que a atividade está a trazer pragas, configurando-se o uso anormal da propriedade por José.

B) Ao tempo da questão, sob fundamento do CPC/73, a resposta seria ajuizar ação de nunciação de obra nova, com base no art. 934, demonstrando que obra em curso contraria a legislação municipal. No entanto, tal ação não foi contemplada no CPC. De acordo com o art. 294 do

CPC, a tutela provisória pode fundamentar-se em urgência ou evidência. No presente caso, é possível pleitear tutela de urgência, pois há elementos que evidenciem a probabilidade do direito e o perigo de dano ou o risco ao resultado útil do processo (art. 300 do CPC), através de liminar para interromper a obra (art. 300, § 2º).

31. **(XVI Exame)** João e Maurício são proprietários e moradores de imóveis vizinhos, situados na Cidade do Rio de Janeiro. Embora o seu imóvel disponha de acesso próprio à via pública, há mais de vinte anos João atravessa diariamente o terreno de Maurício para chegar ao ponto de ônibus mais próximo da sua moradia, pois esse é o trajeto mais curto existente. Ademais, o caminho utilizado por João é pavimentado e conta com sistema de drenagem para as águas pluviais. Além disso, na cerca que separa os dois imóveis, há uma porteira, de onde tem início o caminho. Determinado dia, Maurício decide impedir João de continuar a atravessar o seu terreno. Com esse intuito, instala uma grade no lugar da porteira existente na cerca que separa os dois imóveis. Inconformado, João decide consultar um advogado.

Na condição de advogado(a) consultado(a) por João, responda aos itens a seguir.

A) Tem João direito a constranger Maurício a lhe dar passagem forçada, de modo a continuar a usar o caminho existente no terreno de Maurício?

B) Independentemente da resposta ao item anterior, pode João ingressar em juízo para que seja reconhecida a aquisição de direito real de servidão de passagem, por meio de usucapião?

GABARITO:

A) A resposta é negativa, tendo em vista que, nos termos do art. 1.285 do Código Civil, o direito à passagem forçada assiste apenas ao dono do prédio que não tiver acesso à via pública. No caso descrito no enunciado, resta claro que o imóvel de João tem acesso próprio à via pública.

B) A resposta é afirmativa, uma vez que se tem, no caso, uma servidão de trânsito, que proporciona utilidade para o prédio dominante de João e grava o prédio serviente pertencente a Maurício. Além disso, encontram-se reunidos os requisitos estabelecidos no art. 1.379 do Código Civil, *caput* e parágrafo único, para a aquisição de direito real de servidão por meio de usucapião. A servidão é aparente, tendo em vista a presença de obras exteriores (pavimentação, sistema de drenagem e porteira). De outra parte, houve o exercício contínuo e inconteste da servidão por vinte anos (prazo estabelecido no art. 1.379, parágrafo único, do Código Civil).

32. **(XVII Exame)** Josué, que não tinha lugar para morar com a família, ocupou determinada área urbana de 500 metros quadrados. Como ignorava a titularidade do imóvel, o qual se encontrava sem demarcação e aparentemente abandonado, nele construiu uma casa de alvenaria, com três quartos, furou um poço, plantou grama, e, como não possuía outro imóvel, fixou residência com a mulher e os cinco filhos, por cerca de dois anos, sem ser molestado. Matusalém, proprietário do imóvel, ao tomar conhecimento da ocupação, ajuizou ação de reintegração de posse em face de Josué.

Diante de tal situação, responda, fundamentadamente, às seguintes indagações a seguir.

A) Na contestação, Josué poderia requerer a indenização pelas benfeitorias realizadas?

B) Qual seria o prazo necessário para que pudesse arguir a usucapião em seu favor e qual a sua espécie?

GABARITO:

A) Josué, por ser possuidor de boa-fé, poderá suscitar, em contestação, o direito à indenização por benfeitorias necessárias e úteis, nos termos do art. 1.219 do Código Civil.

B) Josué teria de ter a posse mansa e pacífica do imóvel por 10 anos para a aquisição da propriedade pela usucapião extraordinária, nos termos do art. 1.238, parágrafo único, do Código Civil.

33. (XVIII Exame) Em ação petitória ajuizada por Marlon em face de Ana, o juiz titular da Vara Cível de Iúna/ES concluiu a audiência de instrução e julgamento, estando o processo pronto para julgamento. Na referida audiência, Ana comprovou por meio da oitiva do perito do juízo, ter ocorrido o desprendimento de porção considerável de terra situada às margens de rio não navegável, que faz divisa das fazendas das partes, vindo a, natural e subitamente, se juntar ao imóvel da requerida há, aproximadamente, um ano e oito meses. No dia seguinte à conclusão dos autos para prolatação de sentença, o advogado Juliano, filho do juiz titular, requereu a juntada de substabelecimento sem reservas assinado pelo então advogado de Marlon, com o propósito de passar a figurar como novo e exclusivo advogado deste no feito.

Diante do caso apresentado, responda aos itens a seguir, apresentando o fundamento legal.

A) Existe impedimento do juiz em proferir sentença?

B) Verificado o desprendimento da porção de terras, Ana terá direito a permanecer com a porção acrescida mediante pagamento de indenização a Marlon?

GABARITO:

A) Não. Embora não exista impedimento do juiz, o art. 144, parágrafo primeiro, do CPC, veda que o advogado apresente petição nos autos juntando substabelecimento em causa onde seu genitor figure como juiz. Assim, é vedada a juntada de substabelecimento aos autos, de modo a restringir a intencional posterior criação de impedimento do juiz.

B) Ana poderá permanecer titularizando a avulsão, contudo, sem obrigação de indenizar, pois decorrido o prazo de um ano para reclame de Marlon, conforme o art. 1.251 do CC.

VI. Casamento, união estável e monoparentalidade. Dissolução do casamento e da união estável. Parentesco. Poder familiar. Regimes de bens e outros direitos patrimoniais nas relações familiares. Alimentos

34. (III Exame) José iniciou relacionamento afetivo com Tânia em agosto de 2009, casando-se cinco meses depois. No primeiro mês de casados, desconfiado do comportamento de sua esposa, José busca informações sobre seu passado. Toma conhecimento de que Tânia havia cumprido pena privativa de liberdade pela prática de crime de estelionato. José, por ser funcionário de instituição bancária há quinze anos e por ter conduta ilibada, teme que seu cônjuge aplique golpes financeiros valendo-se de sua condição profissional. José, sentindo-se enganado, decide romper a sociedade conjugal, mas Tânia, para provocar José, inicia a alienação do patrimônio do casal.

Considerando que você é o advogado de José, responda aos itens a seguir, empregando os argumentos jurídicos apropriados e a fundamentação legal pertinente ao caso.

a) Na hipótese, existe alguma medida para reverter o estado de casado?

b) Temendo que Tânia aliene a parte do patrimônio que lhe cabe, aponte o(s) remédio(s) processual(is) aplicável(is) *in casu.*

GABARITO:

a) José descobriu, após o casamento, que Tânia praticou crime que, por sua natureza, tornará insuportável a relação do casal. Cuida-se de erro essencial sobre o cônjuge, podendo José propor ação judicial a fim de que o casamento seja anulado. Cabe, portanto, ação anulatória de casamento, fundada no art. 1.557, II, c/c o art. 1.556 do CC.

b) A medida cabível será por meio de uma tutela de urgência de natureza cautelar efetivada mediante sequestro, nos termos do art. 301 do CPC, a fim de proteger os bens do casal, enquanto tramita a ação principal. A tutela de urgência está caracterizada havendo elementos que evidenciem a probabilidade do direito e o perigo de dano ou o risco ao resultado útil do processo. No caso em tela, a probabilidade do direito e o perigo de dano (art. 300 do CPC).

35. **(IV Exame)** Maria, casada em regime de comunhão parcial de bens com José por 3 anos, descobre que ele não havia lhe sido fiel, e a vida em comum se torna insuportável. O casal se separou de fato, e cada um foi residir em nova moradia, cessando a coabitação. Da união não nasceu nenhum filho, nem foi formado patrimônio comum. Após dez meses da separação de fato, Maria procura um advogado, que entra com a ação de divórcio direto, alegando que essa era a visão moderna do Direito de Família, pois, ao dissolver uma união insustentável, seria facilitada a instituição de nova família. Após a citação, João contesta, alegando que o pedido não poderia ser acolhido, uma vez que ainda não havia transcorrido o prazo de dois anos da separação de fato exigidos pelo art. 40 da Lei 6.515/77.

Diante da hipótese apresentada, responda aos itens a seguir, empregando os argumentos jurídicos apropriados e a fundamentação legal pertinente ao caso.

A) Nessa situação é juridicamente possível que o magistrado decrete o divórcio, não obstante não exista comprovação do decurso do prazo de dois anos da separação de fato como pretende Maria, ou João está juridicamente correto, devendo o processo ser convertido em separação judicial para posterior conversão em divórcio?

B) Caso houvesse consenso, considerando as inovações legislativas, o ex-casal poderia procurar via alternativa ao Judiciário para atingir o seu objetivo ou nada poderia fazer antes do decurso dos dois anos da separação de fato?

GABARITO:

A) A Emenda Constitucional n. 66/2010 deu nova redação ao § 6º do art. 226 da Constituição Federal, excluindo a exigência do prazo de dois anos da separação de fato para o divórcio direto, motivo pelo qual o magistrado poderá decretar o divórcio como pretende Maria, já que o dispositivo da Constituição prevalece sobre o art. 40 da Lei n. 6.515/77, por se tratar de norma hierarquicamente superior à legislação federal.

B) O art. 733 do CPC prevê que o divórcio consensual, a separação consensual e a extinção consensual de união estável, não havendo nascituro ou filhos incapazes e observados os requisitos legais, poderão ser realizados por escritura pública, da qual constarão as disposições de que trata o art. 731. Assim, o ex-casal, por não haver filhos melhores e haver consenso no divórcio, já que a Emenda Constitucional n. 66/2010, que deu nova redação ao § 6º do art. 226 da Constituição Federal, acabou com a exigência do decurso do prazo de dois anos da separação de fato para a dissolução do casamento pelo divórcio, poderá efetivar o divórcio direto em cartório, valendo-se da autorização dada pelo art. 733 do CPC.

36. **(V Exame)** Em ação de execução de alimentos, foi decretada a revelia de Francisco, que somente ingressou na ação dois meses após a publicação da decisão que determina a penhora do imóvel e do veículo automotor de sua propriedade, insurgindo-se contra a contrição patrimonial sob o argumento de bem de família, pois se trata de imóvel destinado a sua moradia, não obstante nele residir sozinho, e o automóvel ser utilizado como táxi. Igor, o exequente, tem conhecimento de que Francisco, seu pai, recebera, como herança, outros bens imóveis, todavia, com cláusula de inalienabilidade e impenhorabilidade.

A) Há possibilidade de arguição extemporânea de Francisco e oposição de impenhorabilidade no caso acima relatado? Fundamente.

B) Os bens indicados são considerados impenhoráveis? Fundamente.

GABARITO:

A) É possível admitir a arguição a qualquer tempo da proteção legal por se tratar de matéria de ordem pública, desde que não tenha exaurido o procedimento expropriatório. A penhora de bem de família é medida excepcional que se legitima no caso dos autos por não ser oponível à obrigação alimentar, no teor do art. 3º, III, da Lei n. 8.009/90. Impenhorabilidade que não se opõe às execuções de pensão alimentícia no âmbito das relações familiares. Exegese dos arts. 1º, 3º, III, 5º da Lei n. 8.009/90, 1.711-1.722 do CC, 833, V e art. 834 do CPC.

B) Há proteção legal conferida ao único bem imóvel destinado à residência familiar, que se estende a solteiro (STJ, Enunciado n. 364) e, ainda, ao automóvel utilizado como táxi por se tratar de instrumento necessário ao exercício da profissão (art. 833, V, do CPC).

37. **(VI Exame)** Paulo, maior e capaz, e Eliane, maior e capaz, casaram-se pelo regime da comunhão parcial de bens no ano de 2004. Nessa ocasião, Paulo já havia herdado, em virtude do falecimento de seus pais, um lote de ações na Bolsa de Valores, cujo montante atualizado corresponde a R$ 50.000,00, sendo certo que Eliane, à época, não possuía bens em seu patrimônio. No ano de 2005, nasceu João, filho do casal. Em 2006, Paulo vendeu as ações que havia recebido e, com o produto da venda, comprou um automóvel de igual valor. Em 2007, Paulo foi contemplado com um prêmio de loteria no valor atualizado de R$ 100.000,00, que se mantém depositado em conta bancária. Agora, no ano de 2012, o casal, pretendendo se divorciar mediante a lavratura de escritura pública, decide consultar um advogado.

Na condição de advogado(a) consultado(a) por Paulo e Eliane, responda aos itens a seguir, empregando os argumentos jurídicos apropriados e a fundamentação legal pertinente ao caso.

A) Pode o casal divorciar-se por meio de lavratura de escritura pública?

B) A respeito da partilha de bens em caso de divórcio do casal, qual(is) bem(ns) deve(m) integrar o patrimônio de Eliane e qual(is) bem(ns) deve(m) integrar o patrimônio de Paulo?

GABARITO:

A) Não, de acordo com o art. 733 do CPC. Isso porque os cônjuges possuem um filho menor de idade, o que consiste em empecilho legal à utilização da via extrajudicial para a decretação do divórcio.

B) Caberá a Eliane perceber metade do prêmio de loteria a título de meação, na forma do art. 1.660, II, do CC. Paulo terá direito ao automóvel, por ter sido adquirido com o produto da herança (art. 1.659, I, do CC), e também a metade do prêmio de loteria (art. 1.660, II, do CC).

38. **(VII Exame)** Cristiano e Daniele, menores impúberes, com 14 (catorze) e 10 (dez) anos de idade, respectivamente, representados por sua genitora, celebraram acordo em ação de alimentos proposta em face de seu pai, Miguel, ficando pactuado que este pagaria alimentos no valor mensal correspondente a 30% (trinta por cento) do salário mínimo, sendo metade para cada um. Sucede, entretanto, que Miguel, durante os dois primeiros anos, deixou de adimplir, injustificadamente, com a obrigação assumida, passando a pagar a quantia celebrada em acordo, a partir de então. Transcorridos 0três anos da sentença que homologou o acordo na ação de alimentos, Cristiano e Daniele ajuizaram ação de execução, cobrando o débito pendente, requerendo a prisão civil do devedor.

Diante disso, responda fundamentadamente às seguintes indagações:

A) Subsiste o dever jurídico de Miguel de pagar o débito relativo aos últimos três anos de inadimplência quanto aos alimentos devidos a seus filhos?

B) No caso em tela, é cabível a prisão civil de Miguel?

GABARITO:

A) Embora o art. 206, § 2º, do Código Civil estabeleça que prescreve em dois anos a pretensão para haver prestações alimentares, a partir da data em que se vencerem, há no caso analisado uma causa impeditiva da prescrição, concernente à incapacidade absoluta dos menores, conforme dispõe o art. 198, I, do Código Civil.

B) O rito da constrição pessoal somente se admite em relação às três prestações anteriores ao ajuizamento da ação e às que se vencerem no curso do processo (Súmula 309 do Superior Tribunal de Justiça)

39. **(X Exame)** Luzia sempre desconfiou que seu neto Ricardo, fruto do casamento do seu filho Antônio com e Josefa, não era filho biológico de Antônio, ante as características físicas por ele exibidas. Vindo Antonio a falecer, Luzia pretende ajuizar uma ação negatória de paternidade.

A respeito do fato apresentado, responda aos seguintes itens.

A) Tem Luzia legitimidade para propor a referida ação?

B) Caso Antonio tivesse proposto a ação negatória e falecido no curso do processo, poderia Luzia prosseguir com a demanda? Qual o instituto processual aplicável ao caso?

GABARITO:

A) Luzia não tem legitimidade para propor a ação negatória de paternidade, pois se trata de ação personalíssima, conforme dispõe o art. 1.601, *caput*, do Código Civil.

B) Luzia poderia prosseguir com a ação negatória de paternidade ajuizada por seu filho, caso este viesse a falecer no curso da demanda por sucessão processual, nos termos dos arts. 1.601, parágrafo único, do Código Civil e art. 110 do CPC.

40. **(XI Exame)** Suzana namorou Paulo durante 2 anos, vindo a engravidar dele. Não tendo condições de suportar as despesas durante a gravidez, Suzana vai ao seu escritório de advocacia para lhe solicitar as providências cabíveis.

Diante do caso apresentado, responda apontando o fundamento legal:

A) Qual a ação a ser proposta e qual o prazo para resposta?

B) Quem ostenta a legitimidade ativa para esta demanda?

GABARITO:

A) Deve ser proposta a ação de alimentos gravídicos e o prazo para resposta é de cinco dias, conforme dispõe o art. 7º da Lei n. 11.804/2008.

B) A legitimada ativa é a mulher grávida, na forma dos arts. 1º e 6º, ambos da Lei n. 11.804/2008.

41. **(XI Exame)** Álvaro e Lia se casaram no dia 10.05.2011, sob o regime de comunhão parcial de bens. Após dois anos de união e sem filhos em comum, resolveram se divorciar. Na constância do casamento, o casal adquiriu um apartamento avaliado em R$ 500.000,00 (quinhentos mil reais) onde residem.

Considerando o caso narrado e as normas de direito, responda aos itens a seguir.

A) Quais os requisitos legais para que Álvaro e Lia possam se divorciar administrativamente? Fundamente.

B) Considerando que Álvaro tenha adquirido um tapete persa TabrizMahi de lã e seda sobre algodão, avaliado em R$ 45.000,00 (quarenta e cinco mil reais), mas não reste demonstrada a data em que Álvaro efetuou a referida compra, será presumido como adquirido na constância do casamento? Fundamente.

GABARITO:

A) De acordo com o art. 733 do CPC, o divórcio consensual, a separação consensual e a extinção consensual de união estável, não havendo nascituro ou filhos incapazes e observados os requisitos legais, poderão ser realizados por escritura pública, da qual constarão as disposições de que trata o art. 731, a saber: I – as disposições relativas à descrição e à partilha dos bens comuns; II – as disposições relativas à pensão alimentícia entre os cônjuges; III – o acordo relativo à guarda dos filhos incapazes e ao regime de visitas; e IV – o valor da contribuição para criar e educar os filhos.

B) Como Álvaro e Lia se casaram sob o regime de comunhão parcial de bens e não houve comprovação da data da aquisição do tapete persa (bem móvel), haverá presunção de que o bem foi adquirido na constância do casamento, nos termos do art. 1.662 do CC.

42. **(XII Exame)** Joana cuida de sua neta Maria desde que a menor tinha três anos de idade. Os pais de Maria nunca lhe deram atenção emocional ou prestaram recursos financeiros, sendo poucos os momentos de contato. Maria atualmente está com quinze anos de idade e se refere publicamente a sua avó como mãe. Depois de longas conversas com seus outros netos e filhos, que anuíram com a decisão, Joana, que é viúva, decide adotar sua neta Maria. Partindo da temática "adoção", responda, fundamentadamente, às indagações a seguir, apontando, inclusive, os dispositivos legais correlatos.

A) A legislação vigente admite a adoção de pessoa maior de dezoito anos?

B) Considerando a situação narrada no enunciado, existe a possibilidade legal de Maria ser adotada por sua avó Joana?

GABARITO:

A) É possível a adoção de maiores de 18 anos, não se aplicando, entretanto, o Estatuto da Criança e do Adolescente. Quando a pessoa adotanda for maior de 18 anos, a norma aplicável será a prevista no Código Civil e dependerá da assistência efetiva do poder público e formará sentença constitutiva. As normas previstas na legislação especial (ECA) terão aplicabilidade subsidiária. Fundamentação legal: art. 1.619 do CC.

B) Não é possível a adoção na situação narrada no enunciado, ante o óbice previsto no art. 42, § 1º, da Lei n. 8.069/90 (ECA), por meio do qual o legislador estabeleceu que ascendentes não podem adotar descendentes.

43. **(XIV Exame)** Maria e o irmão João, representados por sua mãe, com quem residem, ajuizaram ação de alimentos em face de seus avós paternos, Eriberto e Cleunice, alegando, em síntese, que, após o divórcio de seus pais, ficou acordado que o seu genitor pagaria, a título de pensão alimentícia, 30% (trinta por cento) da remuneração por ele auferida. Os avós maternos de Maria e de seu irmão João moram ao lado de sua casa, numa vila, e vivem com parcos recursos financeiros. Narram na inicial que, desde o divórcio, o pai, espontaneamente, parou de trabalhar e, por isso, nunca pagou os alimentos devidos. Afirmam que ele vive, desde então, sustentado pelos avós paternos dos autores, ora réus, tendo em vista que estes possuem ótima situação financeira. Eles sustentam, ainda, que esgotaram todas as tentativas de cobrar do pai a pensão fixada na sentença que decretou o divórcio, razão pela qual os avós paternos têm, segundo a atual legislação civil, a obrigação de arcar com tal prestação.

Com base em tal situação, responda aos itens a seguir, utilizando os argumentos jurídicos apropriados e a fundamentação legal pertinente ao caso.

A) Indique as alegações que seriam apresentadas na defesa dos interesses de seus clientes (avós paternos).

B) Qual o momento oportuno para a apresentação da resposta?

GABARITO:

A) Deverão os avós maternos ser chamados a integrar a lide, nos termos do art. 1.698 do CC, aduzindo-se a responsabilidade dos ascendentes é complementar e subsidiária, devendo a obrigação conjunta e divisível ser diluída entre todos os avós na proporção de seus recursos.

B) De acordo com o art. 9º da Lei n. 5.478/68, a resposta deve ser apresentada na audiência de conciliação, instrução e julgamento.

44. **(XV Exame)** João, pai de Eduardo e Mônica, após se divorciar de sua esposa, obrigou-se a pagar, por meio de uma ação de alimentos, o percentual de 15% (quinze por cento) da sua remuneração para cada um de seus filhos, até que atingissem a maioridade ou terminassem curso superior, ou, ao menos, estivessem estudando. Após atingirem a maioridade, Mônica continuou estudando, regularmente matriculada em um curso de medicina. Eduardo, no entanto, abandonou os estudos e resolveu trabalhar, abrindo um comércio lucrativo em seu bairro, que já possibilitava o seu sustento a ponto de estar noivo de Maria Lúcia. Diante de tais fatos, João resolve deixar de pagar os alimentos para seus dois filhos.

A partir da hipótese formulada, responda aos itens a seguir.

A) João, ao deixar de pagar os alimentos a Eduardo, procedeu de forma correta?

B) Como advogado de Mônica, qual atitude você tomaria para compelir João a pagar os alimentos em atraso há dois meses?

GABARITO:

A) João não agiu corretamente. Deve-se destacar, ainda, a necessidade de João realizar, em juízo, um pedido de exoneração de alimentos (art. 1.699 do CC c/c o art. 15 da Lei n. 5.478/68) com relação a seu filho Eduardo, comprovando a maioridade e alegando a sua desnecessidade, já que este não necessita mais de alimentos por estar trabalhando, alterando o binômio necessidade/possibilidade do art. 1.694, § 1º, do CC, bem como aduzindo que ele não estava mais matriculado em curso regular de ensino.

B) A necessidade de ajuizamento de ação de execução de alimentos, cabendo, inclusive, a prisão civil de João, diante do preceituado no art. 528, § 3º, do CPC.

45. **(XVI Exame)** Após o período de relacionamento amoroso de dois anos, Mário Alberto, jovem com 17 anos de idade, e Cristina, com apenas 15 anos, decidem casar. A mãe de Mário, que detém a sua guarda, autoriza o casamento, apesar da discordância de seu pai. Já os pais de Cristina consentem com o casamento.

Com base na situação apresentada, responda aos itens a seguir.

A) É possível o casamento entre Mário Alberto e Cristina?

B) Caso os jovens se casem, quais os efeitos desse casamento? Há alguma providência judicial ou extrajudicial a ser tomada pelos jovens?

GABARITO:

A) Não é possível o casamento, uma vez que não obstante Cristina ter o consentimento de ambos os pais, ela não possui idade núbil (capacidade matrimonial). Mário Alberto necessita do consentimento de ambos os pais, uma vez que o consentimento para o casamento é atributo do poder familiar inerente a ambos, em igualdade de condições, e o fato de Mário estar sob a guarda da mãe não retira de seu pai sua autoridade parental, não prevalecendo, portanto, a vontade materna, necessitando do suprimento judicial, em caso de negativa injustificada de um dos genitores.

B) O casamento é anulável, pois, além de Cristina não ter atingido a idade núbil, Mário Alberto necessita do consentimento de ambos os pais, uma vez que o consentimento para o casamento é atributo do poder familiar inerente a ambos, em igualdade de condições; o fato de Mário estar sob a guarda da mãe não retira de seu pai sua autoridade parental, não prevalecendo, portanto, a vontade materna. As providências a serem tomadas seriam: a) ação anulatória do casamento, pela via judicial, com fundamento no art. 1.555 do CC; e b) confirmação do casamento, com base no art. 1.553 do CC.

46. (XVII Exame) Adalberto e Marieta foram casados pelo regime de comunhão parcial de bens por oito anos. Estão separados de fato há vinte anos e possuem dois filhos maiores e capazes. O casal mantém patrimônio conjunto e ingressou com ação de divórcio. Ocorre que, tão logo ajuizaram a ação para a dissolução do vínculo conjugal, o advogado de ambos ficou impossibilitado de representá-los em juízo, motivo pelo qual outro advogado assumiu a causa e informou a Adalberto e Marieta que o divórcio poderia ter sido realizado em cartório, pela via extrajudicial.

Diante do caso apresentado, responda aos itens a seguir, apontando o fundamento legal.

A) É possível a convolação da ação de divórcio em divórcio por escritura pública? Como devem proceder para realizar o divórcio em cartório extrajudicial?

B) Caso Adalberto e Marieta pretendam manter os bens comuns do casal em condomínio, é possível a dissolução da sociedade conjugal sem a realização da partilha?

GABARITO:

A) Não é possível a convolação de ação de divórcio em procedimento administrativo de divórcio. Isso porque o processo judicial somente pode ser finalizado pela via do Poder Judiciário, ainda que se extinga por meio de sentença meramente homologatória da desistência da ação. Se Adalberto e Marieta pretendem realizar o divórcio por escritura pública, devem desistir da ação judicial a fim de extinguir o processo judicial (art. 485, VIII, do CPC) e ingressar com a medida extrajudicial de dissolução do vínculo conjugal, com base no art. 733 do CPC, ou mesmo ingressar com a medida administrativa e comunicar ao Juízo perante o qual tramita a ação judicial de divórcio, requerendo a extinção do processo por falta de interesse processual por motivo superveniente.

B) Sim, é possível a realização do divórcio sem prévia partilha dos bens, podendo manter os bens comuns do casal em condomínio. É o que autoriza o art. 1.581 do CC.

VII. Sucessão legítima, sucessão testamentária e disposições de última vontade

47. (II Exame) Lúcio, viúvo, sem herdeiros necessários, fez disposição de última vontade no ano de 2007. Por esse negócio jurídico atribuía à sua sobrinha, Amanda, a propriedade sobre bem imóvel na cidade de Aracajú/SE, gravando-o, contudo, com cláusula de inalienabilidade vitalícia. Em 2009, após o falecimento de seu tio, Amanda aceita e torna-se titular desse direito patrimonial por meio daquela disposição, que foi registrada no ofício do registro de imóveis competente. Ocorre que agora, em 2010, há necessidade de Amanda alienar esse imóvel, tendo em vista ter recebido uma excelente proposta de compra do referido bem.

Diante disso, como advogado de Amanda, responda se isso é possível e, em caso positivo, quais as medidas judiciais cabíveis? Justifique e fundamente sua resposta.

GABARITO:

Sim, é possível a alienação mediante pedido de autorização judicial de sub-rogação, fundamentado pela parte, e desde que o produto da venda seja convertido em outros bens sobre os quais incidirão as restrições apostas aos primeiros, na forma do art. 1.911, *caput* e parágrafo único do Código Civil, que deve ser combinado com o art. 725 do Novo Código de Processo

Civil, que dispõe acerca de procedimento específico para esta finalidade, elencado na modalidade "jurisdição voluntária".

48. (VII Exame) Marco Antônio, solteiro, maior e capaz, resolve lavrar testamento público, a fim de dispor sobre seus bens. Tendo em vista que os seus únicos herdeiros são os seus dois filhos maiores e capazes, Júlio e Joel, ambos solteiros e sem filhos, e considerando-se que o patrimônio de Marco Antônio corresponde a dois imóveis de igual valor, dois automóveis de igual valor e R$ 100.000,00 em depósito bancário, ele assim dispõe sobre os seus bens no testamento: deixa para Júlio um imóvel, um automóvel e metade do montante depositado na conta bancária e, de igual sorte, deixa para Joel um imóvel, um automóvel e metade do montante depositado na conta bancária. Logo após ter ciência da lavratura do testamento público por seu pai, Júlio decide imediatamente lavrar escritura pública por meio da qual renuncia expressamente apenas ao automóvel, aceitando receber o imóvel, bem como metade do montante depositado em conta bancária. Para tanto, afirma Júlio que há diversas multas por infrações de trânsito e dívidas de impostos em relação ao automóvel, razão pela qual não lhe interessa herdar esse bem. Tomando conhecimento da lavratura da escritura pública de renúncia por Júlio, Marco Antônio e Joel decidem consultar um advogado.

Na condição de advogado (a) consultado(a) por Marco Antônio e Joel, responda aos itens a seguir, utilizando os argumentos jurídicos apropriados e a fundamentação legal pertinente ao caso.

A) Poderia Júlio renunciar à herança no momento por ele escolhido?

B) Independentemente da resposta dada ao item anterior, poderia Júlio renunciar exclusivamente ao automóvel, recebendo os demais bens?

GABARITO:

A) É vedado dispor sobre herança de pessoa viva, na forma do art. 426 do CC.

B) De acordo com o art. 1.808 do CC, é vedada a renúncia parcial. A renúncia é indivisível, razão pela qual somente é autorizado ao herdeiro renunciar todo o quinhão a que teria direito.

49. (XVI Exame) Roberval não possuía filhos e seus pais já eram falecidos. Seu único parente era seu irmão Ângelo, sendo certo que tanto Roberval quanto Ângelo jamais se casaram ou viveram em união estável. Roberval, que tinha um imóvel na Tijuca e outro menor no Flamengo, decidiu beneficiar Caio, seu melhor amigo, em sua sucessão, razão pela qual estabeleceu em seu testamento que, por ocasião de sua morte, o imóvel da Tijuca deveria ser destinado a Caio, passando para os filhos de Caio quando do falecimento deste. Quando Roberval faleceu, Caio já tinha um filho de 05 anos.

Com base no enunciado acima, responda aos itens a seguir.

A) Roberval poderia beneficiar seu amigo Caio em sua sucessão?

B) Descreva a sucessão de Roberval e como deverá ser dividida a sua herança, consistente nos seus dois imóveis, a saber, o da Tijuca e o do Flamengo.

GABARITO:

A) Considerando que Roberval tinha como parente apenas seu irmão Ângelo, que não é herdeiro necessário, consoante o disposto nos arts. 1.845 e 1.850 do Código Civil, Roberval poderia beneficiar Caio em sua sucessão sem qualquer limite quantitativo.

B) O imóvel da Tijuca caberá ao filho de Caio em nua propriedade e a Caio em usufruto, conforme o disposto no parágrafo único do art. 1.952. Já o imóvel do Flamengo caberá ao único parente e herdeiro legítimo de Roberval, a saber, seu irmão Ângelo (art. 1.829, IV, do CC).

50. (XVIII Exame) Suzana Carvalho, viúva, tinha como únicos parentes vivos sua irmã Clara Pereira e seu sobrinho Alberto, filho de Clara. Em 2010, Suzana elaborou testamento público nomeando como sua herdeira universal sua amiga Marta de Araújo. Em 2012, Suzana mudou de ideia sobre o destino de seus bens e lavrou testamento cerrado, no qual contemplou com todo o seu patrimônio seu sobrinho Alberto Pereira. No final de 2013, Alberto faleceu num trágico acidente. Suzana faleceu há um mês. Clara Pereira e Marta de Araújo disputam a sua herança. Marta alega que não ocorreu a revogação do testamento de Suzana lavrado em 2010, vez que um testamento público só pode ser revogado por outro testamento público. Clara procura você como advogado e indaga a quem deve caber a herança de Suzana. Diante disso, com base nos dispositivos legais pertinentes à matéria, responda aos itens a seguir.

A) Suzana podia dispor de todo o seu patrimônio por meio de testamento?

B) Um testamento cerrado pode revogar um testamento público?

C) Com o falecimento de Alberto, quem deve suceder à Suzana?

GABARITO:

A) Suzana podia dispor de todo o seu patrimônio, uma vez que não tinha herdeiros necessários, sendo certo que os colaterais são herdeiros facultativos, nos termos do art. 1.850 do Código Civil.

B) O testamento público pode ser revogado por qualquer outra forma testamentária. De fato, não há hierarquia entre as formalidades testamentárias, dependendo a revogação de um testamento da validade do testamento revogatório, conforme o que dispõe o art. 1.969 do Código Civil.

C) Nesse caso, a sucessão obedecerá às regras da sucessão legítima, cabendo toda a herança de Suzana à sua irmã Clara Pereira, nos termos do art. 1.829, IV, do Código Civil.

VIII. Lei 8.078/90 – Código de Defesa do Consumidor. Teoria da responsabilidade civil. Modalidades de responsabilidade civil e reparação

51. (II Exame) Em março de 2008, Pedro entrou em uma loja de eletrodomésticos e adquiriu, para uso pessoal, um forno de micro-ondas. Ao ligar o forno pela primeira vez, o aparelho explodiu e causou sérios danos à sua integridade física. Desconhecedor de seus direitos, Pedro demorou mais de dois anos para propor ação de reparação contra a fabricante do produto, o que somente ocorreu em junho de 2010. Em sua sentença, o juiz de primeiro grau acolheu o argumento da fabricante, julgando improcedente a demanda com base no art. 26 do Código de Defesa do Consumidor, segundo o qual "o direito de reclamar pelos vícios aparentes ou de fácil constatação caduca em: (...) II – noventa dias, tratando-se de fornecimento de serviço e de produtos duráveis." Afirmou, ademais, que o autor não fez prova do defeito técnico do aparelho.

Com base nas normas do Código de Defesa do Consumidor, analise os fundamentos da sentença.

GABARITO:

Inicialmente, destaca-se que se trata de fato do produto, e não de vício do produto. O prazo aplicável não é, portanto, o do art. 26 do CDC, mas o do art. 27, ou seja, cinco anos. De acordo com art. 12, *caput* e § 3º, do CDC, o fabricante, o produtor, o construtor, nacional ou estrangeiro, e o importador respondem, independentemente da existência de culpa, pela reparação dos danos causados aos consumidores por defeitos decorrentes de projeto, fabricação, construção, montagem, fórmulas, manipulação, apresentação ou acondicionamento de seus produtos, bem como por informações insuficientes ou inadequadas sobre sua utilização e riscos.

No entanto, deve-se observar que o fabricante, o construtor, o produtor ou importador só não será responsabilizado quando provar que não colocou o produto no mercado; que, embora haja colocado o produto no mercado, o defeito inexiste e a culpa exclusiva do consumidor ou de terceiro. Ainda deve-se dar razão à inversão do ônus da prova em favor do consumidor, nos termos do art. 6º, VIII, do CDC. Nesse sentido, é incorreta a decisão judicial.

52. **(IV Exame)** A arquiteta Veronise comprou um espremedor de frutas da marca Bom Suco no dia 5 de janeiro de 2011. Quarenta dias após Veronise iniciar sua utilização, o produto quebrou. Veronise procurou uma autorizada e foi informada de que o aparelho era fabricado na China e não havia peças de reposição no mercado. No mesmo dia, ela ligou para o Serviço de Atendimento ao Consumidor (SAC) da empresa. A orientação foi completamente diferente: o produto deveria ser levado para o conserto. Passados 30 dias da ocasião em que o espremedor foi encaminhado à autorizada, o fabricante informou que ainda não havia recebido a peça para realizar o conserto, mas que ela chegaria em três dias. Como o problema persistiu, o fabricante determinou que a consumidora recebesse um espremedor novo do mesmo modelo.

Diante da situação apresentada, responda aos itens a seguir, empregando os argumentos jurídicos apropriados e a fundamentação legal pertinente ao caso.

A) O caso narrado caracteriza a ocorrência de qual instituto jurídico, no que se refere ao defeito apresentado pelo espremedor de frutas?

B) Como advogado (a) de Veronise, analise a conduta do fornecedor, indicando se procedeu de maneira correta ao deixar de realizar o reparo por falta de peça e determinar a substituição do produto por um novo espremedor de frutas

GABARITO:

A) Vislumbra-se a ocorrência de vício do produto, instituto caracterizado no art. 18, *caput*, da Lei n. 8.078/90. O defeito contido no espremedor de sucos o torna inadequado ao consumo a que se destina, o que caracteriza seu vício de qualidade, não se podendo falar em fato no produto, *in casu*.

B) Há, por parte do fabricante, obrigatoriedade de manter peças de reposição no mercado (art. 32 do CDC), mas no caso em tela, como se passaram mais de 30 dias que o produto foi para conserto, cabe ao consumidor decidir se quer a troca do produto, abatimento no preço ou devolução do dinheiro, nos termos do art. 18, §§ 1º e 3º, Lei n. 8.078/90, razão pela qual se pode afirmar que procedeu equivocadamente o fornecedor ao determinar, sem previamente consultar a consumidora, a substituição do produto.

53. **(VIII Exame)** Marcelo, brasileiro, casado, advogado, residente e domiciliado na cidade do Rio de Janeiro/RJ, adquiriu um veículo zero quilômetro em 2005. Exatos seis anos depois da aquisição do referido automóvel, quando viajava com sua família em Natal/RN, o motor do carro explodiu, o que gerou um grave acidente, com sérias consequências para Marcelo e sua família bem como para dois pedestres que estavam no acostamento da rodovia.

Apesar de ter seguido à risca o plano de revisão sugerido pela montadora do veículo, com sede em São Paulo/SP, um exame pericial no carro de Marcelo constatou claramente que o motor apresentava um sério defeito de fabricação que provocou o desgaste prematuro de determinadas peças e, consequentemente, a explosão.

A respeito desta hipótese, responda, fundamentadamente:

A) Em relação aos danos sofridos por Marcelo e seus familiares, em que (ais) dispositivo (s) do Código de Defesa do Consumidor você enquadraria a responsabilidade do fabricante do veículo?

B) O fabricante pode, com êxito, alegar ter se escoado o prazo prescricional?

C) Os terceiros lesados (dois pedestres) pelo acidente provocado pela explosão podem se valer das normas constantes do Código de Defesa do Consumidor para pleitear eventual recomposição pelos danos sofridos?

D) Marcelo poderia propor a ação de responsabilidade civil da empresa fabricante na cidade do Rio de Janeiro? E na cidade de São Paulo?

GABARITO:

A) A hipótese trata da responsabilidade pelo fato do produto, prevista no art. 12 e seguintes do Código de Defesa do Consumidor, Lei n. 8.078/90. O produto é defeituoso quando não oferece a segurança que dele legitimamente se espera (art. 12, § 1º, do CDC), colocando em risco a integridade dos consumidores.

B) O prazo prescricional previsto para o pedido indenizatório no caso de fato do produto é de cinco anos contados a partir do conhecimento do dano e de sua autoria (art. 27 do CDC). Assim é que, mesmo depois de seis anos, Marcelo ainda conta com prazo para manejar ação de recomposição pelos danos sofridos.

C) No caso da responsabilidade pelo fato do produto, equiparam-se aos consumidores todas as vítimas do evento lesivo (art. 17 do CDC), pelo que os pedestres podem se valer do CDC para fundamentar as suas demandas compensatórias.

D) O art. 101, I, do CDC, traz o benefício para o consumidor de acionar o fornecedor no domicílio do autor, no caso na cidade do Rio de Janeiro/RJ. Mas esta é uma prerrogativa da qual o consumidor pode abrir mão se quiser, podendo, também, propor a ação em São Paulo/SP, local da sede da empresa ré.

54. **(X Exame)** Joaquim estava irresignado porque não encontrava mais seu vinho favorito à venda. Conversando com Manuel, dono de um estabelecimento comercial perto de sua residência, o mesmo lhe informou que aquele vinho não era mais entregue pelo fornecedor, mas que vendia outro muito bom, melhor que o apreciado por Joaquim. O vinho não possuía qualquer informação no rótulo além de seu nome, mas, Joaquim resolveu comprá-lo diante dos elogios feitos por Manuel. Chegando à sua residência, ao tentar abrir a bebida, o vidro se estilhaça e atinge o olho de Joaquim, causando-lhe uma lesão irreparável na córnea. Joaquim tenta, então, conversar com Manuel sobre o ocorrido, mas o mesmo afirma que não possui qualquer responsabilidade. Ajuíza, então, ação em face de Manuel, pleiteando reparação por danos materiais. Oferecida a defesa, Manuel alega que não possui qualquer responsabilidade e que não seria parte legítima, por ser apenas o vendedor do produto.

A respeito desta hipótese, responda, fundamentadamente:

A) Merecem prosperar as alegações de Manuel?

B) Se Joaquim falecesse no curso do processo, como os herdeiros poderiam pleitear inclusão na relação processual?

GABARITO:

A) Trata-se de fato, e não de vício, do produto, por este apresentar um risco não esperado, e, não havendo informação sobre o produtor da bebida, Manuel, como comerciante será o responsável, nos termos do art. 12, § 1º, II, c/c o art. 13, I ou II, ambos do Código de Defesa do Consumidor, podendo ser responsabilizado civilmente pelo ocorrido.

B) No caso de falecimento de Joaquim, para pleitearem o recebimento da quantia, os herdeiros deverão prosseguir no feito, requerendo a habilitação incidental nos próprios autos da ação reparatória em face de Manuel. Para isso, deverão juntar aos autos a prova do óbito de Joaquim e da qualidade de herdeiro, nos termos do art. 689 do CPC.

55. **(XI Exame)** Dr. João, médico clínico geral, atende em seu consultório há vinte anos, sem ter constituído qualquer empresa, atuando, portanto, como profissional liberal. Levando-se em conta a responsabilização civil dos profissionais liberais, responda, de forma justificada, aos itens a seguir.

A) A relação de Dr. João com seus pacientes ostenta a natureza jurídica de relação de consumo?

B) Neste caso, a responsabilidade civil do Dr. João deve ser subjetiva ou objetiva?

C) Em eventual demanda envolvendo Dr. João e um paciente seu, poderia ser aplicada a inversão do ônus da prova fundada na teoria da carga dinâmica da prova?

GABARITO:

A) O examinando deve responder positivamente à indagação. Pode ser tida como relação de consumo, pois Dr. João é uma pessoa física que presta serviços médicos, enquadrando-se no conceito de fornecedor do art. 3º da Lei n. 8.078/90 (CDC), e os seus pacientes são destinatários finais dos serviços prestados por Dr. João, ostentando a natureza jurídica de consumidores, nos termos do art. 2º da Lei n. 8.078/90.

B) O examinando deve destacar que apesar de se tratar de relação de consumo, o próprio art. 14, § 4º, da Lei n. 8.078/90 estabelece que a responsabilização civil dos profissionais liberais é subjetiva, ou seja, impõe a comprovação do elemento culpa.

C) O examinando deve responder positivamente à indagação, desde que presentes os requisitos legais estabelecidos no art. 6º, VIII, da Lei n. 8.078/90, já que se trata de relação de consumo e este é um direito básico do consumidor que não pode ser afastado pela responsabilidade subjetiva dos profissionais liberais previstas no art. 14, § 4º, do CDC.

56. **(XII Exame)** Martha foi convidada para participar, como palestrante, de um Congresso que ocorreria no Uruguai. Após confirmar a sua participação no evento, Martha decide comprar suas passagens pela Internet no site de uma famosa companhia aérea. Como não possuía voo direto que a levasse de Goiás para o Uruguai, Martha adquire um voo com escala em São Paulo. No dia da viagem, ao chegar a São Paulo, lugar onde teria que fazer a troca de aeronave, a passageira é informada a respeito do cancelamento de seu voo para o

Uruguai. Preocupada, Martha indaga se seria possível realocá-la em outra aeronave, mas recebe a notícia de que somente decolariam novos voos para o Uruguai no dia seguinte, ou seja, após o evento do qual participaria. Inconformada com a perda do Congresso, Martha propõe uma ação no juizado especial cível de seu domicílio, postulando a reparação por danos morais e materiais em face da sociedade empresária. Em sede de contestação, a referida sociedade empresária alega não possuir culpa, não havendo, portanto, responsabilidade.

Com base no exposto, responda, fundamentadamente, aos itens a seguir.

A) O argumento utilizado pela sociedade empresária em sede de contestação está correto?

B) Suponha que Martha, ciente da data da audiência de instrução e julgamento, não compareça e não comprove que a sua ausência decorreu por motivo de força maior. Nesse caso, qual atitude deve ser tomada pelo juiz?

GABARITO:

A) O argumento utilizado pela empresa não está correto. No caso em tela, a responsabilidade é objetiva. A questão versa sobre hipótese a ser guiada pelo Código de Defesa do Consumidor. O referido diploma, em seu art. 14, estabelece que o fornecedor de serviços responde, independentemente da existência de culpa, pela reparação dos danos causados aos consumidores por defeitos relativos à prestação dos serviços, bem como por informações insuficientes ou inadequadas sobre sua fruição e riscos. O dever de informação consta também do inciso III do art. 6º do CDC. Alternativamente, o fundamento também está no Código Civil quando trata do contrato de transporte (arts. 734 e seguintes).

B) Deverá haver extinção do processo sem resolução do mérito, consoante estabelece o art. 51, I, da Lei n. 9.099/95. Ademais, considerando que a ausência da autora não foi justificada, deverá haver pagamento de custas por parte desta, consoante § 2º do art. 51 do mesmo diploma legal.

57. **(XIV Exame)** Em 10 de abril de 2013, Paula adquiriu em uma loja de eletrodomésticos um secador de cabelos de última geração. Ao tentar utilizá-lo pela primeira vez, o aparelho explodiu, causando-lhe queimaduras severas na mão direita, que empunhava o secador. Em 10 de setembro de 2013, Paula propôs ação judicial em face de Dryhair S/A, fabricante do aparelho, postulando a reparação de danos extrapatrimoniais. Em sua defesa, a fabricante invocou o transcurso do prazo decadencial de 90 dias para a reclamação de vícios de produtos duráveis.

Diante da situação descrita acima, responda, fundamentadamente, aos itens a seguir.

A) A alegação de decadência é procedente?

B) Se as partes tivessem estabelecido no contrato de aquisição do produto um limite de R$ 30.000,00 para eventuais indenizações, tal cláusula seria válida no direito brasileiro?

GABARITO:

A) Não. O caso não é de vício do produto, mas de fato do produto. O prazo prescricional aplicável à hipótese é quinquenal previsto no art. 27 do Código de Proteção e Defesa do Consumidor.

B) Não. A cláusula que limita a responsabilidade por fato ou vício do produto perante consumidor pessoa natural é inválida no direito brasileiro, consoante o disposto no Código de Proteção e Defesa do Consumidor, arts. 25 e 51, I.

58. (XV Exame) Heitor, residente em Porto Alegre/RS, firmou, em 10-5-2010, com a Sociedade W S/A, sediada na cidade de São Paulo/SP, contrato de seguro de seu veículo automotor. A apólice prevê cobertura para sinistros ocorridos em todo o país. Em 18-12-2010, Heitor, passeando pela cidade de Salvador/BA, teve seu veículo furtado no estacionamento gratuito do *Shopping* B. Com base em tal situação, responda aos itens a seguir, utilizando os argumentos jurídicos apropriados e a fundamentação legal pertinente ao caso.

A) Caso Heitor acione a Sociedade W S/A, visando a receber o valor do bem segurado, e a seguradora se negue a cobrir os danos sofridos, alegando não haver cobertura securitária para o infortúnio, poderá Heitor demandar a seguradora na Comarca de Porto Alegre/RS?

B) O Shopping B possui o dever de ressarcir Heitor pelo furto de seu veículo? Fundamente.

GABARITO:

A) Heitor poderá ajuizar ação de cobrança em face da Seguradora na Comarca de Porto Alegre/RS, em razão da regra de foro especial para o autor da demanda, nos termos do art. 101, I, do CDC ou art. 53, V, do CPC, excetuando a regra consagrada no art. 46 do CPC.

B) Segundo atual entendimento do Superior Tribunal de Justiça, o *shopping* que oferecer estacionamento privativo aos consumidores, mesmo que de forma gratuita, é responsável pela segurança tanto do veículo como do cliente. Nos termos do art. 14 do Código de Defesa do Consumidor e da Súmula 130 do STJ, o *shopping* responderá objetivamente pela reparação dos danos acarretados a Heitor. Nesses casos, há falha no fornecimento da segurança, havendo responsabilidade do shopping pelo fato ou defeito do serviço, não se podendo aplicar a regra de exclusão de responsabilidade baseada na força maior. Tal argumento também está escorado no princípio da boa-fé, na forma do art. 422 do Código Civil.

59. (XVII Exame) O famoso atleta José da Silva, campeão pan-americano da prova de 200 m no atletismo, inscreveu-se para a Copa Rio de Atletismo – RJ, 2015. O torneio previa, como premiação aos campeões de cada modalidade, a soma de R$ 20.000,00. Todos os especialistas no esporte estimavam a chance de vitória de José superior a 80%. Na semana que antecedeu a competição, o atleta, domiciliado no estado de Minas Gerais, viajou para a cidade do Rio de Janeiro para treinamento e reconhecimento dos locais de prova. Na véspera do evento esportivo, José sofreu um grave acidente, tendo sido atropelado por um ônibus executivo da sociedade empresária D Ltda., com sede em São Paulo. O serviço de transporte executivo é explorado pela sociedade empresária D Ltda. de forma habitual, organizada profissionalmente e remunerada. Restou evidente que o acidente ocorreu devido à distração do condutor do ônibus. Em virtude do ocorrido, José não pôde competir no aludido torneio. O atleta precisou de atendimento médico-hospitalar de emergência, tendo realizado duas cirurgias e usado medicamentos. No processo de reabilitação, fez fisioterapia para recuperar a amplitude de movimento das pernas e dos quadris.

Sobre a situação descrita, responda aos itens a seguir.

A) Que legislação deve ser aplicada ao caso e como deverá responder a sociedade empresária D Ltda.? Quais os danos sofridos por José?

B) Qual o prazo para o ajuizamento da demanda reparatória? É possível fixar a competência do juízo em Minas Gerais?

GABARITO:

A) Trata-se de uma relação de consumo, na qual José se qualifica juridicamente como consumidor por equiparação, vítima de acidente de consumo, conforme o art. 17 do CDC. A sociedade empresária D Ltda. enquadra-se na condição de fornecedora de serviços conforme o art. 3º, § 2º, do CDC. Assim, deve-se aplicar o CDC e a responsabilidade civil será objetiva, nos termos do art. 14 do CDC, bem como no art. 37, § 6º, da Constituição da República, por tratar-se de prestadora de serviço público.

Quanto aos danos suportados pelo corredor, verifica-se a ocorrência da perda de uma chance. Trata-se da frustração da probabilidade de obter o prêmio da Copa Rio de Atletismo. A situação revela que a chance se revestia das características jurídicas de séria e real, e, assim, deverá ser reparada. Além da perda da chance, deverão ser indenizados os danos morais pela violação da integridade física e os danos emergentes decorrentes dos tratamentos médicos (art. 402 do CC).

B) O prazo prescricional será de cinco anos, como prevê o art. 27 do CDC. O regime de consumo autoriza o ajuizamento da ação no domicílio do autor, conforme previsto no art. 101, I, do CDC. Portanto, José poderá optar pela demanda, em Minas Gerais.

IX. Nulidades

60. **(XV Exame)** Bruno ajuizou ação revisional em face do Banco ZB S/A, asseverando que o contrato de financiamento com garantia em alienação fiduciária celebrado está eivado de cláusulas abusivas, sendo necessária sua revisão. O banco não apresentou contestação. Em sentença, os pedidos formulados por Bruno foram julgados totalmente procedentes. Em sede de recurso de apelação, o banco compareceu em juízo, alegando nulidade processual por ausência de citação válida, vez que não foram observadas as prescrições legais. Considerando o caso apresentado e as regras previstas no Código de Processo Civil sobre teoria das nulidades, responda aos itens a seguir.

A) A alegação do Banco ZB S/A, de ausência de citação válida, constitui hipótese de nulidade processual relativa ou absoluta? Fundamente.

B) A nulidade da citação está sujeita aos efeitos da preclusão? Fundamente.

GABARITO:

A) Na teoria das nulidades, a inexistência de citação válida gera nulidade absoluta e não relativa. Como sabido, a citação é o ato de comunicação responsável pela transformação da estrutura do processo, até então linear – integrado por apenas dois sujeitos, autor e juiz –, em triangular, constituindo pressuposto de eficácia de formação do processo em relação ao réu, bem como requisito de validade dos atos processuais que lhe seguirem, nos termos dos arts. 239 e 312, ambos do CPC. Assim, ausência de citação ou a citação inválida configuram nulidade absoluta insanável por ausência de pressuposto de existência da relação processual, inteligência do art. 280 do CPC.

B) A nulidade da citação não está sujeita à preclusão, podendo ser reconhecida a qualquer tempo e grau de jurisdição, ultrapassando, inclusive, a barreira da coisa julgada, visto que, sem citação regular e/ou comparecimento espontâneo da parte não se pode sequer cogitar em processo, conforme prescrevem o art. 485, § 3º, e o art. 278, parágrafo único, do CPC.

X. Processo eletrônico – Lei n. 11.419/2006

61. (XIII Exame) Marcelo ajuizou ação de cobrança, pelo rito ordinário, em face de Diogo. Os autos foram distribuídos para a 2ª Vara Cível da Comarca 'X', do Estado 'Y', tramitando pelo sistema digital. Considerando o caso apresentado e as regras sobre o processo judicial eletrônico, responda aos itens a seguir, apontando o fundamento legal.

A) Caso o patrono de Diogo não consiga enviar sua contestação, no último dia do prazo, por indisponibilidade do sistema devido a motivos técnicos, haverá preclusão temporal? Fundamente.

B) Indique o procedimento que o advogado de Diogo deve adotar, caso os documentos, a serem juntados aos autos, sejam ilegíveis e, por isso, inviável a digitalização. Fundamente.

GABARITO:

A) Não haverá preclusão temporal pelo não envio da contestação no prazo legal, vez que, havendo impossibilidade de ser encaminhada a petição eletrônica no prazo estipulado por motivos técnicos, prorrogar-se-á automaticamente o prazo para o primeiro dia útil seguinte à resolução do problema, nos termos do art. 10, § 2º, da Lei n. 11.419/2006.

B) O patrono de Diogo deverá, por meio de petição eletrônica, informar o fato e apresentar os documentos ao cartório ou à secretaria no prazo de dez dias contados a partir do envio de petição eletrônica, sendo estes devolvidos à parte após o trânsito em julgado, apontando como fundamento legal o art. 11, § 5º, da Lei n. 11.419/2006.

XI. Teoria geral dos recursos

62. (VI Exame) Frederico propôs ação de restituição de indébito em face da sociedade de telecomunicações X sob o rito ordinário. Na peça inaugural expôs os elementos que entendia serem autorizadores da concessão antecipada dos efeitos da tutela, requerendo a concessão da medida *inaudita altera pars* a fim de que se cessasse a cobrança indevida. No despacho liminar, o juiz determinou apenas a citação do réu. Na réplica, foi reiterado o pedido de antecipação de tutela. Por se tratar de questão meramente de direito e estando a causa madura, o juiz julgou antecipadamente a lide, julgando procedente o pedido.

Com base em tal situação, responda aos itens a seguir, empregando os argumentos jurídicos apropriados e a fundamentação legal pertinente ao caso.

A) Considerando que o juiz deixou de apreciar o pedido de antecipação de tutela, explique fundamentadamente qual medida deve ser tomada para que haja manifestação sobre a antecipação de tutela na sentença.

B) Na hipótese do enunciado, considere ser você o(a) advogado(a) da ré, que, tempestivamente, requereu a produção de provas em audiência, o que foi negado pelo julgador antes da aplicação do art. 330, I, do CPC. Aponte qual medida jurídica deve ser tomada a fim de questionar tal negativa, descrevendo o prazo para ajuizá-la.

GABARITO:

A) O examinando deverá identificar que o pedido de antecipação de tutela poderá ser apreciado mesmo na sentença e isso é de suma importância para fins de efeitos de eventual interposição recursal, nos termos do art. 1.012, § 1º, V, do CPC. Assim, se ingressará com embargos de declaração por omissão, com fundamento no art. 1.022, II, do CPC, por meio do qual requererá que o Juízo se manifeste expressamente sobre o pedido requerido na inicial e reiterado na réplica.

B) O remédio jurídico hábil a atacar a sentença é a apelação, nos termos do art. 1.009 do CPC. Por ter havido *error in procedendo*, com cerceamento de defesa, com base no art. 5º, LV, da CF/88 e requerer que a sentença seja anulada, retornando os autos a instância inferior para que o Juízo prolate sentença de mérito observando todo lastro probatório pleiteado pela ré.

63. **(VIII Exame)** João ingressa com uma ação ordinária em face da empresa XYZ, postulando a revisão de cláusula contratual cumulada com indenização por danos morais e materiais. Após todo o trâmite na 1ª instância, o juízo cível prolata sentença, julgando procedente apenas o pedido de revisão. Irresignado, João interpõe apelação, a qual o Tribunal dá parcial provimento, entendendo somente pelo cabimento da indenização por danos materiais. Após a publicação do acórdão, no 5º dia, último dia do prazo, a empresa XYZ opõe embargos de declaração, por entender que houve contradição na decisão colegiada que julgou a apelação. João, sem atentar para tal fato, interpõe Recurso Especial no dia seguinte da oposição dos embargos sem aguardar o julgamento destes.

Considerando que após a publicação do acórdão que julgou os embargos não houve reiteração do recurso interposto por João, responda às questões a seguir, com a devida fundamentação legal.

A) O Recurso Especial poderá ser admitido?

B) Em caso de não admissão do Recurso Especial interposto, qual será o recurso cabível?

GABARITO:

A) Não, pois o recurso deve ser interposto dentro do prazo fixado em lei. O termo inicial do prazo recursal está previsto no art. 1.003 do CPC. No caso, a decisão recorrível é a que julgou os embargos, posto que esta integra a decisão anterior. Ademais, a interposição tempestiva dos embargos de declaração interrompe o prazo para interposição de eventual recurso (art. 1.026 do CPC). Incide, ainda o enunciado da Súmula 418 do STJ (É inadmissível o recurso especial interposto antes da publicação do acórdão dos embargos de declaração, sem posterior ratificação). Logo, é intempestivo o Recurso Especial interposto antes da publicação do acórdão dos embargos de declaração opostos, salvo se houver reiteração posterior.

B) Cabe agravo dentro das hipóteses do art. 1.042 do CPC.

XII. Processo de execução

64. **(II Exame)** Gerson está sendo executado judicialmente por Francisco, tendo sido penhorado um imóvel de sua propriedade. Helena, esposa de Gerson, casada pelo regime da separação total de bens, pretende a aquisição do bem penhorado, sem que o imóvel seja submeti do à hasta pública. É juridicamente possível esta pretensão? Em caso negativo, fundamente sua resposta. Em caso positivo, identifique os requisitos exigidos pela lei para que o ato judicial seja considerado perfeito e acabado. Considere que não há outros pretendentes ao bem penhorado.

GABARITO:

Trata-se do instituto da adjudicação, previsto no CPC, no art. 876. Helena pode adjudicar o imóvel penhorado, o que é fundamentado no § 5º do art. 876. Para que o ato judicial seja perfeito e acabado, necessárias a lavratura e assinatura do auto pelo juiz, pelo adjudicante, pelo escrivão e pelo executado, expedindo-se a respectiva carta, que conterá a descrição do imóvel, com remissão à matrícula e registros, acompanhada de cópia do auto de adjudicação e a prova de quitação do imposto de transmissão, na forma do art. 877, § 1º, do CPC.

65. (III Exame) João contrata você como advogado(a) a fim de representá-lo em determinada demanda judicial. Os termos são ajustados por contrato escrito, assinado por duas testemunhas, fixando-se o pagamento de 1/3 dos honorários em caso de revogação do mandato antes da sentença; 2/3, em caso de revogação após a sentença; e integral no caso de autos findos. O trabalho é realizado com zelo e proficiência, e o juízo julga procedente em parte o pedido autoral, compensando-se as despesas e os honorários de sucumbência. Na fase de cumprimento de sentença, o autor vem a óbito, deixando seus sucessores de constituí-lo como advogado. Considerando que você atuou exclusivamente naquele processo, entende que faz jus ao recebimento dos honorários contratuais.

Com base no cenário acima, responda aos itens a seguir, empregando os argumentos jurídicos apropriados e a fundamentação legal pertinente ao caso.

A) Em tal hipótese, qual medida judicial você poderá tomar a fim de receber os honorários contratuais?

B) Qual deverá ser o procedimento adotado a fim de receber os honorários contratuais?

GABARITO: Gabarito comentado:

A) A ação a ser ajuizada é a ação de execução pautada em título executivo extrajudicial, na forma do art. 784, XII, do CPC c/c o art. 24, § 1º, da Lei n. 8.906/94 (Estatuto do Advogado).

B) A execução poderá ser promovida nos mesmos autos da ação, dispensando-se a habilitação de crédito no inventário, a propositura de ação de cobrança ou arbitramento de honorários de advogado.

66. (V Exame) Fabrício, morador de Vitória-ES, de passagem em São Paulo por motivo de trabalho, aproveita a estada na cidade para comprar presentes para sua namorada na loja Ana Noris Moda Feminina. Realiza o pagamento por meio de cheque no valor de R$ 3.560,00 (três mil quinhentos e sessenta reais). Depositado na instituição bancária, o cheque é devolvido por falta de provisão de fundos. A pessoa jurídica ingressa com a execução, nos termos da lei. Fabrício foi regularmente citado, e tal informação foi juntada aos autos em trâmite no juízo deprecante na mesma data. Vinte dias depois, a carta precatória devolvida pelo juízo deprecado é juntada aos autos, e o executado opõe embargos quinze dias depois. Fabrício alegou em sua defesa não ser executivo o título apresentado e que há excesso na execução, deixando de juntar o valor que entendia correto. Com base na situação-problema, responda às indagações abaixo com base na legislação vigente.

A) Como advogado(a) da Ana Noris Moda Feminina, intimado a se manifestar sobre os embargos, o que alegaria?

B) Suponha que o juiz tenha atribuído efeito suspensivo aos embargos. Requerida a revogação, o juiz mantém o efeito, mesmo tendo sido demonstrado inequívoco o risco de lesão irreparável. Como advogado(a), qual medida adotaria? Informe o prazo e procedimento.

GABARITO:

A) Na qualidade de advogado(a), deve ser afirmado que os cheques são títulos executivos extrajudiciais (art. 784, I, do CPC) e que os embargos estão tocados por vícios merecendo a rejeição liminar (art. 918 do CPC). Deve-se observar a tempestividade em razão do art. 915 do CPC. Além disso, destacar que o embargante deixou de juntar o valor que entendia correto, elemento essencial quando os embargos são pautados em alegado excesso de execução (§§ 3º e 4º do art. 917 do CPC).

B) Cuida-se de decisão interlocutória e a medida hábil a atacá-la é o agravo de instrumento. Deverá ser interposto no prazo de 15 dias (art. 1.003, § 5º, do CPC) contados da intimação da decisão que manteve o efeito suspensivo dos embargos e ser interposto por meio de petição escrita dirigida ao juízo *ad quem* (art. 1.016 do CPC) com cópia dos documentos indispensáveis, na forma do art. 1.017 do CPC.

67. **(VI Exame)** O Banco Dinheiro a Todo Instante S.A. propõe ação de execução baseada em título executivo extrajudicial em face de José Raimundo dos Santos, no valor de R$ 15.000,00 (quinze mil reais), distribuída em 16 de julho de 2010. O executado possuía alguns bens, entre eles dois automóveis, uma pequena lancha, um único imóvel, além de investimentos financeiros. Prosseguindo na execução, a instituição financeira pleiteia ao magistrado, nos termos do art. 655-A do CPC [art. 854 do CPC], a penhora *on-line* dos ativos financeiros existentes em nome do executado. O juiz, por sua vez, negou o pedido afirmando que, de acordo com o princípio do menor sacrifício do executado, disposto no artigo 620 do Código de Processo Civil [art. 805, CPC], devem ser esgotados todos os meios possíveis e lícitos para que sejam nomeados à penhora outros bens que garantam o processo de execução. Irresignada, a instituição agrava da decisão, e o desembargador relator, em decisão monocrática, mantém a posição do juízo de primeiro grau. Um agravo interno é interposto, e a decisão é novamente mantida pelo órgão colegiado.

Diante do caso concreto responda fundamentadamente:

A) Assiste razão à instituição bancária? É possível, portanto, realizar a penhora *on-line* no caso concreto?

B) Admitindo que não haja obscuridade, contradição ou omissão no acórdão, e que existam precedentes em sentido contrário em outro tribunal do país, qual seria o recurso cabível? Fundamente indicando o dispositivo legal pertinente.

GABARITO:

A) Sim, é cabível imediatamente a penhora *on-line* de valores disponíveis em contas bancárias, por meio, portanto, do sistema Bacen-jud sem necessidade de comprovação de esgotamento de outras vias, após a vigência da Lei n. 11.382/2006.

B) Sim, recurso especial para o STJ na forma do art. 105, III, *a*, da CF, alegando violação aos arts. 835 e 854 do CPC.

68. **(XII Exame)** "Y" figura como executado em ação movida por "Z". Devidamente citado para o pagamento da quantia obrigacional, o demandado deixa de proceder com o pagamento no prazo legal, motivo pelo qual o Oficial de Justiça procedeu à penhora e à avaliação de bens, lavrou o respectivo auto e intimou o executado de tais atos, nos exatos termos da lei. A penhora recaiu sobre uma vaga de garagem que possuía matrícula própria no Registro de Imóveis e que fora indicada pelo credor na inicial da ação de execução. Y opôs embargos do devedor, quinze dias após a juntada do mandado da respectiva intimação aos autos, por meio do qual arguiu que o objeto da penhora constituía bem de família, estando insuscetível ao ato constritivo.

Considerando a situação apresentada, responda, fundamentadamente, aos itens a seguir.

A) O embargante está correto nas suas razões?

B) Considerando o aspecto processual, analise os embargos opostos e exponha as consequências jurídicas.

GABARITO:

A) Não assiste razão ao embargante visto ser perfeitamente possível a realização de penhora de vaga de garagem. A garagem com registro imobiliário autônomo não se confunde com a unidade habitacional (apartamento) e não integra a noção de pertença e, por conseguinte, não é bem de família (Súmula 449 do STJ).

B) Os embargos merecem ser rejeitados in limine, uma vez que são intempestivos (art. 918, I, do CPC), pois o prazo de 15 dias para a oposição desse remédio jurídico deve ser contado da juntada do mandado de citação aos autos, e não da de juntada do mandado de intimação (art. 915 do CPC) ou eis que manifestamente protelatórios, uma vez que contrariam texto expresso de súmula do STJ (art. 918 III, do CPC).

69. **(XIX Exame)** Marina e José casaram-se e, após alguns anos poupando dinheiro, conseguiram comprar, à vista, o primeiro imóvel em Jacarepaguá, na cidade do Rio de Janeiro. Dois meses depois de se mudarem para o novo apartamento, José ficou desempregado e, por isso, a família deixou de ter renda suficiente para pagar suas despesas. O casal, então, resolveu alugar o imóvel e utilizar o valor auferido com a locação para complementar a renda necessária à manutenção da própria subsistência, inclusive o pagamento do aluguel de outro apartamento menor, para onde se mudou. Em virtude das dificuldades financeiras pelas quais passou, o casal deixou de cumprir algumas obrigações contraídas no supermercado do bairro, uma das quais ensejou o ajuizamento de execução, com a determinação judicial de penhora do imóvel. Marina e José, regularmente citados, não efetuaram o pagamento. No dia seguinte à intimação da penhora, decorridos apenas 05 (cinco) dias da juntada dos mandados de citação aos autos, Marina e José foram ao seu escritório, desesperados, porque temiam perder o único imóvel de sua propriedade.

Tendo em vista essa situação hipotética, responda aos itens a seguir.

A) Que medida judicial pode ser adotada para a defesa do casal e em que prazo?

B) O que poderão alegar os devedores para liberar o bem da penhora?

GABARITO:

A) Os devedores poderão oferecer embargos à execução, no prazo de 15 dias, a contar da juntada aos autos do mandado de citação (art. 915 do CPC).

B) Poderão alegar a impenhorabilidade do bem de família, por se tratar de seu único imóvel, ainda que locado a terceiros, porquanto a renda obtida com o aluguel é revertida para a subsistência da família (art. 1º da Lei n. 8.009/90 e Súmula 486 do STJ).

70. **(XX Exame)** Jair é representante comercial nascido em Recife. Em virtude da natureza de sua profissão, por vezes passa meses na estrada efetuando entregas em todo o Brasil. Seus pais moram em Manaus, sua esposa e seu filho moram em Salvador. Com dificuldades financeiras, Jair, na condição de mutuário, realizou contrato de empréstimo com Juca, na condição de mutuante, no valor de R$ 10.000,00. No entanto, na data avençada no contrato para a restituição do valor acordado, Jair não cumpre sua obrigação. Precisando urgentemente da importância emprestada, Juca, domiciliado em Macapá, obtém um inventário dos clientes de Jair e, de posse de tal lista, localiza-o em Belém.

Considerados os fatos narrados, pergunta-se:

A) Qual é o domicílio de Jair para todos os fins legais? (Valor: 0,65)

B) Caso Juca decida ajuizar uma ação em face de Jair enquanto este se encontrar em Belém/PA, onde aquela poderá ser proposta? (Valor: 0,60)

GABARITO:

A) Em razão da profissão de Jair, de representante comercial que, portanto, viaja para fazer entregas em todo o Brasil, aplica-se o art. 73 do Código Civil nos seguintes termos: "Ter-se-á por domicílio da pessoa natural, que não tenha residência habitual, o lugar onde for encontrada". Assim, considerar-se-á para todos os fins legais como domicilio de Jair.

B) De acordo com o § 2º do art. 46 do CPC, sendo incerto ou desconhecido o domicílio do réu, ele poderá ser demandado onde for encontrado ou no foro de domicílio do autor. Portanto, a ação poderá ser proposta em Macapá ou em Belém.

71. **(XX Exame)** Daniel, 30 anos, amealhou ao longo da vida um patrimônio considerável. Era solteiro e decidira não ter filhos. Seus pais já eram falecidos e Daniel tinha apenas um irmão bilateral, Alexandre, e um irmão unilateral, Rafael. Após 30 dias em coma induzido em razão de grave acidente de carro, Daniel veio a falecer em 30 de agosto de 2014. Diante do exposto, responda aos itens a seguir.

A) Como deverá ser partilhada a herança entre os irmãos de Daniel? (Valor: 0,60)

B) Se depois de três anos do falecimento de Daniel, e já realizada a partilha de seus bens, aparecesse mais um irmão unilateral, até então ignorado pelos demais, que ação judicial poderia intentar para receber parte dos bens da herança? Qual o prazo para ajuizamento? (Valor: 0,65)

GABARITO:

A) Segundo o art. 1.841 do Código Civil, que aponta que concorrendo à herança do falecido irmãos bilaterais com irmãos unilaterais, cada um desses herdará metade do que cada um daqueles herdar, Rafael, irmão unilateral, herdará somente metade do que Alexandre herdar.

B) De acordo com o art. 1.824 do Código Civil, "o herdeiro pode, em ação de petição de herança, demandar o reconhecimento de seu direito sucessório, para obter a restituição da herança, ou de parte dela, contra quem, na qualidade de herdeiro, ou mesmo sem título, a possua", a ação judicial cabível seria a petição de herança, cujo prazo prescricional é de dez anos segundo o art. 205 do CC.

72. (XX Exame) Em 15 de janeiro de 2015, a Financeira X celebrou instrumento particular de contrato de mútuo com Rafael para financiar a aquisição, por este último, de veículo automotor vendido pela Concessionária B. De acordo com o contrato de mútuo, Rafael deveria pagar 30 (trinta) prestações mensais à Financeira X, no valor de R$ 2.000,00 cada, com vencimento no quinto dia útil do mês. Por meio do correspondente instrumento particular, devidamente anotado no certificado de registro do veículo, a propriedade deste último é alienada fiduciariamente à Financeira X, em garantia do pagamento do mútuo. Raphael, contudo, inadimpliu a 4ª prestação, tendo sido devidamente constituído em mora pela Financeira X.

Com base na situação apresentada, responda aos itens a seguir.

A) O inadimplemento da 4ª prestação autoriza o vencimento antecipado das prestações posteriores (da 5ª à 30ª prestação)? (Valor: 0,65)

B) Para consolidar o domínio do veículo em seu nome e autorizar a alienação extrajudicial para a satisfação da dívida, qual o tipo de ação judicial que a financeira X deve mover? (Valor: 0,60)

GABARITO:

A) De acordo com o § 3º do art. 2º do Decreto-Lei n. 911/69, a resposta é afirmativa, pois se considera vencida a dívida quando as prestações não forem pontualmente pagas. Assim, estabelece o artigo citado: "a mora e o inadimplemento de obrigações contratuais garantidas por alienação fiduciária, ou a ocorrência legal ou convencional de algum dos casos de antecipação de vencimento da dívida facultarão ao credor considerar, de pleno direito, vencidas todas as obrigações contratuais, independentemente de aviso ou notificação judicial ou extrajudicial".

B) Nos termos dos arts. 2º e 3º do Decreto-Lei n. 911/69, a ação cabível contra devedor ou terceiro para o fim de consolidar o domínio do veículo (bem alienado fiduciariamente) em nome do credor e autorizar a alienação extrajudicial em pagamento da dívida é a ação de busca e apreensão, a qual será concedida liminarmente, podendo ser apreciada em plantão judiciário.

73. (XX Exame) Patrícia e sua vizinha Luiza estão sempre em conflito, pois Nick, o cachorro de Luiza, frequentemente pula a cerca entre os imóveis e invade o quintal de Patrícia, causando diversos danos à sua horta. Patrícia já declarou inúmeras vezes que deseja construir uma divisória para evitar as constantes invasões de Nick, mas não quer assumir sozinha o custo da alteração, ao passo que Luiza se recusa a concordar com a mudança da cerca limítrofe entre os terrenos. Em determinado dia, Nick acabou preso no quintal de Patrícia que, bastante irritada com toda a situação, recusou-se a devolvê-lo e não permitiu que Luiza entrasse em seu terreno para resgatá-lo.

Sobre a situação descrita, responda aos itens a seguir.

A) Tendo se recusado a devolvê-lo, pode Patrícia impedir a entrada de Luiza em sua propriedade com o intuito de resgatar o cachorro? (Valor: 0,50)

B) Com relação ao pleito de Patrícia acerca da divisória entre os imóveis, é possível exigir de Luiza a concordância com a alteração da cerca? Em caso positivo, de quem seriam os custos da colocação da nova divisória? (Valor: 0,75)

GABARITO:

A) De acordo com o inciso II do art. 1.313 do Código Civil ("O proprietário ou ocupante do imóvel é obrigado a tolerar que o vizinho entre no prédio, mediante prévio aviso, para apoderar-se de coisas suas, inclusive animais que aí se encontrem casualmente"), não pode Patrícia impedir que Luiza entre em seu terreno, mediante aviso-prévio, a fim de resgatar o cachorro Nick, a não ser que o devolva por conta própria, o que não ocorreu no caso em tela.

B) Segundo o § 3º do art. 1.297 do Código Civil, "a construção de tapumes especiais para impedir a passagem de animais de pequeno porte, ou para outro fim, pode ser exigida de quem provocou a necessidade deles, pelo proprietário, que não está obrigado a concorrer para as despesas", a primeira resposta é afirmativa. Quanto à segunda pergunta, é responsável pelos custos de colocação da nova divisória a Luiza conforme fundamento legal transcrito acima.

74. **(XXI Exame)** Ana, menor impúbere, é filha de José e Maria, ambos com apenas 18 (dezoito) anos de idade, desempregados e recém-aprovados para ingresso na Faculdade de Direito Alfa. As respectivas famílias do casal possuem considerável poder aquisitivo, porém se recusam a ajudá-los no sustento da pequena Ana, em razão de desentendimentos recíprocos. Destaca-se, por fim, que todos os avós são vivos e exercem profissões de destaque.

Com esteio na hipótese proposta, responda aos itens a seguir.

A) Os avós são obrigados a prestar alimentos em favor de sua neta? Em hipótese positiva, cuida-se de obrigação solidária? (Valor: 0,65)

B) A ação de alimentos pode ser proposta por Ana, representada por seus pais, sem incluir necessariamente todos os avós no polo passivo da demanda? (Valor: 0,60)

GABARITO:

A) O que a questão exige do candidato é a análise dos denominados "alimentos suplementares", conforme regulados pelo art. 1.698 do CC. Nesse caso, diante da insuficiência econômica dos pais, os avós são obrigados a prestar alimentos em favor de sua neta. No entanto, não se trata de obrigação solidária, tal como regulamentada pelo art. 264 do CC, mas sim de obrigação subsidiária, devendo ser diluída entre avós paternos e maternos na medida de seus recursos, diante de sua divisibilidade e possibilidade de fracionamento.

B) É possível o exercício da pretensão alimentar contra um ou mais avós. Com efeito, a obrigação alimentar por parte dos avós guarda caracteres de divisibilidade e não há solidariedade, afastando o litisconsórcio necessário. O art. 1.698 do CC explicita tratar-se de litisconsórcio facultativo (impróprio), bastando que haja a opção por um dos avós, que suporte o encargo nos limites de suas possibilidades.

75. **(XXI Exame)** Miguel e Joana, irmãos, figuram respectivamente como locatário e fiadora em contrato de locação residencial celebrado com Antônio, no qual consta cláusula em que Joana renuncia ao benefício de ordem. Diante da ausência de pagamento dos valores acordados, Antônio promoveu ação de execução por título extrajudicial em face de ambos os devedores. Miguel foi citado cinco dias úteis antes de Joana, sendo que o comprovante de citação de Joana foi juntado aos autos vinte dias úteis após o de Miguel.

Diante do exposto, responda aos itens a seguir.

A) Opostos embargos à execução por Joana, esta pleiteia que primeiro sejam penhorados os bens de Miguel. Deve ser acolhida essa alegação? (Valor: 0,50)

B) O prazo para Miguel apresentar embargos à execução findou antes ou depois de iniciar o prazo para Joana embargar a execução? (Valor: 0,40)

C) O prazo para oposição de embargos seria de 15 dias, contados em dobro, se Miguel e Joana possuíssem advogados distintos? (Valor: 0,35)

GABARITO:

A) Não. Tendo em vista a cláusula em que Joana renunciou ao benefício de ordem, não assiste direito de que primeiro sejam penhorados os bens do afiançado, conforme previsto no art. 828, inciso I, do CC e no art. 794, § 3º, do CPC.

B) O prazo se findou antes. Isto porque, quando houver mais de um executado, o prazo para cada um deles embargar é contado a partir da juntada do respectivo comprovante da citação. O prazo para Miguel apresentar embargos terminou 15 dias úteis após a juntada de seu comprovante de citação, o que ocorreu antes da juntada do comprovante de citação de Joana, nos termos do art. 915, § 1º, do CPC.

C) Não. Conforme o art. 915, § 3º, do CPC, não se aplica o disposto no art. 229 do CPC em relação ao prazo para oferecimento dos embargos à execução.

76. (XXI Exame) A sociedade empresária Y, de Porto Alegre, e a sociedade empresária X, com sede em Salvador e filial em São Paulo, ambas de grande porte, firmaram contrato de parceria para desenvolvimento de um programa de instalação de máquinas subterrâneas, que seguiu um modelo de instrumento contratual elaborado pela sociedade empresária X, com cláusula de eleição de foro em São Paulo, local de instalação das máquinas. Após os primeiros meses de relação contratual, contudo, as sociedades empresárias começaram a encontrar dificuldades para a realização dos serviços, de modo que a sociedade empresária X suspendeu o cumprimento de suas obrigações. Em razão disso, a sociedade empresária Y ajuizou ação de obrigação de fazer perante a Comarca de Porto Alegre, afirmando que a cláusula de eleição de foro, por estar contida em contrato de adesão, não seria válida.

Com base em tais afirmativas, responda aos itens a seguir.

A) É válida a eleição de foro constante do contrato firmado entre as sociedades empresárias Y e X? (Valor: 0,60)

B) O juízo de Porto Alegre poderia reconhecer de ofício sua incompetência? (Valor: 0,65)

GABARITO:

A) Na verdade, a cláusula de eleição de foro é válida, devendo a ação tramitar perante a Comarca de São Paulo, inicialmente porque há paridade na relação contratual, não se tratando de relação consumerista, a afastar a proteção prevista na Lei n. 8.078/90; e ainda porque, embora seja possível decretar a nulidade de cláusula contida em contrato de adesão em relações não consumeristas (art. 424 do CC), apenas são nulas as cláusulas que estipulem a renúncia antecipada a direito resultante da natureza do negócio, o que não é a hipótese de criação de foro contratual.

B) Por se tratar de incompetência territorial, esta é relativa e não pode ser declinada de ofício pelo magistrado (art. 64, § 1º, e art. 65, ambos do CPC), devendo ser alegada em preliminar de contestação (art. 337, II, do CPC).

77. (XXI Exame) Ronaldo tem um crédito de R$ 20.000,00 com Celso. O referido crédito foi proveniente de contrato de mútuo celebrado entre as partes, subscrito por duas testemunhas. Apesar do vencimento da obrigação, Celso não cumpre o avençado. Ronaldo propõe ação de execução para o adimplemento da obrigação, restando evidenciado que Celso efetivamente doou seus dois únicos bens (automóveis) para Jorge antes da propositura da ação.

De acordo com as informações constantes no caso, responda aos itens a seguir.

A) É possível identificar algum vício na doação dos bens (automóveis)? (Valor: 0,60)

B) Indique o instrumento processual do qual Ronaldo pode se valer para permitir que os bens doados possam ser expropriados na execução proposta. Fundamente a resposta com os dispositivos legais pertinentes. (Valor: 0,65)

GABARITO:

A) No caso, pode-se identificar a fraude contra credores, prevista nos arts. 158 e 159 do Código Civil, pois a doação dos bens ocorreu antes da propositura da ação de execução.

B) Para que o credor prejudicado consiga perseguir os bens alienados em fraude contra credores, terá que se valer de Ação Pauliana, prevista no art. 161 do Código Civil.

78. **(XXII Exame)** Poucos anos antes de morrer, Silas vendeu, no ano de 2012, por dois milhões de reais, a cobertura luxuosa onde residia. Com o dinheiro da venda, comprou, no mesmo ano, dois apartamentos em um mesmo prédio, cada um avaliado em trezentos mil reais, e mudou-se para um deles. Doou o outro imóvel para sua filha Laura e seu genro Hélio, local onde o casal passou a morar. Mesmo sem o consentimento dos demais herdeiros, Silas fez questão de registrar, na escritura de doação, que a liberalidade era feita em favor do casal, não mencionando, todavia, se seria ou não adiantamento de legítima.

Silas morreu no dia 20 de março de 2016 e deixou, além de Laura, dois outros herdeiros: Mauro e Noel, netos oriundos do casamento de um filho pré-morto, Wagner. O processo de inventário foi iniciado poucos dias depois de sua morte. Laura foi nomeada inventariante e apresentou as primeiras declarações em setembro de 2016, sem mencionar o imóvel em que residia.

Diante desses fatos, responda aos itens a seguir.

A) A doação realizada é válida? (Valor: 0,65)

B) Há fundamento no direito processual que obrigue Laura a declarar o imóvel? (Valor: 0,60)

GABARITO:

A) A doação é válida, porque (i) o valor do imóvel não ultrapassa a metade do patrimônio de Silas (art. 549 do CC) e (ii) e traduz adiantamento de legítima, pelo que não necessita da anuência dos demais herdeiros (art. 544 do CC).

B) Laura está obrigada a declarar os bens que recebeu por liberalidade não só pelo fato de ser herdeira (art. 639 do CPC), mas também por ser inventariante (art. 620, inciso IV, do CPC).

79. **(XXII Exame)** Em 10 de maio de 2016, Pedro, comprador, celebrou contrato de compra e venda com Bruno, vendedor, cujo objeto era uma motocicleta seminova (ano 2013), modelo X, pelo preço de R$ 10.000,00, pagos à vista. Em setembro de 2016, Pedro foi citado para responder a ação na qual Anderson alegava ser proprietário da referida moto. Sem entender a situação e com receio de perder o bem, Pedro ligou imediatamente para Bruno, que lhe respondeu não conhecer Anderson e não ter nenhuma relação com o problema, pois se trata de fato posterior à venda da moto, ainda afirmando que "Pedro resolva diretamente com Anderson e procure seus direitos na justiça".

Com base nos fatos narrados, responda aos itens a seguir.

A) Qual a responsabilidade de Bruno caso Pedro venha a perder o bem por sentença judicial? Fundamente com o instituto de Direito Civil adequado, indicando as verbas do ressarcimento devido. (Valor: 0,80)

B) Como Pedro deverá proceder caso queira discutir a responsabilidade de Bruno na própria ação reivindicatória ajuizada por Anderson? Fundamente com o instituto de direito processual adequado. (Valor: 0,45)

GABARITO:

A) Bruno responde pela evicção, caso Pedro perca o bem (moto) por sentença judicial em favor de Anderson, conforme o art. 447 do Código Civil. Além da restituição integral do preço, Pedro deverá ser indenizado por Bruno das despesas do contrato e de outros prejuízos que diretamente resultem da evicção, além das custas judiciais e dos honorários advocatícios, nos termos do art. 450 do CC.

B) Para exercer os direitos oriundos da evicção na própria ação reivindicatória, Pedro deverá denunciar-lhe a lide, nos termos do art. 125, inciso I, do CPC.

80. (XXII Exame) Jorge, menor com doze anos de idade, está sem receber a pensão alimentícia de seu pai, Carlos, há cinco anos, apesar de decisão judicial transitada em julgado. Jorge, representado por sua mãe, Fátima, promove ação de execução de alimentos, no valor de R$ 200.000,00 (duzentos mil reais), pelos alimentos pretéritos, devidamente corrigidos.

Para pagamento da dívida, fora determinada penhora do imóvel em que Carlos e Carmem, sua atual companheira, residem. O imóvel, avaliado em R$ 300.000,00 (trezentos mil reais), é o único do casal e foi adquirido onerosamente por ambos após a constituição de união estável.

Considerando que a penhora recaiu apenas sobre a parte que cabe a Carlos, responda aos itens a seguir.

A) Há fundamento para penhora do bem descrito? (Valor: 0,70)

B) Como fica a situação de Carmem na hipótese de alienação judicial do bem descrito? (Valor: 0,55)

GABARITO:

A) Embora seja bem de família, o imóvel pode ser penhorado e alienado, pois a execução de alimentos é exceção à regra geral de impenhorabilidade do imóvel destinado à residência, consoante dispõe o art. 3º, inciso III, da Lei n. 8.009/90.

B) Diante da indivisibilidade do bem, a quota-parte que cabe à Carmem será reservada no produto da alienação (art. 843, *caput*, do CPC).

81. (XXII Exame) Danilo ajuizou ação cominatória com pedido de reparação por danos morais contra a financeira Boa Vida S/A, alegando ter sofrido dano extrapatrimonial em virtude da negativação equivocada de seu nome nos bancos de dados de proteção ao crédito. Danilo sustenta e comprova que nunca atrasou uma parcela sequer do financiamento do seu veículo, motivo pelo qual a negativação de seu nome causou-lhe dano moral indenizável, requerendo, liminarmente, a retirada de seu nome dos bancos de dados e a condenação da ré à indenização por danos morais no valor de R$ 5.000,00.

O juiz concedeu tutela provisória com relação à obrigação de fazer, apesar de reconhecer que não foi vislumbrado perigo de dano ou risco ao resultado útil do processo; contudo, verificou que a petição inicial foi instruída com prova documental suficiente dos fatos constitutivos do direito do autor, não havendo oposição do réu capaz de gerar dúvida razoável. Em sentença, o juiz julgou parcialmente procedentes os pedidos, condenando a ré à obrigação de retirar o nome do autor dos bancos de dados de proteção ao crédito, confirmando a tutela provisória, mas julgando improcedente o pedido de indenização, pois se constatou que o autor já estava com o nome negativado em virtude de anotações legítimas de dívidas preexistentes com instituições diversas, sendo um devedor contumaz.

Em face do exposto, responda aos itens a seguir.

A) À luz da jurisprudência dos tribunais superiores, é correta a decisão do juiz que julgou improcedente o pedido de indenização por danos morais? (Valor: 0,65)

B) Poderia o advogado requerer a tutela provisória mesmo constatando-se a inexistência de perigo de dano ou de risco ao resultado útil do processo? (Valor: 0,60)

GABARITO:

A) Sim; com apoio na jurisprudência consolidada no Superior Tribunal de Justiça, "da anotação irregular em cadastro de proteção ao crédito, não cabe indenização por dano moral quando preexistente legítima inscrição, ressalvado o direito ao cancelamento". É o que dispõe o teor da Súmula 385 do STJ.

B) Sim. Trata-se de tutela provisória de evidência, que dispensa a prova de perigo de dano ou de risco ao resultado útil do processo, quando "a petição inicial for instruída com prova documental suficiente dos fatos constitutivos do direito do autor, a que o réu não oponha prova capaz de gerar dúvida razoável", nos termos art. 311, inciso IV, do CPC.

82. **(XXIII Exame)** Após sofrer acidente automobilístico, Vinícius, adolescente de 15 anos, necessita realizar cirurgia no joelho direito para reconstruir os ligamentos rompidos, conforme apontam os exames de imagem. Contudo, ao realizar a intervenção cirúrgica no Hospital Boa Saúde S/A, o paciente percebe que o médico realizou o procedimento no seu joelho esquerdo, que estava intacto. Ressalta-se que o profissional não mantém relação de trabalho com o hospital, utilizando sua estrutura mediante vínculo de comodato, sem relação de subordinação.

Após realizar nova cirurgia no joelho correto, Vinícius, representado por sua mãe, decide ajuizar ação indenizatória em face do Hospital Boa Saúde S/A e do médico que realizou o primeiro procedimento.

Em face do exposto, responda aos itens a seguir.

A) Na apuração da responsabilidade do hospital, dispensa-se a prova da culpa médica? (Valor: 0,75)

B) O procedimento do juizado especial cível é cabível? (Valor: 0,50)

GABARITO:

A) Não. A responsabilidade pessoal do profissional liberal "será apurada mediante a verificação da culpa", como prevê o art. 14, § 4º, do CDC. A inclusão do hospital, que responde objetivamente, na forma do art. 14, *caput*, do referido diploma, não tem o condão de dispensar a prova da culpa médica. Desse modo, o hospital responde solidária e objetivamente, dispensado a prova de sua culpa na causação do dano, mas depende da comprovação da culpa do médico, na forma do art. 14, § 4º, da Lei n. 8.087/90.

B) Não. Na forma do art. 8º, *caput*, da Lei n. 9.099/95, "não poderão ser partes, no processo instituído por esta /Lei, o incapaz, o preso, as pessoas jurídicas de direito público, as empresas públicas da União, a massa falida e o insolvente civil". Como o autor da ação é um adolescente de 15 anos, trata-se de pessoa absolutamente incapaz, na forma do art. 4º, inciso I, do CC, motivo pelo qual deve buscar a Justiça Comum para o ajuizamento da demanda.

83. **(XXIII Exame)** Dalva, viúva, capaz e sem filhos, decide vender para sua amiga Lorena um apartamento de 350 m² que tinha com o marido em área urbana, o qual não visitava havia cerca de sete anos. Após a celebração do negócio, Lorena, a nova proprietária, é surpreendida com a presença de Roberto, um estranho, morando no imóvel. Este, por sua vez, explica para Lorena que "já se considera proprietário da casa" pela usucapião, pois, "conforme estudou", apesar de morar ali apenas há 6 meses, "seus falecidos pais já moravam no local há mais de 5 anos", o que seria suficiente, desde que a antiga proprietária "havia abandonado o imóvel". Lorena, por sua vez, foi aconselhada por um vizinho a ajuizar uma ação pleiteando a sua imissão na posse para retirar Roberto da sua casa.

Diante do exposto, responda aos itens a seguir.

A) Roberto tem razão ao alegar que já usucapiu o imóvel? (Valor: 0,50)

B) Está correta a sugestão feita pelo vizinho de Lorena? Por quê? Qual a ação judicial mais recomendável na hipótese? (Valor: 0,75)

GABARITO:

A) Não, pois o prazo de 5 anos só seria suficiente se a área usucapida tivesse no máximo 250 m² e também se ele tivesse morado no local durante todo o período aquisitivo (arts. 1.239 e 1.240, ambos do CC).

B) Não, pois, considerando-se que Roberto não tem qualquer vínculo jurídico com Dalva, a imissão na posse é incabível. A medida recomendável é a ação pelo procedimento comum (art. 318 do CPC), com pedido reivindicatório (art. 1.228 do CC).

84. **(XXIII Exame)** Luiz, viúvo, residente e domiciliado em Maceió, tinha três filhos: Jorge, Clarissa e Joana, e nenhum neto. Jorge, enciumado com o tratamento preferencial que Luiz dispensava às suas irmãs, tenta matar seu pai desferindo-lhe dois tiros, dos quais, por sorte, Luiz consegue escapar ileso. Dois anos antes, este registrara testamento público, estipulando que seu patrimônio disponível deveria ser herdado por Jorge e Joana. Luiz vem a falecer durante viagem a Salvador, em 2017, deixando como herança líquida o montante de R$ 2.000.000,00 (dois milhões de reais).

Com base na hipótese apresentada, responda aos itens a seguir.

A) Qual medida judicial poderá ser utilizada por Joana para evitar que Jorge venha a suceder Luiz? Há algum prazo-limite para isso? (Valor: 0,85)

B) Qual o foro competente para processar e julgar o inventário de Luiz? (Valor: 0,40)

GABARITO:

A) Joana deve ajuizar demanda objetivando a declaração de indignidade de Jorge, fundamentada no art. 1.814, inciso I, e no art. 1.815, ambos do Código Civil, pois o herdeiro Jorge foi autor de tentativa de homicídio contra Luiz, pessoa de cuja sucessão se trata. Com o reconhecimento judicial da indignidade de Jorge, este será excluído da sucessão de Luiz. O prazo para o ajuizamento da demanda é de 4 anos da abertura da sucessão, segundo o art. 1.815, parágrafo único, do Código Civil.

B) O foro competente é o da cidade de Maceió, nos termos do art. 48 do CPC, já que ali era domiciliado o autor da herança.

85. **(XXIII Exame)** Tiago, servidor público federal, e Marcel, advogado, mantiveram convivência pública, contínua e duradoura, com o objetivo de constituir família, durante quinze anos. Em virtude do falecimento de Tiago decorrente de acidente de trânsito, Marcel ajuizou ação em face da União, pleiteando a concessão de pensão por morte, sob o fundamento da ocorrência de união estável com o falecido. A juíza federal da 6ª Vara, por ter entendido configurada a relação de companheirismo, julgou procedente o pedido, concedendo a pensão a Marcel. Não foi interposta apelação, tampouco houve a incidência de reexame necessário, pelo que ocorreu o trânsito em julgado da decisão concessiva da pensão.

Diante do acolhimento de sua pretensão no âmbito da Justiça Federal, Marcel, a fim de resguardar seus direitos sucessórios, ajuizou, perante a Justiça Estadual, ação declaratória de união estável, buscando o reconhecimento da relação de companheirismo mantida com Tiago. O juiz de direito da 3ª Vara de Família julgou improcedente o pedido, sob o fundamento de que o requisito da coabitação para o reconhecimento de união estável não se encontrava preenchido.

Sobre tais fatos, responda aos itens a seguir.

A) O fundamento da decisão proferida pela Justiça Estadual está correto? Por quê? (Valor: 0,50)

B) O reconhecimento da união estável pela Justiça Federal vincula a decisão a ser proferida pela Justiça Estadual? Por quê? (Valor: 0,75)

GABARITO:

A) Não, pois o art. 1.723 do Código Civil não prevê a coabitação como requisito para a configuração da união estável.

B) Não. O reconhecimento da união estável pela Justiça Federal se deu incidentalmente como questão prejudicial. Considerando que a Justiça Federal não é competente para decidir como questão principal acerca da ocorrência de união estável, sua apreciação não é apta a fazer coisa julgada, nos termos do art. 503, § 1º, inciso III, do CPC. Em consequência, a Justiça Estadual poderá decidir de maneira diversa a respeito da configuração da relação de companheirismo.

21. SÚMULAS SELECIONADAS

21.1. Competência

Súmula 1 do STJ. O foro do domicílio ou da residência do alimentando e o competente para a ação de investigação de paternidade, quando cumulada com a de alimentos.

Súmula 3 do STJ. Compete ao Tribunal Regional Federal dirimir conflito de competência verificado, na respectiva região, entre juiz federal e juiz estadual investido de jurisdição federal.

Súmula 33 do STJ. A incompetência relativa não pode ser declarada de ofício.

Súmula 41 do STJ. O Superior Tribunal de Justiça não tem competência para processar e julgar, originariamente, mandado de segurança contra ato de outros tribunais ou dos respectivos órgãos.

Súmula 55 do STJ. Tribunal Regional Federal não é competente para julgar recurso de decisão proferida por juiz estadual não investido de jurisdição federal.

Súmula 59 do STJ. Não há conflito de competência se já existe sentença com trânsito em julgado, proferida por um dos juízos conflitantes.

Súmula 150 do STJ. Compete a justiça federal decidir sobre a existência de interesse jurídico que justifique a presença, no processo, da união, suas autarquias ou empresas públicas.

Súmula 248 do STF. É competente, originariamente, o Supremo Tribunal Federal, para mandado de segurança contra ato do Tribunal de Contas da União.

Súmula 249 do STF. É competente o Supremo Tribunal Federal para a ação rescisória, quando, embora não tendo conhecido do recurso extraordinário, ou havendo negado provimento ao agravo, tiver apreciado a questão federal controvertida.

Súmula 330 do STF. O Supremo Tribunal Federal não é competente para conhecer de mandado de segurança contra atos dos Tribunais de Justiça dos Estados.

Súmula 363 do STJ. Compete à Justiça estadual processar e julgar a ação de cobrança ajuizada por profissional liberal contra cliente.

Súmula 428 do STJ. Compete ao Tribunal Regional Federal decidir os conflitos de competência entre juizado especial federal e juízo federal da mesma seção judiciária.

Súmula 508 do STF. Compete à Justiça Estadual, em ambas as instâncias, processar e julgar as causas em que for parte o Banco do Brasil S.A.

Súmula 517 do STF. As sociedades de economia mista só têm foro na Justiça Federal, quando a União intervém como assistente ou opoente.

Súmula 556 do STF. É competente a Justiça comum para julgar as causas em que é parte sociedade de economia mista.

Súmula 624 do STF. Não compete ao Supremo Tribunal Federal conhecer originariamente de mandado de segurança contra atos de outros tribunais.

Súmula 634 do STF. Não compete ao Supremo Tribunal Federal conceder medida cautelar para dar efeito suspensivo a recurso extraordinário que ainda não foi objeto de juízo de admissibilidade na origem.

21.2. Honorários

Súmula 14 do STJ. Arbitrados os honorários advocatícios em percentual sobre o valor da causa, a correção monetária incide a partir do respectivo ajuizamento.

Súmula 105 do STJ. Na ação de mandado de segurança não se admite condenação em honorários advocatícios.

Súmula 131 do STJ. Nas ações de desapropriação incluem-se no cálculo da verba advocatícia as parcelas relativas aos juros compensatórios e moratórios, devidamente corrigidas.

Súmula 141 do STJ. Os honorários de advogado em desapropriação direta são calculados sobre a diferença entre a indenização e a oferta, corrigidas monetariamente.

Súmula 201 do STJ. Os honorários advocatícios não podem ser fixados em salários mínimos.

Súmula 257 do STF. São cabíveis honorários de advogado na ação regressiva do segurador contra o causador do dano.

Súmula 306 do STJ. Os honorários advocatícios devem ser compensados quando houver sucumbência recíproca, assegurado o direito autônomo do advogado à execução do saldo sem excluir a legitimidade da própria parte.

Súmula 450 do STF. São devidos honorários de advogado sempre que vencedor o beneficiário de justiça gratuita.

Súmula 453 do STJ. Os honorários sucumbenciais, quando omitidos em decisão transitada em julgado, não podem ser cobrados em execução ou em ação própria.

Súmula 512 do STF. Não cabe condenação em honorários de advogado na ação de mandado de segurança.

Súmula 517 do STJ. São devidos honorários advocatícios no cumprimento de sentença, haja ou não impugnação, depois de escoado o prazo para pagamento voluntário, que se inicia após a intimação do advogado da parte executada.

Súmula 519 do STJ. Na hipótese de rejeição da impugnação ao cumprimento de sentença, não são cabíveis honorários advocatícios.

Súmula 616 do STF. É permitida a cumulação da multa contratual com os honorários de advogado, após o advento do Código de Processo Civil vigente.

21.3. Recursos

Súmula 07 do STJ. A pretensão de simples reexame de prova não enseja recurso especial.

Súmula 13 do STJ. A divergência entre julgados do mesmo tribunal não enseja recurso especial.

Súmula 83 do STJ. Não se conhece do recurso especial pela divergência, quando a orientação do tribunal se firmou no mesmo sentido da decisão recorrida.

Súmula 86 do STJ. Cabe recurso especial contra acordão proferido no julgamento de agravo de instrumento.

Súmula 98 do STJ. Embargos de declaração manifestados com notório propósito de prequestionamento não tem caráter protelatório.

Súmula 115 do STJ. Na instância especial é inexistente recurso interposto por advogado sem procuração nos autos.

Súmula 123 do STJ. A decisão que admite, ou não, o recurso especial deve ser fundamentada, com o exame dos seus pressupostos gerais e constitucionais.

Súmula 126 do STJ. É inadmissível recurso especial, quando o acordão recorrido assenta em fundamentos constitucional e infraconstitucional, qualquer deles suficiente, por si só, para mantê-lo, e a parte vencida não manifesta recurso extraordinário.

Súmula 211 do STJ. Inadmissível recurso especial quanto à questão que, a despeito da oposição de embargos declaratórios, não foi apreciada pelo Tribunal *a quo*.

Súmula 216 do STJ. A tempestividade de recurso interposto no Superior Tribunal de Justiça é aferida pelo registro no protocolo da secretaria e não pela data da entrega na agência do correio.

Súmula 223 do STJ. A certidão de intimação do acórdão recorrido constitui peça obrigatória do instrumento de agravo.

Súmula 242 do STF. O agravo no auto do processo deve ser apreciado, no julgamento da apelação, ainda que o agravante não tenha apelado.

Súmula 272 do STF. Não se admite como ordinário recurso extraordinário de decisão denegatória de mandado de segurança.

Súmula 279 do STF. Para simples reexame de prova não cabe recurso extraordinário.

Súmula 280 do STF. Por ofensa a direito local não cabe recurso extraordinário.

Súmula 281 do STF. É inadmissível o recurso extraordinário, quando couber na Justiça de origem, recurso ordinário da decisão impugnada.

Súmula 282 do STF. É inadmissível o recurso extraordinário, quando não ventilada, na decisão recorrida, a questão federal suscitada.

Súmula 283 do STF. É inadmissível o recurso extraordinário, quando a decisão recorrida assenta em mais de um fundamento suficiente e o recurso não abrange todos eles.

Súmula 284 do STF. É inadmissível o recurso extraordinário, quando a deficiência na sua fundamentação não permitir a exata compreensão da controvérsia.

Súmula 286 do STF. Não se conhece do recurso extraordinário fundado em divergência jurisprudencial, quando a orientação do plenário do Supremo Tribunal Federal já se firmou no mesmo sentido da decisão recorrida.

Súmula 287 do STF. Nega-se provimento ao agravo, quando a deficiência na sua fundamentação, ou na do recurso extraordinário, não permitir a exata compreensão da controvérsia.

Súmula 288 do STF. Nega-se provimento a agravo para subida de recurso extraordinário, quando faltar no traslado o despacho agravado, a decisão recorrida, a petição de recurso extraordinário ou qualquer peça essencial à compreensão da controvérsia.

Súmula 289 do STF. O provimento do agravo por uma das Turmas do Supremo Tribunal Federal ainda que sem ressalva, não prejudica a questão do cabimento do recurso extraordinário.

Súmula 317 do STF. São improcedentes os embargos declaratórios, quando não pedida a declaração do julgado anterior, em que se verificou a omissão.

Súmula 320 do STJ. A questão federal somente ventilada no voto vencido não atende ao requisito do prequestionamento.

Súmula 331 do STJ. A apelação interposta contra sentença que julga embargos à arrematação tem efeito meramente devolutivo.

Súmula 356 do STF. O ponto omisso da decisão, sobre o qual não foram opostos embargos declaratórios, não pode ser objeto de recurso extraordinário, por faltar o requisito do prequestionamento.

Súmula 369 do STF. Julgados do mesmo Tribunal não servem para fundamentar o recurso extraordinário por divergência jurisprudencial.

Súmula 399 do STF. Não cabe recurso extraordinário, por violação de lei federal, quando a ofensa alegada for a regimento de tribunal.

Súmula 400 do STF. Decisão que deu razoável interpretação à lei, ainda que não seja a melhor, não autoriza recurso extraordinário pela letra *a* do art. 101, III, da C.F.

Súmula 454 do STF. Simples interpretação de cláusulas contratuais não dá lugar a recurso extraordinário.

Súmula 456 do STF. O Supremo Tribunal Federal, conhecendo do recurso extraordinário, julgará a causa, aplicando o direito à espécie.

Súmula 518 do STJ. Para fins do art. 105, III, a, da Constituição Federal, não é cabível recurso especial fundado em alegada violação de enunciado de súmula.

Súmula 568 do STJ. O relator, monocraticamente e no Superior Tribunal de Justiça, poderá dar ou negar provimento ao recurso quando houver entendimento dominante acerca do tema.

Súmula 579 do STJ. Não é necessário ratificar o recurso especial interposto na pendência do julgamento dos embargos de declaração, quando inalterado o resultado anterior.

Súmula 636 do STF. Não cabe recurso extraordinário por contrariedade ao princípio constitucional da legalidade, quando a sua verificação pressuponha rever a interpretação dada a normas infraconstitucionais pela decisão recorrida.

Súmula 727 do STF. Não pode o magistrado deixar de encaminhar ao Supremo Tribunal Federal o agravo de instrumento interposto da decisão que não admite recurso extraordinário, ainda que referente a causa instaurada no âmbito dos juizados especiais.

Súmula 733 do STF. Não cabe recurso extraordinário contra decisão proferida no processamento de precatórios.

Súmula 734 do STF. Não cabe reclamação quando já houver transitado em julgado o ato judicial que se alega tenha desrespeitado decisão do Supremo Tribunal Federal.

Súmula 735 do STF. Não cabe recurso extraordinário contra acórdão que defere medida liminar.

21.4. Execução

Súmula 27 do STJ. Pode a execução fundar-se em mais de um título extrajudicial relativos ao mesmo negócio.

Súmula 134 do STJ. Embora intimado da penhora em imóvel do casal, o cônjuge do executado pode opor embargos de terceiro para defesa de sua meação.

Súmula 196 do STJ. Ao executado que, citado por edital ou por hora certa, permanecer revel, será nomeado curador especial, com legitimidade para apresentação de embargos.

Súmula 228 do STF. Não é provisória a execução na pendência de recurso extraordinário, ou de agravo destinado a fazê-lo admitir.

Súmula 254 do STF. Incluem-se os juros moratórios na liquidação, embora omisso o pedido inicial ou a condenação.

Súmula 279 do STJ. É cabível execução por título extrajudicial contra a Fazenda Pública.

Súmula 300 do STJ. O instrumento de confissão de dívida, ainda que originário de contrato de abertura de crédito, constitui título executivo extrajudicial.

Súmula 309 do STJ. O débito alimentar que autoriza a prisão civil do alimentante é o que compreende as três prestações anteriores ao ajuizamento da execução e as que se vencerem no curso do processo.

Súmula 317 do STJ. É definitiva a execução de título extrajudicial, ainda que pendente apelação contra sentença que julgue improcedentes os embargos.

Súmula 364 do STJ. O conceito de impenhorabilidade de bem de família abrange também o imóvel pertencente a pessoas solteiras, separadas e viúvas.

Súmula 417 do STJ. Na execução civil, a penhora de dinheiro na ordem de nomeação de bens não tem caráter absoluto.

Súmula 449 do STJ. A vaga de garagem que possui matrícula própria no registro de imóveis não constitui bem de família para efeito de penhora.

Súmula 486 do STJ. É impenhorável o único imóvel residencial do devedor que esteja locado a terceiros, desde que a renda obtida com a locação seja revertida para a subsistência ou a moradia da sua família.

Súmula 549 do STJ. É válida a penhora de bem de família pertencente a fiador de contrato de locação.

21.5. Prescrição

Súmula 149 do STF. É imprescritível a ação de investigação de paternidade, mas não o é a de petição de herança.

Súmula 150 do STF. Prescreve a execução no mesmo prazo de prescrição da ação.

Súmula 151 do STF. Prescreve em um ano a ação do segurador sub-rogado para haver indenização por extravio ou perda de carga transportada por navio.

Súmula 264 do STF. Verifica-se a prescrição intercorrente pela paralisação da ação rescisória por mais de cinco anos.

Súmula 494 do STF. A ação para anular venda de ascendente a descendente, sem consentimento dos demais, prescreve em vinte anos, contados da data do ato, revogada a Súmula 152.

21.6. Ação rescisória

Súmula 252 do STF. Na ação rescisória, não estão impedidos juízes que participaram do julgamento rescindendo.

Súmula 264 do STF. Verifica-se a prescrição intercorrente pela paralisação da ação rescisória por mais de cinco anos.

Súmula 343 do STF. Não cabe ação rescisória por ofensa a literal disposição de lei, quando a decisão rescindenda se tiver baseado em texto legal de interpretação controvertida nos tribunais.

Súmula 401 do STJ. O prazo decadencial da ação rescisória só se inicia quando não for cabível qualquer recurso do último pronunciamento judicial.

Súmula 514 do STF. Admite-se ação rescisória contra sentença transitada em julgado, ainda que contra ela não se tenha esgotado todos os recursos.

Súmula 515 do STF. A competência para a ação rescisória não é do Supremo Tribunal Federal, quando a questão federal, apreciada no recurso extraordinário ou no agravo de instrumento, seja diversa da que foi suscitada no pedido rescisório.

21.7. Embargos de terceiro

Súmula 84 do STJ. É admissível a oposição de embargos de terceiro fundados em alegação de posse advinda do compromisso de compra e venda de imóvel, ainda que desprovido do registro.

Referências

CÂMARA, Alexandre Freitas. *Lições de direito processual civil.* 6. ed. Rio de Janeiro: Lumen Juris, 2002, v. I; Rio de Janeiro: Lumen Juris, 2002, v. II; Rio de Janeiro: Lumen Juris, 2002, v. III.

CAVALIERI FILHO, Sérgio. *Programa de responsabilidade civil.* 10. ed. São Paulo: Atlas, 2012.

GAGLIANO. Pablo Stolze; PAMPLONA FILHO, Rodolfo. *Novo curso de direito civil.* 8. ed. São Paulo: Saraiva, 2006, v. I; 7. ed. São Paulo: Saraiva, 2006, v. II; 4. ed. São Paulo: Saraiva, 2006, v. III; 4. ed. São Paulo: Saraiva, 2006, v. IV; 4. ed. São Paulo: Saraiva, 2006, v. V.

GONÇALVES, Carlos Roberto. *Direito civil brasileiro – Parte Geral.* São Paulo: Saraiva, 2009, v. I a VII.

GONÇALVES, Marcus Vinícius Rios. *Novo curso de direito processual civil.* São Paulo: Saraiva, 2007. v. 1; São Paulo: Saraiva, 2008, v. 2 e 3.

NERY, Rosa Maria de Andrade; NERY JR., Nelson. *Código Civil comentado.* 8. ed. ampl. e atual. São Paulo: Revista dos Tribunais, 2011.

PEREIRA, Caio Mário da Silva. *Instituições de direito civil.* 21. ed. Rio de Janeiro: Forense, 2006, v. 1; 21. ed. Rio de Janeiro: Forense, 2006. v. 2 a 5.

REALE, Miguel. *O projeto do novo Código Civil.* 2. ed. São Paulo: Saraiva, 1999.

________. *O dano moral no direito brasileiro.* São Paulo: Revista dos Tribunais, 1992.

VENOSA, Silvio de Salvo. *Direito civil, Parte Geral do direito civil.* 8. ed. São Paulo: Atlas, 2008, v. I.

________. *Direito civil, teoria geral das obrigações e teoria geral dos contratos.* 8. ed. São Paulo: Atlas, 2008, v. II.

________. *Direito civil, responsabilidade civil.* 8. ed. São Paulo: Atlas, 2008, v. IV.

________. *Direito civil, direitos reais.* 8. ed. São Paulo: Atlas, 2008, v. V.

________. *Direito civil, direito de família.* 8. ed. São Paulo: Atlas, 2008, v. VI.